D0927016

Phänomenologie der Assoziation

PHAENOMENOLOGICA

COLLECTION PUBLIÉE SOUS LE PATRONAGE DES CENTRES
D'ARCHIVES-HUSSERL

44

Phänomenologie der Assoziation

ZU STRUKTUR UND FUNKTION EINES GRUNDPRINZIPS
DER PASSIVEN GENESIS BEI E. HUSSERL

Comité de rédaction de la collection:
Président: H. L. Van Breda (Louvain);
Membres: M. Farber (Buffalo), E. Fink (Fribourg en Brisgau), A. Gurwitsch
(New York), J. Hyppolite† (Paris), L. Landgrebe (Cologne), M. Merleau-Ponty†
(Paris), P. Ricoeur (Paris), K. H. Volkmann-Schluck (Cologne), J. Wahl (Paris);
Secrétaire: J. Taminiaux (Louvain).

ELMAR HOLENSTEIN

Phänomenologie der Assoziation

ZU STRUKTUR UND FUNKTION EINES GRUNDPRINZIPS
DER PASSIVEN GENESIS BEI E. HUSSERL

MARTINUS NIJHOFF / DEN HAAG / 1972

McCORMICK THEOLOGICAL SEMINARY
McGAW MEMORIAL LIBRARY
800 WEST BELDEN AVENUE
CHICAGO, ILLINOIS 60614

© *1972 by Martinus Nijhoff, The Hague, Netherlands.*
All rights reserved, including the right to translate or to
reproduce this book or parts thereof in any form.

ISBN 90 247 1175 4

PRINTED IN THE NETHERLANDS

30.78
LMK

B
3279
.H94
H63

Meinen Eltern

VORWORT

*„Hier liegt ein Kreis erreichbarer und für die Ermögli-
chung einer wissenschaftlichen Philosophie fundamentaler Entdeckungen. Freilich sind es Entdeckungen, denen
der blendende Glanz fehlt; es fehlt die unmittelbar greifbare
Nützlichkeitsbeziehung zum praktischen Leben und zur
Förderung höherer Gemütsbedürfnisse; es fehlt auch der
imponierende Apparat der experimentellen Methodik, durch
den sich die experimentelle Psychologie Vertrauen und
reiche Mitarbeiterschaft errungen hat."*
E. Husserl, *Logische Untersuchungen II*, Einleitung, § 3,
S. 12.

An die Philosophie gehen vielfältige Erwartungen, von weltanschau-
lichen und unmittelbar praktischen bis zu wissenschaftstheoretischen
und „schlicht" positiv wissenschaftlichen. Die vorliegende Arbeit setzte
sich die Aufklärung gewisser fundamentaler Gesetzmässigkeiten des
menschlichen Bewusstseins und ihrer begrifflichen Fassung zur Aufgabe. Mit dem als Motto gewählten Zitat aus den *Logischen Untersuchungen* soll diese Aufgabe weder als die alleinige noch als die vor-
dringlichste der Philosophie ausgegeben werden. Wer möchte das in
der heutigen Zeit behaupten! Mit dem Motto sollen allein Anspruch
und Grenzen der Untersuchung angezeigt werden.

Diese Arbeit lag dem *Institut Supérieur de Philosophie* der Universität Löwen (Belgien) im November 1970 als Doktoratsthese vor. Für
den Druck wurden nur geringfügige Aenderungen vorgenommen.

Herrn Prof. H. L. Van Breda, Direktor des Husserl-Archivs in
Löwen, habe ich für die Leitung und Förderung zu danken, die er mir
bei der Ausarbeitung der Dissertation zukommen liess, sowie für den

grosszügig gewährten Zugang zu Husserls Manuskripten, dessen Privatbibliothek und den wissenschaftlichen Apparat des Archivs.

Dank schulde ich auch der Stipendienkommission des Kantons Luzern (Schweiz), die mit ihrer finanziellen Unterstützung diese Studie mitermöglicht hat.

Zürich, August 1971

INHALT

I. TEIL

HUSSERLS PHAENOMENOLOGIE
DER ASSOZIATION

nomenologie der Assoziation 68 – Die Assoziation ist nicht nur ein Faktor von Irrtümern in der Wiedererinnerung, sondern grundlegender auch ein transzendentaler Faktor der Wahrheitsbildung 68 – Die Identifikation über die Wiedererinnerung 69 – Die Rechtfertigung der Wiedererinnerung 70 – Passive und aktive Identifikation 71 – Der eigene Bewusstseinsstrom als das erste Ansich 71 – Die Enthüllung der idealisierenden Implikationen der Identifikation in der *Formalen und transzendentalen Logik* 72

EINLEITUNG

§ 1. Ansatz und Aufbau der Untersuchung

Der Titel Assoziation lässt heute in weiten Kreisen an eine für überholt gehaltene Problematik der sensualistischen Psychologie denken. Dass ihn ausgerechnet Husserl, der prominenteste Widerpart dieser Psychologie, in den *Cartesianischen Meditationen*, dem grossangelegten Entwurf zu einer „Einleitung in die transzendentale Phänomenologie", als einen „transzendental-phänomenologischen Grundbegriff" proklamiert, hat nicht nur bei seinen Kritikern, sondern selbst bei seinen phänomenologischen Nachfahren Erstaunen und Abweisung hervorgerufen. P. Ricoeur[1] erwähnt fast entschuldigend, dass Husserl die Probleme der passiven Genesis „unter dem altertümelnden Titel ‚Assoziation'" angeht, und H. U. Asemissen[2] sieht in Husserls Assoziationslehre ein Beispiel dafür, „wie sehr der Begründer der Phänomenologie sein ganzes Werk hindurch überkommenen, phänomenologisch nicht haltbaren Theorien verhaftet geblieben ist".

Abschirmende und abweisende Urteile dieser Art lassen sich teilweise dadurch erklären, dass Husserls konkreteste Analysen der Assoziationsphänomene, die er in den zwanziger Jahren in Vorlesungen zur genetischen Logik erarbeitete, erst 1966 im XI. Band seiner *Gesammelten Werke* in gedruckter Form zugänglich geworden sind. In den *Cartesianischen Meditationen*[3] begnügt sich Husserl mit der thesenhaften Deklaration der Assoziation als „des universalen Prinzips der passiven Genesis", „eines Titels der Intentionalität" und eines „transzendental-phänomenologischen Grundbegriffs", sowie der Erklärung des alten Assoziationsbegriffs und der herkömmlichen Asso-

---

[1] *De l'interprétation. Essay sur Freud* (1965), S. 372 (dt. 391).
[2] *Strukturanalytische Probleme der Wahrnehmung in der Phänomenologie Husserls* (1957), S. 48.
[3] § 39, S. 113f.

ziationsgesetze als „einer naturalistischen Verzerrung der entsprechen-
den echten intentionalen Begriffe". Die Ausführungen zum gleichen
Thema in *Erfahrung und Urteil*, der von L. Landgrebe redigierten und
nach Husserls Tod veröffentlichten Textzusammenstellung „zur
Genealogie der Logik" verraten in ihrer etwas spröden Art wenig von
Husserls originellen Neufassung. Einen prägnanten Ansatz zur phäno-
menologischen Konzeption der Assoziation enthielten allein die
Logischen Untersuchungen,[4] doch wurde dieser wohl wegen seiner
Knappheit meistens übersehen.

Den unmittelbaren Anstoss zu dieser Untersuchung gab die philosophische Aufarbeitung der Befunde und der Praxis der Psychoanalyse,
wie sie zur Zeit hauptsächlich in der französischsprachigen Phänomenologie unternommen wird, näherhin das dabei häufig geforderte
Programm, das unter den Schlagwörtern „dépossession de la conscience immédiate" und „désaisissement du moi", der „Enteignung
des Ich" läuft.[5] Das selbstbewusste und kategoriale Ich, das im klassischen Idealismus allein für die Sinngestaltung der Welt verantwortlich ist, soll entthront werden. Die Psychoanalyse behauptet Konstitutionsformen, die dem Ich vorgängig und gegebenenfalls sogar
zuwider erfolgen. Husserl hat seinerseits, hauptsächlich seit der Entwicklung der genetischen Phänomenologie nach dem Ersten Weltkrieg,
eine Konstitution ins Auge gefasst, bei der das Ich passiv, d.h. unbeteiligt, erscheint. Die Assoziation fungiert dabei als ein „Prinzip der
passiven Genesis" und ihre phänomenologische Aufklärung als „ein
radikales Stück der passiven Bewusstseinsanalyse".[6] Zum Verständnis
des Husserlschen Passivitätsbegriffs drängte sich so als Erstes eine
systematisierende Bestandesaufnahme seiner zerstreuten Auslassungen
zur Assoziation auf. Wie es bei der literarischen Gattung von Forschungsmanuskripten und von Stunde für Stunde neu erarbeiteten
Vorlesungen zu erwarten ist, haben die meisten dieser Ausführungen
den Charakter eines vorläufigen und skizzenhaften Entwurfs. Sie
tasten das Problem in Einzelanalysen und noch ohne ein straffes
Ordnungskonzept ab. Sie sind bei diesem Punkt, zu dem der richtige
Zugang geglückt ist, ausführlicher, bei jenem, der sich noch nicht
recht fassen liess, etwas allgemeiner und auch konventioneller. Von
Zeit zu Zeit sind sie von kurzen Ausblicken auf ihre Bedeutung und

---

[4] *I. Untersuchung*, § 4; *V. Untersuchung*, § 15a.
[5] Vgl. P. Ricoeur, a.a.O. S. 410ff (dt. 432ff).
[6] *Analysen zur passiven Synthesis*, S. 116.

ihren Rang innerhalb der gesamten phänomenologischen Transzendentalphilosophie durchsetzt.

Den ersten Teil der Untersuchung widmen wir dieser Inventur, dem
spezifisch phänomenologischen Approach zur Assoziation (1. Kapitel),
ihren verschiedenen Formen (2. Kapitel) und Gesetzen (3. Kapitel)
sowie ihrem Stellenwert im Aufbau des transzendentalen Bewusstseins
(4. Kapitel). Anschliessend versuchen wir zu zeigen, wie Husserl in der
Phänomenologie einen beachtenswerten Beitrag zur Ueberholung des
klassischen Empfindungsbegriffs leistet (5. Kapitel). Die vier letzten
Kapitel (6-9) bringen kurze Begriffsstudien zu den Titeln Verschmelzung, Apperzeption, Appräsentation, Motivation und passive Synthesis, mit denen die Assoziation bei Husserl in Verbindung gebracht wird.

Im zweiten Teil wird Husserls Phänomenologie der Assoziation verschiedenen traditionellen und modernen Assoziationstheorien gegenübergestellt. Es geht dabei weniger um das Auftreiben von möglichen
historischen Abhängigkeiten, bzw. um die Feststellung, dass diese
ausgesprochen spärlich sind, als um den Versuch, Husserls Konzeption
der Assoziationsproblematik im Kontrast zu diesen Theorien noch
schärferes Profil gewinnen zu lassen, sowie um den Nachweis, dass sie
vor der modernen Assoziationskritik nicht nur zu bestehen, sondern
diese im Gegenteil der phänomenologischen Oberflächlichkeit zu
überführen vermag. Die gängige Assoziationskritik ist, sofern sie über
den absolut gesetzten Anspruch des Assoziationismus, Sinn und Logik
und sämtliche Leistungen des Bewusstseins aus assoziativen Abläufen
zu erklären, die Gegebenheit von assoziativen Urkonstitutionen überhaupt abweist, nicht weniger „traditionsbefangen"[7] als die Nachfahren der sensualistischen Assoziationisten. Beide vermögen nicht zu
sehen, dass die Assoziation noch anders gefasst werden kann als eine
empirische Gesetzlichkeit der Komplexion von atomaren Daten, nämlich als eine apriorische und intentionale Wesensgesetzmässigkeit der
Konstitution des Bewusstseins.

Es zeigte sich, dass für die passive und assoziative Genesis, wie sie
Husserl versteht, mehr und direktere Berührungspunkte in der Gestalt-
psychologie, soweit sie deskriptiv bleibt, als in der psychoanalytischen
Psychologie zu finden sind. Nicht umsonst ist A. Gurwitsch, der den
ersten systematischen Brückenschlag zwischen der Husserlschen
Phänomenologie und Gestaltpsychologie versuchte, einer der beharr-

---

[7] Vgl. *IV. Cartesianische Meditation*, § 39, S. 114.

lichsten Anwälte der „nicht-egologischen Auffassung des Bewusstseins" und einer der entschiedensten Gegner der intellektualistischen
These, die Gestaltung des „Hyletischen" erfolge wie die Konstitution
von logischen Bedeutungen und Urteilen in noetischen Auffassungs-
akten.[8] Neben der nicht-ichlichen Konstitution ist es vor allem die
Ueberholung des Empfindungsbegriffs, welche die Phänomenologie
der Assoziation und die Gestalttheorie einander nahebringt (14.
Kapitel). Die vorangehenden Kapitel über die empiristische Asso-
ziationsauffassung der klassischen englischen Philosophen (10. Kapitel)
und der Psychologen der Jahrhundertwende (12. Kapitel) halten wir
bei der Durchsichtigkeit des Kontrasts zur phänomenologischen
Konzeption kurz. Bei Kant (11. Kapitel) fand Husserl dank einer
Ueberinterpretation vom Standpunkt seiner eigenen Transzendentalphilosophie aus eine Vorwegnahme der transzendentalen Auffassung
der Assoziation. M. Schelers verworrene und widersprüchliche Ansätze
zu einer phänomenologischen Fundierung der Assoziationsgesetze
sind vor allem deswegen interessant, weil sie Husserl bei seiner Lektüre
mit Anzeichnungen und Randbemerkungen versah (13. Kapitel). Im
Schlusskapitel (15) über die Psychoanalyse verfolgen wir endlich ein
Problem weiter, das schon im Zusammenhang der Gestaltpsychologie
auftaucht, den Unterschied zwischen assoziativer und bedeutungs-
mässiger Motivation.

§ 2. Einführende Beschreibung des Assoziationsphänomens

Assoziationsphänomene sind allbekannt. Ein Bild von Tizian erinnert mich an ein ähnliches, das ich vor längerer Zeit gesehen habe.
Es bleibt nicht bei einer isolierten Erinnerungsvorstellung. Miterinnert
wird der ganze „Rahmen" des Gemäldes. Die Erinnerung springt von
ihm über auf seinen zeitlichen und örtlichen Horizont. Ich sah es vor
einem Jahr in einem Florentiner Museum. Die übrigen Bilder im Saal
tauchen auf, gleichsam vom ersten Bild geweckt, dann mein Begleiter,
der gähnende Museumsdiener, der uns folgte, der Platz vor dem
Museum, die Stadt Florenz, die Reise nach Italien, die Rückkehr und
in grossen Zügen, was wir seither unternommen haben und schliesslich
was wir weiter planen, eine neue Reise nach Italien, diesmal nach
Venedig, wieder ein Museumsbesuch, ein anderes, verwandtes Bild
von Tizian usf..

---

[8] Vgl. „Phänomenologie der Thematik und des reinen Ich" (1928/29), „A non-
egological conception of consciousness" (1940/41).

Wir stellen fest: Aehnliches verweist aufeinander und Kontiguierendes zieht sich an. Die Assoziation bewirkt Reproduktionen und weckt Antizipationen. Sie schafft Bewusstseinszusammenhänge. Die beide Termini der assoziativen Verbindung, die Assoziate, erhalten in diesem Verweisungszusammenhang einen eigentümlichen noematischen Charakter, den Charakter des „aneinander Erinnerns", des „einander Weckens". Korrelativ zeichnen sich die entsprechenden Bewusstseinserlebnisse noetisch als weckendes und gewecktes Bewusstsein aus.[9]

Ein näherer Hinblick ergibt, dass die genannten Assoziate noch in einem zweiten möglichen Wortgebrauch als solche bezeichnet werden können. Sie sind nicht nur Assoziate in der gängigen Wortverwendung als Termini a quo und ad quem einer reproduzierenden oder antizipierenden Assoziation. Sie sind auch „Assoziate" als Produkte einer ursprünglicheren Assoziation. Ein Haufen schwarzer Flecken auf einem weissen Papier, der mir eine andere Fleckenkombination in Erinnerung ruft, ist seinerseits assoziativ entsprungen. Die einzelnen Flecken verbinden sich auf Grund ihrer Nähe und Aehnlichkeit und unter Kontrast von ihrem weissen Untergrund zu einer „Mehrheit". Sie bilden nach den gleichen Gesetzen, die in der „gewöhnlichen Assoziation" der Reproduktion und der Antizipation zur Auswirkung gelangen, im Feld der unmittelbaren Gegenwart eine Einheit. Was für die ganze Konfiguration gilt, trifft nochmals für jede in sich geschlossene Fleckeneinheit, die „ursprünglichen Einzelheiten" zu. Ein solcher Farbfleck zerfällt weder in an sich beziehungslose Atome, die in einem Akt des Bewusstseins zusammengerafft werden, noch tritt er als ein fertiges Ganzes auf. Er erscheint vielmehr als ein genetisch Erwachsendes, das sich auf Grund der Homogenität seines Inhalts kontinuierlich ausbreitet und auf Grund seiner Heterogenität gegenüber der Umgebung von diesem abhebt. Sinnliche Kontinuen und Konfigurationen sind genetisch-assoziative Urereignisse.

An einfachen Beispielen der aufgezählten Art, meist aus dem Gebiet der äussern Wahrnehmung, aber auch aus dem der Fremderfahrung und schliesslich der lebensweltlichen und der wissenschaftlichen Begriffsbildung, liest Husserl die phänomenologische Struktur und die transzendentale Funktion der Assoziation ab. Die Assoziation profiliert sich dabei als eine transzendentale, intentionale, motivationale, intuitive oder phänomenale, wesensnotwendige, genetische und

---

[9] *Analysen zur passiven Synthesis*, S. 118 = 284, 182.

passive Synthesis. Eine Begriffskette, die wir gleich im 1. Kapitel explizieren und veranschaulichen werden.

§ 3. *Husserls Texte zur Assoziation*

(a) Die Reihenfolge der von uns ausgewerteten Texte

Den Ausgangspunkt unserer Studie bildeten die von Husserl selber veröffentlichten Schriften und die nach seinem Ableben von den Husserl-Archiven in Leuven und Köln unter dem Titel *Husserliana* edierten *Gesammelten Werke*. Die breitesten Ausführungen zum Thema bringt der XI. Band dieser Werke: *Analysen zur passiven Synthesis – Aus Vorlesungs- und Forschungsmanuskripten 1918-1926*.[10] In einer zweiten Forschungsetappe liessen wir uns auf den bislang noch unveröffentlichten Nachlass Husserls ein, wie er im Archiv zu Leuven aufbewahrt wird.[11] Für den Zugang und die Auswahl der einschlägigen Partien des umfangreichen Nachlasses war in erster Linie der Hinweis des Herausgebers des XI. Bandes, M. Fleischer, auf verwandte Texte zur passiven Genesis wegweisend. M. Fleischer verweist in ihrer Einleitung auf die sog. Bernauer und St. Märgener Manuskripte, die ersten von 1917 und 18, die zweiten von 1920 und 21, sowie die Textgruppen der Signatur A VII und E III aus den zwanziger und dreissiger Jahren. Die Bernauer und St. Märgener Manuskripte – in den angeführten Jahren verbrachte Husserl literarisch ausgenommen fruchtbare Ferien in den Schwarzwalddörfern Bernau und St. Märgen – sind über verschiedene Manuskript-Gruppen verstreut. Wir benutzten aus Bernau A VII 13 partim, B IV 12, D 7 und 8, aus St. Märgen A VII 13 partim, B III 10, E III 2 partim. Die Gruppen A VII (,,Theorie der Weltapperzeption'') und E III (,,Transzendentale Anthropologie'') durchgingen wir bis auf wenige noch nicht transkribierte Nummern geschlossen. Anschliessend studierten wir ebenfalls durchgehend die Gruppen der Signaturen C und D. Viele dieser Texte zur Zeit- und Gegenstandskonstitution berühren die Problematik der passiven Genesis. Schliesslich machten wir uns noch an die von L. Landgrebe

---

[10] (1966).

[11] Der Nachlass umfasst über 40 000 in Gabelsberger Stenographie beschriebene Seiten, wovon ca. zwei Drittel transkribiert sind. Ueber Kopien der Transkriptionen verfügen auch die Husserl-Archive in Köln, Freiburg i. Br., Paris, Buffalo und New York. Vgl. Bibliographie: II. Unveröffentlichte Manuskripte.

um 1924/25 unter dem Arbeitstitel *Studien zur Struktur des Bewusstseins* zusammengestellten Texte. Bei diesen dreiteiligen Studien handelt
es sich um eine ähnliche Textredaktion, wie sie E. Stein zuvor für das
zweite Buch der *Ideen* und Landgrebe später für das Sammelwerk
Erfahrung und Urteil unternommen haben.[12] Insbesondere der erste
und der dritte Teil bringen aufschlussreiche Texte zum Passivitäts-
problem. Aus den restlichen Manuskriptgruppen zogen wir nur vereinzelte Texte heran, auf die wir meistens von der bereits erschienenen
Husserl-Literatur verwiesen wurden.[13]

In einer dritten Forschungsphase durchsuchten wir die ebenfalls im
Archiv in Leuven aufbewahrte Privat-Bibliothek des Philosophen nach
Lesenotizen in den Werken anderer Autoren. Auf den Befund ver-
weisen wir bei der Behandlung der entsprechenden Autoren im zweiten
Teil dieser Arbeit.

(b) Historischer Ueberblick über die Texte zur
    Assoziation

In der *IV. Cartesianischen Meditation*[14] berichtet Husserl, dass die
Phänomenologie erst „sehr spät Zugänge zur Erforschung der Assoziation gefunden" habe. Ein gutes Jahrzehnt zuvor äussert er sich in

---

[12] Landgrebe war seit 1923 Husserls Assistent. Nach der offiziellen Datierung
enthält die erste Studie „Aktivität und Passivität" Texte von 1904-14, die zweite
Studie „Wertkonstitution, Gemüt und Wille" von 1900-14, die dritte Studie
„Modalität und Tendenz" von 1902-24. Die letzte Studie bringt jedoch auch eine
Passage aus den Vorlesungen des SS 1925. Andererseits wurden einige Seiten für
den dritten Zyklus der Vorlesungen zur genetischen Logik des WS 1925/26 aus
der bereits maschinengetippten Sammlung entnommen. Die drei Studien befinden
sich, teilweise in zwei Exemplaren, in umfangreichen Konvoluten unter der Signatur M III 3 I – III in den Archiven in Leuven und Köln. Wir zitieren wegen
ihrer grössern Vollständigkeit nach der als „Duplikat" bezeichneten Schreib-
maschinenkopie. Dem Konvolut M III 3 I 1, S 7 ist eine Zeittafel der verwendeten
Manuskripte (mit Husserls alten Signaturen) beigegeben, auf die wir die Datierung
der einzelnen Passagen abstützen.

[13] Die relativ häufige wörtliche Zitierung nach nichtedierten Texten darf nicht
den Eindruck erwecken, dass die wichtigsten Erörterungen der Assoziation in
bereits veröffentlichten Schriften zu finden sind. Der alleinige Grund für die
Bevorzugung der unveröffentlichten Manuskripte zur Belegung unserer Ausführungen ist ihre vorläufige Unzugänglichkeit. – Das gleiche gilt nicht für die mit
dem Problem der Assoziation zusammenhängenden Begriffe der Passivität und der
Apperzeption. Die aufschlussreichsten Analysen zum Apperzeptionsbegriff finden
sich in Ms. A VII 12 (Frühjahr 1932), zum Thema der Passivität in Ms. A VII 13
(grossenteils 1918 und 1921) sowie im ersten und dritten Teil der *Studien zur Struktur des Bewusstseins*.

[14] § 39, S. 114.

einem Bernauer Manuskript[15] ähnlich, macht aber zugleich auf einen
früheren, jedoch fast wirkungslos gebliebenen Ansatz aufmerksam:
„Die Art, wie Assoziation universale konstitutive Bedeutung hat, habe
ich sehr spät durchschaut, obschon ich sie schon in den ersten Göttinger Jahren als einen Titel für eine universale und immer mitfungierende
Gesetzlichkeit der Genesis erkannte."

    In der Hallenser Zeit (1887-1901). – Tatsächlich datiert Husserls
älteste publizierte Deskription der Assoziation nicht erst aus den
Göttinger Jahren (1901-16). Schon in der *I.* und *V. Logischen Untersuchung* finden sich zwei zwar knappe, aber umso prägnantere Auslassungen zu ihrer phänomenologischen Fassung. In einem „Exkurs
über die Entstehung der Anzeige aus der Assoziation"[16] wird diese
als eine „fühlbare" – der Ausdruck kann sowohl im Sinn von „nicht
logisch einsichtig" oder „nicht diskursiv abgeleitet" als auch im Sinn
von „nicht induktiv gewonnen", sondern „intuitiv gegeben" verstanden werden – und eine „schöpferische" Einheitsbeziehung vorgestellt.
In einer zweiten Passage[17] erscheint sie wieder als eine phänomenologische Einheitsbeziehung, die nun vom Fundierungsverhältnis, das
zwischen einer Vorstellung und einer Gefühlsintention besteht, unterschieden wird. Es ist zu bemerken, dass die „phänomenologisch-
assoziative Beziehung" hier im Gegensatz zu später noch als eine
ausserwesentliche angesprochen wird. Auffallend ist schon in den
Logischen Untersuchungen die verhältnismässig positive Würdigung
von Humes assoziationistischer Abstraktionslehre in psychologisch-
genetischer Hinsicht. Nur „in logischer und erkenntnistheoretischer
Beziehung" wird sie als „eine extreme Verirrung" zurückgewiesen.[18]

    Aber auch bereits in der ersten Buchveröffentlichung, *Philosophie
der Arithmetik (1891)*, ist mehrmals von der Assoziation die Rede.[19]
Diese Aeusserungen zeigen, dass Husserl von früh an ein positives und
durch die zeitgenössischen physiologistischen und sensualistischen
Missdeutungen kaum befangenes Verhältnis zu diesen Tatsachen hatte,
zugleich aber, dass er sie damals noch als eine empirisch-induktive
Gesetzmässigkeit verstand.

    In den „Psychologischen Studien zur elementaren Logik" (1894), in

---

15 Ms. A VII 13, S. 187 (1918).
16 *I. Untersuchung*, § 4.
17 *V. Untersuchung*, § 15a, S. 389f.
18 *II. Untersuchung*, § 34, S. 190.
19 S. 199ff, 211f, 252f usw.

denen Husserl u.a. seine Lehre von den selbständigen und unselbständigen Teilen der *III. Logischen Untersuchung* in einem ersten Ansatz formuliert, bemerkt er zur „Ideenassoziation", sie vermöge für ihre Teile „den Anschein der Unselbständigkeit zu erwecken, obgleich eine solche im strengen Sinne fehlt".[20] Das bedeutet wiederum, das die Assoziation noch nicht als eine wesensnotwendige Verweisungsintention, die jeder Bewusstseinsgegebenheit mindestens virtuell eignet, erkannt ist.

In den *Prolegomena* zu den *Logischen Untersuchungen* (1900) fasst Husserl seine vorphänomenologische, empirisch-induktive Interpretation zusammen. Er anerkennt einerseits die assoziativen Gegebenheiten. „Denn es gilt allgemein, dass in einer beliebigen psychischen Komplexion nicht bloss die Elemente, sondern auch die verknüpfenden Formen assoziative, bzw. reproduktive Wirksamkeit üben." Anderseits bestreitet er polemisch ihren Gesetzescharakter. Es handelt sich um „ungefähre Regelmässigkeiten". Als empirische Vagheiten vermögen sie nie exakte und als Tatsachenschlüsse niemals apriorische logische Gesetze zu begründen.[21]

In der Göttinger Zeit (1901-1916) hat Husserl die Ansätze der *Logischen Untersuchungen* nur selten aufgegriffen und wenig ausgebaut. Drei der sporadischen Assoziationsanalysen aus diesen Jahren fanden Aufnahme in die von Landgrebe zusammengestellten *Studien zur Struktur des Bewusstseins*. Auf 1904/05 datiert der sechste Paragraph der ersten Studie über „sachliche Einheit als assoziative und kollektive Einheit".[22] Die Kollektion kommt durch einen Akt des Zusammenmeinens, des beliebigen Heraus- und Zusammengreifens von Einzelnem zustande. Alles und jedes kann kollektiv zusammengefasst werden. Bei der sachlichen Einheit, der Komplexion, haben die Teile durch sich selber Zusammenhang. Jedes Moment eines Gegenstandes ist mit Deutungen behaftet, die auf zugehörige andere Momente gehen. Assoziativ bilden sich Ketten von ineinanderübergehenden Hin- und Rückverweisungen. In diesem assoziativen Geflecht kommt der umfassende Gesamtgegenstand zur Einheit der Auffassung. In der zweiten Studie wird über die drei ersten Paragraphen hin die bereits in der *V. Logischen Untersuchung* aufgestellte Verschiedenheit des assoziativen Motivationszusammenhangs und des Fundierungs-

[20] S. 163.
[21] § 8, S. 21; § 21, S. 61; Anhang zu den §§ 25/26, S. 86.
[22] Ms. M III 3 I 1 I, S. 52-56 (1904/05).

verhältnisses zwischen Vorstellung und Wert ausgebreitet. Die Texte entstammen zwei Manuskripten aus den Jahren 1909/10.[23] Im übrigen bemerkt Husserl in einer stenographischen Randbemerkung zur assoziativen Intention und Motivation: „Von dieser ursprünglichen Konstitutionsschicht wird in dieser Untersuchung ganz abgesehen."[24]

In den Vorlesungen *Zur Phänomenologie des inneren Zeitbewusstseins* von 1905 kommt Husserl nur negativ auf die Assoziation zu sprechen. Der „Ursprung der Zeit" ist nicht, wie F. Brentano annahm, auf eine „ursprüngliche Assoziation", eine Anstückung von Zeitinhalten an die sachlichen Inhaltsmomente, zurückzuführen.[25]

Im ersten Buch der *Ideen* fehlt jeder Hinweis auf die Assoziation. Relativ häufig treten solche hingegen in den von E. Stein und L. Landgrebe gesammelten und redigierten Texten zum zweiten Buch auf. Im dritten Abschnitt findet sich sogar ein allerdings wenig einheitlich und straff geglückter Versuch zur Einordnung der Assoziation in eine systematische Uebersicht über die verschiedenen Motivationsarten.[26] Die Erwähnungen fallen sowohl auf die ältesten verwendeten Texte von 1912 wie auf Einfügungen in die letzte von Landgrebe angefertigte Abschrift von 1924/25. So stammt die Bemerkung im jetzigen dritten Buch, dass nicht alles Seelische „ein spezifisch Ichliches" sei, dass sich nämlich Assoziationen bilden, „ob das Ich dabei beteiligt ist oder nicht" aus dem Jahre 1912, während die terminologische Fassung der Assoziation als einer „passiven Motivation" im Unterschied zur „Motivation im prägnanten Sinn der Ichmotivation" aus einer Bleistifteinfügung Husserls in Landgrebes Abschrift herkommt.[27]

Kamen die bislang angeführten Texte kaum über den Status von Hinweisen, Aperçus und Exkursen hinaus, so findet sich eine erste grösser angelegte Darstellung im Kapitel über die Leermodifikation des Entwurfs zur Umarbeitung der *VI. Logischen Untersuchung* aus dem Jahre 1913.[28] Bei der Konstitution von Transzendentem ist mit den eigentlich intuitiven Intentionen, den perzeptiven Darstellungen, immerfort und wesenseins ein Hof, ein Strahlenkranz von apprehensiven, nicht darstellenden, sondern über das Darstellende hinaus-

---

[23] Ms. M III 3 II I, S. 8-52.
[24] a.a.O. S. 14.
[25] §§ 3ff.
[26] § 56.
[27] *Ideen II*, § 56, S. 223; *Ideen III*, § 3, S. 19; vgl. Ms. M III 1 II 4, S. 69.
[28] Leermodifikation § 1-3, Ms. M III 2 II 2, S. 7ff.

weisenden Leerintentionen verflochten. Dieses Verhältnis der Hinaus-
deutung wird als ein phänomenologisch zu verstehendes „Verhältnis
der Assoziation" und die leer hinausweisenden Intention als eine
„Kontiguitätsassoziation" beschrieben. Es wird dann präzisiert
zwischen zwei Arten der Verweisung, der Hinein- und der Hinaus-
weisung. Die erste deutet von dem in gewisser Orientierung Apparierenden fort zu demselben in neuer und immer neuer Orientierung
Erscheinenden. Die zweite besteht in der Fortweisung der leeren Intention durch Kontiguität von dem apparierenden Selbst hinaus auf ein
anderes Selbst. Bemerkenswert sind in diesem Entwurf die einseitige
Anführung der Assoziation nach Kontiguität, ihre Abhebung von der
signitiven Intention und der Zeitverweisung, sowie ihre Unter- und
Einordnung in den „konkreten Gesamttakt", in der ein Dinggegenstand konstituiert wird. Vier Probleme, die im Haupttext zur Assoziationsproblematik in den Vorlesungen zur genetischen Logik unter-
vertreten sind.

In der Freiburger Zeit (1916-1938). – Mit der Zuwendung zu den
Problemen der Genesis und der Thematisierung der Phänomenologie
als einer genetischen Intentionalanalyse ab 1917/18 bricht die Assoziationsproblematik häufiger durch. Die Assoziation wird jetzt als die
wichtigste Konstitutionsart der passiven, der primitivsten Phasen der
Bewusstseinsgenese vorgestellt. Den Höhepunkt erreichen die dies-
bezüglichen Ausführungen in den Vorlesungen zur genetischen Logik,
die Husserl in drei Fassungen im WS 1920/21, im SS 1923 und im
WS 1925/26 gehalten hat.[29] Die Vorlesungen können über weite
Strecken als eine Frucht und als eine erste mündliche Publikation der
Forschungen, die Husserl zwischen 1917 und 1921 in den schon
erwähnten Ferien in Bernau und St. Märgen zum Problemkreis der
„Urkonstitution", d.h. der untersten und allgemeinsten Stufen der
Genesis, angestellt hat, angesehen werden. Im ersten Zyklus von
1920/21 wird die Assoziation noch relativ kurz behandelt – auf rund
15 Buchseiten.[30] Ihre weitere Ausarbeitung wird aber als dringend
hingestellt.[31] Sie erfolgt dann in der zweiten und dritten Auflage.

[29] Diese Vorlesungen bilden den Grundstock des XI. Bandes der Husserliana.
Zu den verschiedenen Ueberschriften der Vorlesungstexte siehe die Einleitung des
Herausgebers. Sämtliche sind mehrdeutig und missverständlich. Wir benutzen bei
unseren Verweisen im Haupttext durchgehend den von Husserl ebenfalls gebrauchten Titel „Vorlesungen zur genetischen Logik".
[30] *Analysen zur passiven Synthesis*, S. 270-275, 283-290, 187-191.
[31] S. 289.

1923 und 1925/26 ist es gerade der Abschnitt über die Assoziation, dem die weitestgehende Entfaltung zuteil wird. Er umfasst nun gut 75 Buchseiten, d.h. das Fünffache der ersten Auflage.[32] Die Vorlesungen enthalten zwei Ansätze zur Behandlung der Assoziation. Den ersten, dessen Ausführung „vorläufig zurückgestellt" wird, bietet die Erörterung der verschiedenen Arten der Leerintentionen. Als eine eigene Art werden die Horizont-Intentionen hervorgehoben. Sie sind passive Intentionen, die einer assoziativen Synthesis entspringen. Die ganze Passage[33] erinnert an die Darlegung der Kontiguitätsintentionen in der Umarbeitung der *VI. Logischen Untersuchung* von 1913. Den zweiten, nun systematisch ausgebauten Ansatz liefert die Erörterung der Wiedererinnerung. Die Analyse geht von der Beschreibung der reproduktiven und antizipativen Assoziation über die Affektions- und Urassoziationsphänomene der lebendigen Gegenwart zurück zu Wiedererinnerung und Erwartung und ihre Funktion für die evidente An-sichsetzung des Bewusstseins. Die Vorlesungen zur genetischen Logik enthalten Husserls Haupttext zur Phänomenologie der Assoziation.

In der Folgezeit verschwindet ihre Thematik nicht mehr aus den Forschungstexten. Ihr weiterer Ausbau beschränkt sich jedoch im wesentlichen auf ihre Uebersetzung aus dem Bereich der transzenden-talen Aesthetik, der sinnlichen Wahrnehmung, in den Bereich der Fremderfahrung und der lebensweltlichen und wissenschaftlichen Gegenstands-, Begriffs- und Urteilsgenese, wo sie als „apperzeptive Uebertragung und Nachwirkung" auftritt. Die diesbezüglichen Forschungen haben einen gewissen Niederschlag in den letzten Buchveröffentlichungen Husserls gefunden, in der *Formalen und trans-zendentalen Logik,*[34] in den *Cartesianischen Meditationen*[35] und in den Arbeiten zur *Krisis der europäischen Wissenschaften.*[36]

In den Vorlesungen zur *Ersten Philosophie* von 1923/24 erscheint die Assoziation als eine Gesetzmässigkeit, die nicht induktiv, sondern in unmittelbarer Wesenseinsicht als eine selbstgegebene Allgemeinheit

---

[32] S. 116-191. Die Neufassung setzt S. 118, Zeile 14 (vgl. S. 284) ein und geht bis S. 187, Zeile 5 (vgl. S. 290). Leider ist in der Husserliana-Ausgabe nicht aus-zumachen, wie sich die Ausarbeitung auf die Vorlesungen von 1923 und 1925/26 verteilt.

[33] S. 75f.

[34] Beilage II, S. 279, 282f.

[35] *V. Meditation,* §§ 50ff.

[36] Beilage III („Vom Ursprung der Geometrie"), S. 365-386.

und Notwendigkeit gewonnen wird und die Bedingung für nachträgliche induktive Erfahrungseinheiten abgibt.[37]

In den Forschungstexten der frühen dreissiger Jahre, insbesondere in C – und E III – Manuskripten, tritt die mögliche Bedeutung von Instinkten und Interessen für die Auslösung von Assoziationen vermehrt in den Blickpunkt. Es handelt sich dabei durchgehend um fragmentarisch gebliebene Aperçus, die keine systematische Neuorientierung der Assoziationsthematik mehr durchzusetzen vermögen.[38]

In der *IV. Cartesianischen Meditation* wird die Assoziation, wie wir eingangs anführten, stichwortartig als ein transzendentaler, intentionaler und passiver Grundbegriff proklamiert, während sie in der *V. Meditation* zur Aufhellung der Strukturen der Fremderfahrung als „apperzeptive Uebertragung" herangezogen wird.[39]

In der ersten posthum publizierten Textsammlung, in *Erfahrung und Urteil*, wird die Assoziation vor allem als die passive Unterlage der Erfassung von Verbindungs- und Vergleichungsbeziehungen sowie von empirisch-typischen und reinen Allgemeinheiten thematisiert.[40]

---

[37] *Erste Philosophie I*, S. 172.
[38] Vgl. Ms. C 13 I (Januar 1934), C 13 II (15. II. 1934), E III 9 (1931-33), E III 10 (1930-34).
[39] §§ 39, 5off.
[40] §§ 42ff, 81ff.

I. TEIL

HUSSERLS PHAENOMENOLOGIE DER ASSOZIATION

I. KAPITEL

DER PHÄNOMENOLOGISCHE ZUGANG ZUR ASSOZIATION

Husserls Assoziationslehre unterscheidet sich grundsätzlich von den herkömmlichen Theorien. Diese erklärten die Assoziation entweder ausserpsychisch, gehirnphysiologisch, oder zwar innerpsychisch, jedoch nach Analogie von ausserpsychischen Vorgängen – an die Stelle des physiologischen Naturalismus trat dann der noch verkehrtere psychologische oder immanente Naturalismus –, jedenfalls aber als eine empirisch-induktiv zu gewinnende Regelmässigkeit. Nach Husserl enthüllen sich das wahre Wesen, die Grundformen und die genuinen Leistungen der Assoziation allein bei der von ihm ausgebauten phänomenologischen Methode. Die spezifische und originelle Fassung, die die Assoziation in den drei grundlegenden Ausgestaltungen der Phänomenologie, der transzendentalen, der eidetischen und der genetischen, erfahren hat, soll nun in einer ersten Kurzbeschreibung, die in den folgenden Kapiteln eine detailliertere Ausführung erhält, vorgelegt werden.

§ 4. *Die Assoziation in der transzendentalen Phänomenologie*

Husserl behandelt die Assoziation ausschliesslich innerhalb der transzendentalen Reduktion. Immer wieder macht er bei der Einführung des stark vorbelasteten Titels der Assoziation darauf aufmerksam. „Assoziation ist ein transzendental-phänomenologischer Grundbegriff."

Warum und wie kommt es zur transzendentalen Reduktion? Die Husserl-Forschung hat im wesentlichen drei Motiv- und Wegtypen herausgearbeitet, den Cartesianischen, den über die intentionale Psychologie und den Weg über die Ontologie.[1] Für den Cartesianischen Weg ist das Ideal, die Philosophie als eine strenge Wissenschaft von einem absoluten und evidenten Fundament her aufzubauen, aus-

[1] Vgl. I. Kern, *Husserl und Kant* (1964), S. 195ff.

schlaggebend. Der transzendenten Welt geht die absolute Evidenz augenscheinlich ab. Sie muss ausser Geltung gesetzt werden. Zurück bleibt das ego cogito des Philosophen, das als Gegenstand der immanenten Erkenntnis absolut gegeben ist. Das cogito trägt jedoch intentional die gesamte ausgeklammerte Welt in sich, aber bloss als immanentes cogitatum, als blosses Phänomen. Der Cartesianische Weg erwies sich im Verlauf der Entwicklung als sehr mangelhaft und fragwürdig. Er führt zum Missverständnis, dass die Welt in ihrem wahren Sein nicht in den Bereich der Phänomenologie gehört und dass das Bewusstsein bei seinem Status als Residuum nur der herausgehobene psychische Teil der Welt ist. Es verbirgt sich hier die Falle des „transzendentalen Realismus".[2] Das Bewusstsein wird nach der Seinsart der abstrahierten Welt als eine substantia cogitans genommen und damit zugleich zum willkommenen Ausgangsglied einer syllogistischen Ableitung der übrigen Welt nach dem Kausalprinzip. Die Cartesianische Reduktion vermag des weitern nicht den gesamten – wesentlich auch zeitlichen und intersubjektiven – Umfang der Subjektivität zur Abhebung zu bringen. Schliesslich löst sie das Postulat des absoluten Anfangs gar nicht ein. Die zeitliche Struktur der Subjektivität macht die apodiktische Evidenz ihres vollen Gehaltes unmöglich.

Der Weg über die intentionale Psychologie setzt damit ein, dass für die Seelenwissenschaft eine analoge Abstraktion verlangt wird wie für die Körperwissenschaften, die von allem Seelischen abstrahieren. Dies ist nicht so einfach, da die seelischen Erlebnisse stets auf reale Gegenstände gehen und in der natürlichen Erfahrung diese Beziehungen als reale Beziehungen nach Analogie derjenigen zwischen den Körpern aufgefasst werden. Ein reines Erlebnis lässt sich allein gewinnen, wenn man nicht nur das Interesse an der Wirklichkeit des intentionalen Gegenstandes des einzelnen Erlebnisses inhibiert, sondern auch die in jedem Erlebnis und Erlebniszusammenhang horizonthaft implizierte Geltung der Welt suspendiert. Der Weg über die intentionale Psychologie teilt mit dem Cartesianischen die Tücken der blossen Abstraktion. Für den Psychologen, der zwar intentionale und eidetische Untersuchungen anstellt, bleibt die ausgeschaltete Welt in naiver Geltung erhalten und wirkt sich hinterrücks immer wieder sinnbestimmend auf seine Untersuchungen aus.

---

[2] *Erste Philosophie I*, S. 74; *Cartesianische Meditationen* („Pariser Vorträge"), S. 9.

Die Mängel der beiden ersten Wege werden in den Ansätzen, die als Weg über die Ontologie zusammengefasst werden können, umgangen. Die vollumfängliche Aufklärung der formalen Logik, der Prinzipien und materialen Axiome der positiven Wissenschaften und schliesslich der Strukturen der Lebenswelt verlangt die Thematisierung ihrer Rückbezogenheit auf die Subjektivität. Statt das Logische und Ontologische in seiner Positivität und Formalität zu untersuchen, wird der Blick auf die Subjektivität gelenkt, in der sich das Positive und Formale „darstellt" und „konstituiert". Die Einstellungsänderung des Blickes zieht keinen Verlust irgendeiner Positivität nach sich, im Gegenteil, das Positive wird um eine ihm wesentliche Dimension reicher gesehen, in seiner Korrelation zur Subjektivität. Die Subjektivität wird auf diesem Weg in ihrem vollen Reichtum als zeitliche und intersubjektive entfaltet, ist doch die in ihr konstituierte Objektivität eine geschichtliche und für jedermann gültige Realität. Vor allem aber wird die der Transzendentalphilosophie ständig drohende Klippe der „Metábasis eis állo génos" umgangen. Es ist ein Widersinn, das transzendentale Leben der Subjektivität nach den Gesetzen der realen und naturalen Welt zu erklären, die sich in ihr allererst konstituiert.

Innerhalb der transzendentalen Reduktion erscheint die Assoziation dem Grundmotiv des drittgenannten Weges entsprechend, die Bedingungen der Möglichkeit des Bewusstseins und seiner Welt sichtbar zu machen, als transzendentale Synthese, und der ersten Vorschrift dieser Einstellungsänderung gemäss, die Subjektivität nicht nach den Gesetzen der naturalen Objektivität zu erklären, als eine intentionale und motivationale Verbindung.

Die Assoziation ist *eine transzendentale Synthesis*. – Nach Kant hat die Transzendentalphilosophie, wie Husserl bei der Einführung der Phänomenologie der Assoziation in den Vorlesungen zur genetischen Logik darlegt, das Problem der Konstitution einer raumweltlichen, bewusstseinstranszendenten Gegenständlichkeit aufzuwickeln. Welche Arten von Synthesen müssen subjektiv im Vollzug sein, damit Dinge einer Natur und so eine Natur überhaupt erscheinen können? Der kantianischen Problemstellung geht nach Husserls Konzeption aber wesensmässig die Aufklärung der rein immanenten „Gegenständlichkeit", der „Innenwelt" voran, d.i. der Konstitution des Erlebnisstromes des Subjekts als für es selbst seiend und als Feld des ihm zugehörigen Seins. Die „Aussenwelt" erstellt sich auf dem Grund der in der Immanenz sich abzeichnenden Synthesen.[3] „Das grosse Thema der Transzendentalphilosophie ist das Bewusstsein überhaupt als ein Stufenbau konstitutiver Leistungen, in denen sich in immer neuen Stufen oder Schichten immer neue Objektivitäten, Objektivitäten immer neuen Typus konstituieren..."[4]

Die Assoziation ist *eine intentionale Synthesis.* – Mit diesem Titel wird auf die Assoziation ein Begriff übertragen, den Husserl von seinem Lehrer Brentano zur Charakterisierung des Psychischen gegenüber dem Physischen übernommen hat.[5] Intentional steht im Gegensatz zu real. Die intentionale Beziehung des Bewusstseins auf die ihm innewohnenden Gegenstände ist nicht vergleichbar den realen Beziehungen, die zwischen dem Leib des Subjekts, als Naturkörper genommen, und den übrigen Naturdingen herrschen. Desgleichen ist der ganze Zusammenhang des Bewusstseinslebens keine Komplexion von Daten und Inhalten nach dem Muster physikalischer Ineinander-schachtelungen und chemischer Legierungen.

Die Assoziation wird aus zweifachem Grund als Intention angesprochen, einmal wegen ihres Verweisungs- und zum zweiten wegen ihres Tendenzcharakters. In den *Ideen I* führt Husserl eine Unterscheidung zwischen noetischer und noematischer Intentionalität an. Als noetische Intentionalität wird das Verhältnis des noetischen Bewusstseinserlebnisses zum noematischen Bewusstseinsobjekt bezeichnet, als noematische Intentionalität dagegen die eigentümliche Verweisung, die zwischen verschiedenen noematischen Gegebenheiten konstatiert werden, etwa zwischen einer Kette von Erinnerungen oder Bildern, wobei eine Erinnerung eine frühere Erinnerung, bzw. ein Bild ein anderes wiedergibt. Wir haben hier eine Vorstellung „von" einer zweiten Vorstellung, ohne dass die erstere ein noetisches Vorstellungs-

---

[3] Vgl. unter § 45.
[4] *Analysen zur passiven Synthesis*, S. 218.
[5] „Jedes psychische Phänomen ist durch das charakterisiert, was die Scholastiker des Mittelalters die intentionale (auch wohl mentale) Inexistenz eines Gegenstandes genannt haben, und was wir, obwohl mit nicht ganz unzweideutigen Ausdrücken, die Beziehung auf einen Inhalt, die Richtung auf ein Objekt (worunter hier nicht eine Realität zu verstehen ist), oder die immanente Gegenständlichkeit nennen werden... Diese intentionale Inexistenz ist den psychischen Phänomenen ausschliesslich eigentümlich. Kein physisches Phänomen zeigt etwas Aehnliches. Und somit können wir sagen, sie seien solche Phänomene, welche einen Gegenstand in sich enthalten." F. Brentano, *Psychologie vom empirischen Standpunkte I* (1874), S. 115f (In Husserls Exemplar zweifach angezeichnet). In der Ausgabe von O. Kraus (1924/25), Band I, S. 125.

erlebnis ist.⁶ In diesem Sinn kann auch die Assoziation als eine noematische Intentionalität betrachtet werden, obschon Husserl selber diesen selten gebrauchten Titel nie für sie benützt. Bei der Wahrnehmung eines Hauses bin ich auf den umliegenden „Hof" und auf ähnliche frühere Häuser verwiesen. Das im Blickpunkt stehende Haus birgt in sich in der Form einer Verweisung zugleich jene andern kontiguierenden und ähnlichen Gegebenheiten. Die noematische Intentionalität ist natürlich davon abhängig, dass sie von einer noetischen umfangen und durchlebt ist. Diese richtet sich in einem primären Strahl auf den Kern der Wahrnehmung und in sekundären Strahlen auf die Verweisungen, die von diesem Kern ausgehen. Die Termini dieser Verweisungen sind dem Ich mindestens potentiell gegeben. Es kann sich ihnen zuwenden und sich in ihnen mehr oder weniger aktiv konstituierend ausleben. Intentionalitäten, die von einer ursprünglichen Intention abhängig sind wie die Horizontintentionen nennt Husserl auch sekundäre,⁷ und sofern das Ich nicht in einem „Sichrichten auf den Gegenstand", in einem interessierten Vermeinen in ihnen agiert, passive oder ganz allgemein assoziative Intentionalitäten. „Wir brauchen offenbar für das Bewusstsein, in dem etwas als in diesem Sinn Intendiertes ausgezeichnet ist, ein Wort. Hier versagt leider die Sprache, die für phänomenologische Unterschiede nicht interessiert sein kann. Auch die Sprache der Phänomenologie in ihren Anfängen wurde diesem eigentümlichen Bewusstsein nicht gerecht, dessen besondere Stellung und Funktion nicht sogleich erkannt war. Ich werde im weiteren von assoziativer Intention sprechen, womit auch zum Ausdruck kommt, dass es sich um eine Grundeigenheit in der passiven Sphäre handelt und nicht um eine Art von Meinen des aktiven Ich."⁸

Die Assoziation wird des weitern als eine Intention ausgegeben, sofern die Weckung einer Vorstellung durch eine andere einen tendenziösen Charakter hat, sich als eine Tendenz zeigt, die nicht ein

---

⁶ *Ideen I,* § 101, S. 254; § 104, S. 258.

⁷ Ms. C 4, S. 8 (August 1930); vgl. *Formale und transzendentale Logik,* § 89, S. 195.

⁸ *Analysen zur passiven Synthesis,* Beilage XXV, S. 429. – In der Tat sprach Husserl früher bezüglich der Zeitverweisungen von „Zusammenhangsintentionen" (*Zur Phänomenologie des Zeitbewusstseins,* Beilage III, S. 105) und bezüglich der Assoziationen einfach von einer phänomenologisch vorfindlichen „Zusammenhangsbeziehung" (*V. Logische Untersuchung,* § 15a, S. 389), ohne auf ihre Abhebung von der gegenständlich gerichteten Intention zu reflektieren.

leeres Hindeuten auf einen andern Gegenstand sein will, sondern in eins damit auf dessen Selbstgegebenheit und ständig fortschreitende Näherbestimmung aus ist. Die assoziative Weckung strebt nach der vollen und leibhaftigen Veranschaulichung des Geweckten. Assoziation ist Intention auf Erfüllung und Selbstgebung.[9]

Die Assoziation ist *eine motivationale Synthesis.* – Die klassische Psychologie erklärte die Assoziation als einen realen Kausalzusammenhang, der entweder zwischen den „ideas", die in der naturalistischen Psychologie Humes in Analogie zu den physikalischen Körpern mit einer Gravitationskraft ausgestattet wurden, bestehen soll, oder aber – und häufiger – zwischen den diesen Vorstellungen und Empfindungen zugrundeliegenden Gehirn- und Nervenprozessen angenommen wurde. Bei Husserl bezeichnet der Titel Assoziation eine zum Bewusstsein gehörende Form und Gesetzmässigkeit der immanenten Genesis, die darum auch nach dem Grundgesetz des Bewusstseins, der Motivation, verständlich zu machen ist und nicht nach der entfremdenden Analogie der objektiven Kausalität physikalischer und physiologischer Prozesse. Die gesamte objektive Welt mit ihrer Kausalitätsform wird in der transzendentalen Reduktion ausgeklammert, um die Genese des Bewusstseins nach seinen ureigenen, phänomenal aufweisbaren und nicht bloss induktiv zu erschliessenden Gesetzlichkeiten zu studieren.[10]

§ 5. Die Assoziation in der eidetischen Phänomenologie

Die transzendental-phänomenologische Reduktion bedeutet eine Einstellungsänderung von der objektiv vorgegebenen Welt auf das Bewusstsein, in dem sich diese konstituiert, und eine Reinigung des Bewusstseins von naturalistischen Apperzeptionen, die es in der klassischen Psychologie als eine in der realen Welt lokalisierte Seele erfahren hat. Sie impliziert damit auch eine Umstellung vom nichtanschaulichen und konstruktiven Erklären der empirischen Psychologie zu einem „intuitiven" Aufklären des Bewusstseinslebens. Nur eine phänomenologische Psychologie genügt dem „Prinzip aller Prinzipien" der Philosophie, „dass jede originär gebende Anschauung eine Rechtsquelle der Erkenntnis sei, dass alles, was sich uns in der

---

[9] *Analysen zur passiven Synthesis*, S. 83. – Zur doppelten Bedeutung von Intention als Tendenz und als „Bewusstsein von" vgl. auch Ms. M III 3 III 1 II, S. 75 (1913/14).
[10] Vgl. unten §§ 37f, 63.

,Intuition' originär, (sozusagen in seiner leibhaften Wirklichkeit) darbietet, einfach hinzunehmen sei, als was es sich gibt, aber auch nur in den Schranken, in denen es sich da gibt".[11] Anschaulich gegeben sind für Husserl nicht allein sinnliche Wahrnehmungen, ein Stein, eine graue Farbe, sondern ebenso kategoriale Verhältnisse, der Sachverhalt, dass dieser Stein grau ist, nicht nur individuelle Fakten, sondern ebenso das allgemeine Wesen, das in ihnen zum Ausdruck kommt, das Steinsein, die Gräue, und die apriorischen Gesetzmässigkeiten, denen sie unterliegen, die Einsicht, dass eine Farbe nur immer an einem substantiellen Träger erscheinen kann. Diese Wesenheiten werden mit der so oft missverstandenen Methode der Ideation, der Wesensschau oder „eidetischen Abstraktion" gewonnen. Bei der beliebigen Variation eines ausgewählten Faktums kommt es zur überschiebenden Deckung des Gemeinsamen aller angeführten Varianten. Sie treten in eine synthetische Einheit, in der sie als Abwandlung des kongruierenden Selbigen erscheinen, als eine Folge von Einzelheiten, in denen sich dasselbe Allgemeine als ihr Eidos vereinzelt. Diese Methode, die Husserl schon vor seiner transzendentalen Wendung entwickelte,[12] tritt nun in den Dienst der transzendentalen Bewusstseinsanalyse. Sie stellt die Methode dar, in der die Erfassung der apriorischen, d.h. der allgemeinen und notwendigen Gesetzlichkeiten des Bewusstseins gelingt. Als eine solche, zum ersten phänomenale oder intuitive und zum zweiten apriorische oder wesensnotwendige Gesetzmässigkeit erweist sich nun auch die Assoziation. Husserl setzt sich mit dieser Feststellung in radikalen Gegensatz zur herkömmlichen Psychologie, die in der Assoziation immer nur ein induktiv erschlossenes Tatsachengesetz zu sehen vermochte.

Die Wesensschau hat nichts mit einem höheren, quasi-mystischen Erkenntnisvermögen zu tun, deren Ergebnisse sich der gewöhnlichen Erfahrung entziehen. Die faktische Erfahrung ist, wie Husserl gerade im Zusammenhang und bezüglich der Assoziationsgesetze betont, Ausgangspunkt und Leitlinie aller eidetischen Erkenntnis. Wesenserkenntnis gibt es nur im Horizont der faktischen Erfahrung. „Woher weiss ich, ob nicht auch andere Assoziationsgesetze und andere Formalgesetze der Sinnlichkeit bestehen, neben denen, von denen ich weiss? Wer verbürgt mir hier die Abgeschlossenheit und das System?

---

[11] *Ideen I*, § 24, S. 52.
[12] Die anschaulichste Darstellung bringen die Vorlesungen zur *Phänomeno logischen Psychologie* vom SS 1925, § 9.

Die Fakta leiten alle Eidetik. Was ich exemplarisch nicht unterscheiden kann, ⟨davon⟩ kann ich auch keine eidetische Unterscheidung und Wesensbildung gewinnen. Das ist selbst wesensmässig einsehbar."[13]

Die Assoziation ist *eine phänomenale Synthesis*. – Anschaulich gegeben ist sowohl die Motivation wie das Resultat der Assoziation. Ein besonders lebhafter Ton bringt die ganze Melodie zur Abhebung, die wir bisher, vielleicht mit etwas anderem beschäftigt, gar nicht bemerkt haben. „Die Motivationskausalität ist dabei völlig und unmittelbar evident."[14] „Das 'an etwas Erinnern' ist ein sichtlicher Zusammenhang"[15] oder, wie es in der *I. Logischen Untersuchung* heisst, „ein fühlbarer Zusammenhang". Die Leistung der Assoziation besteht darin, „aus bloss Zusammenseiendem Zusammengehöriges zu gestalten – oder um es genauer anzudeuten: aus ihnen (scil. den zusammenseienden Gegenständen) zusammengehörig erscheinende intentionale Einheiten zu gestalten."[16] Das Wesen und die Weise der assoziativen Motivation kann aus jedem einzelnen Fall selber gewonnen werden. Es braucht zu ihrer Feststellung nicht eines induktiven Rekurses auf eine regelmässig wiederkehrende Erfahrung – ganz abgesehen davon, dass dieser Rekurs selber auch eine assoziative Unterlage hat.

Die Assoziation ist *eine apriorische Synthesis*. – Die Assoziationen, wie sie unsere Erinnerungen und Erwartungen durchziehen, sind allbekannte Vorkommnisse. „Für die Phänomenologie sind es Ausgangspunkte für eine reduktive Behandlung und Beschreibung und dann vor allem für die Methodik eidetischer Forschung, der Forschung nach Wesensnotwendigkeiten. Man überlegt etwa, von Beispielen ausgehend, ob unmittelbare Assoziation als solche möglich ist, denkbar ist, wenn wir die Aehnlichkeitsbeziehung zwischen Weckendem und Gewecktem aufgäben, bzw. ob eine Assoziationsweckung von inhaltlich Fremden anders möglich ist denn unter Vermittlung einer Aehnlichkeitsweckung. Man sieht dann, dass hier sicher Wesensgesetze walten."[17] Offensichtlicher noch als im Bereich der Wiedererinnerungen und Erwartungen ist die Notwendigkeit der assoziativen Synthesis im Feld der lebendigen Gegenwart. Wir haben eine kontinuierlich und homogen sich ausdehnende Farbfläche vor uns. Unter

---

[13] Ms. B III 10, S. 19 (St. Märgen 1921).
[14] *Analysen zur passiven Synthesis*, S. 155.
[15] a.a.O. S. 285.
[16] *I. Logische Untersuchung*, § 4, S. 29f.
[17] *Analysen zur passiven Synthesis*, S. 123.

Kontrast zum andersfarbigen Hintergrund kommt es infolge der kontinuierlichen Gleichheit zu ,,unbedingt notwendigen Verschmelzungen, die sich in starrer Gesetzmässigkeit unter allen Umständen vollziehen".[18] Es gelingt uns nicht, die homogene Fläche, nicht mathematisch abstrakt, sondern wahrnehmungsmässig konkret in zusammenhangslose Einzelabschnitte aufzuspalten. Die Assoziationsgesetze sind keine blossen Gesetze der Verträglichkeit. Assoziationen sind nicht nur zufällig und hin und wieder möglich. ,,Jede Phase hat ihre eigenen Notwendigkeiten und nicht bloss Verträglichkeiten; so fordert jedes sich ,abgrenzende' Erlebnis seinen ,Hintergrund', einen Horizont."[19] Im Bereich der alltäglichen Reproduktion sind anderseits die Ausnahmen, in denen trotz der Aehnlichkeit eine Weckung ausbleibt, ebenso augenfällig wie die Notwendigkeit der Aehnlichkeitsweckung in andern Fällen. Es stellt sich hier die Frage nach ,,gesetzmässig hemmenden Gegenpotenzen",[20] nach Motivationen, die stärker sind als die assoziativen und diese gar nicht aufkommen lassen. Husserl geht auf dieses Problem leider nur am Rande ein.

In den Vorlesungen zur *Ersten Philosophie*, die Husserl 1923/24, also im gleichen Zeitabschnitt wie diejenigen zur genetischen Logik hielt, beruft er sich bei der Behauptung der Wesenseinsicht in die Allgemeinheit und Notwendigkeit der Assoziation nicht nur auf die eidetische Intuition. Er verweist auch auf den Widerspruch, der sich in der Ansetzung der Assoziation als einer empirisch-induktiv zu erschliessenden Gesetzlichkeit anzeigt. D. Hume und J. St. Mill, die Hauptvertreter einer induktiven Assoziationspsychologie, gingen allzuleicht über den Widersinn hinweg, ,,die letzten Prinzipien des Rechts aller Induktion selbst wieder durch Induktion zu begründen". Allein die phänomenologische Wesensanalyse der assoziativen Synthesen, welche die passive Unterlage zur induktiven Erfahrung liefern, vermag das ,,Vernunftrecht der Induktion" evident zu begründen.[21]

§ 6. Die Assoziation in der genetischen Phänomenologie

Die Wiederaufnahme und die eigentliche transzendentale Entfaltung der Assoziationsthematik fällt bei Husserl zusammen mit seiner

[18] a.a.O. S. 159.
[19] Ms. B III 10, S. 26 (St. Märgen 1921). S. 72 unterscheidet Husserl ,,ursprünglichste notwendige Assoziationen" und ,,zufällige Assoziationen" bei der Bildung von Apperzeptionen.
[20] *Analysen zur passiven Synthesis*, S. 153; vgl. unten §§ 62f.
[21] *Erste Philosophie I*, S. 172.

Zuwendung zu den Problemen der phänomenologischen Genesis in den Jahren ab 1917/18. Im gleichen Zeitabschnitt setzt auch die ausgedehnte Berücksichtigung der Passivitätsphänomene ein. Genesis, Assoziation und Passivität sind bei Husserl drei zusammenhängende Problemtitel. Als passiv, d.h. ohne eigentliche Ichbeteiligung erfolgend, werden die untersten Stufen der Bewusstseinsgenese sowie verschiedene, mit den aktiven Leistungen des Bewusstseins ständig, wenn auch latent und unbeachtet, mitfungierende Prozesse charakterisiert. Zusammen mit den Synthesen des innern Zeitbewusstseins ist die Assoziation ,,eine allerwichtigste und völlig universal fungierende Gestalt passiver Genesis".[22]

Den eingehendsten Versuch einer Abgrenzung der statischen und der genetischen Phänomenologie aus der Zeit der aufkommenden Beschäftigung mit den Themen der Genesis, der Assoziation und der Passivität enthält das Manuskript B III 10, verfasst 1921 in St. Märgen.[23] Die statische Phänomenologie wird hier formal als eine phänomenologische Beschreibung von Wesen und Wesenszusammenhängen dargestellt. Material werden ihr hauptsächlich zwei Aufgaben zugewiesen, die Deskription des noetisch-noematischen Korrelationsverhältnisses zwischen dem Bewusstsein und seinen Gegenständen und die Typik der verschiedenen Gegenständlichkeiten. Die statische Phänomenologie erschöpft sich darnach in der Betrachtung der noetischen Zusammenhänge, in denen sich noematische Zusammenhänge, Gegenstände und Bedeutungen sowie die diversen Beziehungen zwischen ihnen konstituieren. ,,Statisch kann ich wohl phänomenologische Forschungen bezeichnen, die den Korrelationen zwischen konstituierendem Bewusstsein und konstituierter Gegenständlichkeit nachgehen und genetische Probleme überhaupt ausschliessen."[24] Sie ist eine ,,Deskription einzelner Erlebnistypen, hyletischer und intentionaler, die sich in der... ,inneren Erfahrung' darbieten",[25] ,,eine Phänomenologie der Leitfäden, die Phänomenologie der Konstitution leitender Typen von Gegenständlichkeiten".[26] ,,Indessen: Statisch beschreibe ich nicht nur die konstitutiven Möglichkeiten in bezug auf einen Gegenstand als Leitfaden, ich beschreibe auch die Typik der

---

[22] *Analysen zur passiven Synthesis*, S. 76.
[23] S. 33-72. Ein Teil davon (S. 54-71) wurde als Abhandlung III in die *Analysen zur passiven Synthesis* aufgenommen (S. 336-345).
[24] Ms. B III 10, S. 33f.
[25] a.a.O. S. 43.
[26] a.a.O. S. 41.

Zusammenhänge im Bewusstsein irgendeiner Entwicklungsstufe. ..."[27]
Die verschiedenen Formen und Typen des Bewusstseins können schon
in der statischen Phänomenologie als stufenmässig zusammengehende
Konstitutionsschichten erkannt werden wie etwa die Folge „immanente
zeitliche Einheiten" – „Phantome" – Naturdinge – „Animalien". Aber
es handelt sich dabei um eine rein statische Schichtung, um eine teleo-
logische Fundierungsordnung, in der die obere Stufe auf der nächst
untern aufruht. Das Fundierungsverhältnis besteht korrelativ in den
noetischen Bewusstseinsakten und in den noematischen Aktinhalten.
Fundiert im Gegensatz zu schlicht gegeben heisst, was wesensmässig
unselbständig ist und zu seiner Existenz eines andern bedarf. Das
Fundierungsverhältnis ist ein „idealgesetzlicher Zusammenhang", und
kein „realgesetzlicher" Kausalnexus, bei dem die untere Stufe die
nächsthöhere kausal bzw. motivational hervorbringt.[28]

Den motivationalen Zusammenhängen geht erst die genetische
Phänomenologie nach. „Indem die Phänomenologie der Genesis dem
ursprünglichen Werden im Zeitstrom, das selbst ein ursprünglich
konstituierendes Werden ist, und den genetisch fungierenden sogenannten ‚Motivationen' nachgeht, zeigt sie, wie Bewusstsein aus
Bewusstsein wird, wie dabei im Werden sich immerfort auch konstitutive Leistung vollzieht, so der Bedingtheitszusammenhang zwischen
Motivanten und Motivaten oder der notwendige Uebergang von
Impression in Retention, ..."[29] Die genetische Phänomenologie, zur
Abhebung von der beschreibenden statischen auch erklärende Phänomenologie geheissen,[30] erklärt die „Konstitution" der statisch beschriebenen noetisch-noematischen Gegenstandkonstitution. „Die
genetische Analyse ist die verstehende Aufklärung der genetischen
Konstitution, das ist der Konstitution dieser Konstitution, der Genese
der betreffenden Habitualität und habituellen Apperzeptionsart."[31]
Sie zeichnet die Geschichte, nicht die faktische, ontogenetische oder
phylogenetische, sondern die Wesensgeschichte der Apperzeptions-
typen nach, der Gegenstandstypen des Dings, des Werkzeugs, des

---

[27] a.a.O. S. 42.
[28] Zum Begriff der Fundierung vgl. *III. Logische Untersuchung*, § 14; *VI. Untersuchung*, §§ 6, 46f. Zum nichtgenetischen Charakter der „idealgesetzlichen Zusammenhänge" vgl. *V. Untersuchung*, § 35. Beachte die verstärkte Abschirmung des
nichtgenetischen Zusammenhangs in der zweiten Auflage!
[29] Ms. B III 10, S. 41.
[30] *Analysen zur passiven Synthesis*, S. 340.
[31] Ms. B. III 10, S. 48.

Kulturguts, dann der Ich- und der Fremd- und schliesslich der Welt-
erfahrung als Ganzes. Unsere gängigen Apperzeptionen stellen sich
nur ein, weil ihnen andere und besonders geartete Apperzeptionen
vorangegangen sind, in deren „apperzeptiven Horizont" sie potential
und motivational aufscheinen. „Diese ‚Geschichte' des Bewusstseins...
betrifft nicht die Aufweisung faktischer Genesis für faktische Apperzeptionen... Und nicht das notwendige Werden der jeweiligen einzelnen Apperzeption (wenn sie als Faktum gedacht ist) wird gegeben,
sondern es ist mit der Wesensgenesis nur gegeben der Modus der
Genesis, in dem irgendeine Apperzeption dieses Typus in einem individuellen Bewusstseinsstrom ursprünglich entstanden sein musste..."[32]
    Es ist Husserl nicht recht gelungen, statische und genetische Phäno-
menologie voneinander ohne Ueberlappungen abzuscheiden. Die
statische Beschreibung soll den Boden hergeben für die genetische
Aufklärung. „Die statische Analyse ermöglicht allererst die genetische,
die Aufklärung eben der Genese der betreffenden statischen Gebilde."[33]
Das Objekt der statischen Phänomenologie liess sich jedoch nur bezeichnen mit Zusätzen von der Art „unter Ausschluss der genetischen
Probleme". Wie kann eine statische Darlegung von etwas so wesenhaft
Genetischem, wie es das Bewusstsein ist, überhaupt möglich sein?
„Aber statisch kann man doch nicht den universalen Zusammenhang
einer Monade als solcher beschreiben, also beschreiben, wie sich die
verschiedenartigen Erlebnisse der schon bekannten Grundtypen in der
Einheit dieses monadischen Zusammenhangs, der eben ‚Eine Monade'
macht, verhalten, was diese Einheit selbst macht. Das kann man nicht,
weil die Monade eben wesenhaft eine genetische Einheit ist..."[34]
Zu den definitorischen Ueberschneidungen passt die von Husserl selbst
vorgenommene Rückdatierung der genetischen Thematik um mehr als
ein Jahrzehnt.[35] Dazu ist zu beachten, dass Husserl den Urgrund aller
Genesis, die alles Bewusstsein durchherrschende Zeitkonstitution, das
primitivste Beispiel einer „genetisch fungierenden Motivation" und
dafür, wie „im Werden sich immerfort konstitutive Leistung vollzieht",
in den Vorlesungen *Zur Phänomenologie des inneren Zeitbewusstseins*
wohl aufgedeckt hatte, die Phänomenologie der Zeitkonstitution
jedoch vor 1918 nie als eine genetische bezeichnete. Abschliessend

[32] *Analysen zur passiven Synthesis*, S. 339.
[33] Ms. B III 10, S. 50.
[34] a.a.O. S. 45f, vgl. *Formale und transzendentale Logik*, Beilage II, S. 279.
[35] In einem Brief an P. Natorp vom 29. Juli 1918, zitiert bei I. Kern, a.a.O.
S. 346f.

kann man sagen, dass statische und genetische Phänomenologie zwei abstraktive oder reduktive Modi des Zugangs zum selben genetisch erwachsenden Phänomen des vielfältigen Bewusstseins sind.

Innerhalb der genetischen Phänomenologie wird die Assoziation als eine genetische und als eine passive Synthesis definiert.

Die Assoziation ist *eine genetische Synthesis*. – Es fällt auf, wie die genetische Funktion der Assoziation schon bei ihrer frühesten Beschreibung in der *I. Logischen Untersuchung* durchbricht. Der Paragraph, der ihr gewidmet ist, trägt die Ueberschrift ,,Exkurs über die Entstehung der Anzeige aus der Assoziation". Der Begriff des ,,Anzeichens" verdankt seinen Ursprung einer Gruppe von psychischen Tatsachen, die unter den historischen Titel ,,Ideenassoziation·' fallen. Die Assoziation erweist sich als ,,schöpferisch", ,,indem sie nämlich deskriptiv eigentümliche Charaktere und Einheitsformen schafft".[36] An der Assoziation liegt es, dass ein Gegenstand nicht mehr für sich allein gilt, sondern einen von ihm verschiedenen Gegenstand vorstellig macht und mit ihm nun eine phänomenale Einheit bildet. In der *VI. Untersuchung* wird die Erklärung einer signitiven Intention durch eine Assoziation, die von einer gegenwärtigen Anschauung aus dispositionell erregt wird und sich auf den bedeutenden Ausdruck richtet, ausdrücklich mit dem Prädikat ,,genetisch" versehen.[37] Wir finden hier also im Zusammenhang der Assoziation expressis verbis genetische Analysen zu einer Zeit, da Husserl eben die Methode der statischen Phänomenologie entdeckt hat und am Ausbauen ist. Es ist aber für diese Zeit bezeichnend, dass sich Husserl an der erstzitierten Stelle sofort für ,,die personifizierende Rede von der Assoziation, die etwas schafft" mit dem Hinweis entschuldigt, die ,,bildliche" Ausdrucksweise sei der leichtern Verständigung wegen unentbehrlich. In *Erfahrung und Urteil* wird dann die phänomenologische Aufweisung des Ursprungs der Anzeige aus der Assoziation als eine Tat vorgestellt, die in den *Logischen Untersuchungen* ,,schon den Keim der genetischen Phänomenologie" bildete.[38] An der gleichen Stelle wird die Assoziation nicht nur wegen ihrer Leistung von neuen Bewusstseinsformen, sondern auch für sich selbst als ein genetisches Phänomen ausgegeben. Sie ,,gibt sich in sich selbst als Genesis; das eine Glied ist bewusstseinsmässig charakterisiert als weckendes und das andere als gewecktes".

[36] *I. Logische Untersuchung*, § 4, S. 29.
[37] § 15, S. 60.
[38] § 16, S. 78,

Auf die genetische Bedeutung der Assoziation lässt schon der äussere Umstand, dass sie Husserl hauptsächlich in seinen Vorlesungen zur genetischen Logik der frühen zwanziger Jahre, einer grossangelegten „Genealogie der Logik",[39] darlegt, schliessen. Während die formale Logik eine Analytik der Denkgesetze und eine Technologie des richtigen und evidenten Denkens ist, fragt die genetische Logik nach dem subjektiven Werdegang von Evidenz und nach ihren unterschiedlichen Ausgestaltungen. Ein evidentes prädikatives Urteilen liegt letztlich nur vor, wenn zuerst die vorprädikative Evidenz von Gegenständen, die ja als Subjekte in das Urteil eintreten, sowie die aller aktiven, logischen Evidentmachung vorangehenden und sie motivierenden passiven Bewährungssynthesen aufgebracht sind.

Es gibt Gegenständlichkeiten, wie es die mathematischen und logischen sind, die nur dadurch gegeben sind, dass sie ein Subjekt in thematischen Ichakten selbsttätig erzeugt. Zahlen sind für uns ursprünglich nur da in Aktionen des Zählens, Urteile in Aktionen des Urteilens, Theorien in Aktionen des Theoretisierens. Demgegenüber gibt es andersartige Gegenständlichkeiten, die dem erfahrenden Subjekt vorgegeben sind, die es erfährt, indem es Akte der Rezeptivität übt, Akte des Erfassens und des Auseinanderlegens und des Zusammengreifens dessen, was schon da ist. Mathematische, logische und allgemein theoretische Gegenstände sind uns nur dadurch möglich, dass solche andere Gegenstände rezeptiv vorliegen. Die ersten Untersuchungen zur transzendentalen Logik haben sich daher diesen rezeptiv gegebenen Gegenständen zuzuwenden. Nach der umfassenden phänomenologischen Reduktion ist demnach eine weitere Beschränkung vonnöten, „die Beschränkung der transzendentalen Aesthetik": „Wir schliessen alles urteilsmässige Wissen aus, überhaupt die gesamte Sphäre des sich auf Anschauung gründenden bestimmenden und prädizierenden Denkens. Wir beschränken uns ausschliesslich also auf Anschauung und näher auf Wahrnehmung, also auch auf das Weltphänomen nur, sofern es Wahrnehmungsphänomen ist."[40]

---

[39] So lautet der Untertitel von *Erfahrung und Urteil*, das in weiten Teilen auf diesen Vorlesungen fusst. Vgl. die Einleitungen zu *Husserliana Bd. XI* und *Erfahrung und Urteil*. Leider fehlt im Bd. XI, wie schon im Bd. IX, ein Index der vielen wörtlich identischen Stellen in *Erfahrung und Urteil*.

[40] *Analysen zur passiven Synthesis*, Abhandlung I, S. 295. Den Titel „Transzendentale Aesthetik" fasst Husserl weiter als Kant; vgl. I. Kern, a.a.O. S. 251ff. Er betrifft nicht nur die formale, sondern auch die materiale, ja kausale – soweit diese phänomenal erfahren werden kann – Konstitution der sinnlichen Erfahrung.

Es ist der Bereich der transzendentalen Aesthetik, in dem sich Husserl zuerst an die Erörterung der assoziativen Synthesen herantastet. Dafür ist neben der vorgesetzten Aufgabe einer Genealogie der Logik noch ein zweites Motiv massgebend, das methodologische Anliegen der grössern Einfachheit. Die Aufdeckung der relativ einfachen Synthesen, in denen sich ein raumzeitlicher Körper konstituiert, gibt ein exemplarisches Muster ab für die Untersuchung der komplexern Synthesen im Bereich des emotionalen Lebens, des axiologischen und des praktischen Verhaltens.[41]

Die Assoziation ist *eine passive Synthesis*. – Dem rätselvollen Begriff der passiven Synthesis werden wir das Schlusskapitel des ersten Teils widmen. Hier soll nur zu seinem vorläufigen Verständnis darauf aufmerksam gemacht werden, dass Passivität in einem zweifachen Gegensatz zu Aktivität steht. Wir sprechen von Passivität nicht nur bei jemand, der „leidet", der etwas erduldet oder empfängt, sondern ebenfalls bei jemand, der „untätig" oder an einem statthabenden Ereignis „unbeteiligt" ist. Ein blosser Zuschauer, der bei einer Demonstration oder bei einem Spiel nicht aktiv eingreift, ist ein „passiver Beobachter". Husserl gebraucht in der Rede von der passiven Synthesis den Ausdruck in dieser zweiten Bedeutung der Inaktivität. Wer bei ihr untätig und unbeteiligt ist, ist das Ich, dass akthaft Sinnstiftungen und Urteile hervorbringt. Die assoziative Synthesis ist nicht wie die in der *Philosophie der Arithmetik* beschriebene kollektive Zusammenfassung eine Verbindung, die einem intentionalen Akt des Ich entspringt, der seinerseits in einem vorgängigen Akt der Erfassung einzelner Gegenstände fundiert ist. Sie ist eine Verbindung, die sich schlicht und gleichsam „von selbst" mit dem blossen Auftreten von Bewusstseinsgegebenheiten einstellt, ohne dass das Ich sich intentional auf sie richtet.

---

[41] *Erfahrung und Urteil*, Einleitung, § 14, S. 69f.

2. KAPITEL

DIE ASSOZIATIONSFORMEN

Husserl unterscheidet zwei grosse Gruppen von Assoziationen, die „Assoziationen im gewöhnlichen Sinn", die zu Wiedererinnerungen, „Gegenwartserinnerungen" und Zukunftserwartungen führen, und die Verschmelzungen von affektiven und voraffektiven Einheiten innerhalb der impressionalen Sphäre der lebendigen Gegenwart. In der ersten Fassung der Vorlesungen zur genetischen Logik nennt er diese „originäre" oder „impressionale Assoziationen"; in den folgenden Fassungen führt er für sie den Titel „Urassoziation" ein.[1]

Mit dieser auch in der sensualistischen Literatur gebräuchlichen Unterscheidung kreuzt sich dann eine weitere nach affektiver und apperzeptiver Uebertragung und Nachwirkung. In einer ersten Form der Synthesis wirkt die affektive Kraft von vorgegenständlichen oder gegenständlichen Einheiten auf andere naheliegende oder ähnliche Gegebenheiten ein. Durch eine „Uebertragung der affektiven Kraft" von einem Terminus auf den andern kommt es zu einer „affektiven Kommunikation".[2] Wird mehr als die Affektivität, nämlich die aktuelle oder habituelle Geltung, Sinnstiftung oder Apperzeption übergeführt, so spricht Husserl von einer „apperzeptiven Uebertragung". Das Resultat ist nun nicht mehr eine sinnlich-affektive Verschmelzung, sondern eine „Geltungseinheit". In einem späten Manuskript von 1933[3] bringt Husserl folgende Aufreihung: „1. Assoziation – als konstitutive Verschmelzung, Abhebung und Paarung, Pluralisierung – instinktiv und ohne Beteiligung des Ich als Zentrum, von dem Aktivität ausgeht, die ‚Assoziation', Einheitsbildung voraussetzt als affizierende Einheit. 2. Assoziation von Geltungseinheiten,... Diese Seienden als Geltungen des Ich haben abermals und in besonderer Weise

[1] *Analysen zur passiven Synthesis*, S. 151, 273, 286.
[2] a.a.O. S. 180.
[3] Ms. D 14, S. 82.

ihre Assoziation. – Sie verbinden sich nämlich, ohne dass die Verbindung die einer besonderen verbindenden Aktivität wäre, insofern
also inaktiv ist... 3. Die ‚Assoziation' als aktive Verbindung, die
eigentliche Syn-these, das kollektive Ineinsgreifen und Herausgreifen
und als Einheit, als Eines, etwas für sich thematisch machen." Die
zwei ersten Formen sind Assoziationen im eigentlichen und passiven
Sinn, die dritte wird nur aus Gründen der sprachlichen Angleichung
und der Systematisierung mit demselben Titel bedacht.

§ 7. Assoziationen im gewöhnlichen Sinn

(a) Reproduktive Assoziationen

Die Reproduktionen bilden den naheliegensten Zugang zu den
Tatsachen und Wesensgesetzen der Assoziation.[4] Entsprechend gelten
sie als Assoziationen im ersten und eigentlichen Sinn, ihnen folgen die
antizipierenden als eine höhere Stufe der Assoziationslehre. Erst recht
sind sie gegenüber den Urassoziationen, die der eigentlichen Gegenstandskonstitution vorausgehen, die „für uns Ersten", sofern das
Bewusstsein in seiner gegenständlichen Polarisierung den Ausgangspunkt der phänomenologischen Analyse abgibt.

Die reproduktive Assoziation zerfällt in zwei Phasen, die der blossen
Weckung einer Leervorstellung und die der eigentlichen Reproduktion.
Bei der Leervorstellung gelangen nur vereinzelte Sinnesmomente des
angepeilten Gegenstands zur Abhebung, der Rest bleibt leer vermeint.
Jede Leervorstellung tendiert in sich nach der vollumfänglichen und
selbstgebenden Produktion, bzw. Reproduktion ihres Intendierten.
Die grosse Leistung der Reproduktion ist es, dass sie im retentionalen
Horizont längst Sedimentiertes und affektiv Erkaltetes wieder wirksam
und zwar in neuer Gestalt konstitutiv wirksam werden lässt. Gegenüber der ursprünglichen Wahrnehmung gibt sich die Wiedererinnerung
als ein Modus des Wiederzurückkommens auf Bekanntes, des Wieder-
sich-Vergegenwärtigens, nicht wirklich erfahrend, sondern als ob man
erführe. Je nachdem, ob ein Gegenstand an eine seiner eigenen frühern
Erfahrungen oder an die eines ähnlichen, andern Gegenstandes erinnert, gibt sich die Assoziation als eine Identitäts- oder Gleichheits-
deckung[5] und das Assoziierte als ein Identisches oder Gleiches, jedenfalls aber als ein schon Bekanntes.

---

[4] *Analysen zur passiven Synthesis*, S. 119-124, 172-184, 270-275.
[5] Ms. D 16, S. 1f (Anfang März 1933).

„Assoziation ist Weckung."[6] Es gibt eine Weckung, die sich auf die affektive Verstärkung von andern ebenfalls schon, jedoch schwächer affizierenden Gegebenheiten reduziert. Ein plötzlich überstark aufscheinendes Licht einer Reihe hebt mit einem Schlage auch alle andern Lichter kräftiger aus der Fülle der übrigen Eindrücke ab. Bedeutsamer als die verstärkte Abhebung von schon Bewusstem ist die wirkliche Weckung von gar nicht Affizierendem, von Verborgenem. Aber auch hier zeigt sich die Wesensgesetzlichkeit, dass reproduktive Weckung nur möglich ist, weil das Geweckte im sogenannten Hintergrundbewusstsein impliziert ist. Der assoziativen Synthesis geht die zeitliche Einheit des Bewusstseinsstromes als Bedingung der Möglichkeit voran.

Die Reproduktion der Nahsphäre der noch lebendigen Retention erscheint gegenüber der Reproduktion der Fernsphäre privilegiert. In der Nahsphäre ordnet sich das Geweckte dem Feld der impressionalen Gegenwart wieder ein und erweitert dieses. Die Assoziation breitet sich hier kontinuierlich in starrer Ordnung aus. Die Reproduktion der Fernsphäre, der der unmittelbare Zusammenhang mit der weckenden Gegenwart abgeht, zeichnet sich durch ihre Sprunghaftigkeit aus. Die Kontinuität der erweiterten impressionalen Gegenwart verunmöglicht jegliche Modalisierung. Die Wiederveranschaulichung der auslaufenden, aber noch lebendigen Retentionen gibt sich in durchgängiger Einstimmigkeit als undurchstreichbar. Unstimmigkeiten erwachsen erst mit den Fernweckungen.

Zu den rückgewendeten Assoziationen der Reproduktion schlägt Husserl auch die „nebengerichteten", in den mitgegenwärtigen Horizont überspringenden Assoziationen, „Gegenwartserinnerungen" genannt. Mit den kinästhetischen Zuwendungen, die sie motivieren, haben sie allerdings eher antizipierenden als reproduzierenden Charakter.

(b) Antizipative Assoziationen

Die antizipierende Assoziation richtet sich in die Zukunft.[7] Sie füllt den leeren Zukunftshorizont mit mehr oder weniger konkreten Gehalten. Sie entwirft und begünstigt Einheits- und Sinnbildungen nach dem Vorbild vergangener Erscheinungszusammenhänge. Die Genesis der assoziativen Erwartung und die Genesis der Apperzeptionen gehören zusammen. Die antizipierende Assoziation ist „apperzeptiv".

---

[6] *Analysen zur passiven Synthesis*, Beilage XVIII, S. 408.
[7] a.a.O. S. 119f, 184-191, 243-245.

Die Eigenart, der Verlauf und der Grad der Wahrscheinlichkeit des Vorweggenommenen ist vermittelt durch die Beschaffenheit der reproduktiven Assoziation. War in einer vergangenen Wahrnehmung q in Verbindung mit p gegeben, weckt das Auftreten von p' das verwandte p in seiner Verbindung mit q. In eins mit p' wird nun auch q' erwartet. „Wir können hier direkt die Motivationskausalität als eine Notwendigkeit sehen."[8] Nicht, dass q' tatsächlich folgt, ist evident und notwendig, sondern dass es erwartet und protentional antizipiert wird. Zur Erwartung gehört die Möglichkeit, dass sie sich nicht erfüllt und einer Modalisierung unterliegt.

Ihres induzierenden Charakters wegen nennt Husserl die antizipative Assoziation auch „induktive Assoziation". In einem spätern Manuskript werden Assoziation und Induktion ganz allgemein zur Bezeichnung der zusammenhangsstiftenden Leistung des Bewusstseins gleichgesetzt. „Assoziieren ist selbst nur ein Name für Induzieren und besagt: etwas erinnert an etwas."[9] „Induktion ist in erster Ursprünglichkeit nicht ein logisch schliessender Prozess, also der Sphäre prädikativen Urteils zugehörig und korrelativ der Titel für eine Art von Beweisen..., sondern ein zum Bereich der Erfahrung selbst und der aus Erfahrung erworbenen Seinsgewissheit gehöriger Prozess der ‚Vorzeichnung', bzw. ‚Verweisung', eben Induktion."[10] Diese ursprüngliche Induktion der assoziativen Weckung und Verweisung bildet die passive Unterstufe der induktiven Schlussweisen der Logik. Was die passiven Induktionen den aktiven gegenüber kennzeichnet, ist die Tatsache, dass sie sich im kontinuierlichen Strömen „von selbst" berechtigen und nicht einer nachkommenden Begründung bedürftig sind. „Was man sonst Assoziation und assoziativer Vorglaube durch Analogie nennt, das gehört also von vornherein schon zum Aufbau jeder schlichten Wahrnehmung, aber gehört dazu als ein Wesensmoment, näher als eine stetige Assoziation, die eine ursprüngliche und völlig evidente Rechtskraft darstellt..."[11]

§ 8. Urassoziationen

Die Assoziation ist nicht nur bei den inhaltlichen Zusammenhangsbeziehungen der Gegenwart mit der Vergangenheit und der Zukunft

---

8 a.a.O. S. 188.
9 Ms. A VII 11, S. 109 (Oktober 1932).
10 a.a.O. S. 107.
11 Ms. F I 32, S. 243 (Vorlesungen „Natur und Geist", SS 1927).

im Spiel. Sie ist auch beteiligt an der Strukturierung der Gegenwart, in der die weiteren Weckungen ihren Ausgang nehmen. Die Assoziationen im Feld der Gegenwart, die wir nun angehen, unterscheiden sich von den aufgezählten nicht so sehr durch ihren zeitlichen Kontext als durch den Status ihrer Termini und ihrer Resultate. Antizipative und reproduktive Assoziationen haben zwischen auskonstituierten Gegenständen statt, die Urassoziationen der lebendigen Gegenwart schaffen allererst die affektiven Einheiten und Mehrheiten, die für die Gegenstandskonstitution vorausgesetzt sind.

(a) Affektive Assoziationen

Diskontinuierlich über eine weisse Grundfläche verteilte verschiedenartige Farbkleckse schliessen sich zu gleichfarbigen Gruppen zusammen. Die gleichartigen gehen „Fernverschmelzungen" ein. Ueber den zwischen ihnen durchscheinenden Untergrund und die andersfarbigen Flecken hinweg verschmelzen sie zu einer Konfiguration. Analoges wie für die koexistierenden Farben gilt für die sukzessiven Töne einer Melodie. Auch im Bereich der protentional und retentional ausgestalteten Gegenwart kann man rückgewendete, vorgewendete und nebengerichtete Assoziationen ausscheiden.

Wird eine homogen sich ausbreitende Farbfläche nicht durch andere Farben gestört, kommt es in einer kontinuierlichen „Nahverschmelzung" zur Abhebung einer „ursprünglichen Einzelheit". Durchgehende Homogenität führt zur Absonderung einer Einzelheit, intermittierende Heterogenität zur Abhebung von Mehrheiten.[12] Eine ins Gesichtsfeld eintretende Farbfläche strahlt sogleich auf den Rest der Fläche, der noch im Hintergrund und im Horizont liegen mag, über, weckt sie und weckt in anderer Hinsicht auch die kinästhetische Zuwendung, die entsprechende Augen- und Kopfbewegung, die die ganze Fläche ansichtig macht. „Die Einführung der Rede von Weckung deutet natürlich schon an, dass wir es hier mit etwas den Assoziationen im gemeinen Sinn so nah Verwandtem zu tun haben, dass in erweitertem schon hier von Assoziationen, von Urassoziationen gesprochen werden könnte, bei denen also noch nicht Reproduktion in Frage ist."[13]

---

[12] Als Mehrheit bezeichnet Husserl eine Vielheit von affizierenden Einzelheiten, die noch nicht in einem Akt der Erfassung und der Kollektion als eine „Menge" vergegenständlicht worden ist. Vgl. *Analysen zur passiven Synthesis*, S. 417ff, 271f, 285; *Erfahrung und Urteil*, §§ 24d, 34, 61f.
[13] *Analysen zur passiven Synthesis*, S. 151

Affektion und Assoziation verquicken sich und lassen sich nicht isoliert aufklären. „Entscheidende Einsichten in das Wesen der Assoziation können wir nur gewinnen, wenn wir die Funktion der Affektion, ihre Eigenart und ihre Abhängigkeit von ihren Wesensbedingungen zum gesetzlichen Verständnis bringen."[14] Umgekehrt finden wir bei den Affektionen gerade jene Gesetzlichkeiten wieder, die bei den Assoziationen „im gemeinen Sinn" eruiert werden konnten.

Eine Affektion wird als ein Reiz definiert,[15] der von einer Bewusstseinsgegebenheit auf das Ich ausgeübt wird, es zu einer interessierten und aktiven Zuwendung einladend. Eine Uraffektion wird dieser Reiz genannt,[16] wenn er von einer noch nicht vergegenständlichten, vorobjektiven intentionalen Einheit ausstrahlt. Die affektiven Einheiten bilden die ursprünglichste Grundlage für die Aktivitäten des Ich, seine Rezeption, Apperzeption, Explikation, Kollektion usf..

Jedes affizierende Datum zeigt in sich eine genetische Konstitution, in erster Linie eine zeitlich-formale und darauf aufgebaut eine hyletisch-materiale Genesis. „Jedes abgehobene Datum steht nicht nur äusserlich zu anderen in lebendigen Beziehungen der Sukzession. Vielmehr es hat in sich selbst einen inneren synthetischen Aufbau, und zwar ist es in sich selbst eine Kontinuität der Folge. Diese innere Kontinuität ist das Fundament einer kontinuierlichen inhaltlichen Verschmelzung."[17] Jede inhaltliche Verschmelzung impliziert eine Abhebung gegenüber seiner Umgebung. Alle einheitliche Abhebung ist „Abhebung durch inhaltliche Verschmelzung unter Kontrast".[18] Wie Husserl in diesen Analysen der affektiven Einheiten, die voller

---

[14] a.a.O. S. 163; vgl. unten § 21.

[15] Die ausführlichsten Texte zu einer Phänomenologie der Affektion finden sich in der überarbeiteten Fassung der Vorlesungen zur genetischen Logik (*Analysen zur passiven Synthesis*, S. 148ff) sowie im III. Teil der *Studien zur Struktur des Bewusstseins*, insbesondere in den §§ 27-31 (Ms. M III 3 III 1 I, S. 106ff und M III 3 III 1 II, S. 1ff). Wichtige Beiträge liefern auch verschiedene C-Manuskripte, so C 3 III (März 1931) und C 10 (1931), und schliesslich E III 9 (1931-1933). – Ein offensichtlicher Mangel der Husserlschen Affektionslehre liegt, insbesondere bei ihrer Bestimmung als einer Funktion des Kontrasts, in der fehlenden Unterscheidung zwischen ihrer Intensität und ihrer Qualität, d.h. zwischen der Affektion als einer „affizierenden Kraft" und als einer qualitätsmässigen Gegebenheit. Ferner wird zu künstlich von ihrer vitalen und emotionalen Bedeutung abstrahiert, die für ihren qualitätsmässigen Inhalt konstitutiv ist, wie das in Merleau-Pontys *Phänomenologie der Wahrnehmung* zur Geltung gebracht wird. Vgl. unten §§ 11, 21.

[16] Ms. C 16 IV, S. 23 (März 1932).

[17] *Analysen zur passiven Synthesis*, S. 140.

[18] a.a.O. S. 194.

intentionaler Verweisungen sind, seinen ursprünglichen Begriff der Empfindungsdaten, die gerade keine Intentionalität in sich haben sollen, überholt, zeigen wir im 5. Kapitel.

(b) Voraffektive Assoziationen

Das Ich, so scheint es, wird von hyletischen Einheiten und Verbindungen affiziert, die ohne eine besondere Leistung der Affektion geworden sind. Die affizierenden Einheiten scheinen schon „geleistete Arbeit"[19] vorauszusetzen. Hyletische Kontinuen und die Einheit der Sinnesfelder könnten als solche „in starrer Passivität" ohne alles Einwirken von Affektionen erstellte Ganzheiten angesetzt werden.

In den Vorlesungen zur genetischen Logik stellt Husserl die voraffektive Einheitsbildung nur zur Diskussion.[20] Erst erweckt sie den Anschein der Evidenz, dann aber entpuppt sie sich doch als phänomenologisch höchst problematisch. Einheiten, die sich für sich bilden und erst nachträglich das Ich affizieren, sind Substruktionen, mit denen die Sphäre der Phänomenologie unterschritten wird. Eine Theorie der voraffektiven Konstitution ist nur soweit eine phänomenologische, als sie ihre Motive „aus den Evidenzen der ersten Stufe" – das sind die affektiv gewordenen Einheiten und Mehrheiten – zu schöpfen vermag. Von ihnen muss jede Theorie der Konstitution von „Unbewusstem" ihren Ausgang nehmen.

In einigen Beilagen zu den Vorlesungen operiert Husserl wenigstens hypothetisch mit der Annahme von nicht affektiv gewordenen Verbindungen. „Nehmen wir an, in der Passivität ist alles Deckungsfähige eo ipso in Deckungssynthese, also ohne eigentliche Kausalität, dann ist die assoziative Synthese keine blosse Deckungssynthese, sondern etwas Neues, das sie nur voraussetzt."[21] Desgleichen erscheinen in *Erfahrung und Urteil* „unbewusste" Deckungssynthesen als Voraussetzung der assoziativen Weckung. Allerdings handelt es sich dabei nicht um ursprünglich voraffektive Einheiten, sondern um unaffektiv gewordene ehemalige Anschauungen. „Dass solche ‚Weckung', ausstrahlend von Gegenwärtigem und gerichtet auf Verlebendigung von Vergangenem, möglich ist, muss seinen Grund darin haben, dass zwischen Gleichem und Aehnlichem schon voraus passiv konstituiert

---

[19] a.a.O. S. 160.
[20] a.a.O. S. 159-166.
[21] a.a.O. Beilage XXIV, S. 427. Vgl. Beilage XVIII, S. 408; dagegen Beilage VIII, S. 378f.

ist eine ‚sinnliche' Einheit, eine Einheit im ‚Unterbewusstsein', die verschiedene Lagen der wirklichen und versunkenen Anschauungen verbindet. So gehen durch alle Lagen und nach allen Gleichheiten und Aehnlichkeiten beständig Verbindungen, und das ‚Wecken', das Erinnern an Früheres, ist nur Verlebendigung von etwas, was vorher schon da war."[22]

---

[22] *Erfahrung und Urteil*, S. 209f; vgl. dazu *Analysen zur passiven Synthesis*, S. 179.

3. KAPITEL

DIE ASSOZIATIONSGESETZE

Auf den ersten Blick nimmt sich Husserls Darlegung der Assoziationsprinzipien – Aehnlichkeit, Kontrast, Kontiguität – konven-
tionell aus. Ihre Originalität drängt sich aber bald auf, einmal in der
streng intentionalen und apriorischen Fassung ihres Gesetzescharak-
ters, wie er sich am prägnantesten in der phänomenologischen Fassung
der alten und ausgedienten Kontiguitätsassoziation als Horizontinten-
tion zeigt und zum andern in ihrer klaren Abhebung gegenüber den
zeitlichen und räumlichen Ordnungs- und Gestaltfaktoren, die als
blosse Bedingungen der Möglichkeit der Einheitsbildung vorgestellt
werden.

Um unter den vielen Einheitsfaktoren die passiven der ursprünglichen Assoziation freizulegen, müssen alle aktiven einheitsstiftenden
Leistungen des Bewusstseins, seine Apperzeptionen und Interessen,
ausgeschaltet werden. Das ist weder ein leichtes noch ein unproble-
matisches Unterfangen. Das Ineinander von assoziativer und gegenständlicher Synthesis und das Miteinander von assoziativer und eigentlicher Sinn-Motivation wird uns noch beschäftigen.[1] In diesem Kapitel
bemühen wir uns nur um die phänomenologische Fassung der traditionellen Assoziationsgesetze, wie sie Husserl unter Abstraktion von
allen apperzeptions- und tendenzpsychologischen Interferenzen in den
Vorlesungen zur genetischen Logik angeht.[2] Mit den aktiven Strebungen schaltet er zugleich aus methodologischen Gründen auch „die
mit den sinnlichen Daten ursprünglich einigen Gefühle" sowie alle
Instinkt- und Triebphänomene aus, obschon sie mit zum „Getriebe in
der Sphäre der Passivität"[3] gehören, und wohl wissend, dass er damit

[1] Vgl. unten §§ 38, 63, 67.
[2] *Analysen zur passiven Synthesis*, S. 128-160; Beilagen XVII-XIX, S. 398-416.
[3] *Ideen II*, S. 222.

„vielleicht die wirksamsten Motive" unberücksichtigt lässt.[4] Erst in den Jahren nach 1930 versucht er sich vermehrt an ihrer phänomenologischen Aufklärung, kommt jedoch in diesen Altersmanuskripten nicht mehr über fragmentarische Aperçus hinaus.[5]

§ 9. *Die eigentlichen Motivanten der assoziativen Synthesis*

Aehnlichkeit. – Die Aufführung der Aehnlichkeit fehlt bei allen früheren Texten zur Assoziation in den *Logischen Untersuchungen* und in den *Studien zur Struktur des Bewusstseins.* Von der Wiederaufnahme der Assoziationsthematik ab 1917/18 an und so auch in den Vorlesungen zur genetischen Logik nimmt sie dann aber den breitesten Raum ein und droht zeitweise sogar die Faktoren des Kontrasts und der Kontiguität gänzlich zu verdrängen. Für diese auffällige Tatsache lassen sich zwei Gründe ins Feld führen. Husserl kommt in der genetischen Logik von der Evidenzproblematik der Wiedererinnerung her auf die Phänomene der Assoziation. In der Wiedererinnerung aber spielt die Aehnlichkeitsassoziation die „primäre und fundierende" Rolle.[6] Auf ihrer Basis kann es dann zur weitern Ausbreitung der Erinnerung durch Assoziationen nach Berührung kommen. Ein mehr sachlicher Grund dürfte darin zu finden sein, dass bei der Aehnlichkeit die intentionale Verweisung und die Tendenz zur Deckung und Verschmelzung, z.B. bei zwei homogenen Farbflecken auf einem heterogenen Hintergrund, besonders augenfällig ist.

Die Gleichheit als der Limes der Aehnlichkeit vermag die stärkste und geschlossenste Verbindung zu schaffen. Bei der „unreinen" Aehnlichkeit heben sich dagegen die synthetische Deckung des Gemeinsamen und der synthetische Widerstreit der sich wechselseitig verdrängenden Besonderungen voneinander ab. Die Verschmelzung ist durch einen gewissen Kontrast gehemmt.

Eine Aehnlichkeitsassoziation besonderer Art stellt die Steigerungsreihe dar. In einer Steigerung nach Farbe oder Grösse – Farbflecken von orange nach rot hin tendierend oder eine Reihe Vierecke, in der Grösse konsequent ansteigend – liegt eine besonders innig bindende Kraft. Steigerungsreihen tendieren zudem auf einen Limes, einen idealen Grenzfall hin, der die vorliegenden Gegebenheiten in ihrer vollen Reinheit darstellt. Es zeigt sich ferner die Tendenz, Aehnliches

[4] *Analysen zur passiven Synthesis*, S. 129, 150f, 178.
[5] Vgl. unten §§ 62, 64.
[6] *Analysen zur passiven Synthesis*, S. 271.

nicht nur zu assoziieren, sondern auch zu homogenisieren, Aehnliches noch mehr zu verähnlichen. Die Idealisierung des Wahrnehmungsfeldes zeichnet sich in der schlichten Erfahrung selber schon vor und ist nicht nur ein willkürliches, in der Perzeption selber unmotiviertes Machwerk des wissenschaftlichen und mathematisierten Denkens.[7]

Kontrast. – Je nach der Blickwendung erscheint der Kontrast als die komplementäre Bedingung der Homogenitätsverschmelzung oder als ein genuines Einheitsmoment, das seinerseits eine Einheitsbeziehung, nämlich zwischen den sich voneinander abhebenden gegensätzlichen Daten, schafft. Im ersten Fall hebt sich die Assoziation als eine inhaltliche Verschmelzung unter Kontrast, im zweiten als eine verknüpfende Verbindung von Unterschiedenem aus dem Blickfeld ab.[8]

Kontiguität. – In den frühen Texten zur Assoziation wird ausschliesslich die Assoziation nach Kontiguität thematisiert. „Wir finden ein stetiges Fortweisen von ‚Angrenzendem' zu kontinuierlich Angrenzendem. In der stetigen Erfüllung... erfüllen sich die leer hinausweisenden Kontiguitätsintentionen durch Deckung mit entsprechenden intuitiven Intentionen."[9] In den Vorlesungen zur genetischen Logik spielt die Kontiguität dagegen eine untergeordnete Rolle. Ausführlicher als auf der Kontiguität in ihrem klassisch weiten Sinn wird hier bei der Aufdeckung der affektiven Einheitsbildungen auf der Kontinuität im strengen Sinn insistiert. Kontinuität und Homogenität führen zusammen zu unbedingt notwendigen Verschmelzungen, die sich, ähnlich den Zeitsynthesen, „in starrer Passivität" durchsetzen.

Die traditionelle Kontiguitätsassoziation erweist sich als nichts anderes als eine naturalistische Verzerrung dessen, was Husserl hauptsächlich im Zusammenhang der Phänomenologie der Dingwahrnehmung als Horizontphänomen herausstellte. Eine Wahrnehmungsgegebenheit tritt nicht nur äusserlich zusammen mit andern Daten auf, sondern verweist auch intentional auf sie als auf etwas mit ihm bewusstseinsmässig Zusammengehöriges. Treten in einer wiederholten Wahrnehmung Teile einer solchen zusammengehörig erschienenen Gruppe isoliert auf, so fehlen ihnen die restlichen auf eine merkliche Weise. Die Verweisungen, die auf ihre Umgebung ausstrahlen, sind in diesem Fall zugleich leer und gehemmt. Die Horizontintentionalität,

---

[7] a.a.O. S. 145ff.
[8] a.a.O. S. 138; Beilage XIX, S. 412f.
[9] Umarbeitung der *VI. Logischen Untersuchung* (1913), Ms. M III 2 II 2, S. 13f.

in der Phänomenologie der Wahrnehmung ein unbestrittenes Wesens-
gesetz, dürfte für jeden, der anfangs einer eidetischen und transzendentalen „Umfunktionierung" der Assoziationstheorie skeptisch
gegenübersteht, das überzeugendste Beispiel ihrer Stichhaltigkeit abgeben.[10] Als eigentlich assoziativ ist jedoch nur die formale und für
sich allein leere Verweisung auf räumlich oder zeitlich Umgebendes
zu nennen, die zur Gegebenheit eines Bewusstseinsinhaltes als solchen
gehört, nicht aber die konkreten Horizontverweisungen, die im Sinn
dieses Inhaltes gründen, wie z.B. die für ein Ding spezifische Verweisung auf seine Rückseite, auf seine kausalen Abhängigkeiten usw..

§ 10. Konditionierende Ordnungsformen

Von den klassischen Assoziationsprinzipien, den eigentlichen Motoren der affektiven Einheitsbildung, unterscheidet Husserl Ordnungsformen, die bloss als „Bedingungen der Möglichkeit hyletischer
Einheitsbildung"[11] fungieren. „Eine besondere affektive Bedeutung
haben offenbar die Ordnungsformen. Die universale sukzessive Ordnung, sofern alles sich werdend konstituiert und die Affektion primär
dem konstitutiven Werden folgt. Aber nicht etwa als ob Sukzession
als solche ein Assoziationsprinzip wäre... Das Wesentliche ist nicht
Sukzession, sondern affiner Zusammenhang in ihrer Ordnung."[12]

Die Ordnungsformen, insbesondere die allumspannenden Formen
der Koexistenz und der Sukzession, sind selber „ein Passivitätsphänomen".[13] Sie haben eine gewisse Vorgängigkeit gegenüber den
Inhalten, die sich in ihnen ordnen. Andererseits gelangen sie zur
Abhebung und werden zu einem Reiz zum Durchlaufen erst durch
die in ihnen sich vollziehenden affektiven Verweisungen und Verbindungen.

Als derartige Bedingungen der Einheitsstiftung führt Husserl in den
Vorlesungen zur genetischen Logik universale Formen wie Koexistenz
und Sukzession, die Sinnesfelder und das Ganzes-Teil-Verhältnis an.
Spezifische Sonderformen innerhalb dieser allgemeinen Rahmenge-
setze, wie es die Gestalten der Gestaltpsychologie und die figuralen

---

[10] Husserl hat das Horizontphänomen ursprünglich ausserhalb der Assoziationsthematik expliziert (vgl. *Ideen I*, S. 58ff) und es auch später relativ selten ausdrücklich als ein assoziatives angeführt. Vgl. Ms. M III 2 II 2, S. 7ff (1913); Ms.
D 7, S. 11 (Bernau, Sommer 1917); *Analysen zur passiven Synthesis*, S. 75f.

[11] *Analysen zur passiven Synthesis*, S. 152.

[12] a.a.O. S. 153, vgl. S. 286.

[13] a.a.O. S. 134.

Momente in Husserls *Philosophie der Arithmetik* sind, werden kaum berührt.[14] Nur in der ersten Fassung der Vorlesungen (1920/21) ist einmal von Rhythmisierungen und Periodisierungen die Rede. Aber es handelt sich dabei für Husserl eindeutig um sekundäre Einheitsbildungen, die selber zuerst einer motivierenden Aehnlichkeitsassoziation entsprungen sind.[15]

Die assoziativen Weckungen und Verschmelzungen sind also an Ordnungsformen gebunden. Sie folgen den verschiedenen Linien der räumlichen Koexistenz und der einen linearen Ordnung der zeitlichen Sukzession. Aufscheinende Lichter bilden „Reihen" oder sonstwelche „Figuren", sie richten sich in einer Rechtslinks-Ordnung oder Obenunten-Ordnung oder in einer Querrichtung dazu ein. Tongebilde formen sich als in die Vergangenheit zurücksinkende oder in die Zukunft aufsteigende Ketten.

Einen hermetisch geschlossenen Rahmen für die assoziativen Synthesen bilden nach Husserl die einzelnen Sinnesfelder. „Ursprüngliche Assoziation vollzieht sich in unserer Sphäre hyletischer Sinnlichkeit ausschliesslich innerhalb je eines Sinnesfeldes für sich."[16] Visuelles, Taktiles, Akustisches usw. ist heterogen und so „nur durch die Zeitlichkeit der lebendigen Gegenwart vereint".[17] Als einzige Ausnahme anerkennt Husserl die Tatsache, dass ähnliche Gestalten aus verschiedenen Sinnesfeldern aneinander erinnern. So verweist ein Rhythmus klopfender Schläge auf einen ähnlichen Rhythmus von Lichtsignalen.[18]

Die Einsperrung der Assoziation in die einzelnen Sinnesfelder ist äusserst problematisch, auch wenn man das einschränkende Adjektiv „ursprünglich" – „ursprüngliche Assoziation" im Gegensatz zu durch sekundäre Kontiguität gewordene Assoziation – beachtet. Husserl scheinen die von der Ganzheitspsychologie ins Zentrum gerückten Synästhesien gänzlich fremd zu sein.[19] Auffallenderweise lässt er in all diesen Ausführungen zur Phänomenologie der Assoziation in den Vorlesungen zur genetischen Logik die kinästhetische Korrelation aller sinnlichen Wahrnehmung, der sonst seine besondere Aufmerksamkeit gilt, ausser Betracht. In den D-Manuskripten, die neben den *Ideen II*

---

[14] vgl. unten §§ 23, 61.
[15] *Analysen zur passiven Synthesis*, S. 272, 286.
[16] a.a.O. S. 151.
[17] a.a.O. S. 138.
[18] a.a.O. S. 180.
[19] vgl. unten § 58.

am ausführlichsten von den Kinästhesen handeln, spricht er dagegen wiederholt von einer assoziativen Synthesis der kinästhetischen und der „hyletischen" Wahrnehmungsverläufe, so in D 12 V[20] bezüglich der Dingkonstitution von einer „assoziativen Einigung der zusammen-laufenden Kinästhesen und Daten" und in D 10 IV[21] im Hinblick auf die Leibkonstitution von der „festen assoziativen Parallelität jedes kinästhetischen Verlaufssystems mit einem zugehörigen taktuellen Feld".

Das Verhältnis Ganzes-Teil wird als ein drittes formales und all-gemeines Ordnungsprinzip genannt. Weckt ein einzelner Ton eine ganze Melodie, deren Teil er ausmacht, so kommt es zunächst zu einer einheitlichen Abhebung des Ganzen und dann gleich zu einer Sonder-abhebung der einzelnen Töne und Tonschritte. Wie jedes Einzelglied sich affektiv in einen Zusammenhang einordnet, so hat von einem gegliederten Ganzen, das sich als solches abhebt, eine Fortpflanzung von Sonderaffektionen auf seine Glieder statt.

[20] S. 3 (wohl 1930/31).
[21] S. 8 (Juni 1932).

4. KAPITEL

DER STELLENWERT DER ASSOZIATION IM AUFBAU DER
GENESIS

*§ 11. Die Assoziation im Aufbau der passiven und rezeptiven Erfahrung.
Eine Uebersicht*

Ausgehend von der Einsicht, dass die volle Evidenz des logischen
Urteils ohne die Aufhellung der ihm zugrundeliegenden gegenständlichen Erfahrung bodenlos bleibt, wird in *Erfahrung und Urteil* die
Genealogie der Logik mit einer Darstellung der allgemeinen Strukturen der präprädikativen Erfahrung eingeleitet. Nach einer einführenden Vorstellung der Phänomene der Zeitkonstitution, der Assoziation,
der Affektion sowie der durch die Affektion motivierten Ichzuwendung
und der Modalisierung werden zur Hauptsache zwei Vorgänge, in
denen der in einem Akte der Erfassung erworbene Gegenstand zur
konstitutiven Ausgestaltung gelangt, beschrieben: Explikation und
Beziehungserfassung. Die Assoziation erscheint in diesem ersten Abschnitt einerseits als die umfassendste inhaltliche Synthesis, die sich
auf die fundamentalste, aber bloss formale Synthesis des Zeitbewusstseins aufstuft, anderseits in ihrer Funktion für die Einheitsbildung des
positionalen Bewusstseins und als die passive Unterlage für die Erfassung von Verbindungs- und Vergleichsbeziehungen.[1]

Vergleicht man diese Ausführungen mit denen der Manuskripte,
insbesondere des St. Märgener Manuskripts A VII 13 zur passiven
Vorgegebenheit, und der Vorlesungen zur genetischen Logik, die zu
den Unterlagen der Landgrebeschen Textsammlung zählen, so erscheint in ihnen die Strukturmannigfaltigkeit der vorprädikativen
Erfahrung etwas willkürlich verkürzt. Sie sind zu einseitig auf die Akte
der Explikation und der Beziehungserfassung als den Vorbildungen
der zwei wichtigsten Operationen der formalen Logik ausgerichtet.
Die in der Einleitung geforderte Aufhellung der gegenständlichen

---

[1] *Erfahrung und Urteil;* I. Abschnitt. Die vorprädikative (rezeptive) Erfahrung.
Vgl. §§ 16, 42ff.

Evidenz, die sich wesentlich in Prozessen der Erfüllung von Leerintentionen und der Identifikation vollzieht und die im Mittelpunkt der Vorlesungen zur genetischen Logik steht, fällt gänzlich dahin.

Zudem vermisst man eine systematische oder doch definitorische Abgrenzung der passiven Produktion von den Leistungen, die im Rahmen der Rezeptivität statthaben. Dabei wäre es gerade „die grosse Aufgabe der genetischen Logik, genau, was Sache der passiven Vorgegebenheit und was Sache der Ichbeteiligung ist, zu verfolgen in seinen verschiedenen Stufen".[2] In *Erfahrung und Urteil*, das seine Hauptuntersuchung mit der „schlichten Erfassung", der Rezeption, d.h. der untersten Stufe der Aktivität, beginnen lässt, erfolgen nur sporadische Rückgriffe auf die passiven Vorleistungen, am ausführlichsten bei der Beziehungserfassung und im dritten Abschnitt zur Konstitution der Allgemeingegenständlichkeiten.[3]

Wenn man auch im Hinblick auf die Genesis der Logik von den gefühlsmässigen und praktischen Komponenten absehen mag, so verbleibt noch immer ein vielfältiges und nur schwer zu entwirrendes Geflecht von Bewusstseinsleistungen, in denen sich die präprädikative Erfahrung bildet. In der folgenden Aufreihung trachten wir der zitierten Forderung Husserls, „genau, was Sache der passiven Vorgegebenheit und was Sache der Ichbeteiligung ist, zu verfolgen in seinen verschiedenen Stufen", nachzukommen. Wir legen das Augenmerk besonders auf die Rolle der passiven Assoziation bei den einzelnen Leistungen. Selbstverständlich besagt die sukzessive Aufzählung nicht unbedingt ein Nach- und Auseinander der kurz charakterisierten Leistungen.

Zeitkonstitution. – „Die universalste und zugleich primitivste Konstitution",[4] auf der sich alle weitern Leistungen aufbauen, bilden die Synthesen des innern Zeitbewusstseins. Jede Impression, die mit dem Zeitmodus „jetzt" gezeichnet ist, verwandelt sich notwendig in eine Retention. Sie weicht instantan einer neuen Impression, geht dabei aber nicht ins Nichts auf, sondern wird mit der Charakterisierung als „soeben gewesen" zurückbehalten. In entgegengesetzter Richtung

---

2 Ms. A VII 13, S. 198 („Zusatz zu einem Bernauer Anhieb von 1918" – wohl 1921).

3 Vgl. die Ueberschrift des III. Kapitels, S. 171: „Die Beziehungserfassung und ihre Grundlagen in der Passivität" und des Paragraphen 83, S. 394: „Die empirisch-typische Allgemeinheit und ihre passive Vorkonstitution".

4 *Analysen zur passiven Synthesis*, S. 220.

entspringt der Impression eine Protention, eine Verweisung darauf, dass alsbald eine neue Impression auftreten wird.

Die zeitliche Abwandlung des Bewusstseins entspringt nicht einem Akt der Apperzeption. Sie stellt sich ein, ohne dass das Ich sich auf sie richtet, „in starrer Passivität". „Jede solche Leervorstellung ist Retention, und ihr notwendiges Sich-anschliessen an vorgängige An-schauungen bezeichnet ein Grundgesetz der passiven Genesis."[5] Die Protention ist im Unterschied zur Retention zweifach passiv motiviert. Einmal entspringt sie als rein zeitlicher Horizont der Impression und deren retentionalen Modifikationen, zum andern ist sie inhaltlich von diesen her auch noch assoziativ motiviert, während zur Retention als inhaltlich gefülltem Horizont keine assoziative Verweisung vonnöten ist. „Es ist ein Urgesetz eben, dass jeder retentionale Verlauf – in reiner Passivität und ohne Mitbeteiligung des aktiven Ich – alsbald und stetig Erwartungsintentionen motiviert und damit erzeugt, die im Sinne der Stilähnlichkeit bestimmt sind."[6] Damit zeigt sich trotz der radikalen Verschiedenheit von zeitlicher und assoziativer Synthesis eine erste Interferenz der Assoziation in der formalen Zeitkonstitution an.[7]

Raumkonstitution (Kinästhesis). – Bei der äussern Wahrnehmung erweitert sich der formale Rahmen der Zeitsynthesen um die Dimensionen des Raumes. Für die Lokalisation ergeben sich formal ähnliche Begriffe wie für die Zeitextension. Der zeitlichen Modifikation des Nullpunktes „Jetzt" entspricht die räumliche Abwandlung des Nullpunktes „Hier" und der zeitlichen Orientierung die räumliche Richtung. Der wichtigste phänomenologische Unterschied liegt nicht in der Eindimensionalität der Zeit und in der Dreidimensionalität des Raumes. Fundamentaler ist die Tatsache, dass die Raumkonstitution an den wahrnehmenden Leib und seine Kinästhesis gebunden ist.

Auf den ersten Blick scheint es evident zu sein, dass Kinästhesen sowohl passiv ablaufen wie auch aktiv vom Ich her in Bewegung gesetzt werden können. Wenn die Augen vor Müdigkeit zusinken oder bei einer unwillkürlichen Reflexbewegung lösen sich passive Kinästhesen aus. Auch passive Assoziationen zählen zu den Motivanten der Kinästhesis. Visuelle Reize, die aufeinander hinweisen, bringen Kinästhesen in Gang.[8] Anderseits nehmen wir aktiv günstige Dreh-

---

[5] a.a.O. S. 72, vgl. S. 93, 235.
[6] a.a.O. S. 323.
[7] Vgl. unten § 12.
[8] Ms. D 10 IV, S. 20 (Juni 1932).

bewegungen vor, wenn wir die Perspektiven eines Raumes genauer auszeichnen wollen. Husserl stellt lange Zeit passive und frei ins Spiel gesetzte Kinästhesen einander gegenüber, bis er in einem Manuskript vom Juni 1932 unter der Ueberschrift „Schwierigkeiten der Kinästhese"[9] ihre Passivität grundsätzlich in Zweifel zu ziehen beginnt. Der Gedankengang des Manuskripts ist sehr unklar. Die Hauptschwierigkeit scheint von der nie endgültig geklärten „Ichbezogenheit" der passiven Vorgänge herzurühren. Im Unterschied zur Assoziation der „hyletischen Daten" haben die kinästhetischen Prozesse eine „besondere Affinität... zu dem Ich in seiner Aktivität".[10] Die inhaltlichen Daten schliessen sich unabhängig vom Zugreifen des Ich in assoziativen Synthesen zusammen, wobei dieser Vorgang hinterher vom Ich beliebig aufgegriffen und auch modifiziert werden kann. Bei den Kinästhesen ist dies nicht in gleicher Weise der Fall. Jedes In-Bewegung-Setzen von kinästhetischen Verbindungen wäre selber wieder ein kinästhetischer Vorgang. Schliesslich sucht Husserl die Lösung in der Ansetzung von zwei verschiedenen Weisen der Passivität für die kinästhetischen und die „hyletischen" Verläufe. Die ersten sind „,inaktiv' wohl, aber doch anders als andere Verläufe wie die ⟨der⟩ visuellen Daten, die mitverlaufen oder einbrechen und dann mitverlaufen".[11] Etwas deutlicher scheint ein um ein gutes Jahr älteres Manuskript Husserls Schwierigkeiten zu verraten. Die Kinästhesen gehören im Unterschied zu den affizierenden „Felddaten", die ihm „gegenüber" liegen, zur konstituierenden Ichlichkeit selber. Wenn daher Kinästhesen ablaufen, ist das Ich zwar „untätig", d.h. der Einsatz geht nicht von ihm und seinen vorgängigen praktischen Interessen aus, aber es ist doch selber „in Bewegung".[12]

Affektion (Konfiguration). – Temporalisation und Spatialisation sind formale Konstitutionsleistungen, die nichts sind, ohne eine gleichursprüngliche „materiale" Konstitution, ohne einen affizierenden Inhalt, dessen formales Gerüst sie ausmachen. Ein affizierender Inhalt wird nun im Bewusstsein nie als ein fertiger Gegenstand – wie ein Klötzchen in einem Kasten – vorgefunden. Er ist ein genetisches Ereignis. Er ist ein Vorgang, der in seiner primitivsten Form eine Funktion der drei Assoziationsgesetze der Aehnlichkeit, des Kontrasts

[9] Ms. D 10 IV (Juni 1932).
[10] a.a.O. S. 14; vgl. unten § 41.
[11] a.a.O. S. 14.
[12] Ms. D 12 I, S. 4 (5. IX. 1931).

und der Kontiguität ist. Ein Inhalt affiziert, wenn er sich möglichst stark gegen seinen Hintergrund abhebt. Er ist zudem nie ausdehnungslos und isoliert für sich gegeben, sondern in ständiger intentionaler Verweisung auf seine Umgebung. Die wesensmässige „Fortleitung der Affektion" ist hauptsächlich geleitet von der Aehnlichkeit der Umgebung, auf die sich die Kraft überträgt, und von der unmittelbaren räumlichen Kontinuität des affizierenden Inhalts. An diesen drei konstitutiven Gesetzen der Aehnlichkeit, des Kontrasts und der Kontinuität liegt es, dass jede Affektion eine Gestaltstruktur aufweist. Jede Affektion konstituiert sich ipso facto als eine Konfiguration.

Auf die Probleme der Affektion und ihrer intentionalen Fortleitung sind wir schon im Kapitel über die verschiedenen Formen der Assoziation eingegangen. Wir werden auf ihre phänomenologische Konsequenzen noch eingehender im folgenden Kapitel bei der Diskussion des Empfindungsbegriffs zu reflektieren haben. Ueberholt doch Husserl mit der Aufklärung der assoziativen Implikationen der Affektion seinen ursprünglichen Empfindungsbegriff.

Appräsentation. – Die vielfältigen intentionalen Verweisungen, die von jeder Sonderaffektion ausstrahlen, fasst Husserl am geläufigsten unter dem Titel Appräsentation zusammen. Jede einen Inhalt präsentierende Affektion ad-präsentiert zugleich weitere tatsächliche und mögliche Affektionen. Die verschiedenen Ausstrahlungen überschneiden sich fortwährend. Ueber die blosse zeitliche oder räumliche Kontiguitätsintention schiebt sich eine Aehnlichkeitsassoziation. Zeigt die sekundär geweckte Affektion fundamentale Aehnlichkeiten mit der weckenden, so übertragen sich sogleich weitere apperzeptive Sinnbestimmungen von der einen auf die andern.[13]

Rezeption (Akzeption). Das erste, was das affizierte und in der Folge interessierte Ich vornimmt, besteht in der schlichten Betrachtung und Erfassung dessen, was da passiv vorliegt. In den *Ideen II* sowie in Texten, die von Landgrebe zur ersten *Studie zur Struktur des Bewusstseins* zusammengestellt wurden, unterscheidet Husserl beim Akt der Erfassung näher zwischen ursprünglicher Akzeption und sekundärer Rezeption.[14] Akzeption bezeichnet darnach das primäre Erfassen des in seiner Selbstheit Vorgegebenen, Rezeption das Wiedererfassen oder

---

[13] Vgl. unten §§ 30, 33.
[14] Ideen II, § 10, S. 24; Ms. M III 3 I 1 I, § 20, S. 181 (Okt./Nov. 1911); § 23, S. 203f (ohne Quellen- und Zeitangabe); § 23, S. 210f (Juli 1914).

Wiederzurückkommen auf etwas, das nicht mehr in eigentlicher Erscheinung bewusst ist. Beim konkreten Akt der Erfassung durchdringen sich beide, sofern jede Vorgegebenheit Komponenten enthält, die auf nicht aktuelle Akzeptionen als implizierte Bestandstücke zurückweisen. Terminologisch ist zu beachten, dass der Akt der Erfassung die Grenzlinie zwischen dem, was Husserl als Vorgegebenheit und als Gegebenheit des Bewusstseins bezeichnet, zieht. ,,Vorgegeben ist irgend ein Konstituiertes, sofern es einen affektiven Reiz übt, gegeben ist es, sofern das Ich dem Reiz Folge geleistet, aufmerkend, erfassend sich zugewendet hat.''[15]

Die Erfassung bildet ,,die unterste Stufe niederer objektivierender Aktivität''.[16] Diese Aktivität der Erfassung erweist sich jedoch wie letztlich alle aktiven Leistungen als von sehr komplexer Natur. Verschiedene Modi oder Grade der Aktivität, ja selbst rein passive Momente, verbinden sich zu einer einheitlichen Gegenstandserfassung. Der Hauptgrund für diese komplizierte Struktur ist im zeitlichen Werden jedes Aktes zu suchen. Ist das Affizierende z.B. ein Ton von einer gewissen Dauer, so richtet sich der Hauptstrahl der aktiven Erfassung durch die stetige Folge der Jetztmomente hindurch auf den sich konstituierenden Ton in seiner gegenständlichen Identität. In eins mit dieser ,,urquellenden Aktivität'' werden in ,,einer kontinuierlich nachquellenden, modifizierten horizontmässigen Aktivität'' die eben verflossenen Phasen des Tones ,,im Griff behalten''. Parallel dazu entwickelt sich nach der Zukunftsseite hin ,,eine anders modifizierte vorgreifende Aktivität'', die die gleich folgenden Phasen antizipiert. Das aktive ,,Im-Griff-Behalten'' und ,,Vorgreifen'' ist von der rein passiven Retention und Protention des dem aktuellen Ton Vorangegangenen und Nachfolgenden zu unterscheiden.[17] Auch die retentionalen und protentionalen Horizonte sind Wesensbestandteile der Rezeption. Im Unterschied zur blossen, nicht der ichlichen Intention entspringenden Retention und Protention ist das Ich im ,,Im-Griff-Behalten'' und im

---

15 *Analysen zur passiven Synthesis*, S. 162.

16 *Erfahrung und Urteil*, § 22, S. 114; vgl. *Ideen II*, § 54, S. 213, *Analysen zur passiven Synthesis*, S. 64; Ms. M III 3 I 1 I, § 23, S. 192 (Frühjahr 1911) usw..

17 ,,Im-Griff-Behalten'' wird in den Vorlesungen *Zur Phänomenologie des Zeitbewusstseins* (Beilage IX, S. 118) noch als ein mit Retention äquivalenter Ausdruck behandelt. Später (vgl. schon *Ideen I*, § 122, S. 300f) gebraucht ihn Husserl ausschliesslich für das aktive Zurückbehalten der Vergangenheit im Unterschied zum rein passiven Bewusstsein der Vergangenheit in der Retention.

„Vorgreifen" dem eben Abklingenden und dem sich Ankündigenden noch aufmerksam zugewandt.[18]

Apperzeption. – Die Hinwendung zum Affizierenden und sein Erfassen ist nur ein unselbständiger Teil der gegenständlichen Erfahrung. Zur vollen Erfahrung gehört wesentlich mit ein Akt der Sinngebung, von Husserl auch Apperzeption genannt. Das affektiv Vorgegebene muss als etwas aufgefasst werden. „Wo das nicht der Fall ist, da wird eigentlich nicht etwas (also es wird nichts) erfasst, da, was da affiziert, zunächst ein ‚Unfassliches' wäre."[19] Alles aber, was apperzipiert wird, wird immer nach einem bestimmten Typ, am allgemeinsten als Gegenstand, dann als Naturding, als Mensch oder als Menschenwerk aufgefasst.

Die Apperzeption ist wie die Rezeption eine aktive Leistung des Ich. Passiv erfolgt sie nur, wenn eine in einer Urstiftung geschöpfte Sinngebung zu einem Habitus, einer Gewohnheit geworden ist und sich in der Folge assoziativ auf ähnliche erwartete wie unerwartete affektive Einheiten überträgt.[20]

Sprachlicher Ausdruck. – Eine Grenze der Husserlschen Apperzeptionslehre zeigt sich darin an, dass er die Sinnstiftung grundsätzlich sprachfrei und umgekehrt die Sprache sinnfrei auffasst. „Wir vollziehen, wie sich dergleichen normalerweise an die erste, schlichte Wahrnehmungserfassung ohne weiteres anzuschliessen pflegt, ein Explizieren des Gegebenen und ein beziehendes In-eins-setzen der herausgehobenen Teile oder Momente: etwa nach dem Schema ‚Dies ist weiss'. Dieser Prozess erfordert nicht das mindeste von ‚Ausdruck', weder von Ausdruck im Sinne von Wortlaut noch von dergleichen wie Wortbedeuten, welch letzteres hier ja auch unabhängig vom Wortlaut (wie wenn dieser ‚vergessen' wäre) vorhanden sein kann. Haben wir aber ‚gedacht' oder ausgesagt: ‚Dies ist weiss', so ist eine neue Schicht mit da, einig mit dem rein wahrnehmungsmässig ‚Gemeinten als solchem'."[21] „Die Schicht des Ausdruckes ist – das macht ihre Eigentümlichkeit aus – abgesehen davon, dass sie allen andern Intentionalien eben Ausdruck verleiht, nicht produktiv. Oder wenn man will: Ihre Produktivität, ihre noematische Leistung, erschöpft sich im Ausdrücken

---

[18] *Erfahrung und Urteil*, § 23.
[19] Ms. A VII 13, S. 189 (Bernau 1918).
[20] Zur apperzeptiven Uebertragung vgl. unten § 29.
[21] *Ideen I*, § 124, S. 304.

und der mit diesem neu hereinkommenden Form des Begrifflichen."[22]
Erfüllung von Leerintentionen. – Die bisher aufgezählten Leistungen werden von andern Leistungen eigentümlicher Art durchzogen, von denen sie nur in künstlicher Abstraktion getrennt werden können. Als erste ist die Tendenz nach vollständiger Evidenz anzuführen. Jede Affektion und erst recht jede Apperzeption enthält leere Momente und Verweisungen, die in sich nach vollständiger Anschaulichkeit und Selbstgegebenheit streben. ,,Durch das passive Leben gehen also immer neu sich flechtende Synthesen der Erfüllung. Immerfort ein Hinstreben auf Anschauung, die das vermeinte Selbst verwirklicht – immerfort, das Wort drängte sich uns auf, Bewahrheitung."[23] ,,Natürlich aber, und das ist nie zu vergessen, ist alle Rede von Bewährung in Anwendung auf solche Erfüllungen in blosser Passivität eine uneigentliche. Von einem aktiven Streben und Leisten, das auf wahres Sein gerichtet ist, das an dem in der Selbstgebung Gegebenen als Wahren seine Meinung normiert, misst, ist ja hier keine Rede, wohl aber geht es um die Voraussetzungen und in gewisser Weise Analoga der Passivität, ohne die jene Aktivität nicht fungieren könnte."[24] Die passive Intention auf Erfüllung bildet also die motivierende Unterlage für die logische Bewährungsoperation. Es gibt verschiedene Formen der Evidentmachung, je nach der Art der Leerintention und je nach der Art der intendierten Gegenständlichkeit eigentliche Erfüllung in der originären Selbstgegebenheit des Vermeinten, blosse Enthüllung oder Ausmalung einer nicht in Selbsthabe zu überführenden Intention, Bestätigung oder sekundäre Bewährung einer Intention durch eine andere, optimale Evidenz einer wesenhaft nur inadäquat erscheinenden Gegenständlichkeit, wenn die Erscheinungsreihen, die auf die optimale Gegebenheit eines Gegenstandes hintendieren, dieses Ziel eventuell durch die Motivation der günstigsten kinästhetischen Position erreicht

---

[22] a.a.O. S. 306. – Husserl bleibt hier und später hinter einem bemerkenswerten Ansatz der *Philosophie der Arithmetik*, S. 274ff, zurück, bei dem er zwar nicht von der Sprache, sondern von der Schrift ausführt, dass das einzelne System (Schriftsystem) von ausschlaggebender Bedeutung sein kann für die Form und die Richtung, welche die Konstitution einer Wissenschaft einschlägt. Auch in seinen spätern, vielzitierten Auslassungen zur Bedeutung der Schrift, im Aufsatz ,,Vom Ursprung der Geometrie" (*Krisis*, Beilage III), holt er diesen Ansatz nicht mehr auf. Die Bedeutung der Schrift ist in diesem Aufsatz eine bloss sekundäre. Sie liegt in der objektiven, überindividuellen Konservation und Tradition von Sinnstiftungen (vgl. dazu übrigens schon *Prolegomena*, § 6, S. 12).
[23] *Analysen zur passiven Synthesis*, S. 102.
[24] a.a.O. S. 92.

haben, usw.. Alle assoziativen Weckungen sind, wie wir gesehen haben, derartige Leerintentionen, die nach Selbstgebung und Veranschaulichung streben.[25]

Modalisierung. – Eine Intention, die sich einstimmig durchhält, gewinnt noetisch den Glaubensmodus der schlichten Gewissheit und korrelativ das Intendierte den noematischen Modus des gewiss Seiendseins. Ist der einstimmige Verlauf noch nicht eingetreten, sondern bloss offen, wird der protentionalen Intention der Charakter der offenen Möglichkeit oder der Wahrscheinlichkeit zuteil. Stellt sich ihm jedoch etwas entgegen, wird die Möglichkeit problematisch und zweifelhaft. Vermag er sich überhaupt nicht durchzuhalten und wird er durch einen andersartigen Wahrnehmungsverlauf durchstrichen, verfallen Gewissheit und Möglichkeit der Negation.

Husserl unterscheidet zwischen passiver und aktiver Modalisierung, zwischen einer im schlichten Wahrnehmungsablauf „von selbst oder an der Sache selbst, nämlich als erfahrener, sich einstellenden Entscheidung und der vom Ich her als Ichreaktion vollzogenen entscheidenden Stellungnahme".[26] Die aktive Stellungnahme reduziert sich nicht auf ein blosses Patentmachen der passiven Intention. Als Zueignung und Anerkennung weist sie vielmehr eine neuartige intentionale Struktur auf. Ueberzeugung besagt mehr als Bewusstmachen, nämlich das sich von der passiven Wahrnehmungslage her zur urteilenden Stellungnahme Bestimmen-lassen und danach Bestimmtsein.

In der ersten Fassung der Vorlesungen zur genetischen Logik (1920/21)[27] macht Husserl darauf aufmerksam, dass auf der Ebene der schlichten Wahrnehmung noch nicht zwischen einem Wahrnehmungsgegenstand, einer blossen Vorstellung und einem hinzutretenden Seinsurteil unterschieden werden kann, wie das auf dem Niveau der logischen Urteile zwischen dem Sachverhalt und der urteilenden Stellungnahme der Fall ist. In der schlichten Wahrnehmung gibt es gar keine „blosse Wahrnehmungsvorstellung", sondern nur immer offene, einstimmige, unstimmige oder sonstwie sich modalisierende Wahrnehmungsintentionen. „Glaube und Abwandlung des Glaubens

---

[25] a.a.O. S. 75f; vgl. oben § 7a.

[26] a.a.O. S. 51.

[27] Zu dieser ersten Fassung der Vorlesungen heisst es auf dem Konvolut F I 37: „Vorlesungen transzendentale Logik 1920/21. Wiederholt und (leider umgearbeitet) 1923 Sommer und abermals (zum Teil verbessert, zum Teil verdorben) 1925/26." Zitiert in der Einleitung des Herausgebers der *Analysen zur passiven Synthesis*, S. XXII.

ist nichts zu den Intentionen Hinzutretendes. Die Ungehemmtheit und die Gehemmtheit durch parallele und partiell sich deckende Intentionen, das ist nichts neben den Intentionen, nicht ein hinzutretendes neues Erlebnis, genannt Glaube, Urteil, sondern eben eine Umstimmung, eine Abwandlung, die das Wesen des Bewusstseins als Bewusstseins ermöglicht... Es verhält sich also mit dem Glauben als Gewissein, als Verneinen, als Bejahen usw. im Verhältnis zur sogenannten Wahrnehmungsvorstellung analog wie mit der Klangfarbe im Verhältnis zu einem Ton, oder auch wie Tonintensität zu Ton. Man kann nicht den Ton abschneiden und dann die Tonintensität dazulegen – obschon die Analogie natürlich bedenklich ist und sehr cum grano salis."[28] Der Seinsmodus tritt in der schlichten Wahrnehmung nicht als ein Urteilsprädikat auf, wie das Brentano und Meinong annahmen,[29] sondern als eine konstitutive Implikation des Wahrnehmungsgegenstandes. Das Schema Auffassungsinhalt – Auffassung, das Husserl im Zusammenhang der Zeitkonstitution zum ersten Mal hintergangen hat, wird auch in der Modalisierungslehre hintergangen.[30]

Identifikation (Individuation). – Ein Gegenstand wird phänomenologisch definiert als eine Bewusstseinsleistung, die beliebig identifizierbar und damit frei verfügbar für weitere Aktionen, Explikationen, Prädikationen usw. ist. In der prinzipiellen Möglichkeit des identifizierenden Zurückkommens auf dieselbe affektive Einheit konstituiert sich ein Gegenstand als Gegenstand, als etwas, das an sich ist. Beim Zurückkommen zeigt sich die affektive Gegebenheit als an eine fixe Stelle im sich ständig extendierenden Zeitstrom gebunden, durch die sie individuiert wird. Der Zeitstrom ist als starres Stellensystem principium individuationis.[31]

In den *Cartesianischen Meditationen* wird die Identifikation als eine

---

[28] a.a.O. S. 226f.

[29] a.a.O. S. 226. – Neuerdings wirft E. Tugendhat, *Der Wahrheitsbegriff bei Husserl und Heidegger* (1967), S. 6of, umgekehrt wieder Husserl „einen merkwürdigen Mangel an Verständnis für die Bedeutung der prädikativen Synthesis für die Möglichkeit der veritativen Synthesis" vor. – In den Vorlesungen zur genetischen Logik zeigt sich nun deutlicher und weniger missverständlich als in der *VI. Logischen Untersuchung* Husserls Anliegen, die genetische Bedeutung gerade der veritativen „Synthesis" für die Möglichkeit der prädikativen herauszuarbeiten. Jede Prädikation gibt sich genetisch motiviert und damit in einer implizierten Form in der schlichten Erfahrung vorweggenommen.

[30] Vgl. schon *Ideen I*, §§ 103ff.

[31] *Analysen zur passiven Synthesis*, S. 142-145, 301-303; *Erfahrung und Urteil*, § 38.

passiv verlaufende Synthesis der Assoziation gegenübergestellt.[32] In der Tat spielen aber auch für die passive Identifikation assoziative Synthesen eine fundierende Rolle. Es war das Problem der ansich-setzenden Identifikation, das Husserl in den Vorlesungen zur geneti-schen Logik zum Entwurf einer Phänomenologie der Assoziation anregte. Die vergängliche Impression reicht zu einer endgültigen, d.h. dauernden Evidenz nicht hin, ebensowenig die abklingende Retention. „Eigentliche Gegenständlichkeit als identisch immer wieder selbst zu erfassende und sich ausweisende konstituiert sich erst mit Hilfe der Wiedererinnerung..."[33] Die Wiedererinnerungen sind aber in ihrer primitivsten Weise assoziativ motiviert.

Zur zeitlichen Identifikation in der Wiedererinnerung kommt bei den Gegenständen der äussern Wahrnehmung eine kinästhetische hinzu. Jeder Abschattung eines Dinges entspricht eine bestimmte kinästhetische Einstellung unseres Leibes oder einzelner seiner Organe. Jede Erscheinung ist in einer vorgezeichneten kinästhetischen Bewegung erreichbar. Zur vollen Konstitution eines Dinges bedarf es der Heraus-bildung eines festen Motivationszusammenhanges zwischen den kinäs-thetischen Verläufen und den Bildwandlungen. Die kinästhetische Wandlung motiviert und nimmt antizipierend vorweg eine bestimmte Wandlung der noematischen Aspekte des Dinges. Ein Gegenstand der äussern Erfahrung ist dann als identischer und an sich seiender konstituiert, wenn wir die grundsätzliche Herrschaft über die Kinäs-thesen zur Erzielung beliebiger „Abschattungen" ein und desselben Etwas gewonnen haben.

In den kinästhetischen Bewegungen streifen wir nicht ziellos am sich konstituierenden Ding herum. Die Kinästhesen werden vielmehr von einer bestimmten intentionalen Strebung gelenkt, von der Intention auf die optimale Erscheinung bzw. Erscheinungsreihe des Dinges. In einer Kinästhese des zyklischen Hin- und Hergehens bildet sich die optimale Erscheinung intentional vor. In ihrer Erfüllung kommt die Identifikation zum krönenden Abschluss.[34]

Typisation. – Neben der individualisierenden Identifikation stellt sich im Wahrnehmungsverlauf noch eine ganz andere, eine höherartige Gleichsetzung ein, ein typisierende, verallgemeinernde Identifikation. Jede affektive Einheit verweist assoziativ auf ähnliche Einheiten in der

---

[32] § 51, S. 142; vgl. § 18, S. 79.
[33] *Analysen zur passiven Synthesis*, S. 180.
[34] Vgl. Ms. D 12 I (5. IX. 1931) und D 12 V (wohl 1930/31); vgl. unten § 13.

Vergangenheit und in der Zukunft. Alles neu sich Anmeldende wird in der Folge als irgendwie schon „bekannt" – nicht individuell, sondern seinem Typus nach – antizipiert. Die Welt wird typisiert erfahren. In diesem Vorgang konstituiert sich im Horizont des individuellen Gegenstandes eine neue und höhere Art von Gegenständlichkeit. In den Verweisen auf das bereits Bekannte wird der Gegenstand als ein Einzelfall, als ein Singuläres eines Typisch-Allgemeinen bewusst. So konstituiert sich eine Beziehung, die nicht eine gewöhnliche Synthesis zwischen zwei individuellen Gegenständen ist, sondern die Beziehung eines individuellen Gegenstandes auf ein Allgemeines. Im passiven Horizont des Einzelgegenstandes bildet sich freilich noch keine reine Allgemeinheit vor – dazu bedarf es der aktiv besetzten eidetischen Variation –, sondern nur eine empirisch präsumptive, ein unthematisch sich einstellender Typus, der die passive Grundlage für die Bildung empirischer Begriffe abgibt. Passiv ist mit dem Horizont der Vertrautheit „ein bekannter, aber noch nicht erfasster Typus vorkonstituiert".[35] Wenn das Wahrnehmungsinteresse auf die Erfassung des individuellen Gegenstandes geht, „dann bleibt die passiv vorkonstituierte Beziehung auf seinen Typus, in dem er von vornherein aufgefasst ist, unthematisch".[36]

Die Wesensschau, in der sich eine reine Allgemeinheit ausbildet, ist als Ganzes ein ichlicher Prozess, ein aktives Umfingieren und Abwandeln eines Exempels. Wie jeder aktive Erkenntnisvorgang ist sie aber von passiven Phasen durchsetzt. Die Varianten verdanken wir z.T. „der ziellosen Gunst der Assoziation und Einfällen passiver Phantasie".[37] Des weitern treten die Nachbilder des variierten Vorbildes „rein passiv in eine synthetische Einheit, in der sie alle als Abwandlungen voneinander erscheinen".[38] In dieser passiv sich einstellenden Ueberschiebung wird das Selbige als solches vorkonstituiert und dann in einem zweiten, aktiven Schritt als reines Eidos erfasst.

Explikation. – Als Explikation wird das Hineingehen der Richtung des Wahrnehmungsinteresses in den leerintentionalen Innenhorizont einer erfassten Gegenständlichkeit bezeichnet. Die schlichte Betrach-

---

[35] *Erfahrung und Urteil*, § 80, S. 383f.
[36] a.a.O. § 83a, S. 400.
[37] *Phänomenologische Psychologie*, S. 77; vgl. dazu unten § 43.
[38] *Erfahrung und Urteil*, § 87c, S. 414. – Diese Aussage fehlt in der *Phänomenologischen Psychologie*, welcher der Kontext wörtlich entnommen ist. *Phänomenologische Psychologie*, S. 77f = *Erfahrung und Urteil*, § 87c, S. 413f; vgl. dagegen *Phänomenologische Psychologie*, S. 99.

tung sondert sich in eine Reihe von Einzelerfassungen, die miteinander und mit der im Griff behaltenen Gesamterfassung verbunden bleiben. Dabei kommt es zu einer doppelten Sinnbildung. Was in schlichter Erfassung gegeben war, verzweigt sich in Substrat und Bestimmung. Aus dem „Gegenstand" der einfachen Rezeption und Apperzeption wird in der Explikation ein „Substrat von Bestimmungen" und auf der nächsthöhern Stufe der Genesis dann ein „Subjekt von Prädikaten".

Der aktiven Explikation auf der Ebene der Rezeptivität gehen passive Synthesen nach den Gesetzen der Assoziation voran. Verbinden sich zwei ähnliche Gegenstände zu einem Paar, so sondert sich ein ungleiches Einzelglied bei der Aehnlichkeitsdeckung diskret ab. In solchen Synthesen „liegt offenbar der Anfang der inneren Besonderung und Teilung in der Passivität und damit die Voraussetzung für die Explikation innerer Merkmale und Teile in der Aktivität". Die sich hierbei bildenden Verhältnisse von Gegenstand und Merkmal, Ganzem und Teil treten im prägnanten Sinn freilich erst in der aktiven Explikation auf, „aber sichtlich wird, dass in der Passivität schon in niederer Stufe die betreffenden Synthesen vorbereitet sind".[39] Das aktive Uebernehmen der passiven Vorkonstitution ist keineswegs notwendig, wenn auch grundsätzlich möglich, ja positiv motiviert. „Die Erscheinungsabläufe schliessen sich auch passiv zu Einheiten zusammen, ganz gleich, ob das Ich sich dem in ihnen Erscheinenden rezeptiv erfassend zuwendet oder nicht."[40]

Was sich jeder aktiven Explikation voraus passiv entfaltet, wird eine Sachlage genannt. Sachlagen sind „intuitiv gegebene Verhalte" wie die Verhältnisse des Enthaltens und Enthaltenseins, des Grösser- und Kleinerseins usw.. Sie lassen sich in zwei Untergruppen aufteilen, in eigenschaftliche und in Relationssachlagen. Die erfasste Sachlage bildet die Grundlage für ein prädikatives Urteil und kann anschliessend zu einem Sachverhalt vergegenständlicht werden.[41]

Die aktive Explikation ist wie die schlichte Rezeption eine „urquellende Aktivität", die in sekundäre Aktivitäten und pure Passivitäten verschiedenen Grades übergeht. Wendet sich zum Beispiel das Inte-

---

[39] *Analysen zur passiven Synthesis*, S. 133. Im ersten Abschnitt von *Erfahrung und Urteil* wird überhaupt nicht auf die passive Vorkonstitution der Explikation eingegangen, eist der zweite Abschnitt bringt einige sporadische Rückgriffe auf den passiven Untergrund. Vgl. unten § 43.

[40] *Erfahrung und Urteil*, § 63, S. 301.

[41] a.a.O. § 59.

resse den Explikaten zu, so bleibt der Substratgegenstand in modifizierter „nachquellender" Aktivität im Griff behalten. Voll passiv sind die sich an diese Aktivitäten anschliessenden Prozesse der Deckung, der „explikativen Deckung" des Substrats mit seinen Bestimmungen und der „Identitätsdeckung" des Substrats, das sich in den einzelnen Schritten der Explikation als dasselbe durchhält. Die verschiedenen Bestimmungen treten ihrerseits miteinander in eine synthetische Ueberschiebung. Die explikative Deckung unterscheidet sich von der eigentlichen Identitätsdeckung dadurch, dass sich die Bestimmung p nicht als schlechthin identisch mit dem Substratgegenstand S, aber auch nicht als schlechthin verschieden von ihm einstellt.

Relation (Kolligation). – Die Relations- oder Beziehungserfassung bedeutet ein Hineingehen des betrachtenden Blickes in den zeitlichen und räumlichen Aussenhorizont einer phänomenalen Gegebenheit. Dieser ist mit jeder sich abhebenden Einheit als ein vieleiniges Feld von mitgeweckten Gegebenheiten mitkonstituiert. Es lassen sich zwei qualitativ verschiedene Beziehungen auseinanderhalten, Verbindungs- und Vergleichungsbeziehungen. Sie entsprechen den beiden passiven Hauptsynthesen der Zeit und der Aehnlichkeitsassoziation. In der ersten sind die einzelnen Gegebenheiten als individuierte Einheiten aufeinander verwiesen, in der zweiten werden die Wesensinhalte dieser Gegebenheiten aufeinanderbezogen. Während die Verbindungsbeziehungen nur im Rahmen einer geschlossenen faktischen oder fiktiven Zeit und eines ebenso einheitlichen Raumes möglich sind, liegt die grosse Bedeutung der Vergleichungssynthesen gerade darin, dass sie zeit- und raumunabhängig sind. Sie setzen nicht nur die Gegebenheiten einer geschlossenen Welt, wie sie sich in zusammenhängenden Wahrnehmungen, Erinnerungen und Erwartungen erstellt, in Beziehung zueinander. Sie sprengen vielmehr den Bereich des Positionalen und verbinden die Wahrnehmungswelt mit allen nur denkbaren Phantasiewelten. Die assoziativen Synthesen erweisen sich damit als umfassender und weitergehender als die Zeitsynthesen. Sie stellen „die umfassendste Art der Beziehung" dar.[42] Wie bei der Explikation ist bei der Relation immer „zu unterscheiden, was Sache der Passivität ist: das Gewecktwerden, und was, darauf sich bauend, Sache der (rezeptiven) Aktivität ist: das Erfassen des Geweckten, das Sichzuwenden zu dem einheitlich anschaulich Vorgegebenen".[43]

[42] a.a.O. § 41, S. 204.
[43] a.a.O. § 42c, S. 213.

Es sind nie Einzelgegebenheiten, die auf das Ich einen isolierten Reiz ausüben. Es ist immer eine Vielheit von Gegebenheiten, die mit- oder nacheinander affizieren, intentional aufeinander verweisen, sich so zu einer Kolligation verbinden und eine passive, vorerst noch nicht als eine Menge vergegenständlichte Mehrheit konstituieren. Bei der Mehrheitsverbindung kommt es nicht zur partialen Identifikation wie zwischen Substrat und Explikat. Die Beziehungsbestimmung tritt zwar am Substrat der Beziehung als seine Eigenschaft auf, aber sie gehört ihm nicht an sich zu, sondern nur auf Grund seiner Einheit mit den übrigen Gliedern der Mehrheit oder Menge. Sie wächst ihm erst im Uebergang zu den Mitgegebenheiten zu. Während sich bei der Explikation eine feste Ordnung von Substrat und Bestimmungen heraus- bildet, wobei nicht jede Gegebenheit Substrat werden kann, ist eine Relationssachlage beliebig umkehrbar. Gegenüber der Identifikation erscheint die Leistung der Kolligation als ,,Paarung" oder in einem ganz allgemeinen Sinn als ,,Assoziation".[44]

Sedimentation. – Die an einem Substrat vorgenommenen Eigen- schafts- und Beziehungsbestimmungen und die auf logischer Ebene von einem Subjekt ausgesagten Prädikationen lösen sich nicht mit dem vergänglichen Akt ihrer Leistung in Nichts auf. Explikationen und Prädikationen sedimentieren sich als bleibende Sinn-Schichten am Substrat-, bzw. Subjektgegenstand. Die Sedimentation ist ein passiver Prozess par excellence. Er vollzieht sich, ohne dass das Ich ihn in intentionaler Zuwendung und Aktivität in Gang zu setzen braucht.

An der Sedimentierung liegt es, dass wir im konkreten Erfahrungs- gang alle Gegenständlichkeiten mit verschiedenen Bestimmungen ver- sehen antizipieren. Sie erscheinen uns vorgeformt, vorexpliziert. Die Bestimmungen können als leer vermeinte an den Gegenständen hängen bleiben, sie können aber auch im weiter Fortschritt der Erfahrung erfüllt, bestätigt oder aber als illusionär durchstrichen werden. Auf der Ebene der Logik wirken sedimentierte prädikative Erwerbe auf die neu zu vollziehenden Urteile ein. Ein grosser Teil unserer alltäg- lichen Urteile sind passive Nachwirkungen sedimentierter früherer Urteile. Wir vollziehen sie, ohne uns ihre ursprüngliche Motivgrund- lage evident zu machen.

Das Sedimentierte wird von Husserl auch als sekundäre Passivität angesprochen. Wie das Bewusstsein von impressionalen Sinnesgege-

---

[44] a.a.O. §§ 24d, 34; *V. Cartesianische Meditation*, § 51.

benheiten in primärer Passivität affiziert wird, so geht in sekundärer Passivität von den sedimentierten Sinngegebenheiten ein affektiver Strahl auf das Ich, es zur Rezeption einladend. Sie sind in der retentionalen und sedimentierenden Abwandlung gleichsam zu etwas Sinnlichem und Ichfremdem geworden.[45]

Habitusgenese. – Korrelativ zur Sedimentation von Sinnschichten am Substratgegenstand vollzieht sich am Ichpol des Bewusstseins ein analoger Prozess. Hier schlagen sich die einzelnen Sinnstiftungen und Geltungsentscheidungen als bleibende Ueberzeugungen nieder. Das Ich wird damit zu einem „Substrat von Habitualitäten".[46] Zu jeder einmal gestifteten Geltung gehört wesensmässig als Horizont ihre Fortgeltung. Hat sich das Ich entschieden, so bleibt es solange entschieden, bis neue Motive es zu einer andern Entscheidung bewegen. „Darin liegt: die von der jeweiligen Urstiftung an im weiteren Leben auftretenden Akte von übereinstimmendem Sinn und Geltungscharakter treten nicht als solche auf, die bloss die gleiche Meinung haben, verbunden mit der Erinnerung an die früheren übereinstimmenden Akte und schliesslich den urstiftenden; sondern alle solche Akte geben sich als wiederholte Aktualisierung einer und der selben Meinung, die von der Urstiftung her noch gilt."[47] Die Habitusgenese ist wie die Sedimentation eine passive Konstitution. Die passive Konstitutionsform erstreckt sich also auf das Ich selber. Schon bevor sich dieses in der Reflexion auf sich selber in einem Akt der Selbstapperzeption konstituiert, unterliegt es einer Genese, in die es nicht akthaft konstituierend eingreift.

Die Ichkonstitution der Habitusgenese ist radikal verschieden von der ganz andern Weise der Ichkonstitution, die sich in der retentionalen und protentionalen Ausbildung des Bewusstseinsstromes vollzieht.[48] Die aktuellen Sinnstiftungen bleiben dem Ich retentional erhalten und bilden gleichzeitig neue, ähnliche Leistungen protentional vor. Im

---

45 Zur Sedimentation vgl. *Erfahrung und Urteil,* §§ 25, 67; *Krisis,* Beilage III, S. 371ff; zur sekundären Passivität, unten § 40.

46 Zur Habitusgenese vgl. *Ideen II,* § 29; *Cartesianische Meditationen,* §§ 27, 31f.

47 Ms. A VII 13, S. 179 (St. Märgen 1921).

48 In seinen Begriffsstudien zur Habitusgenese wirft G. Funke (*Untersuchungen über „universalen Idealismus", „Intentionalanalyse" und „Habitusgenese"* (1957); *Gewohnheit* (1958)) Habitusgenese und die Genesis des Bewusstseinsstromes völlig durcheinander. Wenn er zudem zur Aufklärung der Habitusgenese auf die *Phänomenologie des Zeitbewusstseins* zurückgreift, so ist seine begriffshistorische Analyse nicht nur sachlich falsch, sondern auch noch anachronistisch belegt.

assoziativ oder anderswie geweckten Zurückkommen auf die sich zeitlich ständig weiter modifizierenden Leistungen vergegenständlichen sie sich und werden ihrerseits zu intentionalen Polen neuer Akte. Dass die retentionale und protentionale Ichgenese und die Habitusgenese nicht ein und dasselbe sind, zeigt sich am augenfälligsten darin, dass die Erinnerung an eine vergangene Leistung und die habituelle Ueberzeugung auseinandergehen können. Eine Ueberzeugung kann auf Grund neuer Motive aufgegeben werden, eine Erinnerung dagegen kann als solche grundsätzlich nicht aufgegeben werden. Sie erfährt nur, wenn die Entscheidung des ehemaligen Aktes durchstrichen wird, eine sekundäre Modifikation. Das Erinnerte erscheint nun als ausser Geltung gesetzt.

§ 12. Zeitkonstitution und Assoziation

(a) Die Verschiedenheit der Zeitkonstitution von der assoziativen Konstitution

Die Zeitanalysen von 1905 eröffnet Husserl mit einer Kritik an seinem Lehrer F. Brentano. Brentano sieht den Ursprung der Zeit in der stetigen Anknüpfung der durch einen zeitlichen Charakter formal bereicherten, inhaltlich aber gleich bleibenden Phantasievorstellung an eine aktuelle Empfindung, die er als eine ,,ursprüngliche Assoziation" bezeichnet. Eine solche Erklärung führt nach Husserl auf den Widersinn, dass die in der schöpferischen Assoziation hervorgebrachte Phantasievorstellung trotz ihres Zeitmoments ,,vergangen" als ein gegenwärtiges Erlebnis auftritt.[49]

In den Vorlesungen zur genetischen Logik nimmt Husserl die Kritik an Brentano wieder auf. Er macht nun allerdings nicht mehr auf den Widersinn seiner Theorie aufmerksam, sondern begnügt sich in phänomenologischer Introspektion mit dem Aufweis, dass die Retention gar nicht durch eine von der Impression her rückwärts gerichtete assoziative Weckung entspringt. Eine Retention wird höchstens sekundär, ,,durch eine hinterher nachkommende Assoziation"[50] auch inhaltlich von der Impression her bestimmt. Im Unterschied zur Retention nimmt Husserl jedoch für die Protention eine ständig mitfungierende Assoziation an, die ihre Quelle in der kontinuierlichen retentionalen

---

[49] *Zur Phänomenologie des Zeitbewusstseins*, §§ 3ff; Ergänzender Text Nr. 14, S. 171ff; vgl. Nr. 1, S. 139.
[50] *Analysen zur passiven Synthesis*, S. 77.

Abwandlung hat.[51] Husserl hält bei dieser Analyse Zeitform und Inhalt von Protention und Retention nicht mehr auseinander. Die Protention ist als rein zeitlicher Horizont, als Zukunftsbewusstsein, doch ebensowenig wie die Retention als Vergangenheitsbewusstsein assoziativ geweckt. Auf was es Husserl in diesem Kontext offenbar ankommt, ist die These, dass die Retention ihren Inhalt nicht wie die Protention einer Assoziation verdankt, und dass in der Retention somit ein Bewusstseinserlebnis vorliegt, durch das kein intentionaler Strahl auf einen Gegenstand gerichtet zu sein braucht.

Trotz der sachlich einsichtigen Abhebung der Zeitsynthesen von den assoziativ motivierten Verweisungen und Verbindungen versucht Husserl in einzelnen Forschungstexten aus der Zeit der Vorlesungen zur genetischen Logik doch wieder eine Subsumtion aller Zeitsynthesen unter den Assoziationsbegriff. Es macht sich hier die für Husserl charakteristische Tendenz bemerkbar, fundamentale Begriffe, die er sich erarbeitet, zu generalisieren. So wird ihm der Assoziationsbegriff, zuerst zur Bezeichnung einer spezifischen Form der Synthesis neben andern Formen gebraucht, zu einem universalen Titel für jegliche Art von Einheitsbildung: ,,Synthesis in ihren verschiedenen Gestalten als universale Einigung des Lebens eines Ich = Assoziation im weitesten Sinn".[52] Eine weniger weit gehende Verallgemeinerung stellt seine Verwendung für alle passiv motivierten Synthesen dar. Die Assoziation wird in diesem Fall wie in der *IV. Cartesianischen Meditation* als ,,das universale Prinzip der passiven Genesis" vorgestellt.[53] ,,Es wäre vor allem nötig gewesen, ... Assoziation als ein allgemeiner Titel der Einheitsbildung zu behandeln, der überhaupt Stromeinheit, Zeitigung leistet in allen Stufen, also Titel für all das ist, was Konstitution von ,Seiendem' voraussetzt, eben als Konstitution durch Ichaktivität".[54] Auf den Stufen der passiven Genesis verdrängt der Assoziationsbegriff in den zwanziger und dreissiger Jahren zusehends den ein Jahrzehnt zuvor im Umkreis der *Ideen II* erarbeiteten Titel der Motivation, mit dem die Grundgesetzlichkeit und Verbindungsweise des Bewusstseins von der Verbindungform der naturalen Welt abgesetzt wird. Unser abschliessendes Urteil zur Ausweitung des Asso-

---

[51] a.a.O. S. 73ff; Abhandlung II, S. 323.
[52] a.a.O. Beilage XVIII, S. 405; vgl. schon *Zur Phänomenologie des Zeitbewusstseins*, Beilage III, S. 106.
[53] § 39, S. 113.
[54] Ms. C 15, S. 6 (wohl 1934).

ziationsbegriffs auf die Zeitsynthesen und alle andern passiven Verbindungen entnehmen wir Husserls eigenem Kommentar zur gleichen
Ausdehnung des Begriffs auf die Zeitkonstitution bei Brentano: „Das
könnte man nur tun, wenn man das Wort Assoziation ganz äusserlich
und nichtssagend für jede wie immer geartete und ursprünglich
erwachsende Verbindung von Vorstellungen mit Vorstellungen
wählte."[55]

(b) Die Ergänzung und Vollendung der Zeitkonstitution
in der assoziativen Konstitution

Von der „nichtssagenden", ihre spezifische Form verdeckenden
Charakterisierung der Zeitkonstitution als einer Assoziation ist ihre
notwendige Ergänzung durch die inhaltlichen Synthesen der Assoziation zu unterscheiden. Die protentionale und retentionale Zeitwerdung stellt nur ein erstes, noch unselbständiges und ergänzungs-
bedürftiges Stück der vollen Zeitkonstitution dar. Man darf nicht
übersehen, dass die Husserlschen Zeitanalysen erst in der Phänomenologie der Assoziation zum Abschluss kommen. Ohne die Ergänzung
durch die Phänomenologie der Assoziation bleibt „die ganze Lehre
von Zeitbewusstsein ⟨das⟩ Werk einer begrifflichen Idealisierung".[56]
Das Zeitbewusstsein stellt nur eine allgemeine Form der Koexistenz
und Sukzession her. „Aber was dem jeweiligen Gegenstand inhaltliche
Einheit gibt, was Unterschiede des einen und anderen inhaltlich
ausmacht, und zwar für das Bewusstsein und aus seiner eigenen konstitutiven Leistung, was Teilung und Teilverhältnis bewusstseinsmässig
möglich macht u. dgl. – das sagt uns die Zeitanalyse allein nicht, da
sie ja eben von dem Inhaltlichen abstrahiert."[57]
Von eigentlicher Einheitsabhebung kann im abstraktiv gewonnenen
Zeitbewusstsein noch gar nicht gesprochen werden. Zu einer das Ich
affizierenden Vereinheitlichung von der Art eines Ganzen, einer
Mehrheit, einer Sukzession usf. bedarf es der inhaltlichen Konkretion
und Diskretion nach den Gesetzen der affektiven Assoziation. Zeitliche Koexistenz und Sukzession hebt sich für sich allein nicht als
Einheit ab. Dazu bedarf es eines „affinen Zusammenhangs".[58]
Die Bewusstseinsmodi der Retention und Protention, in denen das

[55] *Analysen zur passiven Synthesis*, S. 77.
[56] a.a.O. Beilage XII, S. 387.
[57] a.a.O. S. 128; vgl. *Erfahrung und Urteil*, § 16, S. 76f.
[58] a.a.O. S. 152; vgl. oben § 10.

Vergangenheits- und Zukunftsbewusstsein ursprünglich entquillt, bleiben ohne nachkommende Veranschaulichung durch assoziativ geweckte Wiedererinnerungen und Vorerwartungen Leerintentionen. „Retention und Protention sind die primitiven, die ersten Stiftungsformen der Vergangenheit und Zukunft. Aber Retention und Protention als Urformen der Vergegenwärtigung sind Leerformen. Erst die anschauliche Wiedererinnerung, die sie zur Weckung bringt, schafft Vergangenheit als die anschaulich erfüllte Gestalt der Gegenwart im Modus gewesener und gleichsam wieder durchlebter, und ebenso die Voranschauung der Zukunft, die anschauliche Verwirklichung der Protention schafft die anschaulich bewusste Gestalt der Zukunft als der Gegenwart im Modus der kommenden und gleichsam im Vorgenuss antizipierend durchlebten."[59] Freilich verbleiben die retentionalen und protentionalen Abwandlungen der Urimpression die erste Bedingung und der Anfang aller Konstitution. „Ohne diesen Anfang gäbe es keinen Fortgang. Im ABC der Konstitution aller bewusstwerdenden Objektivität und der Subjektivität für sich selbst als seiend liegt hier das A."[60] Ohne die unterliegende Zeitkonstitution wäre, was nun als Vergangenheit assoziiert wird, eine phantasierte und zeitlose Gegenwart. Die Wiedererinnerung verschafft nur dank ihrer Beziehung auf eine Retention anschauliches Vergangenheitsbewusstsein, indem sie mit der fundierenden Retention in eine Synthesis der identifizierenden Deckung tritt. Es gehört zu ihrem Wesen, dass sie das Vergangene als ein in einer primären Erinnerung fernretentional Erhaltenes vergegenwärtigt.[61]

Die sich ins Unendliche hinziehende, eindimensionale Zeitstrecke als objektiv gültige und universale Form alles Bewussten gibt es nur dank der Weckung von Wieder- und Vorerinnerungen. Im beliebigen Zurückkommenkönnen auf verflossene Zeiterlebnisse wird der Zeitstrom als ein starres Stellensystem identifiziert, in dem jedes Erlebnis seine feste Stelle hat, die es individuiert und in eine konstante Beziehung zu andern Erlebnissen bringt.[62] Husserl hat verschiedene willkürliche Variationen des Bewusstseins vorgenommen, um zu zeigen, wie ohne

---

[59] a.a.O. Abhandlung II, S. 326. In den Vorlesungen von 1905 schreibt Husserl von der primären Erinnerung – so nannte er damals noch die Retention –, dass sie die Vergangenheit „zur primären, direkten Anschauung zu bringen" vermöge. Vgl. *Zur Phänomenologie des Zeitbewusstseins*, § 17, S. 41.

[60] a.a.O. S. 125.

[61] a.a.O. Beilage VIII, S. 367, 371f.

[62] a.a.O. Abhandlung II, S. 331.

assoziativ wirksame Inhalte Vergangenheit und Zukunft in ihrer Extension gar nicht zur Anschauung kommen können. Wäre das Bewusstsein überhaupt ohne Inhalt oder nur von einem gänzlich gleichförmigen Inhalt erfüllt, fänden wir z.B. in uns nur einen homogenen Ton vor, der gleichförmig dahinhallt, fehlte uns jeder Anhalt, um in die Vergangenheit zurückzuwandern und in die Zukunft vorzugreifen. Es vermöchte sich keine geschlossene Zeitstrecke oder Zeitgestalt irgendwo in der Vergangenheit oder Zukunft für sich abzusondern. Es fehlte jedes Motiv für einen Wiedererneuerungswillen oder ein antizipierendes Projekt. „Nur wo ungleichförmig auftretende Gebungen da sind, kann Weckung statthaben."[63] Aehnliches ist für den andern Extremfall auszuführen. Wenn jedes Gegenwartsmoment in ein gänzlich Neues umschlagen würde, versänke alles haltlos im Unbewussten. Es gäbe keine wieder weckende und identifizierende Synthesis. „Die ursprüngliche Lebendigkeit der impressionalen Momentan-Sinnlichkeit kann sich als ‚retentional' nur erhalten, wenn sie Anhalt hat an der neuen impressionalen Momentan-Sinnlichkeit."[64]

Die meisten Husserl folgenden Zeituntersuchungen bleiben mit ihrer Konzentration auf das erste Entspringen des Zeitbewusstseins in der protentionalen und retentionalen Modifikation von Impressionen hinter Husserls Analysen zurück. Zur vollen Ausgestaltung eines Zeitkontinuums bedarf es solcher Akte, wie sie die Wiedererinnerung darstellt. Zur Zeitlehre gehört daher wesentlich auch die motivationale Aufklärung der Wiedererinnerung. Diese ist aber allein möglich, wenn man die Abstraktion auf die rein formale Zeitstruktur des Bewusstseins wieder aufhebt. Die Wiedererinnerung erweist sich nämlich als inhaltlich motiviert, vom Inhalt einer aktuellen Vorstellung her, der in irgendeinem assoziativen oder sinnhaften Zusammenhang mit dem in der Folge erinnerten Inhalt steht.

In den Vorlesungen zur genetischen Logik wird als einziges Motiv der Wiedererinnerung die Assoziation herausgearbeitet. In den C-Manuskripten der frühen dreissiger Jahre werden dann auch aktiv entworfene Sinngebilde und praktische Interessen als auslösende Motivationen angeführt. „Auch ‚einbrechende' hintergründliche Wiedererinnerungen (Erinnerungsbilder) haben ihr Motiv in einer, wenn auch momentan zurückgestellten, immer doch lebendigen Aktivität. Das

---

[63] a.a.O. Beilage XXIII, S. 425.
[64] a.a.O. Beilage XIX, S. 414.

Affektivwerden von Verdecktem kann auch von Nebeninteressen aus und indirekt motiviert sein."[65] „Jedes Sichrichten auf Vergangenheit geschieht aus einem Interesse der Zukunft."[66]

Zusammenfassend lässt sich sagen, dass erst die auf die formale Zeitanalyse aufgestufte Phänomenologie der Assoziation zu erklären vermag, wie das Bewusstsein „nach Wesensgesetzen ursprünglicher Genesis dazu kommt, eine Vergangenheit nicht nur überhaupt zu haben, sondern eine Erkenntnis davon gewinnen zu können",[67] m.a.W. „wie das reine Ich Bewusstsein gewinnen kann davon, dass es ein endloses Feld vergangener Erlebnisse als der seinen hinter sich hat" und wie die Subjektivität sich nach der andern Seite hin „als identisch Eines ihres zugehörigen endlosen Zukunftslebens wissen kann".[68] Es ist primär den Prinzipien der Assoziation zu danken, dass das aktuelle Bewusstsein über „die ausserordentlich enge Sphäre sukzessiver und wirklicher Anschauung",[69] die von der lebendigen Retention und Protention getragen wird, hinaus zum gesamten Umfang der Vergessenheit und der Vorahnung Kontakt aufnehmen und aufrechterhalten kann. Wiedererinnerung und Vorerwartung bringen „eine eigentümliche Bereicherung derjenigen lebendigen und ursprünglich konstituierenden Gegenwart, die wir bisher, in einer notwendigen Abstraktion, rein als einen Prozess immanenter hyletischer Erfahrung – ursprünglicher Erfahrung – dachten".[70] Ohne die Reproduktion gibt es in der affektiv nivellierten und nullierten Fernsphäre der Vergangenheit, in die alle Gegebenheiten zurückfallen, überhaupt keine zeitliche Ordnung mehr. Das retentionale Strömen geht ja in der Fernsphäre, die sich nicht mehr affektiv abhebt, nicht unaufhörlich weiter.[71] Erst in der assoziativen Weckung wird das Längstvergessene in einen kontinuierlich fortgesetzten zeitlichen Zusammenhang zur Gegenwart gebracht.[72] Die Assoziation verschafft schliesslich weitge-

---

[65] Ms. C 13 II, S. 2 (15. II. 1934).
[66] Ms. C 2 III, S. 3 (14. September 1932). – Trotz der in diesen Zitaten absolut gesetzten aktiven Motivation gibt Husserl in den gleichen C – Manuskripten, die in den Vorlesungen zur genetischen Logik erarbeitete passiv-assoziative Motivation der Reproduktion nicht auf. Vgl. C 11 V, S. 3 (Dezember 1931) und C 13 II, S. 2 (15. II. 1934).
[67] *Analysen zur passiven Synthesis*, S. 210.
[68] a.a.O. S. 123f.
[69] a.a.O. S. 176.
[70] a.a.O. S. 184.
[71] a.a.O. S. 125, 177.
[72] *Erfahrung und Urteil*, § 42b, S. 208f.

spannte Brückenbogen zurück in die Vergangenheit. „Dadurch dass
die Wiedererinnerung auf Aehnlichkeitsassoziation und Weckung
von der aktuellen Gegenwart (oder schon aktuellen Wiedererinnerung)
aus beruht, erklärt sich das Zurückspringen-müssen in die Vergangenheit und nicht kontinuierlich in die Vergangenheit ‚Zurückströmen'-
können.''[73] Ohne den Strom der Retention Phase um Phase durch-
waten zu müssen – ein erfolgloses Unterfangen! Ich kann nur in die
Vergangenheit eindringen, indem „ich von der Gegenwart her Vergangenes wecke, den Weg kontinuierlich rückwärts durchlaufen kann
ich nicht''[74] – können wir ihn sozusagen mit „Siebenmeilenstiefeln''[75]
durchmessen und im Nu auf jede beliebige Zeitstelle verwiesen werden,
die nur in irgendeinem assoziativen Zusammenhang zur aktuellen
Gegenwart steht.

§ *13. Die assoziative Vorkonstitution der ansichsetzenden Identifikation*

Der grössere Zusammenhang, in dem Husserl in den Vorlesungen
zur genetischen Logik seine Phänomenologie der Assoziation entwirft,
ist das Problem der ansichsetzenden Identifikation, wie sie in der für
die endgültige Evidentmachung ausschlaggebenden Leistung der
Wiedererinnerung erfolgt. In einer den Standort bestimmenden
Zwischenbemerkung nach der Einführung der Assoziationsproblematik macht Husserl selber auf diese bemerkenswerte Tatsache aufmerksam. „Es sind nur neue Formulierungen der Probleme der
An-sich-Gültigkeit, die diesen ganzen Abschnitt der Vorlesungen in
Arbeit gesetzt haben.''[76] Husserl versteht also seine Ausführungen zur
Assoziation als einen neuartigen Beitrag zur transzendentalen Logik,
deren zentrales Problem die Genesis von Evidenz ist. „Unser Problem
ist die Klärung der Idee des Ansich, soweit die Passivität dafür aufkommen kann.''[77] „Soll man aber in diesem Zentralproblem nicht
versagen, dann ist das erste, die aller aktiven Bewährung zugrundeliegende Unterstufe der passiven Bewährungssynthese aufzuklären.''[78]

Verfolgt man den Gedankengang der Vorlesungen, der sich in
diesem Teil in den drei Fassungen von 1920/21 bis 1925/26 durchhält,

---

[73] Ms. C 13 II, S. 2 (15. II. 1934).

[74] *Analysen zur passiven Synthesis*, Beilage XXIII, S. 424.

[75] So illustriert G. Brand, *Welt, Ich und Zeit* (1955), S. 108, treffend Husserls
Ausführungen.

[76] *Analysen zur passiven Synthesis*, S. 124.

[77] a.a.O. S. 275.

[78] a.a.O. S. 70.

genauer, so kommt man auf die interessante Feststellung, dass Husserl das Problem der Endgültigkeit der Erfahrung, wie sie schliesslich mit Hilfe des Bewusstseinsmodus der Wiedererinnerung zustandgebracht wird, zuerst ohne Rückgriff auf die Assoziationsphänomene angeht. Dann stellt sich das Problem der Erinnerungsillusion. Seine Auflösung ist es, die Husserl in diesem ganzen Kontext zuerst auf die Assoziation stossen lässt. Als die primitivste Form der Erinnerungsillusion entpuppt sich nämlich die assoziative Vermengung von Aehnlichem. Infolge einer partiellen Aehnlichkeit verbinden sich verschiedene Gegebenheiten zu einer scheinbar geschlossenen Einheit. Erst wenn das leervorstellig oder nur teilweise anschaulich Assoziierte im Uebergang zu höheren Klarheitsstufen zu einer vollkommeneren Veranschaulichung und Selbstgebung gelangt, stellen sich eine partielle „positive" und „negative Deckung", kurz Schein und Irrtum heraus. „Was aber zum weiteren Verständnis noch notwendig ist, ist die Aufklärung der Ursprünge des Irrtums in der Passivität, und zwar des Irrtums in seiner ursprünglichsten Gestalt der Vermengung. Dieses Problem führt uns auf ein radikales Stück der passiven Bewusstseinsanalyse, und zwar als genetischer Analyse: zur Phänomenologie der Assoziation."[79] In der Entfaltung dieser Phänomenologie der Assoziation zeigt sich nun, dass die Assoziation nicht nur für das gelegentliche Auftreten von Irrtümern verantwortlich gemacht werden kann, sondern ganz allgemein für die Ermöglichung von Wiedererinnerung überhaupt aufkommt. Die Wiedererinnerung als Voraussetzung der Konstitution von Evidenz, von an sich Geltendem und Seiendem, führt auf die transzendentale Funktion der Assoziation, ihre fundamentale Bedeutung als Bedingung der Möglichkeit von evidenter Erkenntnis. Nach dem Exkurs über die Assoziation kommen die Vorlesungen darum nochmals auf das Thema der Ansichsetzung in der Wiedererinnerung und korrelativ in der Vorerwartung zurück. Husserl suchte in der Assoziation die Bedingung für den „Esel" Irrtum und fand in ihr die Bedingung für den „König" Wahrheit.

Gesucht wird in der transzendentalen Logik die Genesis eines Seienden, das an sich besteht, als ein identisches Dabile prinzipiell jederzeit verfügbar ist als ein Gegenstand für ausweisende Bewährungen. Der erste Schritt zu seiner Stiftung wird in der lebendigen Gegenwart gesetzt. Was sich in der strömenden Gegenwart sich ein-

[79] a.a.O. S. 115f = 283; vgl. 270ff.

stimmig durchhaltend als seiend konstituiert, ist undurchstreichbar in seinem Selbst vorstellig. Aber seine unzweifelhafte Gültigkeit ist nur eine momentane und als solche „absolut steril".[80] Nur eine bleibende Gegebenheit stellt ein ideales Korrelat möglicher Bewährung dar. Dazu reicht auch die Retention des gegenwärtig Konstituierten, in der es sich in steter Identität und unmodalisierbar abwandelt, nicht hin. Die Retention teilt mit der strömenden Gegenwart das Los der Vergänglichkeit. Erst mit Hilfe der Wiedererinnerung konstituiert sich „ein stehendes und bleibendes Ansich, dem das wirkliche Erfahren-werden in gewisser Weise zufällig ist".[81] „Das ,immer wieder' gibt es erst dank der Wiedererinnerung, und nur aus ihr stammt die Möglichkeit von Tatsachen, die an sich sind, die in der Wahrnehmung ursprünglich erfahren werden, aber beliebig oft wieder erfahren werden können, wieder identifiziert als dieselben und demgemäss wieder beschrieben und in identischer Weise und in identischer Wahrheit beliebig oft beschrieben werden können. Also, was dasselbe, es gibt gegenüber der momentanen Wahrheit eine bleibende Wahrheit."[82]

Wenn die Konstitution von an sich seienden Gegenständen auf die Wiedererinnerung führt, stellt sich die Frage, wie sich diese, die doch modalisierbar ist, als Quelle der Endgültigkeit auszuweisen vermag. Für die Wiedererinnerung innerhalb der Sphäre der noch frischen oder lebendigen Retention ist das kein Problem. Sie zieht ihre Rechtfertigung aus ihrem unmittelbaren Zusammenhang mit der noch strömenden Gegenwart. Sie ist wie das urimpressional Gegenwärtige undurchstreichbar, wenn ihr Selbst auch, wie schon in der Wahrnehmung, nur in gradueller Adäquatheit erscheint und auf einen unerreichbaren idealen Limes hinweist.

Problematischer erscheint der Anspruch der Fernerinnerung. Aber auch bei dieser stossen wir letzlich auf ein undurchstreichbares Selbst. Eine vermeinte Selbstgebung kann nur modalisiert werden, indem sie andern Selbstgebungen weicht. Das Durchstrichene ist immer ein durch eine Vermengung entstandenes Ganzes. Einzelne Stücke der Vermengung halten sich als selbstgegeben durch. Natürlich kann ein abgespaltener Erinnerungsteil seinerseits wieder als Vermengung entlarvt werden, aber dieser Spaltungsprozess wiederholt sich nicht in

---

[80] a.a.O. Beilage VIII, S. 366; vgl. *Formale und transzendentale Logik*, § 107b, S. 251f.
[81] a.a.O. S. 207f.
[82] a.a.O. Beilage VIII, S. 370.

infinitum. Da es sich um ein Durcheinander von Diskretem handelt, muss er zu einem guten Ende kommen. Für die Rechtfertigung der Fernerinnerung reicht die Einsicht aus, „dass, was in einer Reproduktion auftritt, als Erinnertes nicht völlig leer sein kann, dass seine Selbstgebung nicht ein leerer Titel sein kann, sondern ⟨das es⟩ seine Quelle in wirklichen Selbstgebungen hat, derart, dass wir notwendig zurückgewiesen werden auf die Idee einer Kette von reinen Selbstgegebenheiten, die nicht mehr durchstreichbar sind, sondern nur in vollkommener Identität und Einstimmigkeit wiederholbar und inhaltlich identifizierbar".[83] Mit Entschiedenheit brandmarkt Husserl in den Vorlesungen „Einführung in die Philosophie" von 1922/23 das Verwerfen jedweder apodiktischen Evidenz in der Wiedererinnerungssphäre als einen „Mangel der Analyse".[84]

Die ideale Möglichkeit der iterativen Herstellung von reiner Selbstgebung bliebe freilich verborgen, „das Ich wäre geistig dafür blind, wenn es nur in der Passivität lebte".[85] Die Wiedererinnerung ist wohl passiv-assoziativ motiviert, als ein Akt der Erfassung ist sie jedoch wie die Wahrnehmung, von der sie eine Modifikation darstellt, ein ichlicher Akt. Die assoziative Verweisung und Weckung vermag nur indirekt zu indizieren und zu antizipieren, nicht aber etwas in seinem Selbst erfasst vorzustellen. Lebte das Ich anderseits nur in seiner Aktivität, so bliebe es „für all das ‚Ansich' blind, das es sich nicht zu selbsttätiger Erkenntnis, in freien Akten wirklich durchgeführter bewährender Zueignung, gebracht hat". „Schon in der Passivität ist doch all das bereit, was die Leistung des aktiven Ich ermöglicht, und es steht unter den festen Wesensgesetzen, nach denen die Möglichkeit dieser Leistung verständlich werden kann."[86]

Was die Wiedererinnerung selbstgebend vergegenwärtigt, ist an erster Stelle die eigene Bewusstseinsvergangenheit, der eigene ablaufende Bewusstseinsstrom. Der Strom ist konstituierend und wird alsogleich selber konstituiert, transzendiert, objektiviert. „Das gibt allerdings eine kuriose Paradoxie. Das erste, urquellenmässige Transzendente ist der Bewusstseinsstrom und seine immanente Zeit, nämlich

---

[83] a.a.O. S. 115 = 282f.
[84] a.a.O. Beilage VIII, S. 371. Zum ganzen Problem der Rechtfertigung der Wiedererinnerung vgl. S. 112ff, 192ff, 279ff und die dazu angeführten Beilagen.
[85] vgl. a.a.O. S. 180f; Beilage VIII, S. 378f; *Formale und transzendentale Logik*, Beilage II, S. 287.
[86] *Analysen zur passiven Synthesis*, S. 209.

er ist das transzendente Selbst, das in der Immanenz der ursprünglich strömenden Gegenwart zur Urstriftung kommt und dann zur frei verfügbaren Selbstgebung und Selbstbewährung in eben dieser Gegenwart durch Wiedererinnerungen. Der Bewusstseinsstrom lebt mit Strömen und wird zugleich für sein Ich gegenständlich, objektiv; er wird es als das transzendente Selbst, das in Wiedererinnerungen und Wiedererinnerungssynthesen einer jeweiligen Gegenwart zur unvollständigen und approximativen Selbstgebung kommt."[87] ,,Wäre dem nicht so, so wäre von einem Bewusstseinsstrom überhaupt nicht zu reden, und es ist leicht zu sehen, dass, wenn es nicht sein Wesen wäre, in sich ein ‚Ansich', ein wahres Sein seiner selbst zu tragen – nach Urbedingungen der Passivität, welche aktive Erkenntnis ermöglichen – dass dann in einer schon objektiv-äusserlich konstituierten Welt kein empirisches Ich einem andern Ich einen Bewusstseinsstrom und all das, was wir dazu rechnen, zuweisen könnte."[88]

In der *Formalen und transzendentalen Logik* gegen das Ende der zwanziger Jahre geht Husserl einen entscheidenden Schritt über die in den Vorlesungen der ersten Hälfte des gleichen Jahrzehnts behauptete Evidenz der Wiedererinnerung und von an sich seienden und geltenden Gegenständlichkeiten hinaus. Er hält zwar in diesem Spätwerk ausdrücklich an ,,der fraglosen Selbstverständlichkeit des Lebens",[89] dass Wahrheiten an sich bestehen, fest. In der Tat kommen wir im Alltagsleben wie in der Wissenschaft ohne diesen Anspruch nicht aus.[90] Aber die transzendentale Logik, radikal durchgeführt, kommt nun zum Ergebnis, dass alle naiv in Anspruch genommenen Evidenzen in ihrer ,,Tragweite" ,,eine peinliche und doch unvermeidliche Relativität" erhalten.[91] In jeder Evidenz finden wir neben Komponenten, die wirklich selbstgegeben sind, solche, die bloss antizipiert oder reten-

---

[87] a.a.O. S. 204.
[88] a.a.O. S. 208.
[89] *Formale und transzendentale Logik*, § 80, S. 176.
[90] E. Tugendhat, a.a.O. S. 58f, 233ff usw., hat erneut gegenüber der zu lange Zeit an Heideggers Wahrnehmungsbestimmung orientierten phänomenologischen Literatur herausgestellt, dass die Ansich-Gültigkeit zum formalen Sinn der Wahrheit überhaupt gehört. – Tugendhat macht auch auf drei Bedeutungsvarianten von ,,an sich" aufmerksam. ,,An sich" wird im weitern Sinn das Gegebene in Abhebung von seinem aktuelle Gegebensein genannt, im Gegensatz zum ,,für mich", im engern Sinn die ,,Sache selbst" im Gegensatz zu ihren defizienten Gegebenheitsweisen und in einem dritten ,,unphänomenologischen" Sinn etwas, das schlechthin bewusstseinstranszendent sein soll (S. 58f).
[91] *Formale und transzendentale Logik*, § 80, S. 176; § 102, S. 239.

tional noch im Griff oder schliesslich als ich-fremd appräsentiert sind. Die eigentlich ansichgebende Identifikation konstituiert sich zudem, wie wir eben gesehen haben, erst in der Wiedererinnerung und in der grundsätzlichen Möglichkeit des immer wieder Daraufzurückkommens. Beide, Wiedererinnerung und iterative Unendlichkeit, so führt Husserl nun aus, implizieren ihrerseits eine nicht adäquat einholbare Idealisierung: „Wiedererinnerung, gelingend als wirkliche und eigentliche Anschauung, würde ja die Restitution aller einzelnen Momente oder Schritte des ursprünglichen Prozesses besagen; und selbst wenn sie statthätte, also eine neue Evidenz hergestellt wäre, ist es sicher, dass es Restitution der früheren Evidenz ist?"[92] „Ich erinnere nur noch an die von den Logikern nie herausgehobene Grundform des ‚Und so weiter', der iterativen ‚Unendlichkeit', die ihr subjektives Korrelat hat im ‚man kann immer wieder'. Es ist eine offenbare Idealisierung, da de facto niemand immer wieder kann."[93] Alle bewusstseinsmässig konstituierten „Wahrheiten an sich" haben nur eine „regulative Bedeutung" für die konstituierten Einheiten niederer Stufe.[94] Die transzendentale Logik zeigt in einer ersten Etappe das genetische Werden einer Ansichsetzung, in einer zweiten ihre transzendentale Funktion und schliesslich in einer dritten ihre beschränkte Tragweite.

§ 14. Assoziative und gegenständliche Synthesis

Die Assoziation wird in der I. Logischen Untersuchung als ein einheitsstiftender Faktor eingeführt. Sie schafft „deskriptiv eigentümliche Charaktere und Einheitsformen".[95] In der Umarbeitung der VI. Logischen Untersuchung wird deutlicher gesagt, dass die Assoziation für die Einheit des Dinges und der Anzeige nicht restlos aufkommt, sondern sie bloss fundiert. Die Vorlesungen zur genetischen Logik gehen nach der assoziativen Aufklärung der Wiedererinnerung und der Erwartung auf die Bedeutung von Urassoziationen im Feld der lebendigen Gegenwart zur Abhebung von „ursprünglichen Einzelheiten" und „Mehrheiten", von Ganzheiten und Konfigurationen

---

[92] a.a.O. § 73, S. 164.

[93] a.a.O. § 74, S. 167.

[94] a.a.O. § 99, S. 221. – Leider unterlässt es M. Fleischer in ihrer Einleitung zu den Analysen zur passiven Synthesis, auf die „peinliche Relativität" der in diesen Analysen genetisch aufgewiesenen Evidenzen der Wiedererinnerung und der Ansichsetzung, bzw. auf die Fortsetzung dieser Analysen in der Formalen und transzendentalen Logik, aufmerksam zumachen.

[95] § 4.

über. In *Erfahrung und Urteil* bildet die Assoziation die passive Unterlage von Verbindungs- und Vergleichungsbeziehungen, sowie von
empirischen und reinen Allgemeingegenständlichkeiten. In der *V.
Cartesianischen Meditation* schliesslich wird der Assoziation eine
Einheit besonderer Art in der Fremderfahrung zugeschrieben. Die
Erfahrung des Andern konstituiert sich in einer apperzeptiven Uebertragung, indem der Leib des Andern von meinem eigenen Leib her
analogisierend apperzipiert wird. Das urstiftende Original, mein Leib,
bleibt bei dieser Uebertragung immerfort lebendig mitgegenwärtig,
sodass die Fremderfahrung zugleich eine Eigenerfahrung impliziert.
Ego und alter ego sind in einer assoziativen „Paarung" gegeben.

(a) Zum Begriff der Synthesis

Einheitsstiftung ist eine der zentralen Leistungen des Bewusstseins.
Synthesis, wie sich Husserl in Kantischer Terminologie auch ausdrückt, ist eine „Grundeigentümlichkeit des Bewusstseins".[96] Die
intentionalen Korrelate des Bewusstseins haben wie dieses selbst eine
synthetische Struktur. Sie geben sich als synthetische Einheiten von
Mannigfaltigkeiten. Die phänomenologische Intentionalanalyse ist
letztlich nichts anderes als „die Aufhellung der Eigenheit der Synthesis".[97] Der „Kantische dunkle Begriff der Synthesis"[98] gewinnt durch
seine allgemeine Verwendung für die noetische Einheit des Bewusstseins wie für die noematische seiner Intentionalien, für die Urteils-
verbindung, die in Gegenständen polarisierten Einheiten und schliesslich auch für die passiven Verbindungen der Zeit und der Assoziation
jedoch nicht unbedingt an Profil und Aussagekraft.

Der Begriff wird von Husserl nachweislich zum ersten Mal in der
Philosophie der Arithmetik positiv aufgegriffen. Er ist mit seiner
Kantischen Aussage, dass das Bewusstsein wesentlich eine Verbindung
von Mannigfaltigem ist, Allgemeingut der Psychologie des ausgehenden 19. Jahrhunderts. W. Wundt spricht bekanntlich von „schöp-

---

[96] *Cartesianische Meditationen* („Pariser Vorträge"), S. 17.
[97] *II. Cartesianische Meditation*, S. 79.
[98] *Analysen zur passiven Synthesis*, Beilage XV, S. 392. – I. Kerns Meinung
(a.a.O. S. 249), dass im Husserlschen Begriff der Synthesis der Akzent auf dem
Moment der Thesis oder des Setzens, bei Kant dagegen allein auf dem „syn",
dem Verbinden, liegt, kann in Anbetracht der passiven Synthesen in dieser Allgemeinheit nicht aufrechterhalten werden. Es gibt Synthesen, „die vor aller Thesis
liegen" (*Ideen II*, S. 22). Auf dem (vielfachen) Setzen liegt der Akzent beim verwandten Begriff der Polythesis (vgl. *Ideen I*, § 118, S. 293).

ferischen Synthesen" des Bewusstseins.[99] Für H. Höffding, einen
vielgelesenen und auch in den *Logischen Untersuchungen* zitierten
Psychologen, ist „der Charakter des Bewusstseins als einer Synthesis"
eine unleugbare Grundtatsache.[100] Ebenso gilt für W. Diltheys deskriptive Psychologie die Grundfeststellung: „Leben ist überall nur
als Zusammenhang da".[101] Für Husserls Orientierung an den grossen
klassischen Philosophen ist es bezeichnend, dass er schon in der
Philosophie der Arithmetik zur Explikation des Begriffs auf Kant
selber zurückgeht. In der Habilitationsschrift *Ueber den Begriff der
Zahl* (1887) begnügt er sich noch mit einer kurzen negativen Kritik
des Titels und seiner Uminterpretation beim Neukantianer Fr. A.
Lange. In der erweiterten Fassung desselben Kapitels in der *Philosophie der Arithmetik* führt er diese Kritik noch weiter, übernimmt aber
zugleich am Ende „den Begriff synthetischer Akte" zur Bezeichnung
der von ihm erarbeiteten „zusammenfassenden Akte", in denen eine
Kollektion, eine Menge, zur Ausbildung kommt.

Für die Theorie der passiven Synthesis ist es beachtenswert, dass
Husserl schon in der *Philosophie der Arithmetik* die Kantische These,
nach der alle Verbindungen einer Verstandeshandlung, einer aktiven
Tätigkeit entspringen, bestreitet. Es gibt Verbindungen, bei denen von
einer schaffenden Tätigkeit in der innern Erfahrung nichts vorzufinden
ist. Husserl meint, wie die Beispiele zeigen, in erster Linie die sog.
„metaphysischen Relationen", die Verbindung etwa einer Farbe mit
der räumlichen Ausdehnung, aber auch alle Verbindungen, die er als
„primäre Relationen" von den „psychischen Relationen" abhebt.
Solche primäre Relationen sind u.a. die Aehnlichkeitsverhältnisse, die
von Stumpf erforschten Verschmelzungen und die Konfigurationen,
die dank eines ursprünglichen figuralen Moments sogleich als solche
erfasst werden. Sie alle verdanken wir im Gegensatz zu den „psychischen Relationen", z.B. Zahlenkollektionen und Urteilsverbin-
dungen, nicht „einer aktiven Synthesis".[102] „Sie sind einfach da und
werden bei gehöriger Richtung des Interesses bemerkt so gut als

---

99 *Logik II/2* (1895), S. 267ff (*III* (1921), S. 266ff).

100 „Ueber Wiedererkennen, Assoziation und psychische Aktivität" (1890), S.
303.

101 *Ideen über eine beschreibende und zergliedernde Psychologie* (Sonderdruck
1894), S. 6 (*Gesammelte Schriften V* (1924), S. 144). Der zitierte Satz ist in beiden
Ausgaben, die sich in Husserls Bibliothek finden, angezeichnet.

102 Vgl. *Philosophie der Arithmetik*, S. 37ff, 314f.

irgendwelche andere Inhalte."[103] Allerdings kann man die „primären Relationen" der *Philosophie der Arithmetik* – die Verwendung dessel- ben Titels für die metaphysischen Relationen und die Verschmelzun- gen und Konfigurationen zeigt das schon an – nicht einfach mit den „passiven Synthesen" der genetischen Phänomenologie identifizieren. Die „primären Relationen" werden als rein statische Verhältnisse betrachtet, die im Bewusstsein vorgefunden werden. Die passiven Synthesen dagegen sind eine „Produktion" zwar nicht des Verstandes, aber doch – wiederum in Kantischer Sprache – der Einbildungskraft.[104]

(b) Das Verhältnis der assoziativen zur gegenständlichen Synthesis

Unter den verschiedenen assoziativen Einheitsbildungen beschäftigt uns in diesem Paragraphen besonders jene, die in der genetischen Konstitution eines Dinggegenstandes angetroffen wird. Welches ist ihre Stellung in diesem Konstitutionsvorgang? Sicher reicht die Assoziation nicht zur vollen Gegenstandskonstitution aus, wie das eine sensualistische Psychologie postulieren mag. Zur Gegenstands- bildung bedarf es eines sinnstiftenden Aktes der Auffassung. Jeder Akt des Ich ist jedoch von passiven Vorleistungen her motiviert. Husserl hat dieses Motivationsverhältnis zwischen assoziativer und eigentlicher gegenständlicher Konstitution zwar häufig angepeilt, doch immer nur fragmentarisch analysiert.

Am deutlichsten wird die Verschiedenheit von polhafter gegen- ständlicher Einheit und von nicht polarisierter, kontinuierlicher Ein- heit in den sog. „Seefelder Manuskripten über Individuation"[105] zum Thema gemacht. Husserl legt hier den Akzent auf die eigenartige Einheit des „Identischen", das sich durch eine kontinuierliche zeit- liche Dauer und eine qualitative Erscheinungsabwandlung durchhält, gegenüber der ganz andern Einheit des „Ganzen" von kontinuierlich ineinanderübergehenden Inhaltsmomenten. Die erste Einheit ist die polhafte eines Gegenstandes, der sich als identischer durch eine Zeit- strecke und durch verschiedene erscheinungsmässige Abwandlungen hindurch konstituiert, die zweite die einer linearen oder flächenhaften, zeitlichen und inhaltlichen Ausdehnung, die grundsätzlich in Teile

---

[103] a.a.O. S. 42.
[104] Vgl. *Analysen zur passiven Synthesis*, S. 275f.
[105] *Zur Phänomenologie des Zeitbewusstseins*, Ergänzender Text III, S. 237ff (1905ff).

zerstückt werden kann.[106] Am deutlichsten wird das Ineinander von Assoziation und Gegenstandsapperzeption dagegen im Entwurf zur Umarbeitung der *VI. Logischen Untersuchung* von 1913 beim Namen genannt. Einerseits ist der Gesamtakt der Dingkonstitution in den assoziativen Verweisungen fundiert und wird wesentlich durch die Eigenart der Elementarintentionen bestimmt, anderseits hängt deren Regelung gerade auch von ihm ab. „Die Herstellung des konkreten Aktes ist offenbar keine blosse summatorische Verbindung selbständiger Elemente, sondern eine ganz eigenartige Einheit, in der eine Gesamtintention sich sozusagen in den Elementarintentionen auslebt, aber ihnen gegenüber den in ihren intentionalen Korrelaten fundierten konkreten Gesamtgegenstand konstituiert."[107]

In den zwei angeführten Texten wird das Verhältnis von assoziativer und gegenständlicher Einheit rein statisch analysiert. In dem für die genetische Konzeption der Phänomenologie wichtigen Manuskript A VII 13 sowie in den folgenden Vorlesungen zur genetischen Logik macht sich dagegen die Tendenz geltend, die assoziative und die genetische Konstitution als ein genetisch-stufenmässiges Nacheinander aufzufassen. Die Assoziation stiftet „vor und neben aller (nicht durch sie) Aktivität (die freilich hier ganz fehlt) Zusammenhänge, aber eigentlich doch nicht Gegenstände. Ohne sie gibt es keine Affektion, sie ist überall mit dabei, und wenn Affizierendes schon Gegenstand heissen soll, so schafft sie freilich Gegenstände. Aber ⟨ ein ⟩ Gegenstand im prägnanten Sinn bedarf der aufmerkend erfassenden Aktivität, Aktivität der Kenntnisnahme – die aber zunächst auch noch nicht ‚Gegenstände' erfasst, sondern es bedarf auch der Identifizierung durch Wiedererinnerung und dgl., also von solchem, was schon erfasst war – eine Synthese also auf Grund der Aktivität, aber freilich auch der Assoziation, die ja in den Funktionen der Wiedererinnerung, der Erwartung, der Weckung in Zusammenhängen der sinnlichen Gleichheit, überhaupt in Konfigurationen usw., überall waltet und auch nachher immer ihr Spiel treibt."[108] „Affektive Einheiten müssen sich konstituieren, damit sich in der Subjektivität überhaupt eine Gegenstandswelt konstituieren kann. Damit das aber möglich ist, müssen

---

106 Die kontinuierliche Ausdehnung eines Inhalts – als Beispiel dient das Braun einer Bierflasche – wird in diesen Texten allerdings nicht ausdrücklich eine assoziative genannt.
107 Ms. M III 2 II 2, S. 16; vgl. S. 9, 19.
108 Ms. A VII 13, S. 187 (Bernau 1918).

in Wesensnotwendigkeit zunächst in der hyletischen Sphäre, und zwar wieder zunächst in der lebendigen Gegenwart affektive Einheiten werden und sich miteinander homogen verflechten."[109] Die passiv-assoziativ konstituierte Affektion motiviert das Ich zu einem sinn- und gegenstandsstiftenden Akt, bei dem wir drei Momente auseinander-halten, die Erfassung, die Auffassung und das freie kinästhetisch moti-vierte Durchlaufen der Erscheinungsreihen des identischen Gegen-standes, bzw. das blosse Bewusstsein von der Möglichkeit dieses be-liebigen Durchlaufens. Die drei Momente bilden eine einzige Aktein-heit. Die Rezeption gibt sich als eine Apperzeption einer Einheit von praktisch-kinästhetisch verfügbaren Erscheinungsreihen eines Iden-tischen.[110]

Wie ist dieses genetische Verhältnis genauer zu definieren? Ist es ein Motivationsverhältnis, bei dem das Motiv das Motivierte ohne das geringste zeitliche Intervall impliziert? Oder liegt vielleicht doch ein diskretes Nacheinander vor? Die Beschreibung der passiven Asso-ziation als einer vorgegenständlichen Konstitution, auf der die aktive Gegenstandsapperzeption aufruht, scheint ein zeitliches Nacheinander nahezulegen. „Identifiziert werden kann nur, was schon vorgegeben, was schon als Einheit im Bewusstsein passiv gestaltet ist. – Vorgege-benheit im ersten Sinn der vor aller Ichbeteiligung liegenden passiven Zeitigung."[111] Anderseits bezeichnet Husserl auch den Zusammen-hang von Assoziation und Zeitkonstitution als ein Stufenverhältnis, ohne dabei behaupten zu wollen, dass die formale Erstellung des Zeitkontinuums der inhaltlichen Assoziation zeitlich vorausgeht. Analog kann man daher, wenn davon die Rede ist, dass die passive Assoziation der ichlich aktiven Gegenstandskonstitution voraus- und zugrundeliegt, diese Vorgängigkeit ebenfalls rein wesensmässig ver-stehen. Was ausgeschlossen wird, ist nur die These, dass die Assozia-

---

[109] *Analysen zur passiven Synthesis*, S. 162. Eine assoziative Vorkonstitution nimmt Husserl nicht nur für Dinggegenstände an, sondern auch für das Ich. „Aber ist nicht das Ich, die Person selbst eine apperzeptiv konstituierte Einheit? Und weist diese Apperzeption nicht wie jede auf ‚Assoziation' zurück?" (a.a.O. Beilage XI, S. 386). – Gäbe es vor der Apperzeption keine Verschmelzung nach Homo-genität, so müsste man, meint Husserl in einer anderen Beilage (XXI, S. 416), „an den Instinkt denken, der Zusammengehörigkeit schafft", d.h. wohl, an eine irra-tionale, phänomenologisch nicht direkt aufklärbare, nur teleologisch indirekt erklärbare Instanz appellieren.

[110] Vgl. Ms. A VII 13, S. 157 (St. Märgen 1921).

[111] a.a.O. S. 67; vgl. S. 66, 156.

tion allererst der Gegenstandsapperzeption als ihrer eigentlichen Motivation entspringt.[112]

Für diese Interpretation der Sachlage spricht die Schwierigkeit, bei assoziativ erwachsenden Kontinuen und Konfigurationen die gegenständliche Auffassung und Redeweise auszuklammern. Wir können die assoziativen Gebilde, Konfigurationen, Paare, Reihen usw., „nur unter Hereinziehung objektiver Auffassungen sprachlich bezeichnen".[113] Immer wieder stösst Husserl bei der Freilegung der assoziativen Konstitution auf die Schwierigkeit, alle objektivierenden Apperzeptionen auszuschalten.[114] Sind gegenständliche Einheiten nicht überhaupt das erste, was die Bewusstseinsanalyse vorfindet, ihr „Urphänomen"? In den *Ideen I* hält Husserl die Zusammengehörigkeit von „Anschauung und Gegenstand" für eine „einfache und ganz fundamentale Einsicht".[115]

(c) Die Frage nach dem „Urphänomen"

Wir treffen auf die verwirrende Tatsache, dass Husserl in den Vorlesungen zur genetischen Logik[116] wiederholt die assoziativen Abhebungen und Verschmelzungen als „Urphänomene" betitelt, wenige Jahre später jedoch, in den *Cartesianische Meditationen*, mit aller Schroffheit den sensualistischen und gestaltpsychologischen Ausgangspunkt der Bewusstseinsanalyse von Empfindungsdaten, bzw. von in Gestaltqualitäten fundierten Ganzheiten zurückweist und dann schliesslich in der *Krisis* denselben Titel „Urphänomen" dem intentionalen Gegenstand im Wie seiner Gegebenheitsweisen, dem „Sinnphänomen" vorbehält. „Die radikal anfangende deskriptive Bewusstseinslehre hat nicht solche Daten und Ganze vor sich, es sei denn als Vorurteile."[117] In der *Krisis* wird den „vermeintlich unmittelbar gegebenen ‚Empfindungsdaten'" „die ‚bloss subjektiv-relative' Anschauung des vorwissenschaftlichen Weltlebens" als „das wirklich Erste" gegenübergestellt. Das „intentionale Urphänomen", auf das die Epoché den Blick freigibt, ist nun der „Sinn", der intentionale Gegenstand im Wie seiner Gegebenheitsweisen.[118]

112 Vgl. unten §§ 46, 63.
113 *Analysen zur passiven Synthesis*, S. 136.
114 Vgl. a.a.O. S. 148.
115 § 3, S. 15, Anm. 1.
116 *Analysen zur passiven Synthesis*, S. 134, 138f.
117 *II. Cartesianische Meditation*, § 16, S. 77.
118 § 34a, S. 127; § 70, S. 244.

Insbesondere in den *Cartesianischen Meditationen* wird die gegenständliche Konstitution jedoch keineswegs an die Stelle der früher als
„Urkonstitution" bezeichneten Assoziation gesetzt. Es wird nur entschiedener als in den Vorlesungen zur genetischen Logik darauf insistiert, dass das in der Bewusstseinsanalyse „für uns Erste"[119] intentionale Gegenstände und nicht irgendwelche vorgegenständliche Daten
sind. Die assoziativ-passive Konstitution wird damit nicht auf die
gegenständliche als die „an sich erste" zurückgebunden. Die gegenständliche Weltapperzeption entpuppt sich nämlich als ein Habitus,
der allererst erworben werden muss. An den habituell gestifteten
Gegenständen finden wir intentionale Verweisungen vor, die auf eine
Geschichte führen, auf Wesensgesetzmässigkeiten von passiven, teils
aller Aktivität voranliegenden, teils alle Aktivität selber wieder um-
greifenden und weiterleitenden Synthesen.[120] Was die *Cartesianischen
Meditationen* fordern, das ist allein die Anerkennung und die Aufrechterhaltung der bipolaren, ichlich-gegenständlichen Struktur alles
Bewusstseins als des Ausgangspunktes der Analysen und damit auch
als des Indikators für den Sinn und die Tragweite der Rede von passiven Vorgegebenheiten.[121] Es wird hier in der Polemik gegen Sensualismus und Gestaltpsychologie nur entschiedener darauf aufmerksam gemacht, was Husserl auch in den Forschungstexten und den
Vorlesungen zur genetischen Logik nie unerwähnt gelassen hat, dass
nämlich der ganze Bereich der passiven Vorgegebenheit bloss reduktiv
zugänglich ist, in einer Abstraktion, die alle aktiven Leistungen suspendiert. Diese phänomenologische Abstraktion besagt jedoch keine
konstruierende oder postulierende Spekulation, wie sie etwa im
Sensualismus bei der Ansetzung von atomaren Daten anzutreffen ist.
Alle in Reduktion gewonnenen untern Schichten sind in den höhern
aufgehoben und „jederzeit bereit für entsprechende Blickrichtungen
und Nachweisungen".[122]

[119] *Analysen zur passiven Synthesis*, S. 120.
[120] *IV. Cartesianische Meditation*, § 38, S. 112; vgl. *Ideen III* („Nachwort zu
meinen ‚Ideen'"), S. 157f.
[121] *II. und IV. Cartesianische Meditation*, § 16, S. 77; § 38, S. 112f.
[122] *Analysen zur passiven Synthesis*, S. 218.

§ 15. Die Konstitution von assoziativen Konfigurationen nach den Vorlesungen zur genetischen Logik im Vergleich mit der Konstitution von Raum-Phantomen nach den Ideen II

In den *Ideen II* unterscheidet Husserl bei der phänomenologischen Analyse der Naturdinge drei Konstitutionsstufen: Dinge, Raumphantome und Empfindungsdaten.[123] In natürlicher Einstellung wird ein Geigenton als ein räumlich-reales Vorkommnis aufgefasst, kausal abhängig von einer Anzahl akustischer Schwingungen, ausgelöst durch die mechanische Vibration eines Saiteninstrumentes von bestimmter physikalischer Beschaffenheit. Abstrahiert man von den aufgezählten material-kausalen Momenten, bleibt ein tonales Raumphantom übrig, das in bestimmter Orientierung erscheint und den Raum von einer Ursprungsstelle aus durchklingt. Wird neben der realen auch noch die räumliche Auffassung suspendiert, verbleibt bei einer entsprechenden Blickwendung ein Empfindungsdatum Ton als etwas kontinuierlich-zeitlich Dahinfliessendes. Die Problematik dieser letzten, bzw. ersten Stufe der Empfindung wird uns im folgenden Kapitel beschäftigen. Was uns jetzt interessiert ist die zweite Stufe der Raumphantome oder Ding-Schemen als eine Gegenstandskonstitution eigentümlicher, rein ästhetischer Art. Decken sich die in ästhetischen Synthesen konstituierten Raumphantome der *Ideen II* mit den in assoziativen Synthesen erwachsenden sinnlichen Kontinuen und Konfigurationen der Vorlesungen zur genetischen Logik?

Das Phantom als Unterstufe der Dingkonstitution zeichnet sich durch drei Wesenszüge aus, die Immaterialität, die nichtobjektive Räumlichkeit und die Abhängigkeit ihrer Variation von der Kinästhesis des wahrnehmenden Subjekts. Dass es sinnliche Wahrnehmungen ohne materielle Komponenten prinzipiell geben kann, zeigen am anschaulichsten Spiele mit dem Stereoskop. Wir sehen im Stereoskop Wahrnehmungsinhalte zu einem Raumkörper verschmelzen, für den wir hinsichtlich seiner Gestalt, seiner Farbe und seiner Oberflächenbeschaffenheit sinnvolle Fragen stellen können, die z.B. in einer Aussage wie „Das ist eine rote, rauhe Pyramide" ihre Antwort finden. Das Erscheinende kann nun aber so gegeben sein, dass weitere Fragen nach seiner Schwere, seiner Elastizität, seiner magnetischen Ladung usf. im faktischen Wahrnehmungsgehalt keinen Anhalt haben. Die ganze Schicht der materiellen Eigenschaften fehlt in der Phantom-

---

123 Vgl. *Ideen II*, §§ 10, 15, 32; *Ideen I*, §§ 150f.

apperzeption. Das Phantom kann original gegeben sein ohne alle Komponenten der Materialität, wohingegen diese gegenüber den Phantomeigenschaften unselbständig sind und ohne sie nicht erscheinen können.[124]

Der Raum der Dingphantome ist der phänomenale Erscheinungsraum und nicht identisch mit dem objektiven Raum der Naturdinge. Hierin unterscheiden sich die von Husserl herauspräparierten Phantome der Dingkonstitution von den „Phantomen" der alltäglichen Wahrnehmungstäuschung und der Dämonologie. Eine Luftspiegelung oder die angeführte stereoskopische Erscheinung und eben die Phantome der „Geisterseher", als solche apperzipiert, haben ihre objektive Ausdehung und ihren objektiven Ort neben den Naturdingen. Der Abstand der Stereoskop-Pyramide von der Wand des Instrumentes wie die Grösse eines „Geistes" im Vergleich zur Tür, durch die er hereinschwebt, ist „objektiv" messbar. Solange wir uns dagegen in der abstraktiven Einstellung auf Dingphantome halten, fehlt uns ein nicht subjektbezogener, real-naturaler Raum. Der Raum der Dingphantome ist gänzlich subjektorientiert und variiert je nach dem Standort und der Bewegung des wahrnehmenden Subjekts.

Wie die räumliche Gestalt, so stehen auch die inhaltlichen Füllungen des Raumschemas, Farbe, Tonalität, Glätte, Härte usw. in einem einseitigen Motivationszusammenhang mit dem als Nullpunkt der Orientierung und als Wendepunkt der Kinästhesis, sowie mit verschiedenen Sinnesfeldern ausgestatteten Subjekt. Es bestimmt, was als Kern und was als Horizont der Wahrnehmung figuriert. Von der Ausbildung seiner Sinne allein hängt die Qualität der inhaltlichen Füllungen ab.

Das Naturding zeichnet sich dem Phantom gegenüber durch seine Materialität, seine objektive Räumlichkeit und seine realkausale Abhängigkeit von seiner ebenso dinglich aufgefassten Umwelt aus. Die letztgenannte Beziehung auf reale „Umstände" trägt dabei am entschiedensten, mehr als die zusätzliche Schicht der Materialität und

---

[124] „Im ‚eigentlich' Gegebenen würde sich nichts ändern, wenn die ganze Schicht der Materialität aus der Apperzeption weggestrichen würde" (*Ideen II*, § 15b, S. 37). Das ist eine sehr fragwürdige Aussage. Wir stossen hier zum ersten Mal auf die von der Gestaltpsychologie nicht nur dem Sensualismus, sondern auch der Apperzeptionspsychologie zum Vorwurf gemachte „Konstanzannahme", nach der ein sinnlicher Inhalt bei verschiedener Auffassung unverändert bleibt. Das Rot eines Phantoms und das Rot eines Dinges ist jedoch phänomenal nicht das gleiche Rot. Vgl. unten §§ 56, 59.

die Einordnung in einen nicht subjektorientierten, gleichmässig in alle drei Dimensionen sich ausbreitenden Raum, zur Dingauffassung bei. Die Schwere eines Dinges ist relativ auf den Himmelskörper, zu dem es gehört. Das gleiche Werkzeug ist auf dem Mond sechsmal leichter als auf der Erde. Die elastische Schwingung und ihre Folgen, Ortveränderung und Deformation, stehen in einer funktionalen Abhängigkeit von der Stärke des mechanischen Anstosses. Nicht nur die neuen materiellen Eigenschaften erhalten bei der Dingapperzeption eine Beziehung auf Umstände. Auch die Phantomeigenschaften geraten über ihre kinästhetische Abhängigkeit vom Subjekt hinaus in eine objektive Abhängigkeit von realen Umständen. Ein im Tageslicht hellroter Würfel färbt sich im Wechsel der Beleuchtung bläulich. Phantom und Ding können erheblich voneinander abweichen. Der grosse und blaue Phantomblock, den ich durch ein gefärbtes Vergrösserungsglas ansehe, ist „normal" und „objektiv" ein roter und nur wenige Zentimeter hoher Würfel.

Durch die Beziehung auf reale Umstände wird jedem Gegenstand eine neue Auffassung zuteil. Er wird zu einem substanzial-kausalen Ding. Es konstituiert sich ein identischer Träger von realen Eigenschaften, die in einer gesetzmässigen Kausalbeziehung auf Umstände stehen. Die bisher rein subjektiven, ästhetischen Gesetzlichkeiten (der Kinästhesis, der Kern-Horizont-Struktur, der Assoziation usw.) unterworfenen Phantombestimmungen werden jetzt als „Bekundungen" von realen und objektiven Eigenschaften aufgefasst. Die objektive Eigenschaft befindet sich je nach Umständen in einem andern „Zustand". Bei null Grad wird das „an sich" flüssige Wasser ein fester Körper. Jede objektive Eigenschaft hat ihre gesetzlich wechselnden Zustände. Diese stehen nicht mehr ausschliesslich in einer subjektiven Motivationsabhängigkeit, sondern fundamentaler in einer kausalen Umweltbezogenheit. Die Motivationsbeziehung selber wird bei einer konsequent naturalistischen Auffassungsweise natural-kausal apperzipiert. Der subjektive Wahrnehmungsverlauf wird nicht mehr aufgefasst als motiviert durch das Ding als gesehenes, sondern als bedingt durch die Einwirkung von Lichtwellen auf die Membrane des Auges, die entsprechende Mechanismen im Zentralnervensystem auslösen.

Kommen wir auf unsere Ausgangsfrage zurück. Inwieweit decken sich die in rein statischer Betrachtungsweise an den realen Dingen abgehobenen Raumphantome mit den in genetischer Analyse erarbeiteten assoziativen Kontinuen und Konfigurationen? Auf der einen

Seite konstituieren sie sich, wie das Beispiel der Stereoskop-Bilder zeigte, in ästhetisch motivierten „Verschmelzungen".[125] Von den visuellen, taktuellen und den andern Sinnesaspekten heisst es, dass der eine „assoziativ" an den andern erinnere, mit dem andern mitgegeben werde.[126] In einer Erläuterung zur Deskription der ästhetischen Synthesis, die Husserl in Landgrebes Abschrift der *Ideen II* von 1924/25 einfügte, bringt er selber die ästhetische Verbindungsweise in Beziehung zur assoziativen Verschmelzung. Er erwägt in diesem Zusatz eine Unterscheidung zwischen der Synthesis als eigentlicher Verknüpfung von Gesondertem und der Synthesis als kontinuierlicher Verschmelzung. Jedes Gebilde einer ästhetischen Verknüpfung baut sich aus sinnlichen Merkmalen auf, die ihrerseits aus einer kontinuierlichen Synthesis stammen.[127] Auf der andern Seite wird bei der Herausarbeitung der assoziativen Kontinuen und Konfigurationen wie bei den Dingphantomen „alle objektive Wirklichkeit und objektive Kausalität ‚eingeklammert' ".[128] Die Dinge werden nur als Phänomene zurückbehalten, um die sie bildenden und umspielenden Synthesen zu Gesicht zu bringen. Die Aehnlichkeitsassoziation ist keine reale Verbindung. Wenn zwei Menschen hinsichtlich ihres Gesichtes einander ähnlich sind, stellt das kein reales Band zwischen ihnen her.[129]

Trotz aller ästhetischen Gemeinsamkeiten macht sich aber doch ein entscheidender Unterschied zwischen Dingphantomen und assoziativen Konfigurationen geltend, der gleiche nämlich, auf den wir im vorigen Paragraphen den Finger gelegt haben. Die Dingphantome sind wie die materiellen Dinge gegenständlich polarisierte Einheiten und die Abwandlungen und Verbindungen, die sie eingehen, sind hauptsächlich in ihrer Auffassung als Gegenstände motiviert. Bei den assoziativen Kontinuen und Konfigurationen, wie sie Husserl in den Vorlesungen zur genetischen Logik thematisiert, handelt es sich dagegen um rein passive, vorgegenständliche Phasen der Dingkonstitution. Zwar werden die sinnlichen Dinge, die wir rezeptiv in unserer Erfahrung vorfinden, von Husserl zur Zeit der Forschungsentwürfe zu den *Ideen II* auch noch als passive Gegebenheiten und nicht als

---

[125] *Ideen II*, § 15b, S. 36.
[126] a.a.O. S. 40.
[127] a.a.O. § 9, S. 19, Anm. 1.
[128] *Analysen zur passiven Synthesis*, S. 117 = 283.
[129] a.a.O. S. 129.

spontan geschaffen wie die kategorialen Gegenständlichkeiten der höhern Verstandestätigkeit dargestellt. Aber in dem schon mehrmals zitierten Manuskript A VII 13 wird „die Scheidung von passivem und aktivem Intellekt, wie ich sie früher versucht habe" ausdrücklich zurückgenommen.[130] Die Trennungslinie zwischen Passivität und Aktivität verläuft nun nicht mehr zwischen Rezeptivität und Spontaneität, sondern zwischen assoziativer und rezeptiver-apperzeptiver Konstitution.

---

[130] Ms. A VII 13, S. 186 (um 1918-21); vgl. unten § 42b. – Bei diesem Vergleich ist auch zu beachten, dass die Grenze zwischen ästhetischer und kategorialer Synthesis nicht unbedingt mit der zwischen Raumphantom und material-kausalem Ding zusammenfällt. Auch die Dinge sind in der vorlogischen Sphäre ästhetisch konstituiert. Die kausalen Abhängigkeiten, in denen sie sich erstellen, sind in der ursprünglichen Erfahrung keine supponierten, sondern „gesehene" Kausalitäten. Vgl. *Ideen II*, § 9, S. 20, Anm. 1; § 15d, S. 43.

5. KAPITEL

DIE UEBERHOLUNG DES EMPFINDUNGSBEGRIFFS IN DER PHAENOMENOLOGIE DER ASSOZIATION

§ 16. Der Status der Assoziate: Empfindungsdaten, Gestalten oder Gegenstände?

Der phänomenologische Status der Assoziate, der Termini a quo und ad quem der Assoziation „im gewöhnlichen Sinn" stellt kein Problem dar. Die reproduktive Assoziation hat zwischen den „noematischen Beständen des Gegenwärtigen und Wiedererinnerten"[1] statt. Als Träger fungieren Gegenstände, rezeptive wie spontane. Ein Rhythmus von Schlägen verweist auf einen ähnlichen Rhythmus von Lichtsignalen. Am klarsten, nämlich in einer negativen Abgrenzung, werden in der frühesten Deskription der Assoziation in der *I. Logischen Untersuchung* die Termini der assoziativen Verweisungen, in denen sich Erfahrungseinheiten erstellen, bestimmt. „Das einzelne selbst in diesen Hin- und Rückweisungen ist nicht der blosse erlebte Inhalt, sondern der erscheinende Gegenstand (oder sein Teil, sein Merkmal u. dgl.), …."[2]

Weit weniger befriedigend wird der Status der Termini der Urassoziation im Zusammenhang der Vorlesungen zur genetischen Logik geklärt. Grundsätzlich heisst es in einer Beilage: „Gewöhnlich hat man, wenn von ‚Assoziation' die Rede ist, schon konstituierte Einheiten verschiedener Stufe im Auge. Sensuelle Daten erinnern an andere sensuelle Daten, aber auch Gegenstände der äussern Erfahrung erinnern (als so und so erscheinende, ja selbst als so und so leer vorstellige) an andere Erfahrungsgegenstände – ein Verhältnis, das nicht als naturales gemeint und zu verstehen ist."[3] Haben die Urassozia-

---

[1] *Analysen zur passiven Synthesis*, S. 118 = 284.

[2] *I. Logische Untersuchung*, § 4, S. 30. Zuvor nimmt Husserl aber auch in den erlebten Inhalten – d.h., wie er in einer Anmerkung ausführt, in dem, woraus sich das „erlebende" Bewusstsein reell konstituiert – gründende und sie selber verbindende Einheiten an, die er jedoch nicht als Assoziationen fasst; vgl. unten § 48.

[3] *Analysen zur passiven Synthesis*, Beilage XI, S. 386.

tionen der lebendig strömenden Gegenwart also in erster Linie und grundlegend zwischen den Empfindungsdaten statt, anschliessend zwischen den gestalthaften Einheiten, Kontinuen und Konfigurationen, die eben aus den assoziativ verschmolzenen Einzeldaten hervorgegangen sind, und schlussendlich zwischen den bereits gegenständlich aufgefassten Affektionseinheiten, die nun zu Mehrheiten verschmelzen? Ein erster Ueberblick über die Analysen der Vorlesungen scheint diese Annahme zu bestätigen. Da ist allgemein die Rede von Daten, Abhebungen und Gegenständen, in konkreterer Deskription von „abgesonderten Farbendaten im visuellen Feld", von „konkreten Farbendaten in der Einheit einer strömenden Gegenwart", von „Lichterreihen", von je zwei „Paaren roter Dreiecke", von der „Einheit eines abgehobenen Gegenstandes", „Mehrheiten von Abgehobenheiten als blosser Vielheiten der Koexistenz und Sukzession",[4] und in technisch gewordener Terminologie von „immanenten Daten", „sinnlichen Daten", „Sinnesdaten", „Impressionen", „hyletischen Gegenständen" und am häufigsten von „Affektionen".[5] Ausdrücklich werden die Empfindungsdaten als Termini assoziativer Verweisungen neben den Vorlesungen zur genetischen Logik auch in den vorausgehenden St. Märgener Manuskripten von 1921, sowie in Texten, die Eingang in die *Ideen II* gefunden haben, angeführt.[6]

Ein genaueres Hinsehen ergibt nun aber, dass die konkrete, ausschliesslich an den „Sachen selbst" und nicht an den früher aufgestellten Terminologie orientierte Deskription der Termini der Urassoziation die phänomenologische Definition der Empfindungsdaten, wie sie sich Husserl in den *Logischen Untersuchungen* und in den *Ideen I* erarbeitet hat, durchgehend und unzweideutig sprengt. Die Empfindungsdaten werden im Frühwerk vorgestellt als dem konstituierenden Bewusstsein „reell" immanente Gehalte, bei denen nicht zwischen dem empfundenen Inhalt und dem Empfindungserlebnis unterschieden werden kann,[7] als Stoffe ferner, die nichts von Intentionalität in sich haben.[8]

Zum ersten: Wie kann ein affizierendes Datum, das sich in phasenhafter homogener Ausdehnung, zusammen in einem Feld mit andern

---

[4] a.a.O. besonders S. 129ff.
[5] a.a.O. S. 129, 149, 150, 157, 160 usw..
[6] Ms. A VII 13 und B III 10 partim; *Ideen II*, § 61, S. 279.
[7] *V. Logische Untersuchung*, § 3, S. 352.
[8] *Ideen I*, § 85, S. 208.

Daten und unter Kontrast von einem heterogenen Hintergrund konstituiert, dem konstituierenden Bewusstsein „reell" immanent sein?
Beim konstituierenden Bewusstseinsstrom kann von sich identisch
mit sich selbst ausdehnenden Phasen und von Gehalten, die sich aus-
breitend abwandeln, nicht sinnvoll geredet werden. So hat es Husserl
für die zeitliche Ausdehnung und Abwandlung in einer seiner schärfsten Analysen in der *Phänomenologie des Zeitbewusstseins* herausgestellt. „Prinzipiell ist keine Phase dieses Flusses auszubreiten in eine
kontinuierliche Folge, also der Fluss so umgewandelt zu denken, dass
diese Phase sich ausdehnte in Identität mit sich selbst... Es ist nichts
da, das sich verändert, und darum kann auch von etwas, das dauert,
sinnvoll keine Rede sein".[9] Noch evidenter ist der Widersinn, von
einem qualitativen Inhalt, der sich nur in kontrastierender, diskreter
Abhebung von einem andern Inhalt konstituiert, als von einem Inhalt
zu sprechen, der mit dem Erlebnis, in dem er gegeben ist, zusammenfällt. Kann sich ein Farbdatum nur konstituieren, indem es sich von
einem andern Farbdatum absetzt, so ist es um die Koinzidenz der
Daten mit dem erlebenden Bewusstsein geschehen. Sollen sich Rot
und Blau voneinander als zwei Farben unterscheiden, so müssen sie
sich mir gegenüber gleichsam ins Bild setzen und sind so schon nicht
mehr ununterschieden von mir selbst.[10]

Zum zweiten widerspricht die Beschreibung von sich in der lebendigen Gegenwart vereinheitlichenden Sinnesdaten als Affektionen, die
beständig in assoziativen Weckungen über sich hinauswirken, so
offensichtlich, wie es nur wünschenswert ist, der Definition der *Ideen I*,
nach der das Sensuelle etwas ist, „das in sich nichts von Intentionalität
hat".[11]

Wie ist es möglich, dass Husserl etwas terminologisch als Sinnesdaten bezeichnen kann, was so eklatant seiner eigenen, in langen For-
schungsarbeiten gewonnenen Definition widerspricht? Es ist nahe-
liegend, auf Husserls ambivalente Terminologie hinzuweisen, die ihm
selber zum Verhängnis geworden sein mag, indem sie fundamentale
phänomenologische Unterschiede verschleierte. Die mit dem Empfindungsbegriff äquivalent gebrauchten Begriffe der sinnlichen, sensuellen,
immanenten und hyletischen Daten sowie der Impression und der

---

[9] a.a.O. § 35, S. 74; vgl. Ergänzender Text, S. 370.
[10] Mit dieser fundamentalen Feststellung eröffnet M. Merleau-Ponty sein grosses
Buch über die Wahrnehmung: *Phénoménologie de la perception*, S. 9 (dt. 21).
[11] Vgl. *Analysen zur passiven Synthesis*. S. 157f; *Ideen I*, § 85, S. 208.

Affektion sind samt und sonders äquivok. Sie werden von Husserl selber sowohl für noetische, reell-immanente wie für noematische, intentional-transzendente Gegebenheiten gebraucht.[12] Eine solche Erklärung, die allein auf sprachliche Ungenauigkeiten zurückgreift, scheint uns aber doch zu billig. Wir halten vielmehr dafür, dass hier in der Phänomenologie der assoziativen Genesis der Affektionen eine Fortsetzung der Kritik, bzw. der Neufassung des Empfindungsbegriffs in Gang gebracht wird, die ihren ersten Einsatzpunkt in der Auflösung des Konstitutionsschemas Inhalt – Auffassung bei der Analyse der Zeitkonstitution gefunden hat. Allerdings wird diese Ueberholung des eigenen Empfindungsbegriffs von Husserl selber nicht als solche reflektiert und thematisiert, weder in den Vorlesungen zur genetischen Logik, in der sie erfolgt, noch in der Sensualismus-Kritik der Spätwerke.[13]

Zur genauern Belegung unserer These lassen wir uns im Folgenden ausführlicher auf den gesamten Fragenkomplex der Empfindungsdaten in Husserls Werk ein. Im zweiten, historisch-vergleichenden Teil werden wir die ganze Problematik nochmals aufnehmen und auf die frappierenden Parallelen, aber auch auf einige bemerkenswerte Differenzen in der Ueberholung des Empfindungsbegriffs gegenüber der fast gleichzeitig ausgebauten, gründlich und breit angelegten Widerlegung des Datensensualismus in der Gestaltpsychologie eingehen.

---

[12] Zur Doppel- und Mehrdeutigkeit von „sinnlich" und „sensuell" vgl. *Ideen I*, § 85, S. 209f; von „immanent" (und „transzendent") *Zur Phänomenologie der Intersubjektivität I*, Nr. 6, § 30, ferner I. Kern, a.a.O. S. 122f, und R. Boehm, *Vom Gesichtspunkt der Phänomenologie*, S. 141ff; von „hyletisch" (Empfindungshyle und naturale Hyle) Ms. C 6, S. 6 (August 1930); von Impression (als äquivavalentem Ausdruck für die noematische Urpräsenz) *Zur Phänomenologie der Intersubjektivität I*, Nr. 2, S. 25; von Affektion Ms. C 16 IV, S. 23 (März 1932). Auch die Begriffe Datum und Gegenstand werden für noetisch-hyletische und für noematische Gegebenheiten gebraucht.

[13] Auch H. U. Asemissen macht auf den gewandelten Status der „Empfindungsdaten" in *Erfahrung und Urteil* aufmerksam: „Zwar ist auch dort (scil. in *Erfahrung und Urteil*) der Empfindungsbegriff nicht präziser gefasst, aber in der fast ausschliesslichen Orientierung an Farb- und Tondaten hat sich deren Zugehörigkeit zur gegenständlichen Erlebnisseite durchgesetzt..." (a.a.O. S. 29, Anm. 47). – Asemissen kennt die *Erfahrung und Urteil* zugrundeliegenden Manuskripte nicht und insinuiert, dass diese Modifikation auf Landgrebe und nicht auf Husserl selber zurückgeht. Im übrigen unterzieht Asemissen das Auseinanderklaffen der zu kurz und widersprüchlich geratenen deskriptiven und der konstruierten funktionalen Definition der Empfindung einer scharfsichtigen Kritik.

§ 17. Der Begriff der Empfindung im Frühwerk

(a) Eine Orientierung über die Entwicklung des Begriffs

Husserl baute seine phänomenologische Empfindungskonzeption im wesentlichen in der ersten und zweiten Auflage der *Logischen Untersuchungen* und im ersten Band der *Ideen* auf. Die Empfindungen werden dabei als reelle Bewusstseinsinhalte herausgearbeitet, bei denen Erlebnis und Erlebnisinhalt koinzidieren und die in sich keine gegenständliche oder sinngebende Intentionalität bergen. Allein durch einen von ihnen deskriptiv verschiedenen Akt der Auffassung erfahren sie eine „Beseelung" und werden zu darstellenden Inhalten von Ding- und Sinngegenständlichkeiten. Die ganze Husserlsche Deskription der Empfindungsdaten ist offensichtlich an der ihnen zugewiesenen Funktion innerhalb des Konstitutionsschemas Inhalt-Auffassung orientiert.

In der Zeit nach den *Ideen I* gab Husserl den Empfindungsbegriff keineswegs auf, auch in der vehementen Kritik des Datensenualismus in der Spätzeit nicht. Er versuchte ihn nur sachgerechter in den Griff zu bekommen, in den *Ideen II* durch eine Inbeziehungsetzung zur Leibkonstitution, in den Spätwerken durch eine noch deutlichere Abhebung vom sensualistischen Begriff.

Die ersten Ansätze zu einer phänomenologischen Fassung des überkommenen sensualistischen Begriffs finden sich schon in den Veröffentlichungen vor den *Logischen Untersuchungen*, in der *Philosophie der Arithmetik* unter dem Titel „primäre Inhalte", in den „Psychologischen Studien zur elementaren Logik", einem Aufsatz aus dem Jahre 1894, unter demjenigen der „Anschauung". Die Unterscheidung zwischen primären Inhalten und psychischen Akten in der *Philosophie der Arithmetik* wird in Anschluss an diejenige Brentanos zwischen physischen und psychischen Phänomenen vorgenommen. Als physische Phänomene bezeichnet Brentano sowohl Empfindungs- (Wärme, Geruch) als auch Wahrnehmungs- und Phantasiegegebenheiten (Farbe, Figur, Landschaft), als psychische dagegen „solche, welche intentional einen Gegenstand in sich enthalten", d.h. Vorstellungsakte, sowie alle jene Erscheinungen, für welche Vorstellungen die Grundlage bilden, Urteilen, Begehren u. dgl..[14] Husserl wählt den neuen Ausdruck „primäre Inhalte" vor allem, weil er unter ihn nicht nur individuelle Phänomene, sondern auch abstrakte Momente der

---

[14] *Psychologie vom empirischen Standpunkte I*, S. 104, 116 (112, 125).

Anschauung (Aehnlichkeit, Steigerung, figurales Moment) reihen will.[15] Als Anschauungen werden in den „Psychologischen Studien" Vorstellungen definiert, „die ihre ‚Gegenstände' nicht bloss intendieren, sondern sie als immanente Inhalte wirklich in sich fassen", als Repräsentationen solche gegebene Inhalte, mittels derer wir „auf andere nicht gegebene abzielen, sie meinen, auf sie mit Verständnis hindeuten, jene als Repräsentanten dieser mit Verständnis verwenden; und zwar ohne dass eine begriffliche Erkenntnis der zwischen der Vorstellung und dem intendierten Gegenstand obwaltenden Beziehung bestände".[16]

In der Folge identifiziert Husserl die primären Inhalte und die Anschauungen seiner ersten Veröffentlichungen mit den Empfindungen, wie er sie in den *Logischen Untersuchungen* und den *Ideen I* als reelle und intentionalitätsfreie Immanentheiten fasst. „Primärer Inhalt" nennt er einen äquivalenten Ausdruck für „Empfindung".[17] Für den Unterschied zwischen Empfindung und Apperzeption verweist er in der *V. Logischen Untersuchung* auf die Beispiele, die ihm in den „Psychologischen Studien" zur Auseinanderhaltung von Anschauung und Repräsentation dienten, auf Arabesken, die zunächst rein ästhetisch als sinnliche Gegenbenheiten auf uns wirken und dann plötzlich als Symbole oder Wortzeichen verstanden werden.[18] Streng genommen müsste er diese frühen Erarbeitungen jedoch der gleichen Kritik unterziehen, die er von den *Logischen Untersuchungen* über die *Ideen I* bis hin zur *Krisis* an der Konzeption der physischen Phänomene seines Lehrers Brentano übt. Wie bei Brentanos physischen Phänomenen wird vor den *Logischen Untersuchungen* der prinzipiellen Scheidung zwischen stofflichen Empfindungsmomenten und den in der apperzeptiven Auffassung dieser Empfindungsdaten erscheinenden gegenständlichen Momenten (dingliche Farbe, dingliche Gestalt) nicht Rechnung getragen.[19] Für die Ausbildung des Empfindungsbegriffs der *Logischen Untersuchungen* war aber gerade die Einsicht in den Widersinn der naiven sensualistischen Annahme der Empfindungen als Komponenten der erscheinenden Dinge, als ob die Dinge, d.h. etwas

---

15 *Philosophie der Arithmetik*, S. 67f, 70, Anm. 1.
16 „Psychologische Studien", S. 174f.
17 *VI. Logische Untersuchung*, § 58, S. 180; *Ideen I*, § 85, S. 208; § 86, S. 215.
18 *V. Logische Untersuchung*, § 14, S. 384.
19 Beilage, § 8, S. 243f, im Anschluss an die *VI. Logische Untersuchung*; *Ideen I*, § 85, S. 211, 478 (Randbemerkung zu S. 213); *Krisis*, § 68, S. 236f.

real-transzendent Vermeintes, durch nichts anderes als eine Komplexion von Empfindungsdaten, d.h. dem Bewusstsein reel Immanentes, zustande kämen, ausschlaggebend.[20] Dinge konstituieren sich allein durch einen intentionalen Akt der Auffassung, in der die Empfindungen synthetisch als darstellende Inhalte eines erscheinenden Gegenstandes apperzipiert werden.

(b) Die funktionale Bestimmung der
       Empfindungsdaten

Mehr als um die deskriptive Bestimmung bemüht sich Husserl um
die funktionale Charakterisierung der Empfindungsdaten. Nach den
Ideen I fungieren sie als „Stoffe" einer sie „beseelenden" Auffassung,
wodurch sie zu repräsentierenden Inhalten oder Abschattungen
werden, in denen sich intentionale Gegenstände und deren objektive
Eigenschaften darstellen. „Hyle", der griechische Ausdruck für Stoff,
wird ausdrücklich als ein funktionaler Begriff vorgestellt.[21] In spätern
Manuskripten werden sie in Kantianischer Terminologie als „Affektionen" auch noch andern „Funktionen", d.h. formenden Tätigkeiten
des Bewusstseins, gegenübergestellt. In B III 10 heisst es, dass vom
Unterschied der natürlichen Einstellung zwischen „dem von aussen
her entsprungen" und dem „vom Geiste her dazugegeben" in der
transzendentalen Einstellung zurückbleibt „der Unterschied des letzten und genetisch-ursprünglichen Ichfremden, das kontingent ist, und
der gesetzmässigen Bildung von Reproduktion, Assoziation, Apperzeption und den entsprechenden konstitutiven Leistungen, wobei die
Gesetzmässigkeit dieser Bildungen eine nicht zufällige, sondern eine
Wesensgesetzmässigkeit ist."[22] Wenn nach Husserls Darlegungen in
den Manuskripten der frühen zwanziger Jahre, wie wir gesehen haben,

[20] Beilage, § 5, S. 235, im Anschluss an die *VI. Logische Untersuchung*. – Die
sachgerechte Korrektur dieser Annahme besteht nicht, wie wir sehen werden, in
der Abhebung der Empfindungen vom noematisch erscheinenden Gegenstand,
sondern in der radikalen Elimination des Begriffs der Empfindungsdaten durch
den Nachweis, dass auch die einfachsten Momente der Wahrnehmung immer schon
einen noematischen, nämlich gestalthaften Charakter haben.
[21] *Ideen I*, § 85, S. 210. – In einer Anmerkung in *Zur Phänomenologie des Zeitbewusstseins* (§ 1, S. 7) wird „empfunden" selber als ein Relationsbegriff ausgegeben.
Als „empfunden" wird danach bezeichnet, was als Inhalt einer Auffassung dient,
z.B. Temporaldaten, durch deren empirische Apperzeption die objektive Zeit
konstituiert wird. „„Empfunden' wäre dann also Anzeige eines Relationsbegriffes,
der in sich nichts darüber besagen würde, ob das Empfundene sensuell, ja ob es
überhaupt immanent ist im Sinne von Sensuellem,..."
[22] S. 14 (St. Märgen 1921).

die Assoziation von Empfindungsdaten zu affektiven Einheiten und
Mehrheiten der vergegenständlichenden Apperzeption vorangeht,
dann fungieren die Empfindungsdaten in erster Linie als Termini der
(Ur-) Assoziation und der assoziativ motivierten Reproduktion und
erst in zweiter Linie als Stoff der Apperzeption.

Die funktionale Fassung der Empfindungen berstet von Anfang an
vor Schwierigkeiten.[23] Als problematisch erwies sich bald die Annahme, dass sich die Einheit des noematischen Gegenstandes unmittelbar in einer Mannigfaltigkeit von abschattenden Empfindungen
darstelle und „dass hier ‚Einheit' und ‚Mannigfaltigkeit' total verschiedenen Dimensionen angehören", nämlich die Einheit der noematischen, die Mannigfaltigkeit der hyletisch-noetischen. Bereits im
Fortgang derselben *Ideen I*, beim nähern Eingehen auf die noematische Charakterisierung des Gegenstandes, dann in einer Beilage aus
dem Jahre 1916 und schliesslich im zweiten Buch der *Ideen* setzt sich
die Einsicht durch, dass die wechselnden Gegebenheitsweisen noematisch anzusetzen sind.[24] Diese werden nun ebenfalls als Abschattungen
bezeichnet, obwohl die Substruktion von abschattenden Empfindungen aufrechterhalten bleibt.[25] Hier hätte sich ein Ansatz zur
gänzlichen Elimination des Empfindungsbegriffs aus der Apperzeptionslehre geboten. Ein Gegenstand konstituiert sich nicht in der
Beseelung von Empfindungsdaten, sondern in der einheitlich polari-
sierenden Identifikation von gestalt- und sinnhaften „noematischen
Aspekten".

Des weitern wird das Konstitutionsschema Inhalt – Auffassung
gleichfalls von den frühesten Anfängen an von der Frage verfolgt, ob
die Empfindungsgegebenheiten den sinnstiftenden Akten auch zeitlich-
genetisch vorausliegen und als identisch dieselben gänzlich frei von
Auffassungsintentionen auftreten können. Nur im Zusammenhang
der Theorie der Zeitapperzeption wird die Frage bis auf ihre letzten
Konsequenzen, die Verwerfung des Schemas und des seinen Bedürfnissen angepassten Empfindungsbegriffs vorgetrieben. Wir widmen
diesen entscheidenden Analysen zum Konstitutionsmodus der Zeit
einen eigenen, den übernächsten Paragraphen. Im Zusammenhang
der Dingapperzeption ist Husserl das Schema leider nie mit der glei-

---

[23] Wir verweisen nochmals auf H. U. Asemissen, der sich mit der funktionalen
Problematik kritisch befasst, a.a.O. S. 29ff.
[24] *Ideen I*, § 98, S. 249; Beilage XXIV, S. 411f; *Ideen II*, § 32, S. 127ff.
[25] *Ideen II*, § 32, S. 130.

chen Entschiedenheit angegangen. Seine Antworten bleiben offen, hypothetisch und skeptisch, hinausschiebend und uneinheitlich.

Bereits im „Bericht über deutsche Schriften zur Logik aus dem Jahre 1894"[26] fordert er eine deskriptive wie genetische Erforschung der Scheidung zwischen Anschauung und Repräsentation, gibt aber zugleich zu bedenken, dass der Einwand, im entwickelten Seelenleben seien an die sinnlichen Inhalte immer Repräsentationen geknüpft, die vorgenommene Unterscheidung nicht tangiere. Der gleiche Einwand wird mit derselben Antwort in den *Logischen Untersuchungen* nochmals aufgenommen.[27]

Einander widersprechende Aussagen bieten die Beilagen III und V zur *Phänomenologie des Zeitbewusstseins*. Nach der III. Beilage ist die einzelne Empfindung „in Wahrheit nichts Einzelnes. D.h. die primären Inhalte sind überall Träger von Auffassungsstrahlen, ohne solche treten sie nicht auf, mögen diese auch noch so unbestimmt sein."[28] Die V. Beilage gibt sich mit ihrem Hinweis auf die zeitliche Konstitution der Empfindungen selber scheinbar differenzierter, in Wirklichkeit unterschlägt sie nur die Tatsache, dass jede Phase ihrerseits auf die restlichen Phasen intentional verweist. „Die Auffassung ist ,Beseelung' des Empfindungsdatums. Zu fragen bleibt jedoch, ob sie zugleich mit dem Empfindungsdatum anhebt oder ob dieses nicht – wenn auch nur während eines Zeitdifferentials – konstituiert sein muss, ehe die beseelende Auffassung einsetzen kann. Es scheint, dass dies letztere zutrifft."[29] Man könnte versuchen, die beiden entgegengesetzten Aussagen darauf zurückzuführen, dass an der ersten Stelle gar nicht von gegenständlichen, sondern nur von Zusammenhangsintentionen die Rede ist. Doch eine solche Ausflucht trägt nicht weit. Die Zusammenhangsintentionen werden ihrerseits als „Auffassungsstrahlen" beschrieben, die auf Wahrnehmungen und Erinnerungen verweisen.

Gänzlich unkritisch wird in den *Ideen II* die Möglichkeit, dass sich ein Empfindungsdatum, ein Tondatum, ohne jegliche räumliche und gegenständliche Auffassung konstituieren könnte, als evident hingestellt.[30]

---

[26] S. 226f, Anm. 1 (1897).
[27] Beilage, § 6, S. 238 im Anschluss an die *VI. Logische Untersuchung*.
[28] S. 105.
[29] S. 110.
[30] § 10, S. 22f.

Aehnlich unkritisch wird im Manuskript A VII 13 die Erforschung der passiven Vorkonstitution von der Annahme isoliert vorgefundener Empfindungsdaten aus durchgeführt. Auf der ersten Stufe der Genesis – Husserl spricht vom „Ur-Kind"[31] – bilden Empfindungsdaten als noch nicht identifizierte und völlig ungegenständliche Einheiten die Termini der primitivsten Konstitutionsvorgänge. In einer zweiten Phase werden sie für sich selber thematisiert und vergegenständlicht und erst in einer dritten Etappe stossen die Intentionen durch sie hindurch und deuten sie als Inhalte, in denen sich die transzendenten Gegenstände der Welt darstellen. „In der Genesis, wird man wohl nachweisen können, müssten alle Daten (für die urhyletischen ‚Daten' im ursprünglich Zeitlichkeit konstituierenden Bewusstsein sagen wir das nicht) zunächst thematisch gewesen sein, in gewisser Weise als Enden fungiert haben, aber diesen Gegenstandscharakter haben sie nach der Konstitution einer Welt verloren. Er ist irgendwie, sollen wir sagen durch beständigen Nicht-Gebrauch oder durch beständiges und ausschliessliches Fungieren als Durchgang, in Verfall geraten?"[32] Dem Erwachsenen sind die Empfindungsdaten nur noch in „ausserordentlichen Einbrüchen" und in abstraktiven Einstellungsänderungen isoliert zugänglich.[33]

In der *IV. Cartesianischen Meditation* wird die phänomenologische Genesis der Dingerfahrung mit dem Hinweis auf die gleichartigen Befunde der psychologischen Genesis expliziert. „Mit gutem Grunde heisst es, dass wir in früher Kinderzeit das Sehen von Dingen überhaupt erst lernen mussten, ..."[34] Statt aber auf unmittelbar oder mittelbar vorfindliche Empfindungsdaten wird an dieser Stelle, auf die uns schon die Frage nach dem Verhältnis von assoziativer und gegenständlicher Synthesis führte, zurückhaltender auf „Vorgestalten" verwiesen, als deren „Nachgestalten" sich die uns sozusagen fertig entgegentretenden Dinge geben.

In den Manuskripten der dreissiger Jahre wird Husserl schliesslich noch skeptischer. Zu einer endgültigen Entscheidung dringt er aber nicht durch.[35] „Ist nicht meine ursprüngliche Auffassung von der immanenten Sphäre mit den immanenten Daten, die am Ende erst

---

31 S. 140 (St. Märgen 1921).
32 S. 133.
33 S. 138f, 143f.
34 S. 112.
35 Vgl. unten § 20.

durch die passive Leistung der Assoziation zu ‚Auffassung kommen',
noch ein Rest der alten Psychologie und ihres sensualistischen Empirismus? Aber wie soll man sonst sagen? Empfindungsdaten ohne
Auffassung gibt es also nicht, das Aufgefasstsein, das ‚Repräsentation'-
sein ist eingeboren. Aber was ist damit zu machen? Was leistet dann
die assoziative Konstitution?"[36]

(c) Die deskriptive Bestimmung der Empfindungsdaten

Husserls Deskription der Empfindungsdaten ist negativ orientiert
am sensualistischen Empfindungsbegriff. Drei Bestimmungen kommen
dabei zur Abhebung. Die ersten zwei sind gegen den Sensualismus gerichtet, die dritte bleibt diesem verhaftet.

Die Empfindungen sind *dem Bewusstsein reell immanente Gegebenheiten und nicht real vermeinte Komponenten der transzendenten Dinge.*
– Am Anfang der phänomenologischen Fassung des Empfindungsbegriffs stand die Kritik an der naiven Annahme der Empfindungsdaten
als Komponenten der realen Dinge. Was an den Dingen als Teil oder
Moment erscheint, gehört ganz und gar auf die Seite des intentional
vermeinten Gegenstandes selber, in der Sprache der *Ideen* zum noematischen Bestand des reduzierten Bewusstseins, die Empfindungen dagegen wie die verschiedenen Akte des Wahrnehmens, Erinnerns,
Fühlens, Wertens usf. auf die Seite des erlebenden Subjekts, zu seinem
noetischen Bestand.[37]

Die reelle Immanenz soll vor allem darin manifest werden, dass
man bei den Empfindungen nicht zwischen Erlebnissen oder Akten
des Empfindens und empfundenen Inhalten unterscheiden kann.
„Zwischen dem erlebten oder bewussten Inhalt und dem Erlebnis
selbst ist kein Unterschied. Das Empfundene z.B. ist nichts anderes
als die Empfindung."[38] Im Gegensatz zu den Empfindungen deckt

---

[36] Ms. B I 13 I, S. 8 (1932).

[37] Noetisch wird in den *Ideen I* genannt, was die konstituierende Erlebnisseite
ausmacht, noematisch, was dem ichabgewandten, konstituierten Gehalt zugeordnet
werden muss. Die Empfindungsdaten werden in den *Ideen I* etwas verwirrend bald
zusammen mit den intentionalen Akten unter den Begriff der Noesis geschlagen,
bald als hyletische Gegebenheiten dem eigentlich Noetischen der sinnstiftenden
Akte – der Begriff der Noesis wird von „Nus" und dessen Bedeutungsmöglichkeit
„Sinn" abgeleitet – gegenübergestellt. Sie formen in diesem zweiten Fall eine geschlossene phänomenologische Disziplin, die Hyletik im Unterschied zur Noetik
und Noematik. Vgl. § 85, S. 210ff; § 97, S. 244; § 98, S. 247; S. 478 (Nachträgliche
Beilage zu S. 218, Zeile 33).

[38] *V. Logische Untersuchung*, § 3, S. 352; vgl. § 15b, S. 394, Anm. 1 und Beilage,
§ 8, S. 243, Anm. 1, im Anschluss an die *VI. Logische Untersuchung.*

sich bei den Vorstellungen die Vorstellung als Akt nicht mit der Vorstellung als Objekt. Der Begriff der Vorstellung ist doppelsinnig und führt entsprechend zu häufigen Verwechslungen. Das empfundene Rot ist also im Erlebnis selber reell vorfindlich. Es ist erlebt. Das vorgestellte Rot etwa einer wahrgenommenen Blume ist dagegen dem Wahrnehmungsakt nicht immanent. Es ist nicht erlebt, sondern – als ausser dem Bewusstsein seiend – vermeint.

Die Einteilung der Empfindungen verläuft jedoch parallel nach derjenigen der wahrgenommenen Qualitäten. Die *Ideen I* unterscheiden Farben-, Ton- und Tastdaten, aber auch Lust-, Schmerz- und Kitzelempfindungen.[39] Das empfundene Rot kann aber nur in einem äquivoken Sinn so genannt werden. Nicht das Erlebnis, sondern das wahrgenommene Ding ist rot. Die Abschattung, die Empfindung, ist nicht von derselben Gattung wie das Abgeschattete, das wahrgenommene Ding.[40] Konsequenterweise wird die in den *Logischen Untersuchungen* noch postulierte Aehnlichkeit zwischen der abschattenden Empfindung und dem repräsentierten Gegenstand in den *Ideen I* abgewiesen. Aehnlichkeit setzt Wesenseinigkeit voraus.[41] Dennoch bleibt die qualitative Apperzeption eines Gegenstandes auch nach den *Ideen I* von der Beschaffenheit der hyletische Daten abhängig.[42]

Die phänomenologische Fassung der Empfindungsdaten bewährt sich in der Unterscheidung der Empfindungsinhalte von den Phantasieinhalten. Der naturalistische Sensualismus verrät seine das Bewusstsein veräusserlichende Konzeption dadurch, dass er diesen Unterschied nur als eine Variation der sachlichen Merkmale der „Intensität" und der „Fülle" angeben kann. „Trotz aller modischen Bestreitung der atomisierenden und verdinglichenden Psychologie" werden die Empfindungsdaten „doch als eine Art Sächelchen" gesehen. Der Phänomenologe erkennt hier dagegen einen Unterschied des Bewusstseinsmodus. Das Phantasma ist „nicht ein blosses bleichsüchtiges Empfindungsdatum", es ist „seinem Wesen nach Phantasie v o n dem entsprechenden Empfindungsdatum".[43]

Die Empfindungsdaten sind nicht nur insoweit reell immanent, als sie nicht transzendent Vermeintes sind. Sie weisen nicht einmal wie

---

39 § 41, S. 94; § 85, S. 208; vgl. *Philosophie der Arithmetik*, S. 207.
40 *Zur Phänomenologie des Zeitbewusstseins*, § 1, S. 5; *Ideen I*, § 41, S. 94f.
41 *VI. Logische Untersuchung*, § 37, S. 117; *Ideen I*, § 81, S. 197.
42 § 97, S. 243. In der *VI. Logischen Untersuchung* ist diese Abhängigkeit gerade an die Aehnlichkeit gebunden: § 26, S. 92f.
43 *Ideen I*, § 112, S. 270f.

die sinnstiftenden Akte auf transzendent Vermeintes hin. Sie tragen in sich nichts von Intentionalität. So lautet die lapidare Bestimmung der *Ideen I*[44], an der wir uns bei der Eröffnung des Kapitels gestossen haben.

Die Empfindungen sind *in transzendentaler Reduktion gewonnene immanente Gegebenheiten des reinen Bewusstseins und nicht psychophysisch konditionierte Erregungszustände des animalischen Leibkörpers.* – Der Husserlsche Empfindungsbegriff unterscheidet sich vom sensualistischen wie auch von dem intentional modifizierten seines Lehrers Brentano, der in diesem Punkt „in den Vorurteilen der naturalistischen Tradition befangen" blieb,[45] dass jede Erklärung durch eine psychophysische Kausierung, eine Einwirkung von als Stimuli fungierenden Gegenständen der realen Natur auf einen ebenso realen psychophysischen Leibkörper als in seinem baren phänomenologischen Bestand nicht vorfindbar aus seiner Definition ferngehalten wird. „Dass die Empfindungsdaten natural, physisch und psychophysisch kausiert sind und dgl. sind, das gehört nicht selbst zu den Erlebnissen in ihrem eigenen absoluten Wesen."[46] Der phänomenologische Empfindungsbegriff bleibt jedoch trotz der betonten Ausschaltung der naturalkausalen Verursachung aus seinem Wesen implizit auf eklatante Weise der naturalistischen Psychologie hörig. Die realen Naturobjekte werden als Ursachen (Stimuli) der Bewusstseinsvorgänge ausgeklammert, die ihnen in der empiristischen Psychologie zugeschriebenen unmittelbaren Wirkungen (Empfindungen) dagegen naiv als bewusstseinsimmanente Grundgegebenheiten beibehalten. „Sinnlichkeit in einem engeren Sinne bezeichnet das phänomenologische Residuum des in der normalen äusseren Wahrnehmung durch die ‚Sinne' Vermittelten."[47] Husserl übersah, dass nicht nur das bevorzugte Absehen auf die Empfindungsdaten,[48] sondern der ganze Begriff von letzten, ichfremden, unstrukturierten Stoffen, die der Formung durch die verschiedenen Bewusstseinsfunktionen unterworfen werden, wobei sie diesen „subjektiven" Leistungen gegenüber „objektiv" konstant bleiben, ein unheilvolles Erbe der physiologischen Psychologie ist. Der Empfindungsbegriff wurde nicht deskriptiv

[44] § 85, S. 208.
[45] *Krisis*, § 68, S. 236.
[46] *Ideen I*, § 46, S. 107.
[47] a.a.O. § 85, S. 209; vgl. Ms. B III 10, S. 14 (St. Märgen 1921).
[48] *Krisis*, § 98, S. 248.

gewonnen, sondern als innerpsychisches Korrelat des physiologischen Reizbegriffes analogisierend konstruiert. Was als „phänomenologisches Residuum" in der reinen Bewusstseinsanalyse aufgehoben wird, ist in Wahrheit ein naturalistisches Relikt, ein Fremdkörper. Es rächt sich hier der abstrakte Charakter der cartesianisch motivierten Reduktion, die nur die eine Seite des selbst konstruierten Dualismus ausschaltet, die Entstellungen, die er in der zurückbehaltenen Seite bereits angerichtet hat, jedoch beibehält.

Die *Ideen I* kommen zum Schluss, dass die Erlebnisse des Bewusstseins ihrem Wesen nach als von allem naturhaften Sein independent anzusetzen sind. Die Natur, die sich selbst erst in geregelten Bewusstseinszusammenhängen konstituiert, kann nicht als eine Bedingung des Bewusstseins angefordert werden.[49] Dennoch diskutiert Husserl in den *Ideen II* die Frage des psychophysischen Parallelismus und der Wechselwirkung allem Anschein nach als ein legitimes Problem. Es wird als „zweifellos" hingestellt, dass die psychophysische Abhängigkeit sich direkt nur auf die sinnliche Unterlage des Bewusstseins erstreckt und das Noetische nur soweit tangiert, als es im Hyletischen fundiert ist. „Empfindungsdaten können nur auftreten, wenn in objektiver Wirklichkeit Sinnesorgane sind, nervöse Systeme usw.."[50] In der *Formalen und transzendentalen Logik* werden dann alle derartigen Erörterungen der Erkenntnistheorie wieder und weit entschiedener und schroffer als in den *Ideen I* als „vollendeter Widersinn" angeprangert.[51]

Eine differenziertere Beurteilung erheischen jene Ausführungen im II. und III. Buch der *Ideen*,[52] die zwar grundsätzlich ebenfalls „auf dem Boden der Natur" gewonnen werden, jedoch in einer spezifisch eingeschränkten Betrachtungsweise, in einer sog. „Inneneinstellung" auf den eigenen Leib, in der dieser als ein animalischer, ästhesiologisch ausgezeichneter Körper erscheint, im Unterschied zur „Ausseneinstellung", in der er als materieller Dingkörper neben den andern Körpern der „Aussenwelt" vorgefunden wird. In der Inneneinstellung

---

[49] *Ideen I*, § 51, S. 121.
[50] *Ideen II*, § 63, S. 289; vgl. S. 294.
[51] § 93c, S. 204; § 99, S. 223. – Die Priorität der in der transzendentalen Subjektivität verlaufenden Motivationsbeziehungen zwischen dem konstituierenden Bewusstseinsstrom und der in ihm konstituierten Welt gegenüber den in dieser Welt verlaufenden Kausalbeziehungen zwischen den realen Naturdingen und den ebenso realen Leibkörpern kann nicht hintergangen werden; vgl. unten § 37a.
[52] *Ideen II*, §§ 37f; *Ideen III*, Beilage I, S. 117ff.

wird er als Leib im eigentlichen Wortsinn erfahren, nämlich als Lokalisationsfeld gewisser Empfindungen und als Willensorgan. Es zeigt sich hier, wie gewisse Empfindungen – nicht alle, die visuellen z.B. nicht, am offensichtlichsten wohl die taktuellen – in eigenartiger Doppelauffassung fungieren. Sie dienen nicht nur als darstellende Inhalte für die Körper der Aussenwelt. Sie erweisen sich auch als konstitutiv für die Erfahrung der ästhesiologischen Schicht der „Empfindnisse", durch die sich der Leib von den gewöhnlichen Naturkörpern absondert. Von entscheidender Bedeutung ist hier, dass die Empfindungen nicht mehr dem „reinen Bewusstseinsstrom", sondern der in ästhesiologischer Inneneinstellung erfahrenen Leiblichkeit zugeordnet werden. Sie haben nicht nur ihre Stelle im Bewusstseinsstrom, sie erscheinen auch im Leib lokalisiert. Dabei heben sich von allen Empfindungen die kinästhetischen als von besonderer konstitutiver Relevanz hervor. In der Kinästhesis werden die Leibbewegungen als konstitutiv für die Dingerfahrung erlebt.

Der Einwand, dass alle diese Erkenntnisse in der auf naturalistischem Boden vorgenommenen „Inneneinstellung" zu Tage befördert werden, in einer Einstellung also, die realistische Apperzeptionen impliziert, indem der Leib als eine objektive Substanz angesetzt wird, ist nicht durchschlagend. Husserl führt seine Analysen mit der Vorbemerkung ein, dass sie möglicherweise manches enthalte, was spätere Untersuchungen als zum eigentlich phänomenologischen Wesen des Ich zugehörig erweisen werden. Die endgültige Scheidung zwischen dem, was naturalistische Zutat und was phänomenologischer Befund ist, kann erst gezogen werden, wenn die beiden gängigen Ansetzungen des Menschen als „Natur" und als „Geist" einer konstitutiven Betrachtung unterzogen worden sind.[53] Als eine phänomenologische Tatsache wird sich dann, wie die Fortführung der Husserlschen Analysen im Werk Merleau-Pontys zeigt, gerade die Leiblichkeit des transzendentalen Ich ergeben.[54]

---

[53] Vgl. *Ideen II*, § 35, S. 143.

[54] Mit Recht macht H. U. Asemissen a.a.O. auf die Bedenklichkeit der Husserlschen Einordnung der Empfindungen als reeller Inhalte in das reduzierte „reine Bewusstsein" aufmerksam. Leider lässt er aber die Ansätze der *Ideen II* zu einer leiblichen Konzeption der Empfindungen und ihre geniale Entfaltung bei Merleau-Ponty ausser Acht. Asemissens eigene Lösung ist nicht weniger fragwürdig. Nach ihm kann der Leib nicht „wie alles Noematische erst als Korrelat einer beseelenden Auffassung von Empfindungen konstituiert" sein, da „sich phänomenal, in der von Husserl unterlassenen (!) phänomenologischen Analyse der Empfindungen, gerade

Die Empfindungen bilden *sinnliche Komplexe, die durch diskret ineinander überspringende Auffassungen hindurch konstant verharren können.*[55] In dieser Konstanz weist sich ihre Unterschiedenheit und Eigenständigkeit gegenüber den sinnstiftenden Akten aus. „Gleiche Empfindungsinhalte ‚fassen wir' einmal so und das andere Mal anders auf."[56] „Ein und derselbe Bestand an hyletischen Daten ist die gemeinsame Unterlage von zwei übereinandergelagerten Auffassungen."[57] Als Beispiel dient in der *V. Logischen Untersuchung* eine Arabeske, die erst rein sinnlich auf uns wirkt und dann plötzlich als Symbol oder Wortzeichen verstanden wird, und in den Vorlesungen zur genetischen Logik (in *Erfahrung und Urteil* übernommen) eine mit Farbigkeit erfüllte Raumgestalt (!), die bald für eine Wachspuppe und bald für einen Menschen gehalten wird.

Husserl teilt mit der ganzen Brentano-Schule die von der Gestaltpsychologie als phänomenologisch unhaltbar erwiesene Konstanzannahme. Er hat nicht gesehen, wie nicht nur die Intensität, sondern auch die „Qualität" der sinnlichen Inhalte wesentlich eine Funktion ihres Kontexts und ihrer Apperzeptionsweise ist.[58]

§ 18. Der Widerspruch in der Rede von der „Ausbreitung" der Empfindungen in „Sinnesfeldern"

Bei der Entfaltung des Husserlschen Empfindungsbegriffs stiessen wir uns laufend an seinen innern Schwierigkeiten, der Verdoppelung der Abschattung des einheitlichen Gegenstandes in noematischen und hyletischen Mannigfaltigkeiten, der Fraglichkeit von Empfindungsgehalten, die ihrer Auffassung genetisch voranliegen, der Abstraktion von ihrer Leibbezogenheit, der Behauptung endlich ihrer Konstanz gegenüber unterschiedlichen Apperzeptionen. Die Hauptschwierigkeit aber haben wir uns für eine separate Darstellung aufgespart. Sie offenbart sich im Widerspruch zwischen der expliziten Definition der

umgekehrt der Leib als konstitutive Bedingung der Empfindungen erweist" (S. 34, Anm. 52). Die Empfindungen sind phänomenologisch wohl als Leiberlebnisse zu bestimmen, aber sie können nicht einfachhin, wie es Asemissen unternimmt, dem noematisch-konstituiert erscheinenden Leib zugeordnet werden. Sie gehören zum transzendental-konstituierenden Leib, der nun allerdings in einer nur schwer zu entfaltenden Dialektik von Naturans und Naturatum mit dem konstituierten Leib verflochten ist. Vgl. M. Merleau-Ponty, a.a.O. S. 56 (dt. 68).

[55] *Ideen I*, § 97, S. 247.
[56] *V. Logische Untersuchung*, § 14, S. 381.
[57] *Analysen zur passiven Synthesis*, S. 34; *Erfahrung und Urteil*, § 21b, S. 100.
[58] Vgl. unten § 59.

Empfindungen als reeller Inhalte des Bewusstseins und ihrer ebenso expliziten Deskription als Daten, zu denen wesensmässig eine Aus- breitung und ein Zusammenschluss zu Empfindungsfeldern gehört. „Ausbreitung" und „Feld" werden dabei gewöhnlich zwischen „Gänsefüsschen" gesetzt, um ihre Verschiedenheit von der objektiv- räumlichen Ausdehnung und Feldhaftigkeit zu markieren. Das Ver- hältnis von empfindungsmässiger Ausbreitung und dinglicher Aus- dehnung wird in der Folge mit dem der phänomenologischen Zeit zur kosmischen Zeit in Beziehung gebracht. Das physische Ding mit seiner räumlichen Ausdehnung schattet sich in den Empfindungsdaten ab, die transzendente Zeit stellt sich in den Erlebnismomenten er- scheinungsmässig dar.[59]

Wie aber kann ein Empfindungsinhalt, der nach seiner Definition mit dem Empfindungserlebnis zusammenfällt und als reeller Inhalt des reinen Bewusstseins dargestellt wird, eine „Ausbreitung" erfahren und sich zu „Empfindungsfeldern" – wie immer man auch „Ausbrei- tung" und „Feld" von ihren objektiven Vorbildern sinnvoll abheben mag – zusammenschliessen? Auch der Vergleich mit der phänomeno- logischen Zeit ist fragwürdig. Das konstituierende Bewusstsein, dem die Daten reel immanent sein sollen, breitet sich selber nicht nur nicht in der kosmischen Zeit, sondern auch nicht in der phänomenologischen Zeit seiner konstituierten immanenten Erscheinungsgegenständlich- keiten aus. Von einem Bewusstsein, so lautet das Resultat von Husserls langwierigen Zeitanalysen, das sich auf irgendeine Art in einer phäno- menologischen Zeit oder präphänomenalen Vor-Zeit ausbreitet, kann ohne die Konsequenz eines unendlichen Regresses der Urkonstitution nicht gesprochen werden.[60]

Wir haben diesen Widerspruch in Husserls Empfindungsbegriff nicht nur wegen seiner zentralen Stellung von den übrigen Unzuläng- lichkeiten abgesondert, sondern vor allem um darauf aufmerksam zu machen, dass sich in ihr die Ueberholung des ganzen Begriffs, wie sie nach unserer These in den Vorlesungen zur genetischen Logik erfolgt, aufdrängt. Diese setzt sich unweigerlich durch, sobald sich die De- skription nicht mehr mit allgemein gehaltenen Aussagen, die sich mehr als erst noch zu explizierende Thesen ausnehmen, zufrieden gibt son-

---

[59] *III. Logische Untersuchung*, § 10, S. 249f; *Ideen I*, § 41, S. 94; § 81, S. 197; vgl. *Zur Phänomenologie der Intersubjektivität I*, Beilage VIII, S. 34.
[60] Vgl. *Zur Phänomenologie des Zeitbewusstseins*, Ergänzende Texte Nr. 50 und 54, S. 234ff und 368ff; Ms. C 17 IV, S. 1ff (Sommer 1930).

dern zur konkreten Aufklärung eben dieser „Ausbreitung" und dieses Zusammenschlusses zu „Feldern" übergeht. In den angeführten Vorlesungen werden Ausbreitung und Zusammenschluss zu Feldgestalten als eine besondere Art intentionaler Konstitution analysiert, als passive Assoziation. Die „Sinnesdaten" breiten sich aus und verschmelzen zu Einheiten, weil es offensichtlich zu ihrem Wesen als Affektion gehört, intentional über sich hinauszuweisen. Mit diesen Analysen verbleibt Husserl nicht mehr wie mit den unaufgeklärt stehen gelassenen Aussagen der *Ideen I* im blossen Widerspruch zu seiner ersten Definition, sondern legt konkret die Grundlagen für ihre totale Liquidation, wenn er diese auch nicht mehr als solche reflektiert.[61]

§ *19. Die Auflösung des Konstitutionsschemas*
Inhalt – Auffassung in der Phänomenologie des Zeitbewusstseins
Die erste Einbruchstelle in die eigene Empfindungskonzeption findet sich schon vor deren endgültigen Fassung in den *Ideen I*, nämlich in Forschungstexten, die sich im Zusammenhang der *Phänomenologie des Zeitbewusstseins* mit der Auflösung des Konstitutionsschemas Stoff – Form oder, in Husserls Sprache, Inhalt – Auffassung beschäftigen.[62] Dieses Schema war es ja auch, das die Deskription der

[61] Diese Fortentwicklung der Konstitutionsproblematik blieb in der bisherigen Kritik des Husserlschen Empfindungsbegriffs, wie sie am schärfsten Asemissen formulierte (a.a.O. S. 25), unaufgedeckt. Man begnügte sich mit der Fixierung der Widersprüchlichkeiten. – E. Tugendhat, der Asemissens Kritik teilt, sucht einen anderen Ausweg. Er stellt die psychologische Deskription hinter das eigentliche Anliegen Husserls, die Aufklärung der logischen Problematik der Evidenz und der Wahrheit, zurück. Die These von den Abschattungen als reeller Bewusstseinsinhalte soll nicht strapaziert werden. „Der eigentliche sachliche Kern dieser Auffassung liegt nicht darin, dass die Abschattungen subjektiviert werden, sondern dass ihnen ein absoluter Präsenzcharakter zugewiesen wird. Hält man eine solche schlichte Gegenwart überhaupt für realisierbar, so wird es schwer sein, sie anders zu bestimmen als durch reelles Einssein." (*Der Wahrheitsbegriff bei Husserl und Heidegger*, S. 73, Anm. 82) – Mit dem zeitlichen und assoziativen Horizont jedes Bewusstseinsdatums stellt die absolute Präsenz der „Urphänomene" in der Tat eine Unmöglichkeit dar.
[62] § 12, S. 31f; Ergänzende Texte IV, S. 269ff (besonders Nr. 46-49). Diese Texte werden vom Herausgeber R. Boehm auf die Jahre 1907-1909 datiert. R. Boehm hat wiederholt auf die Bedeutung dieses Angriffs auf das Schema Inhalt-Auffassung aufmerksam gemacht. Vgl. die Einleitung S. XXXff; *Vom Gesichtspunkt der Phänomenologie* (vgl. Index). R. Sokolowski hat das Schema zum leitenden Gesichtspunkt einer Darstellung der Husserlschen Konstitutionsproblematik gewählt.

Empfindung wesentlich beeinflusst hatte. Dieser erste Ansatz zeichnet sich nicht nur durch seine ausserordentliche Akribie aus. Er stellt gleichzeitig eine Vorwegnahme eines Hauptpunktes der Sensualismus-Kritik der Gestaltpsychologie dar, der Kritik der sog. Konstanzannahme. Nach dieser Hypothese der sensualistischen und der intellektualistischen Psychologie können in verschiedenen Zusammenhängen und bei unterschiedlichen Auffassungsweisen identisch bleibende Sinnesinhalte vorgefunden werden. Husserls originelle Leistung besteht darin, dass er die Unhaltbarkeit dieser Annahme in einer Hinsicht aufzeigt, die überhaupt nicht ins Blickfeld der Gestaltpsychologie getreten ist, in Hinsicht auf die Zeitkonstitution. Seine Beschränkung gegenüber der Exposition der Gestaltisten liegt jedoch darin, dass die Konstanz der Empfindungen ausdrücklich nur gegenüber der Zeitmodifikation, nicht aber gegenüber der dinglichen Apperzeption bestritten wird. Husserl versucht gerade nachzuweisen, dass, was für die Dingkonstitution zutrifft, für die Zeitkonstitution nicht gilt!

Die Erforschung der Konstitutionsweise der Zeit durchläuft drei Phasen. In einer ersten setzt sich Husserl von Brentanos Erklärung der Zeitmodifikation als einer Inhaltsänderung ab. Statt desssen sucht er ihren Grund in einer Aenderung der Auffassungsweise. Schliesslich gelangt er zum Ergebnis, dass die Zeitkonstitution offenbar nicht mit dem Schema Inhalt – Auffassung aufzuklären ist.

Nach Brentano lässt der Aktcharakter des Vorstellens keine Differenzierung zur. Er muss daher jede Modifikation auf eine Inhaltsänderung abschieben. Die zeitliche Veränderung ist nur eine eigentümliche Inhaltsveränderung. Sie erfolgt dadurch, dass sich an eine Wahrnehmungsvorstellung kontinuierlich neue Vorstellungen anschliessen. Die „assoziierten" Vorstellungen reproduzieren den Inhalt der Wahrnehmungsvorstellung und fügen ihm zugleich ein neues Inhaltsmoment hinzu, ein Temporaldatum, ein Moment der Ver-

Sokolowski verfügte jedoch noch nicht über die Texte, auf die wir uns im folgenden hauptsächlich abstützen. Seine Argumentation zur Auflösung des Schemas läuft auf den Nachweis hinaus, dass es auf einen unendlichen Regress und zu unphänomenologischen Suppositionen führt. Die nicht-temporalen Daten können nur verzeitlicht werden, als gegenwärtig aufgefasst werden, wenn sie ihrerseits einer Scheidung zwischen temporalen und nicht-temporalen Momenten unterworfen werden und so in infinitum. Wenn zudem nur zeitliche Phasen bewusst sein können, müssen die nicht-zeitlichen Momente als unbewusst angesetzt werden, was Husserls Grundannahme widerspricht, dass alles im Bewusstsein bewusst ist. Vgl. *The Formation of Husserl's Concept of Constitution*, S. 94f.

gangenheit. Wir haben auf den Widerspruch dieser Zeiterklärung durch eine „ursprüngliche Assoziation" von sich verändernden Inhalten bereits hingewiesen.[63] Wenn das Ganze der beiden Inhaltsmomente, des Wahrnehmungsobjekts A und seines Temporaldatums „vergangen" im Bewusstsein jetzt angetroffen werden, dann ist auch A für sich jetzt und nicht vergangen, wie es seine Zeitbestimmung behauptet. Das Gleiche gilt, wenn man mit Brentano das Jetzt-Moment nicht als ein Moment für sich nimmt. Wenn die Indexlosigkeit eines Objekts seine Gegenwart bedeutet, dann sollte es, wenn es mit dem Zeitindex „vergangen" auftritt, als solchermassen Gegenwärtiges doch zugleich wieder indexlos sein. Die Zeitmodifikation, so schliesst Husserl seine Kritik, kann überhaupt nicht durch ein Kommen und Gehen neuer primärer Inhalte erklärt werden. „Da⟨durch⟩ dass ich A jetzt wahrnehme und nachher ein wie immer inhaltlich verändertes A, habe ich noch kein Bewusstsein ‚vergangenes A' gewonnen."[64]

Um den Widersprüchen von Brentanos Konzeption auszuweichen, versucht Husserl den Zeitunterschied in die Apperzeptionsweise zu verlegen.[65] Derselbe sinnliche Inhalt, der soeben in einem Wahrnehmungsakt als Gegenwärtiges aufgefasst wurde, wird jetzt als Vergangenes apperzipiert, vergangen in Relation zum Gegenwärtigen der nachfolgenden Wahrnehmung. Die Modifikation betrifft nicht mehr den sinnlichen Inhalt, der als genau derselbe erscheinen kann, sondern die Auffassungsweise. Aber die gleichen Widersprüche, die Husserl der Theorie der Inhaltsveränderung vorhielt, kehren in der neuen Konzeption wieder. Die dem Bewusstsein gegenwärtigen Inhalte, die als vergangen aufgefasst werden, können in anderer Blickrichtung gleichzeitig als jetzt-seiend angesehen werden. Das ganze Kontinuum der Inhalte kann bald als Jetzt und somit als eine Koexistenz und bald als eine Sukzession angesehen werden, was absurd ist.

Eine Analyse, die sich nicht an vorgefassten Schemen, sondern an den Phänomenen selber orientiert, so erkennt Husserl schliesslich,

---

[63] *Zur Phänomenologie des Zeitbewusstseins,* §§ 3ff; Ergänzender Text Nr. 14, S. 171ff. Vgl. oben § 12a. – Nach der ersten Publikation von Husserls Zeitanalysen 1928 wies der Brentano-Schüler O. Kraus (Zur Phänomenologie des Zeitbewusstseins, S. 1ff) nach, dass Brentano selber seine ursprüngliche Konzeption aufgegeben hatte und spätestens seit 1911 die Zeitunterschiede ebenfalls auf variierende Bewusstseinsmodi zurückführte. O. Kraus entging jedoch, dass Husserl auch diese zweite Konzeption als unhaltbar überholte.

[64] a.a.O., Ergänzender Text Nr. 15, S. 173.

[65] Diese neue Fassung ist auf den 20. Dezember 1901 datiert.

findet im Bewusstsein gar nicht eine Kontinuität von reell gegebenen Empfindungen vor, bei der die erste Empfindung die Jetztphase des Gegenstandes zur Darstellung bringt und die übrigen in kontinuierlicher Reihenfolge seine Gewesenheitsphasen. Eine Empfindung, die sich im Jetzt ausbreitet, kann nur als jetzt und nicht als gewesen erscheinen. Steht ein Ton als eben gewesen noch im Blick der Zeitanschauung, dann ist er gar nicht mehr als eine Ton-Empfindung in der Weise des Jetzt-Tones gegeben. In der Primärerinnerung haben wir gar keinen wirklichen Ton mehr, sondern nur noch ein Ton-Gewesenes. Die Tonerinnerung ist nicht in einen „empfundenen Ton" und in eine Auffassung als „vergangen" zerlegbar. So wenig wie ein Phantasie-Ton ein empfundener Ton ist, so wenig ist ein retentionaler Ton empfunden. Ein Phantasie-Ton ist gar kein wirklicher Ton, sondern eine Phantasie von Ton. Genauso ist ein erinnerter Ton kein empfundener Ton, sondern ein Bewusstsein von einer vergangenen Tonempfindung.

Die Verwerfung des Schemas Inhalt – Auffassung reduziert sich nicht einfach auf die Feststellung, dass ein Empfindungsinhalt nie isoliert für sich ohne Auffassung vorgefunden werden kann. Wir haben gesehen, dass Husserl diese Möglichkeit wiederholt für die dingliche Apperzeption ins Auge gefasst hat. Ausdrücklich hält er aber daran fest, dass sie die evidente Unterscheidung von Inhalt und Auffassung nicht zu tangieren vermöchte.[66] Die Verwerfung des Schemas besagt weit mehr. Mit ihr ist gemeint, dass bei gewissen Konstitutionen kein identisch und konstant verharrender sinnlicher Inhalt eruiert werden kann, der nacheinander mit verschiedenen Auffassungen, die beliebig durcheinander ablösbar sind, versehen wird. Solches wurde von Husserl, wie wir gesehen haben, für die Konstitution von Ding- und Sinngegenständlichkeiten behauptet. Ein identisch bleibender Bestand von hyletischen Daten kann bald als Arabeske bald als Inschrift aufgefasst werden, und ein anderer bald als Wachspuppe bald als Mensch aus Fleisch und Blut. Für die Zeitkonstitution nimmt Husserl diese These jetzt zurück. „Zunächst ist zu bemerken, dass dieselben primären Inhalte Verschiedenes darstellen, durch verschiedene Dingauffassung verschiedene Dinge zur Erscheinung bringen können. Von der Kontinuität der Zeit-‚Auffassung' gilt das nicht. Ganz im Gegenteil: die

---

[66] Beilage, § 6, S. 238, im Anschluss an die *VI. Logische Untersuchung;* vgl. oben § 17b.

primären Inhalte, die im Jetzt sich ausbreiten, können ihre Zeitfunktion nicht vertauschen, das Jetzt kann nicht als Nicht-Jetzt, das Nicht-Jetzt nicht als Jetzt dastehen."[67] Die Empfindungen lassen sich, mit einem modisch gewordenen Ausdruck der politischen Philosophie gesagt, nicht ,,umfunktionieren". Eine Rotempfindung kann nur als jetzt-seiend aufgefasst werden, nicht als vergangen. Was als vergangen fungiert, ist keine Empfindung mehr. Wenn ein sinnlicher Inhalt nicht mehr als identischer mit verschiedenen Auffassungen auftritt, so kann er auch nicht mehr von seiner Auffassung abgehoben erscheinen, d.h. das Schema Inhalt – Auffassung findet keinen festen Ansatzpunkt mehr vor.

§ 20. Die Kritik des Datensensualismus im Spätwerk

Husserl entwickelte seine phänomenologische Empfindungslehre von Anfang an in Frontstellung zur sensualistischen Psychologie. Im Spätwerk baut er diese Frontstellung aus und zieht bei der verschärften Kritik auch seine eigene Konzeption mit in Betracht. In einem bereits zitierten Manuskript aus dem Jahre 1932 fragt er sich skeptisch, ob nicht seine ursprüngliche Ansetzung von Empfindungsdaten ohne Auffassungsintentionen, die erst durch die passive Leistung der Assoziation zu solchen kommen sollen, ein Rest der alten Psychologie und ihres sensualistischen Empirismus sei.[68] An keiner Stelle, das ist wohl zu beachten, sagt er sich entschieden von der Annahme von Empfindungsdaten los. Er bleibt bei skeptischen Fragen, bei Zurechtweisungen und Hintanstellungen stehen. Die Kritik beschränkt sich auf die betontere Heraushebung der zwei längst gemachten Feststellungen der genetischen Konstitution der hyletischen Daten und ihrer nichtunmittelbaren Gegebenheit, ohne in aller Entschiedenheit die letzte Konsequenz aus ihnen zu ziehen, die völlige Liquidation des Empfindungsbegriffs.

Die Empfindungsdaten sind *nicht ,,sozusagen fertige Gegenstände", sondern in genetischer Konstitution erwachsene synthetische Einheiten.* – Nach dem klassischen Konstitutionsschema werden formlose Stoffe, hyletische Daten, durch eine Form oder Morphé, eine Auffassung oder Apperzeption, beseelt und damit zu Repräsentanten von intentional

---

[67] *Zur Phänomenologie des Zeitbewusstseins*, Ergänzender Text Nr. 49, S. 322. – Merleau-Ponty wird im Anschluss an die Gestaltpsychologie die Auflösung des Schemas auf die von Husserl noch ausgenommene Dingkonstitution ausdehnen (vgl. unten §§ 56, 59).

[68] Ms. B I 13 I, S. 8.

vermeinten Gegenständlichkeiten. Die Zeitanalysen ergaben, dass diese schematische Konzeption von im Bewusstsein vorfindlichen formlosen, d.h. in erster Linie zeitformlosen Stoffen, die zur Strukturierung allererst von sinngebenden Akten aufgegriffen werden müssen, zu ausweglosen Widersprüchen führt. Was als fertig vorgegebene Inhalte angesetzt wurde, erstellt sich selber schon in einer Konstitution sui generis. Die immanenten Daten konstituieren sich „in sehr komplizierter Weise – im Fluss der ursprünglichen Präsentationen, Retentionen, Protentionen in einer komplizierten intentionalen Synthesis, der des inneren Zeitbewusstseins".[69] Wir haben bereits unserem Erstaunen darüber Ausdruck gegeben, dass Husserl bei dieser harten Kritik des „allherrschenden Daten-Sensualismus", der „das Bewusstseinsleben aus Daten aufbaut als sozusagen fertigen Gegenständen", in der *Formalen und transzendentalen Logik* nur auf den zeitlichen und nicht auch auf den assoziativen Aspekt der synthetischen Genesis dieser letzten Gegebenheiten eingeht. Dabei stellte er in den Vorlesungen zur genetischen Logik die assoziative Konstitution als die notwendige Ergänzung der formalen zeitlichen Genesis dar. Die synthetische Genesis der letzten sinnlichen Gegebenheiten ist nicht nur zeitlich, sondern auch assoziativ bestimmt. Jedes abgehobene Datum „hat in sich selbst einen inneren synthetischen Aufbau, und zwar ist es in sich selbst eine Kontinuität der Folge. Diese innere Kontinuität ist das Fundament einer kontinuierlichen inhaltlichen Verschmelzung, Nahverschmelzung. Das Dauern eines Inhaltes, einer Farbe im Sehfeld, eines Tones im Tonfeld, ob es nun unverändert oder veränderlich sich gebende Daten sind, ist nicht ein unanalysierbarer qualitätsartiger Charakter, sondern, wie die phänomenologische Analyse sofort zeigt, liegt in ihm die Eigenheit des Sich-kontinuierens, Sich-fortdehnens von Phase zu Phase."[70]

Trotz des ausdrücklichen Hinweises auf die „intentionale Synthesis", in der die letzten Daten erwachsen, und auf die „genauer zu beschreibende und zu begrenzende Weise", in der davon gesprochen werden kann, dass die immanenten Daten im konstituierenden Erlebnis reell auftreten, meint Husserl in der *Formalen und transzendentalen Logik*, dass die Unterscheidung zwischen sinnlichen Daten und intentionalen Erlebnissen „nicht völlig zu verwerfen" sei.[71] Die Einstellung, in der

---

[69] *Formale und transzendentale Logik*, § 107b, S. 251.
[70] *Analysen zur passiven Synthesis*, S. 140.
[71] § 107, S. 251ff.

sie vorgenommenen wird, hat ihre relative Berechtigung. Sie erschliesst, wie schon die *Ideen I*[72] erwähnten, in denen die Ausschaltung der Zeitkonstitution „bewusst und ausdrücklich" vorgenommen wurde, ein geschlossenes Untersuchungsgebiet, das sich durch eine zusammenhängende grosse Problematik auszeichnet. Sie ist vor allem „für den phänomenologischen Anfänger", der durch die ausnehmenden Schwierigkeiten der Zeitanalysen nicht verwirrt werden soll, zu berücksichtigen. In der Tat spricht Husserl dann auch nach dem heftigen Ausfall gegen den Daten-Sensualismus mit Selbstverständlichkeit von Empfindungsdaten, die in einem Dinggegenstand als „implizierte Gegenständlichkeiten" mitkonstituiert werden.[73] Aber sie sind nicht das Erste, das affiziert, das ist vielmehr das Ding. Sie vermögen nur sekundär zu affizieren, nach einer reflektiven Ablenkung vom Ding. Damit kommen wir zum zweiten Punkt, auf den die Sensualismuskritik der Spätwerke den Akzent setzt.

Die Empfindungen sind *keine unmittelbaren Gegebenheiten des Bewusstseins. Sie sind nur in reduktiver Blickwendung ansichtig zu machen.* – Auch in diesem Punkt nimmt Husserl früher schon gemachte Feststellungen auf. Die sinnlichen Daten, heisst es in den *Ideen I*, werden „durch passende Blickwendung und in phänomenologischer Reduktion auf das reine Psychische", in einer eigens zu vollziehenden „Empfindungsreflexion" vorgefunden.[74] Und im St. Märgener Manuskript A VII 13 von 1921 wird betont, dass die Einstellung auf die Empfindungsdaten eine Abwandlung der Einstellung der Dingwahrnehmung ist und nicht umgekehrt.[75] Von den *Cartesianischen Meditationen* an werden aus diesen grundlegenden Einsichten bewusster die Konsequenzen für den Aufbau der Phänomenologie gezogen. Den Anfang der Bewusstseinsanalyse bildet die bipolare Struktur des Bewusstseins, die Zentrierung alles Bewussten korrelativ in einem Ichpol und in Gegenstandspolen. Erst nach der Beschreibung des ego cogito und der cogitata qua cogitata lässt sich die Frage nach eventuellen Empfindungsdaten stellen. „Das erste Allgemeine der Beschreibung ist die Scheidung zwischen Cogito und cogitatum qua cogitatum. Im welchen Fällen und in welchen unterschiedenen Bedeutungen dann eventuell Empfindungsdaten rechtmässig als Bestandstücke aufzu-

---

[72] § 81, S. 197f.
[73] § 107c, S. 254.
[74] § 36, S. 81; § 97, S. 243.
[75] S. 143f.

weisen sind, das ist ein spezielles Produkt einer enthüllenden und deskriptiven Arbeit."[76] Noch etwas deutlicher wird diese These in der *Krisis* ausgesprochen. Erst im Anschluss an die Aufklärung der eigent· lichen „Urphänomene", der intentionalen Gegenstände im Wie ihrer Erscheinungsweisen, kann nach dem Sinn und dem Wesen der Empfindungen gefragt werden. Es war die physiologische Einstellung der empirischen Psychologie, „das prävalierende Absehen auf Entdekkungen psychophysischer Kausalitäten und Konditionalitäten, welche bislang den Psychologen die Empfindungsdaten bevorzugen liess und ihn nicht nach ihrem deskriptiven Ort im intentionalen Zusammenhang und nach ihrem erst von dorther sich bestimmenden Sinn fragen liess."[77] Worin diese Sinnbestimmung in erster Linie besteht, darüber gibt eine Anmerkung Auskunft.[78] Es ist die korrekte Abhebung der Empfindungsdaten von den wahrgenommenen, d.h. den noematischen „sinnlichen Qualitäten" der real erfahrenen Körper. M.a.W., es ist genau die Bestimmung gemeint, mit der Husserl in den *Logischen Untersuchungen* und in den *Ideen I* den phänomenologischen Empfindungsbegriff von sensualistischen abhebt. Ein explizites Aufgeben des Empfindungsbegriffs kann vom Spätwerk Husserls nicht behauptet werden.

§ 21. Die deskriptive Ueberholung des Empfindungsdaten-Begriffs in der Phänomenologie der Assoziation

Nach dem Referat über die Husserlsche Empfindungslehre, wie sie sich in seinen Hauptschriften darstellt und wie sie im allgemeinen bekannt ist, kommen wir nun auf die von uns behauptete Ueberholung des Empfindungsbegriffs in der Phänomenologie der Assoziation, wie sie in den Vorlesungen zur genetischen Logik entworfen wurde, zurück. Wir sagten, dass sie als solche von Husserl selber nicht reflektiert wurde. Wir sehen in ihr dennoch mehr als nur ein Weitertradieren des von den Kritikern hauptsächlich für die *Ideen I* festgestellten Widerspruchs zwischen der Definition der Empfindungsdaten als dem Bewusstsein reell immanenter und intentionalitätsfreier Gegebenheiten und ihrer Deskription als sich in Sinnesfeldern ausbreitender und mit andern, gleichartigen zusammengehender Gegebenheiten. Die deskriptive Darlegung der Ausbreitung und der Verbindung der ele-

---

[76] *II. Cartesianische Meditation,* § 16, S. 77.
[77] § 71, S. 248; vgl. § 68, S. 236.
[78] § 9b, S. 27f, Anm. 1.

mentarsten Gegebenheiten des Bewusstseins bleibt nicht mehr in leer-
allgemeinen Aussagen stecken. Ihre Ausbreitung und Verbindung
wird nun vielmehr in einer phänomenologischen Fassung der überkommenen Assoziatiosgesetzlichkeit als intentionales Ereignis sui
generis thematisiert.

Die intentional-assoziative Beschreibung der „Sinnesdaten” wirkt
sich dabei auch begrifflich aus. An die Stelle des Empfindungsbegriffs
tritt immer mehr der Titel Affektion. Unter ihm wird die ganze Aufklärung der Urassoziation vorangetrieben. Affektion ist von allen mit
Empfindung äquivalent gebrauchten Ausdrücken, die wir zu Beginn
des Kapitels wegen ihrer Aequivozität angeführt haben, derjenige, der
bei Husserl mit Vorzug für die Bewusstseinsweise intentionaler Gegenstände, d.h. noematischer Gegenbenheiten verwendet und nur in
Angleichung an Kants Terminologie auch auf die Empfindungsdaten
übertragen wird.[79] Desgleichen tritt im Anschluss an die Assoziationsproblematik der Begriff der Apperzeption in einer neuen, weitern
Fassung auf, zur Bezeichnung nämlich der entdeckten Grundgesetzlichkeit, nach der das Bewusstsein wesensmässig als intentional über
sich hinausweisend erscheint. Schliesslich werden die affektiven Einheiten als Konfigurationen und Gestalten vorgestellt. Es fehlt dabei
allerdings jeder Hinweis auf die Gestaltpsychologie wie auf die
eigenen frühen Beiträge zu dieser aufkommenden Forschungsrichtung.[80]

(a) Von der Empfindung zur Affektion

Nach der sensualistischen Psychologie gehen die stets komplexen
Vorstellungen aus assoziativen Verschmelzungen von Empfindungsdaten, primitivsten, in sich selbst kompakten Bauelementen der Psyche,
hervor. Husserl scheint dieses Schema in seiner Lehre von den Urassoziationen zu übernehmen, wobei er bloss die Verbindung und ihre
Termini von allen psychophysischen Komponenten befreit und rein
immanent fasst. In der Tat geht er aber gerade bei der Aufklärung
der Urassoziation einen entscheidenden Schritt über seinen bisherigen
Empfindungsbegriff hinaus, indem er zum Verständnis bringt, wie die
Empfindungen über ihren zeitlichen Aufbau hinaus auch noch einer
inhaltlichen Genesis unterliegen, die sich wie die Verbindung von be-

[79] Vgl. Ms. orig. A V 21, S. 102b (Zwanziger Jahre), zitiert nach I. Kern, a.a.O.
S. 270.
[80] Vgl. unten §§ 54ff.

reits abgehobenen Daten ihrerseits nach den Gesetzen der Homo- und Heterogenität vollzieht. Die primitivsten Gegebenheiten des Bewusstseins konstituieren sich als assoziative Verschmelzungen, die dank ihres Kontrasts gegenüber einem andersartigen Hintergrund das Ich zu affizieren vermögen. In der Analyse erst noch ohne besondere Aufmerksamkeit als „sensuelle" und „hyletische Daten" angeführt, werden diese ursprünglichen Einheiten immer mehr und ausschliesslicher als Affektionen thematisiert.

Diese Tatsache verdient Beachtung. Der Titel Affektion wird, wie schon gesagt, gelegentlich auch in Anlehnung an Kants Begriffpaar Affektion – Funktion zur Bezeichnung der reell immanenten Empfindungsdaten verwendet, gewöhnlich aber „in meinem Sinne des Reize übenden Gegenständlichen"[81] für einen noetisch-noematischen Befund der Bewusstseinsanalyse gebraucht: „Die Affektion ist noetisch ein Modus der konstitutiven Intentionalität und noematisch ein Modus der intentionalen Einheit, bzw. des Gegenstandes, der eventuell als seiend in einem Seinsmodus bewusst ist."[82] Was das Bewusstsein affiziert, hat sich ihm bereits irgendwie gegenübergesetzt und fällt mit dem „gereizten" Bewusstsein nicht mehr, wie das von den Empfindungen definitorisch behauptet wird, in eins zusammen. Es braucht aber auch noch nicht als ein eigentlicher Gegenstand erfasst und aufgefasst zu sein. Im einstimmigen Verlauf einer affektiven Einheit wird diese allererst als seiend identifiziert und in seinem gegenständlichen Selbst zur Kenntnis genommen. So unterscheidet Husserl in einem späten Manuskript „die Uraffektion von Nicht-Objekten, von intentionalen Einheiten (vor-objektiven) und die spätere Affektion von apperzipierten und schliesslich von Objekteinheiten".[83] Was als Uraffektion, Urimpression, Urgefühl und Urwollen auftritt, fährt das gleiche Manuskript fort, ist noch „kein eigentliches Bewusstsein von, keine Intention-auf im natürlichen Sinne". Es handelt sich noch um keine welthafte Erfahrung im eigentlichen Sinne. Bevor es ein vom Ich auslaufendes, aktives und intentional gerichtetes Streben gibt, bevor es zu explizit erfassten Gegenständlichkeiten kommt, müssen sich in Verschmelzungen und Abhebungen affektive Einheiten formen. „Affektive Einheiten müssen sich konstituieren, damit sich in der Subjekti-

---

[81] Ms. orig. A V 21, S. 102b.
[82] Ms. C 10, S. 15 (1931).
[83] Ms. C 16 IV, S. 23 (März 1932).

vität überhaupt eine Gegenstandswelt konstituieren kann."[84] Der Zweischichtigkeit des Ichbezugs, des affizierenden und des intentional agierenden, entspricht in den spätern Texten die standardisierte Betitelung des Ich als eines „Poles der Affektion und der Aktion".[85]

Was affiziert, ist keine undifferenzierte Hyle, die zu allem noch nahtlos mit ihrem Erlebnis koinzidiert. Vom impressional Hyletischen sondern sich verschiedenartige Gefühls- und Strebensmomente ab. In der Einheit der Abhebung ist eine „Wollust" fundiert. Es handelt sich dabei um „mit den sinnlichen Daten ursprünglich einige Gefühle".[86] „Zu jedem Hyletischen als für das Ich daseienden gehört es, dass es das Ich im Gefühl berührt, das ist seine ursprüngliche Weise, für das Ich in der lebendigen Gegenwart zu sein. Das Fühlen, fühlend bestimmt zu sein, ist nichts anderes, als was von Seiten der Hyle Affektion heisst." [87] „Anziehung und Abstossung, das drückt aber schon ein Mehr aus als was im Gefühl selbst liegt, was aber das Wort Affektion (Reiz) mitbedeutet: nämlich Gefühl als ‚Motiv' der Aktivität ... So wie im hyletischen Dasein das Fühlen, bzw. das Gefühlsmässige der Hyle fundiert ist, so im Gefühlsmässigen das Strebensmässige sozusagen als Antwortform des Ich."[88] Dieses Strebensmässige hat Husserl in erster Linie als kinästhetisches Streben näher bestimmt. Jeder feldmässig sich ausbreitenden Affektion entspricht bewusstseinsmässig eine bestimmte kinästhetische Bewegung. Mit dieser noetisch-noematischen Korrelation von Kinästhesis und affizierender Hyle wird die Definition eines mit dem Empfindungserlebnis bruchlos zusammenfallenden hyletischen Datums offensichtlich gesprengt.[89]

(b) Die Gestaltung der Urphänomene in assoziativer Konkretion und Diskretion

Mit vielen Belegstellen haben wir gezeigt, wie die Affektionen, die als Termini der mannigfaltigen Synthesen des Feldes der lebendigen

[84] *Analysen zur passiven Synthesis*, S. 162.
[85] Vgl. C 3 III, S. 11 (März 1931); C 7 I, S. 24f (Juni/Juli 1932) u.a..
[86] *Analysen zur passiven Synthesis*, S. 162.
[87] Ms. E. III 9, S. 21f (11. XII. 1931).
[88] a.a.O. S. 22.
[89] Vgl. auch U. Claesges, *Edmund Husserls Theorie der Raumkonstitution*, S. 68: „Der Begriff der Hyle bedarf einer radikalen Umbildung, da die zur Kinästhese gehörige Stellungsempfindung durch das traditionelle Schema von Stoff und Form nicht erfasst wird." Ferner L. Landgrebe, „Prinzipien der Lehre vom Empfinden", S. 202f.

Gegenwart fungieren, ihrerseits in Prozessen der Assoziation erwachsen. Zu affizieren vermag nur, was sich kontinuierlich oder diskontinuierlich – in geschlossener Konkretion oder in Gruppenkonkretion –
ausbreitet und sich kontrastierend – in Diskretion – von einem anders
gearteten Hintergrund absondert. Gleichsam unter der Hand löst
Husserl damit in seiner Phänomenologie der Assoziation den Empfindungsbegriff durch gestaltpsychologische Temini ab, durch Ausdrücke
wie Ganzheit, Gestalt, Figur, vor allem aber durch die schon in den
Frühschriften gebrachten Begriffe der Mehrheit und der Konfiguration. Als eine Mehrheit bezeichnete bereits C. Stumpf eine Erscheinung, die durch die diskontinuierliche Hemmung einer Verschmelzung
zustande kommt.[90] Mit Konfiguration nimmt Husserl einen Begriff
wieder auf, den er in der *Philosophie der Arithmetik* für Phänomene
benutzt hatte, die durch ein unmittelbar erfasstes „figurales Moment"
eine Mengenauffassung ermöglichen, ohne dass alle Einzelglieder
gesondert erfasst und zusammengefasst werden. Das „figurale Moment" verglich er dabei mit den kurz zuvor von Chr. von Ehrenfels
entdeckten „Gestaltqualitäten".[91] Für Husserl sind die Urphänomene
nie als fertige Gestalten vorgegeben. Sie sind immer „Phänomene
eigentümlicher Synthesen,"[92] genetisch konstituierte, intentionale
Einheiten. Ein Einzeldatum kann weder als punkthaft und augenblick-
haft ausdehnungslos noch als unanalysierbare und kompakte Fläche
angesetzt werden. Es ist immer ein im wörtlichen Sinn „konkretes"
Datum, das sich kontinuierlich ausbreitet und in dieser Ausbreitung
als eine synthetische Einheit erwächst. Was zuerst affiziert, das Ganze
oder seine diskreten Teile, das hängt von den äussern Umständen, von
zeitlichen und räumlichen Faktoren ab. Eine Lichterreihe kann mit
einem Schlage als Ganzes affizieren. In diesem Fall pflanzt sich die
Affektion vom Ganzen auf die Glieder fort. Strahlen die einzelnen
Lichter sukzessive auf, so wächst die Reihe erst aus den gesondert
affizierenden Gliedern zu einer Ganzheit zusammen. „Aber zuletzt
kommen wir doch auf ursprüngliche Einzelheiten, das ist auf Gegenstände, die unter allen Umständen aus Wesensgründen vorher als

[90] Vgl. *Analysen zur passiven Synthesis*, Beilage XVII, S. 399; unten § 22.
[91] Vgl. *Philosophie der Arithmetik*, S. 210f, Anm. 1; unten § 55.
[92] *Analysen zur passiven Synthesis*, S. 137.

Ganze gegeben sein müssen, damit ihre Teile gegeben sein können."[93]
Die letzten „Elemente" entpuppen sich ihrerseits als Ganzheiten,
nach denselben Werdens- und Strukturgesetzen wie die umfassenderen Gestalten gebildet.

Mit Nachdruck wird bei der genetischen Aufklärung der Affektion
auf dem „Kontrastphänomen... als Urphänomen" insistiert. „Jedes
in diesem Feld für sich Abgehobene ist von etwas abgehoben in eben
diesem Feld."[94] Damit ist für die affektiven Urphänomene neben dem
gestaltpsychologischen Ganzheitscharakter auch die „Figur-Hintergrund"-Struktur beschlagnahmt. Mit ihr ist die ausschlaggebende
Instanz gegen die Konstanzannahme gewonnen. Wenn die Affektion
als eine „Funktion des Kontrasts"[95] definiert wird, ist es um ihre
Beständigkeit gegenüber wechselnden Wahrnehmungszusammen-
hängen geschehen. Husserl prägt für diese Tatsache die Formel vom
„Relativismus der affektiven Tendenzen".[96] Die einzelne Affektion
ist jedoch nicht nur abhängig vom kontrastierenden Hintergrund,
sondern ebenso von den assoziierenden und assoziierten Mitgegebenheiten. Eine plötzliche Verstärkung oder qualitative Veränderung
eines Reihengliedes wirkt sich auf die Abhebung aller Glieder aus.[97]
Allerdings vermag Husserl in seinen Untersuchungen der zwanziger
Jahre wie schon in den Frühschriften nur eine Relativierung der „affektiven Kraft" und nicht auch eine solche der Qualität festzustellen.
Bezüglich der Qualität der affizierenden Erscheinungen bleibt er der
Konstanzannahme verhaftet.[98]

(c) Bewusstsein als Apperzeption und In-der-Welt-sein

Die phänomenologische Ueberholung des klassischen Empfindungsbegriffs schlägt sich in neuen Formeln, bzw. in der Neufassung von
schon gebräuchlichen Grundbegriffen nieder.

---

[93] a.a.O. S. 156. – Mit der möglichen Vorgängigkeit sowohl des Ganzheits- wie
des Vielheitsbewusstseins hat Husserl in den Vorlesungen zur genetischen Logik
die Kritik von A. Gurwitsch, „Phänomenologie der Thematik und des reinen Ich",
S. 350f, an den Ausführungen der *Ideen I*, § 119, vorweggenommen. Gurwitsch
macht zurecht darauf aufmerksam, dass nicht nur polythetische Akte in monothetische, sondern auch umgekehrt monothetische in polythetische umgewandelt werden
können.
[94] *Analysen zur passiven Synthesis*, S. 138.
[95] a.a.O. S. 159.
[96] a.a.O. S. 151.
[97] a.a.O. S. 155, 163; Beilage XIX, S. 415.
[98] Vgl. unten § 59.

Alles Bewusstsein ist ad-perzeptiv. – Die Analyse der Urphänomene ergab, „dass innerhalb jeder lebendigen Gegenwart, und zunächst beschränkt auf die sich in ihr vereinheitlichenden Sinnensdaten, beständig Affektionen über sich hinauswirken, immerzu finden wir affektive Weckungen, also Assoziationen".[99] Das bedeutet, dass es ein Empfindungsbewusstsein, das sich durch die Koinzidenz von Erlebnis und Erlebtem definiert, nicht gibt. Jedes Bewusstseinserlebnis ist seinem Wesen nach, erst formal durch seinen Zeithorizont und dann inhaltlich durch seine assoziativen Verweisungen und schliesslich durch seine Sinnträchtigkeit über den unmittelbaren Inhalt, den es in seinem Selbst vorstellt, hinausweisend. Alles Bewusstsein ist transzendierendes, „über sich hinausmeinendes Bewusstsein",[100] oder wie Husserl, seinen alten Begriff weiterentwickelnd, auch sagt: Alles Bewusstsein ist apperzipierend, über seine unmittelbaren Perzeptionen hinaus ad-perzipierendes Bewusstsein. Ein Bewusstsein, das in sich nichts von Intentionalität hat, gibt es nicht.

Bewusstsein heisst „In-der-Welt-sein". – Mit der Ueberwindung des Empfindungsbewusstseins, für das es keinen Bezugspunkt ausserhalb seiner selbst gibt, und seiner Ersetzung durch ein wesensmässig über sich hinausweisendes Bewusstsein ist der nachhusserlschen Formel des „In-der-Welt-seins" der Weg gebahnt.[101] In der intentionalitätsträchtigen Affektion eröffnet sich eine Ich-Welt-Beziehung, ist der Boden ausgelegt für die korrelative Entfaltung des Subjekts und des Weltgeschehens. Das „In-der-Welt-sein" besagt auf einem solchen Hintergrund nicht nur, dass das Bewusstsein mit seinen noetischen Intentionen wesensmässig Bewusstsein von Gegenständen ist. Es besagt zuvor, dass das aktive Bewusstsein sich mit den passiv konstituierten noematischen Intentionen, die von den unmittelbar ansichtigen Gegebenheiten auf andere, nur leer entworfene ausstrahlen, sich immer schon in einem mannigfaltigen Verweisungszusammenhang vorfindet. Diesen Zusammenhang, diesen Spielraum, in dem die verschiedenen Gegebenheiten dem Subjekt begegnen können, sieht Husserl

---

[99] *Analysen zur passiven Synthesis*, S. 157f.
[100] a.a.O., Abhandlung III, S. 337, Anm. 1.
[101] Mehr als bei M. Heidegger, der diese Formel schuf (*Sein und Zeit*, S. 52ff), wird ihr Zusammenhang mit der Ueberholung des klassischen Empfindungsbegriffs bei M. Merleau-Ponty, a.a.O., und bei E. Straus, *Vom Sinn der Sinne* (vgl. S. 372f, 393), sichtbar.

primär und formal als einen zeitlichen, und sekundär und material als einen assoziativen Zusammenhang. Erst auf diesen beiden passiven Unterschichten kann sich ein vielstufiger Sinnzusammenhang – die eigentliche Welt der Sinngegenstände – aufbauen.[102]

---

[102] Vgl. E. Fink, ,,Vergegenwärtigung und Bild" (1930), S. 284f (51): ,,Die attentionalen Komplikationen gründen in dem eigenartigen Moment der Freiheit des reinen Ich, verstanden im Sinn einer willkürlichen Betätigung innerhalb eines (passiv-assoziativ konstituierten) Spielraums möglicher Zuwendungen."

6. KAPITEL

DIE ASSOZIATION ALS VERSCHMELZUNG

Die nächsten vier Kapitel verstehen sich als ein Beitrag zu einer phänomenologischen Begriffsgeschichte. Vier für das Verständnis der Husserlschen Assoziationslehre wichtige Begriffe sollen einer geschichtlichen und strukturellen Analyse unterzogen werden.

Wir beginnen mit dem heute in den Hintergrund getretenen Begriff der Verschmelzung. Hinter ihm verbirgt sich mehr als nur ein typisch sensualistischer, der Chemie entlehnter Ausdruck für die Assoziationsphänomene. Als ein solcher wurde er um die Mitte des letzten Jahrhunderts von J. Fr. Herbart aufgebaut. Eine grundverschiedene Interpretation erhielt er dagegen einige Jahrzehnte später bei Husserls Lehrer C. Stumpf. Stumpf versteht ihn als einen rein deskriptiven Fachausdruck für einen psychologischen Befund, der in einer geläufigeren und auch glücklicheren Terminologie als Gestaltqualität, d.h. als eine Qualität, die dem Bewusstsein ebenso ursprünglich vorliegen soll wie die sog. elementaren Empfindungsqualitäten, bezeichnet wird. Husserl verglich schon in der *Philosophie der Arithmetik* die von ihm herausgearbeiteten figuralen Quasi-Qualitäten mit den von Stumpf in der Tonpsychologie entdeckten Verschmelzungsphänomenen. In der Phänomenologie der Assoziation der Vorlesungen zur genetischen Logik nimmt er den Begriff zusammen mit dem der Konfiguration unvermittelt, ohne historischen Verweis, zur Charakterisierung der Urassoziationen, in denen affektive Abhebungen zu intentionalen Einheiten zusammenwachsen, wieder auf. Dabei vermischen sich in einer neuen intentionalen und transzendentalen Fassung die genetischen Momente der alten Assoziationspsychologie mit den statischen Aspekten des Stumpfschen Begriffs. Die beiden Linien verfolgen wir nun in ihrer historischen Herkunft und in ihrer Ueberkreuzung und Ausgestaltung in Husserls Früh- und Spätwerk.

§ 22. Die Herkunft des Verschmelzungsbegriffs

(a) Die Verschmelzung als ein genetischer Prozess bei
J. Fr. Herbart

Herbart machte aus dem anschaulichen Begriff der Verschmelzung
einen Grundbegriff seines nach mathematischen und physikalischen
Vorbildern erstellten psychologischen Systems. Das Bewusstsein
baut sich aus Vorstellungsverbindungen auf. Es lassen sich dabei zwei
fundamentale Verbindungsweisen unterscheiden, Verbindungen von
Vorstellungen, die dem gleichen Sinnesfeld zugehören, dem gleichen
Kontinuum, wie er sich ausdrückt, und von solchen, die verschiedenen
Kontinuen angehören. Die ersten nennt er Verschmelzungen, die
zweiten Komplikationen.[1] Als ein Korrelationsbegriff von Verschmelzung figuriert Hemmung, ein Terminus, der Schule machen wird. Hemmen können sich nach Herbart nur Vorstellungen des gleichen Kon-
tinuums, solche, die auch eine Verschmelzung eingehen können, wie
etwa die Farben rot und orange, nicht aber Vorstellungen verschiedener Kontinuen, wie etwa Farben und Töne.

Herbarts Verschmelzungstheorie wurde von der gesamten deutschsprachigen sensualistischen Psychologie des ausgehenden 19. Jahrhunderts übernommen. In ihrer systematischen Ausformung erreichte
sie in der Psychologie W. Wundts einen zweiten Höhepunkt. Als
Verschmelzungen bezeichnet Wundt jene fundamentale Form der
Assoziation, in der sich elementare Empfindungen zu komplexen
Vorstellungen zusammenfinden, die dann ihrerseits zu Trägern
weiterer, reproduktiver Assoziationen werden. Wundt führt dann auch
eine typisch sensualistische Unterscheidung zwischen intensiven und
extensiven Verschmelzungen ein. Intensive werden solche von gleich-

---

[1] *Lehrbuch zur Psychologie*, 2. Teil, 2. Abschnitt, 3. Kapitel: ,,Von den Komplexionen und Verschmelzungen" (*Sämliche Werke IV*, S. 374-379); *Psychologie
als Wissenschaft*, 1. Teil, 2. Abschnitt, 6. Kapitel, §§ 67ff: ,,Von den Verschmelzungen" (*Sämtliche Werke V*, S. 324-337). – ,,Aber im Bewusstsein verknüpfen sich
die Vorstellungen auf zweierlei Weise: erstlich komplizieren sich die nicht-
entgegengesetzten (wie Ton und Farbe), soweit sie ungehemmt zusammentreffen;
zweitens verschmelzen die entgegengesetzten, so weit sie im Zusammentreffen
weder von zufälliger fremder, noch von der unvermeidlichen gegenseitigen Hemmung leiden" (*Lehrbuch zur Psychologie*, S. 374). – ,,Die Vereinigung solcher
Vorstellungen, die zu einerlei Kontinuum gehören (wie rot und blau, welches beides
Farben sind, – oder wie ein paar Töne, od. dgl.), soll Verschmelzung heissen"
(*Psychologie als Wissenschaft*, § 67, S. 324). – Einander entgegengesetzt können nur
Vorstellungen des gleichen Sinnesfeldes sein.

artigen Empfindungen genannt, z.B. das Zusammenfliessen von Partialtönen zu einem Klang, extensive solche, die aus der Verknüpfung von ungleichartigen Daten hervorgehen, wie etwa die Verbindungen von Farbempfindungen mit Lokaldaten.[2]

(b) Die Verschmelzung als ein statisches Verhältnis bei C. Stumpf

C. Stumpf entwickelte in seinen Untersuchungen zur *Tonpsychologie* einen völlig neuartigen Verschmelzungsbegriff. Mit Nachdruck macht er darauf aufmerksam, dass seine Fassung, die im übrigen dem gängigen Wortgebrauch einige Gewalt antut, „in keinem, weder in sachlichem noch historischem Zusammenhang steht mit Herbart's allgemein-psychologischer Lehre, worin die ‚Verschmelzung' eine so grosse Rolle spielt".[3] Ebensowenig will er mit Wundts Neuinterpretation, die sich nach ihm in vielfache Widersprüche verstrickt, gemein haben.[4] Seine spezifische Begriffsbestimmung führt er vielmehr auf den Physiologen E. H. Weber, den Vater des berümten Weber-Fechnerschen Gesetzes, zurück.[5]

Als Verschmelzung bezeichnet Stumpf das eigentümliche Verhältnis, das zwischen gleichzeitigen Empfindungen zu beobachten ist, nach dem sie keine blosse Summe, sondern ein Ganzes bilden und demzufolge nur sehr unvollkommen gesondert und als eine Mehrheit erkannt werden können. Derartige Einheitsbildungen haben z.B. zwischen konsonierenden Tönen statt. Eine Tonverschmelzung ist nicht auf Obertöne und erst recht nicht auf irgendwelche äussere Ursachen, die durch Aufmerksamkeit und Uebung ausgeschaltet werden könnten, zurückzuführen. Sie ist nicht das Produkt von intellektuellen Funktionen von der Art des Bemerkens, des Zusammenfassens, des Auffassens und des Urteilens. Sie ist den Empfindungen als solchen immanent und bildet zusammen mit den einzelnen Empfindungsdaten allererst das Material für die genannten Funktionen.[6] „Ich kann eine Intensität nicht ohne Qualität und umgekehrt empfinden, wohl aber einen der gleichzeitigen Töne auch ohne den andern.

---

[2] Ausführlicher lassen wir uns im zweiten Teil auf Wundts sensualistische Assoziationspsychologie ein. Vgl. unten § 49.

[3] *Tonspychologie II* (1890), S. 130f.

[4] a.a.O. S. 131ff.

[5] a.a.O. S. 64f.

[6] *Erscheinungen und psychische Funktionen* (1906), S. 4, 23f.

Nur wenn sie zugleich empfunden werden, dann ist es unmöglich, sie nicht als Ganzes, nicht im Verschmelzungsverhältnis zu empfinden."[7] In der *Tonpsychologie* hält Stumpf noch dafür, dass sich für dieses phänomenale Verhalten der Empfindungen zueinander eine physiologische Erklärung weder erweisen noch ersinnen lässt.[8] In seinem Spätwerk *Die Sprachlaute* gibt er sich kompromissbereiter. Der plötzlich einsetzende Uebergang vom mehrheitlichen zum einheitlichen, verschmolzenen Hören könnte durch einen bestimmten zentralphysiologischen Vorgang vermittelt sein, „über den sich freilich zur Zeit nichts weiter sagen lässt".[9]

Stumpf führt mehrere Punkte an, in denen sich sein Begriff von dem Herbarts unterscheidet. Für Herbart ist die Verschmelzung ein dynamischer Prozess, für Stumpf ein statisches Verhältnis. Er würde daher „lieber ‚Schmelz' oder ‚Schmalz' sagen, wenn dies nicht auch sein Bedenkliches hätte".[10] – Bei Herbart hat die Verschmelzung zwischen den „Vorstellungsakten", den Bewusstseinserlebnissen statt, bei Stumpf dagegen allein zwischen deren Inhalten. – Verschmelzungen treten bei Stumpf nicht wie bei Herbart nur zwischen Empfindungen desselben Sinnes, sondern auch zwischen Daten verschiedener Sinne auf. – Die Verschmelzung ist schliesslich nach Stumpf keine Folge der Aehnlichkeit oder irgendeiner Assoziation. Der Schein der Aehnlichkeit kann vielmehr eine Folge der Verschmelzung sein. Eine Assoziation ist nach Stumpf im Unterschied zur Verschmelzung nicht untrennbar. Vorstellungen können anderseits unzählige Male zusammen gegeben sein, ohne sich jemals zu verschmelzen.[11]

Stumpf überwindet den Sensualismus bloss zur Hälfte. Die Verschmelzungen treten nicht an die Stelle der Empfindungsdaten, son-

---

[7] *Tonpsychologie II*, S. 65. Der zweite Satz ist in Husserls Privatexemplar mit einem „NB" (= Nota bene) versehen, einem von Husserl in den von ihm gelesenen Büchern wie in seinen eigenen Manuskripten häufig verwendeten Merkzeichen. – Vgl. I, S. 97: „Die genannten Verhältnisse (d.h. Verschmelzung, Aehnlichkeit, Mehrheit, Steigerung) sind den Sinnesempfindungen immanent, nicht erst durch das Urteil hineingelegt. Es ist wahr, dass wir beispielsweise von einer Aehnlichkeit zweier Empfindungen nicht sprechen würden, wenn nicht ein Urteil vorhanden wäre. Aber anderseits schafft doch nicht die Beurteilung die Aehnlichkeit, sondern konstatiert sie nur." Auch dieser Satz wurde von Husserl mit einem NB – Zeichen versehen. Vgl. Husserls Ausführungen über die primären Inhalte in der *Philosophie der Arithmetik*, S. 67ff.

[8] *Tonpsychologie I* (1883), S. 101.

[9] *Die Sprachlaute* (1926), S. 287.

[10] *Tonpsychologie II*, S. 129.

[11] a.a.O. *I*, S. 96f, 111ff; *II*, S. 129f, 193ff, 209.

dern nur als ursprüngliche Erscheinungen besonderer Art neben oder
zwischen sie. Die Termini der Verschmelzung werden nicht ihrerseits
in ihrem Gestaltcharakter erkannt. Die Verschmelzung wird zwar
nicht als eine Summe von Empfindungen hingestellt, sondern als eine
eigentümliche Ganzheit, von der jedoch ausgesagt wird, dass sich ihr
Gesamteindruck auf den höhern Stufen immer mehr dem einer Empfindung nähert, insofern sie immer schwerer analysierbar wird. Ausdrücklich verteidigt Stumpf die Konstanz der Empfindungen in der
Verschmelzung. „Die Qualitäten werden, abgesehen von dem eben
erwähnten Ausnahmefall, nicht im geringsten verändert, geschweige
denn zu einer einzigen neuen Qualität umgewandelt, aber es tritt ein
neues Verhältnis zwischen ihnen auf, das eine engere Einheit herstellt,
als sie zwischen den Gliedern einer blossen Summe stattfindet."[12]

§ 23. *Die Theorie der Verschmelzung und des figuralen Moments in der
Philosophie der Arithmetik*

Im XI. Kapitel der *Philosophie der Arithmetik* lehnt sich Husserl an
die Verschmelzungstheorie seines Lehrers Stumpf an, um die instan-
tane Auffassung einer sinnlichen Menge verständlich zu machen. Eine
wirkliche und explizite Mengenvorstellung erfolgt, wie in den ersten
Kapiteln gezeigt wurde, durch einen psychischen Akt der Kollektion
der in Einzelerfassungen aufgegriffenen Glieder. Für eine Menge
grösseren Ausmasses übersteigt die Erfassung der einzelnen Glieder,
ihre Kollektion und Subsumtion unter den Mengenbegriff jedoch
unsere psychische Leistungsfähigkeit – ganz abgesehen von der Problematik einer „unbewusst" bleibenden Folge von Sonderauffassungen
und Verknüpfungen, auf die man rekurrieren müsste. Dennoch kann
augenscheinlich eine grosse Menge – ein Haufen Aepfel, ein Schwarm
Vögel – unmittelbar als eine solche erfasst werden. Die Vielheitsvor-
stellung ist in diesen Fällen keine eigentliche. Die Subsumtion der
Erscheinung unter den allgemeinen Begriff der Menge muss auf sym-
bolischem Weg, d.h. indirekt über ein Zeichen, das die Erscheinung
eindeutig charakterisiert, erfolgen. Wo findet sich ein Anhalt für eine
solche Subsumtion? Man mag versucht sein, ihn in einer rudimentären
Zusammenfassung der nächstliegenden Einzelobjekte zu suchen. Aber

---

[12] a.a.O. *II*, S. 64 (Von Husserl zitiert in der *Philosophie der Arithmetik*, S. 206).
Vgl. *Erscheinungen und psychische Funktionen*, S. 15ff. – Stumpf will allerdings die
Empfindungen nicht als völlig einfache Gebilde angesetzt wissen. Vgl. a.a.O. S. 17,
Anm. 1.

wie können wir wissen, dass die tatsächlich vorgenommene Kollektion
nur ein Rudiment und ein Zeichen einer viel umfassenderen Menge
ist, wenn wir von dieser nicht schon eine gewisse Kenntnis haben? Die
einzig plausible Erklärung liegt in der Annahme, dass in der Anschauung der sinnlichen Menge unmittelbar erfassliche Anzeichen liegen,
an denen der Mengencharakter direkt abgelesen werden kann, sodass
sich der Begriff der Menge in der Folge mit ihnen assoziiert. Tatsächlich finden wir bei jeder Kollektion gewisse markante Kennzeichen,
die der Verbindung der Teilinhalte oder der Relation zwischen ihnen
entspringen. Wegen ihrer den einfachen Sinnesqualitäten analogen
Eigenschaften können sie als Quasi-Qualitäten bezeichnet werden.
Beispiele sind der Charakter der Reihe, der Kette, des Zuges, der
Gleichheit u.ä.. Diese Charakteristika geben sich als Verschmelzungen
der Einzelinhalte oder von deren primären Relationen, d.h. nicht als
deren blosse Summe – die kommt nur durch einen kollektiven Akt zu-
stande –, sondern als ein Ganzes, das zunächst als Einfaches erscheint,
bei einer nachträglichen Analyse aber als ein Vielfaches geeinigter
Teile erkannt wird. Zur Bezeichnung dieser ganzheitlichen Quasi-
Qualitäten wählt Husserl „in Anknüpfung an ihren markantesten
Spezialfall", die Konfiguration, den Terminus „figurales Moment".[13]
In der *III. Logischen Untersuchung* ersetzt er diesen Begriff in Rück-
sicht auf die Ganzheitsstiftung der Qualitäten durch den Terminus
„Einheitsmoment".[14]

Die Einheit der Quasi-Qualität nennt Husserl also eine Verschmelzung. Er sieht in ihr „ein genaues Analogen derjenigen, die Stumpf bei
den gleichzeitigen Empfindungsqualitäten entdeckt hat".[15] Husserl
insistiert bei der Uebernahme des Begriffes besonders auf dem nicht-
summativen Ganzheitscharakter und auf der Tatsache, dass die ver-
schmelzenden Elemente auch ausserhalb der Verschmelzung auftreten
können und durch diese nicht „im Geringsten verändert" werden,
m.a.W. auf der Konstanzannahme, gegen deren Vertretung durch
Stumpf sich eine der ersten Polemiken der Berliner Gestaltpsychologie
richten wird.[16]

[13] *Philosophie der Arithmetik*, S. 209.
[14] *III. Logische Untersuchung*, § 4, S. 234f. Die Namensänderung erfolgte auf
einen Vorschlag von Husserls Hallenser Kollegen A. Riehl.
[15] *Philosophie der Arithmetik*, S. 206.
[16] a.a.O. S. 71, 206; *III. Logische Untersuchung*, § 9, S. 248. Vgl. W. Köhler,
„Ueber unbemerkte Empfindungen und Urteilstäuschungen" (1913).

Neben diesen Gemeinsamkeiten, die von Husserl mit Zitaten belegt werden, fallen aber auch einige Divergenzen auf, auf die er selber jedoch nicht hinweist. Während für Stumpf die Verschmelzung nicht von der Aehnlichkeit der Elemente untereinander abgeleitet werden kann, zählt bei Husserl die sinnliche Gleichheit zu den charakteristischen Beschaffenheiten, die eine Einheitsbildung bewirken. Sie gibt dem anschaulichen Mengenganzen einen spezifischen Charakter, der zur Geltung kommt, ohne dass jedes Einzelding mit jedem andern verglichen wird. Mit einem Blick erfassen wir eine Menge Aepfel oder Nüsse. „Die qualitative Gleichheit und so überhaupt die sinnliche Gleichheit der ganzen Mengenglieder ist eines der hervorstechendsten quasi-qualitativen Momente."[17] Eine weitere Abweichung von Stumpfs Definition und zugleich eine implizite Annäherung an Herbarts Begriff erfolgt in der *III.* und *VI. Logischen Untersuchung.* Wurde der Begriff der Verschmelzung und des figuralen Moments in der *Philosophie der Arithmetik* noch wie bei Stumpf nur auf gegenständliche Inhalte des Bewusstseins angewandt, so wird nun eine zusätzliche Unterscheidung eingeführt „zwischen den phänomenologischen Einheitsmomenten, welche den Erlebnissen oder Erlebnisteilen selbst (den reellen phänomenologischen Daten) Einheit geben, und den objektiven Einheitsmomenten, welche zu den intentionalen und im Allgemeinen der Erlebnissphäre transzendenten Gegenständen und Gegenstandsteilen gehören".[18] So erweist sich der akthafte Wahrnehmungsverlauf analog der gegenständlichen Wahrnehmungseinheit, die als eine unmittelbare Verschmelzung der Partialintentionen und ohne Hinzutritt neuer Aktintentionen zustande kommt, als eine Verschmelzung von Partialakten zu einem Akt und nicht als ein in Partialakten fundierter Akt.[19]

§ 24. *Die Theorie der Verschmelzung und der Konfiguration in den Vorlesungen zur genetischen Logik*

Die Verwandtschaft der Problematik der Phänomenologie der Assoziation, wie sie in den Vorlesungen der frühen zwanziger Jahre entwickelt wurde, mit derjenigen der drei Jahrzehnte zuvor geschriebenen *Philosophie der Arithmetik* braucht nicht lange herausgestrichen

---

[17] *Philosophie der Arithmetik*, S. 208.
[18] *III. Logische Untersuchung*, § 4, S. 234; vgl. *VI. Logische Untersuchung*, § 61, S. 186.
[19] *VI. Logische Untersuchung*, § 47, S. 148f.

zu werden. Beiderorts soll die Erkenntnis von Ganzheiten und Vielheiten aufgeklärt werden. Ueber die fundamental verschiedenen Einstellungen der genetischen Psychologie im Erstlingswerk und der transzendental-phänomenologischen der spätern Schriften hinweg sind leicht mannigfache Gemeinsamkeiten aufzufinden. Hier wie dort ist von Verschmelzungen und Konfigurationen die Rede. Hier wie dort wird die Erfassung von Ganzheiten und Mehrheiten als das „für uns Erste" gegenüber der Sondererfassung ihrer Teile und Teilrelationen vorgestellt.[20] Hier wie dort – und das ist die bedeutsamste Gemeinsamkeit – wird die sinnliche Einheit von derjenigen, die durch einen kategorialen Akt des Zusammenfassens erfolgt, als eine schlichte, nicht akthaft fundierte unterschieden.

Bei so auffallenden Gemeinsamkeiten erstaunt es, dass jeglicher Verweis auf das Frühwerk im Zusammenhang der Phänomenologie der Assoziation ausbleibt. Insbesondere macht stutzig, dass bei der Einheitsbildung keine Rede mehr von unmittelbar bemerkbaren „figuralen" oder „Einheitsmomenten" ist, auf deren unabhängige Entdeckung Husserl gegenüber der aufkommenden Gestaltpsychologie doch so gerne pochte.[21] Soll man dieses Schweigen als tendenziös auslegen, als eine bewusste Distanzierung von der Lösung des Ganzheitsproblems in den eigenen Frühschriften und in der Gestaltpsychologie? Ein konkreter Hinweis für ein solches tendenziöses Schweigen fehlt. Er ist aber auch nicht erforderlich. Entscheidend ist allein der sachliche Befund. In der Tat unterscheidet sich die neue Ganzheitslehre der zwanziger Jahre radikal von den früheren Ansätzen. In der *Philosophie der Arithmetik* wird die Verschmelzung in Analogie zu Stumpfs Entdeckungen als ein statisches Verhältnis, in den Vorlesungen zur genetischen Logik dagegen als eine genetische Synthesis thematisiert.

In der *Philosophie der Arithmetik* zitiert Husserl Stumpfs Bestimmung der Verschmelzung als ein Verhältnis.[22] Dieses wird durch seine „markanten Kennzeichen", „quasi-qualitativen Momente", in einer schlichten Anschauung unmittelbar als solches erkannt. In der

---

20 Vgl. *Philosophie der Arithmetik*, S. 201; *Analysen zur passiven Synthesis*, S. 120, 165.

21 Vgl. unten § 55. – Im Unterschied zu den Ausdrücken „figurales Moment" und „Gestaltqualität" lassen die wieder aufgenommenen Begriffe der Konfiguration und der Verschmelzung durch ihre doppelte Verwendbarkeit zur Bezeichnung des Prozesses wie des Resultats der Konfiguration und der Verschmelzung ohne weiteres eine genetische Lesart zu.

22 S. 206.

VI. Logischen Untersuchung klammert Husserl im gleichen Problem-
zusammenhang den genetischen Aspekt ausdrücklich aus. Die Einheit einer Wahrnehmung ist „in einem Schlage" gegeben. „Aus welchen und aus wie komplizierten psychischen Prozessen sie genetisch
entstanden sein mag, ist hierfür natürlich ohne Belang."[23] Gerade
diesen komplizierten Prozessen gilt nun das Interesse der genetischen
Phänomenologie. Sie werden nicht mehr nur wie in den Frühwerken
negativ von den kategorialen Einheitsbildungen, die durch einen Akt
geschaffen werden, abgehoben,[24] sondern über diese Abhebung als
schlichte, nichtakthafte Gegebenheiten hinaus positiv als genetisch-
assoziative Synthesen, die sich in die primären und formalen Synthesen des Zeitbewusstseins einbetten, analysiert. „Wahrnehmungsmäs-
sige Mehrheit (im weitesten Sinn konfigurative) ist Assoziation von
Seiendem."[25] Dabei wird für diese Prozesse in ihrem Werden, wie
früher bloss für ihre „fertige" Erscheinung der Ausdruck Verschmelzung gewählt. Der Begriff erhält damit die genetische Komponente
zurück, die Stumpf aus seiner nichtherbartianischen Fassung ausgeschaltet wissen wollte.

Stellen wir die verschiedenartige, die statische und genetische Konzeption der Verschmelzung in zwei deutlich sprechenden Zitaten aus
der *III. Logischen Untersuchung* und den Vorlesungen zur genetischen
Logik einander gegenüber! In den *Logischen Untersuchungen* heisst es:
„Diese Verschmelzung ist nicht ein ineinander Verschwimmen in der
Weise der Kontinuität oder in einer anderen, die Sonderung aufhe-
benden Weise; aber sie ist immerhin eine Art besonders inniger Zusammengehörigkeit, welche mit einem Schlage und notwendig die
Gesamtkomplexion der sich durchdringenden Momente zur Abhebung bringt, sowie nur ein Moment durch Diskontinuität die Vorbedingung dazu schafft."[26] In den Vorlesungen zur genetischen Logik
wird sie gerade als eine zeitlich kontinuierliche Verschmelzung beschrieben: „Wir sehen nun leicht, dass in dieser inneren Kontinuität
der zeitlichen Extension der zeitlich ausgedehnte Inhalt, der Sachgehalt nicht äusserlich mit da ist, sondern dass sachliche Einheit
nur als kontinuierlich geordnete, als zeitlich extendierte denkbar ist.

---

[23] § 47, S. 147f.
[24] *Philosophie der Arithmetik*, S. 203ff; *III. Logische Untersuchung*, § 22; *VI.
Untersuchung*, § 60f.
[25] Ms. A VII 12, S. 17 (Frühjahr 1932).
[26] *III. Logische Untersuchung*, § 9, S. 248.

Eine konkrete Einheit, die eines immanenten Datums, ist nur denkbar als Kontinuität des Inhalts in und vermöge der Kontinuität einer Extension, einer Dauer. Ich sagte: in und vermöge. Denn es wird auch klar, dass, was dem Sachgehalt eben sachliche innere Kontinuität verschafft und damit Einheit, in erster Linie auf der ursprünglichsten Kontinuität der zeitlichen Extension beruht. Alle inhaltliche Kontinuität, z.B. die inhaltliche eines Geigentones, ist Einheit einer kontinuierlichen Verschmelzung von Phase zu Phase; aber nur in dem kontinuierlichen Werden, in der Zeitordnung kann der Inhalt kontinuierlich sich verschmelzen."[27] Was die genetische Verschmelzung zugleich möglich und erforderlich macht, ist die universale Zeitkonstitution, die alle Leistungen des Bewusstseins unterhält. Ihre Thematisierung steht in der *Philosophie der Arithmetik* und in den *Logischen Untersuchungen* noch aus.

Neben solchen Analysen der genetischen Konstitution der Verschmelzung, die ausdrücklich auch für koexistente Inhalte in Beschlag genommen wird – ,,Selbst was wir – in der Koexistenz z.B. im visuellen Feld – stetige Abstufung nach Qualität oder Intensität nennen, das ist als stetige Aehnlichkeitskontinuität nur vorstellbar in zeitlicher Kontinuität."[28] –, finden sich aber auch noch in der Spätzeit verschiedentlich Texte, in denen die Verschmelzung doch wieder als etwas statisch Erscheinendes vorgestellt wird. In den Vorlesungen zur genetischen Logik selber, nur wenige Seiten nach den aufgeführten Zitaten, wird der qualitativen Ausfüllung der lokalen Stellenkontinuität das Werden abgesprochen: ,,Nur dass die Einheit entlang einer lokalen Kontinuität nicht Einheit des kontinuierlichen Werdens ist, was eben Sukzession wäre."[29] Und von einer Lichterreihe am Horizont, die nochmals etwas später bei der Ursprungsanalyse der Affektionen als Beispiel dient, heisst es wiederum wie in den Frühschriften, dass sie ,,mit einem Schlage" affektiv ist. Allerdings wird nun hinzugefügt, dass dies offenbar durch voraffektive Gesetzmässigkeiten der Einheitsbildung ermöglicht werde.[30] In der *Formalen und transzendentalen Logik* und in der *V. Cartesianischen Meditation* wird bei der phänomenologischen Aufklärung der Fremderfahrung, in der ego und alter ego als ein assoziatives Paar, d.h. in einer Ver-

---

27 *Analysen zur passiven Synthesis*, S. 141.
28 a.a.O.
29 a.a.O. S. 143f.
30 a.a.O. S. 154.

schmelzung ähnlich der einer Reihe oder eines Haufens irgendwelcher Objekte, wiederholt angeführt, dass es sich hier um eine statische Analyse und nicht um die Enthüllung einer zeitlich verlaufenden Genesis handle.[31] Schliesslich erscheint in einer Randnotiz zu einem Manuskript aus dem Jahre 1932 eine späte Erinnerung an Stumpfs statische Definition der Verschmelzung: „Ein Schmalz, eine Verschmolzenheit, ist immer ‚unhistorisch'. "[32]

Diese widersprüchlichen Aussagen legen nahe, dass hier ein Phänomen vorliegt, das von verschiedenen Seiten angegangen werden kann. In einem Text, den er unter dem Stichwort „Zu genetische Logik 1920 und den Bernauer Manuskripten über Verschmelzung etc" im Februar 1926, also gegen das Ende der dritten Lesung der genannten Vorlesungen zur genetischen Logik, niedergeschrieben hat, skizziert Husserl diese doppelte Betrachtungsweise.[33] Die Lösung bietet sich in der Unterscheidung zwischen den „fertig" vorliegenden Strukturen der Wahrnehmungsgegenwart, wie sie bei einem Augenaufschlag jedem Erwachsenen unmittelbar vorgegeben sind, und den genetischen Prozessen, auf die eine eingehendere Analyse des anscheinend „zeitlos" Gegeben zurückweist. Aehnlich wie in der *IV. Cartesianischen Meditation* ausgeführt wird,[34] dass die Dingwahrnehmung erst gelernt werden muss und dass dieses geschichtliche Werden der schliesslich instantan erfolgenden Dingapperzeption durch ein meditierendes Eindringen in den intentionalen Gehalt der Erfahrung zurückverfolgt werden kann, wird in dem Manuskript mit dem Hinweis auf einen sehend gewordenen Blindgeborenen dargelegt, dass die affektive Konkretion und Diskretion der impressionalen Wahrnehmungsgegenwart allein durch ein kontinuierliches Werden erwachsen sein kann. Erst in der Folge kann mit einem Blick, dem blossen Oeffnen der Augen, sofort eine gegliederte „Welt" gesehen werden. Zu einem ähnlichen Ergebnis kommt man bei der Reflexion auf die Raumkonstitution, deren Ausbildung eine unmittelbare Wahrnehmung eines Ausgebreiteten erst ermöglicht. Auch der formale Raum baut sich in einem genetischen, nämlich einem kinästhetischen Prozess auf.

---

[31] *Formale und transzendentale Logik*, § 96a, S. 213; *V. Cartesianische Meditation*, § 48, S. 136; § 55, S. 150.

[32] Ms. C 16 IV, S. 27 (März 1932).

[33] *Analysen zur passiven Synthesis*, Beilage XIX, S. 413. Vgl. Ms. A VII 12, S. 19 (Frühjahr 1932).

[34] § 38, S. 112f.

Verwirrungen lassen sich nur vermeiden, wenn man formell einen doppelten Verschmelzungsbegriff, einen genetischen und einen statischen, einführt. Der genetische bezeichnet dann die assoziative Konstitution einer Synthesis, der statische das Resultat dieses Prozesses, das als ein figurales Verhältnis auftritt und uns als das Erstbemerkte der Wahrnehmung entgegentritt – allerdings auch nur bei ruhenden Phänomenen. In diesem Fall haben wir Gestaltqualitäten vor uns, die uns von einem Paar, einer Reihe, einem Haufen usf. sprechen lassen. Bei sukzessiven Vorgängen kann die Verschmelzung unmittelbar beobachtet werden. Wir sehen dann eine Paarung, eine Aufreihung, eine Aufhäufung usw..

Die genetische Interpretation ist der bedeutendste Punkt, in dem Husserl in der Phänomenologie der Assoziation vom Stumpfschen Begriff der Verschmelzung zu dem Herbarts – natürlich unter Vorbehalt seiner intentionalen Fassung – zurückkehrt. Dazu kommen die zwei Abweichungen, die wir schon in den Frühwerken feststellten, die Ermöglichung der Verschmelzung durch die Gleichheit der Einzelobjekte und ihre Uebertragung von der noematischen auch auf die noetische Seite des Bewusstseins. Die Aehnlichkeit wird in der Assoziationslehre erst recht als Motivant der Verschmelzung thematisiert. Sie erscheint nun sogar als fundamentaler als die spezifische räumliche Anordnung, die Husserl in der *Philosophie der Arithmetik* offenbar zuerst in den Blick gekommen war.[35]

§ 25. *Die Rolle der Verschmelzung in der genetischen Logik*

Die Stellung der Verschmelzung innerhalb der Genealogie logischer und mathematischer Gegenständlichkeiten, in deren Zusammenhang Husserl auf sie als ein eigentümliches Phänomen stiess, ist ebenfalls eine andere im ersten psychologischen Erklärungsversuch der Arithmetik ein gutes Jahrzehnt vor den *Logischen Untersuchungen* und in der „Transzendentalen Logik" ein Jahrzehnt nach den *Ideen*. Der Fortschritt betrifft nicht nur den Rahmen der Untersuchung, der im zweiten Fall durch die phänomenologische Reduktion und all ihre

---

[35] In einer Beilage zu den Vorlesungen zur genetischen Logik, in der sich Husserl namentlich an Stumpfs Einführung des Verschmelzungsbegriffs erinnert, hat er offensichtlich vergessen, dass die Verschmelzung bei Stumpf gerade nicht auf die Aehnlichkeit zurückgeführt werden kann. Vgl. *Analysen zur passiven Synthesis*, Beilage XVII, S. 399.

Konsequenzen ausgesteckt ist. Sie erstreckt sich auch auf „interne" Einzelheiten der Konstitution von Beziehungen und Mengen.

Im Erstlingswerk stellt Husserl eine eigentliche und eine symbolische Mengenauffassung einander gegenüber. Bei der eigentlichen Mengenauffassung legt er das Gewicht auf die psychologisch aufweisbare Tatsache, dass die Einigung von Einzelobjekten zu einer Menge durch die spezifischen Bewusstseinsakte der kollektiven Verbindung zustande gebracht wird, auf die psychologische Vorbedingung, dass jeder kollektierte Inhalt für sich bemerkt sein muss, und auf den polemisch gegen geläufige Vielheitstheorien gerichteten Nachweis, dass die Kollektion nicht auf andere Relationen, zeitliche, „metaphysische", Unterscheidungs- und Gleichheitsverbindungen, zurückgeführt werden kann.[36]

Die symbolische Mengenauffassung ist eine unselbständige. Sie ist nur möglich nach vorausgegangenen eigentlichen Mengenbildungen und bei gleichzeitigen rudimentären Ansätzen zur Einzelauffassung irgendwelcher Mengenglieder. Die Mengenauffassung erfolgt in diesem zweiten Fall über die Assoziation auf Grund eines gemeinsamen, unmittelbar aufscheinenden Merkmals der eigentlichen Mengenvorstellungen und der Vorlage der neuen, symbolischen Mengenanschauung, eben des figuralen Moments oder des Verschmelzungscharakters. Dieser wurde immer wieder bei den eigentlichen Mengenvorstellungen vorgefunden, sodass er in der Folge mit ihnen eine Assoziation einging. Das Prozessrudiment der eigentlichen Kollektion, das sich bei Konfigurationen einstellt, dient als Zeichen für den intendierten vollen Prozess, wobei die Figural-Qualität der Mengenanschauung die Fortsetzbarkeit des anfangenden Prozesses gewährleistet.[37]

In der genetischen oder transzendentalen Logik der zwanziger Jahre bilden die passiven Verschmelzungen oder Konfigurationen nicht mehr nur einen Anhalt für sekundäre, uneigentliche Mengenauffassungen, indem sie dank ihrer spezifischen figuralen Kennzeichen,

---

[36] Die zeitliche Koexistenz oder Sukzession bewirkt nicht als solche die Kollektion, sie ist eine Vorbedingung dafür. Husserl streicht auch heraus, dass die heterogensten Inhalte zu einer Vielheit verbunden werden können. Ganz allgemein anerkennt er in den ersten drei Kapiteln der *Philosophie der Arithmetik* keinen genetischen Zusammenhang zwischen den „primären Relationen", bei denen die Relation mit den Fundamenten unmittelbar gegeben ist, und den „psychischen Relationen", zu deren Vorstellung es einer Reflexion auf den zusammenfassenden Akt bedarf.

[37] *Philosophie der Arithmetik*, XI. Kapitel.

die sonst nur bei ursprünglichen Mengenauffassungen auftreten, eine solche assoziativ auslösen. Das ist wohl auch möglich. Auf Grund einer Aehnlichkeitsdeckung zwischen einer affizierenden Mehrheit und einer bereits konstituierten Menge kommt es zu einer „apperzeptiven Uebertragung" der Mengenauffassung.[38] Aber wie die uneigentliche, so bedarf auch die eigentliche Mengenauffassung der Vorbildung von passiv sich einstellenden zeitlichen und assoziativen Synthesen. Eine Mengenauffassung ist nichts anderes als die Rezeption und Apperzeption von passiv vorkonstituierten Einheiten. Eine passiv erfolgende Kolligation wird aktiv in einer ichlichen Kollektion aufgegriffen und nachvollzogen und dann in einer reflektierenden Blickwendung zu einer Mengeneinheit vergegenständlicht.

In der Ausweitung der genetischen Probleme von der Mathematik auf die gesamte Logik werden jetzt neben den mathematischen Mengen auch logische Sachverhalte in ihrem Werden untersucht.[39] Ein Sachverhalt konstituiert sich in der schlichten Vergegenständlichung einer Explikation oder Inbeziehungsetzung eines Substratgegenstandes. Aehnlichkeitsverschmelzungen oder -deckungen[40] gehen als passive Sachlagen der Explikation und der Inbeziehungsetzung, aus denen ein Sachverhalt gewonnen wird, voraus. „So ruht alle urteilende Erkenntnis auf Deckung, die sich passiv herstellt und aktiv zum Sachverhalt wird."[41]

Die Konzeption der zwanziger Jahre stimmt mit der gestaltpsychologischen Erkenntnis überein, nach der vor der Erfassung einer Relation die Glieder als Teile einer Gestalt figurieren müssen.[42] Erst auf der Unterlage einer Konfiguration kann durch einen entsprechenden Auffassungsakt eine Relation der Vergleichung oder Verbindung oder auch eine Menge entspringen.

---

[38] Vgl. unten § 29.

[39] Vgl. die Gegenüberstellung von Sachverhalten und Mengen in *Erfahrung und Urteil*, §§ 58f.

[40] Deckung ist in der genetischen Logik der spätern Jahre ein äquivalenter Begriff für Verschmelzung. Synthetische Verschmelzung „ist Verknüpfung in der Form der Deckung" (Ms. D 8, S. 2 (Bernau 1918)). Vgl. *Analysen zur passiven Synthesis*, S. 161.

[41] Ms. D 8, S. 3.

[42] Vgl. Koffka, „Psychologie", S. 531f: „Erkläre ich die Relation durch die Relationserfassung, so habe ich im Grunde gar nicht erklärt." – „Bedingung für das Erfassen der Gleichheit, allgemein der Relation, ist, dass die Glieder nicht als bloss undverbunden gegeben sind, sondern als Teile in eine Gestalt eingehen."

7. KAPITEL

DIE ASSOZIATION ALS APPERZEPTION UND APPRAESENTATION

In den *Prolegomena* wurde die Zurückführung der Urteilsgesetze auf die vagen und induktiven Gesetzmässigkeiten der Ideenassoziation aufs Schärfste abgewiesen.[1] In den Vorlesungen der zwanziger Jahre bezieht Husserl die Assoziationsprinzipien, die jetzt als Wesensgesetze thematisiert werden, doch wieder in die Genesis der Logik mit ein. Desgleichen wird in der *V. Logischen Untersuchung* die sensualistisch-assoziationistische Apperzeptionslehre für die gegenständliche Erfahrung verworfen. Die Apperzeption eines Wahrnehmungsgegenstandes lässt sich nicht auf einen blossen Zufluss neuer Empfindungen reduzieren. Sie besteht vielmehr in einem Akt der Auffassung, in einem Bewusstseinsmodus, der vom Erlebnismodus einer Empfindung oder Empfindungskomplexion radikal verschieden ist.[2] Nun heisst es in den Vorlesungen zur genetischen Logik, obschon zur Aufdeckung der genuinen Gesetzlichkeiten der Assoziation die Ausklammerung aller ichlichen Apperzeptionen verlangt wird,[3] dass sich durch die Assoziation die konstitutive Leistung des Bewusstseins „um alle Stufen der Apperzeption" erweitert[4] und dass insbesondere die assoziativ vermittelte Erwartung „apperzeptiv" wirkt.[5] In einem St. Märgener Text von 1921 wird die universale Durchforschung des Verhältnisses der Apperzeption – hier als Titel für das über sich hinausweisende Bewusstsein definiert – zur Assoziation als fundamental für die Theorie des Bewusstseins bezeichnet.[6] Erfolgt in der genetischen Logik eine Relativierung der frühern Urteils- und Apperzeptionslehre? Oder er-

---

[1] § 21, S. 61.
[2] § 14, S. 381ff.
[3] *Analysen zur passiven Synthesis*, S. 129, 150.
[4] a.a.O. S. 118.
[5] a.a.O. S. 190; vgl. S. 119.
[6] a.a.O., Abhandlung III, S. 337, Anm. 1.

fährt der Begriff, der schon vor Husserl auf eine vielfältige und verwirrende Entwicklung zurückblicken kann, nun auch noch bei Husserl
eine mehrfache Sinnbestimmung? Mit dem Begriff der Apperzeption
kreuzt sich zudem derjenige der Appräsentation.[7] Um in diesem nur
mühsam durchschaubaren Begriffsnetz Klarheit zu schaffen, versuchen
wir im folgenden die geschichtliche Entfaltung und den diversen Gebrauch der beiden Begriffe systematisierend zu ordnen.

§ 26. Zur Geschichte des Begriffs Apperzeption

Der philosophische Begriff Apperzeption entstammt nicht, wie
leichthin angenommen wird, direkt dem Latein. Er wurde vielmehr
beim Durchbruch der europäischen Volkssprachen in der Abfassung
wissenschaftlicher und philosophischer Traktate im 17. Jahrhundert
aus der französischen Umgangssprache in die Philosophie eingeführt.
Es war Leibniz, der grosse Begriffsschöpfer der neuzeitlichen Philosophie, der ihn durch die in der Alltagssprache nicht gebräuchliche
Substantivierung des Verbes ap(p)ercevoir aufbrachte. Die französische Sprache kannte bis anhin für die beiden fast gleichsinnigen
Verben percevoir und ap(p)ercevoir nur ein gemeinsames Substantiv,
perception.[8] Ap(p)ercevoir bedeutet im Neufranzösischen 1. „etwas
bemerken, das nicht gleich entdeckt wird", und 2., besonders in der
reflexiven Form, „sich etwas bewusst machen". Diese beiden Bedeutungsvarianten bestimmen zusammen mit der etymologischen Grundbedeutung des Hinzu-nehmens (ad-percipere) auch den philosophischen Gebrauch des Wortes im Sinne einer geklärten Vorstellung und
der Aufnahme der Vorstellung ins Selbstbewusstsein. Im Verlauf der
Geschichte dominierte je nach der philosophischen Einstellung bald
diese, bald jene Bedeutungskomponente, in der positivistischen Philosophie die erste, in der spiritualistischen die zweite. Das Hinzunehmen als Grundbedeutung war mehr oder weniger immer mitimpli-
ziert,[9] wurde aber erst im klassizistischen 19. Jahrhundert durch die
Reflexion auf die etymologischen Wurzeln des Wortes eigentlich

---

[7] a.a.O. S. 338.

[8] Vgl. Notes de Correction d'Alphonse des Vignoles (Mi-janvier – 2 février 1705)
zu Leibniz' Nouveaux Essais, Akademie-Ausgabe, Bd. VI/6, S. 542. – Vgl. auch
P. Robert, Dictionnaire alphabétique et analogique de la langue française I, S. 175f;
W. von Wartburg, Französisches Etymologisches Wörterbuch VIII, S. 217f.

[9] Die Apperzeption ist eine „perception d'une perception" bei Leibniz, eine Vorstellung, die alle anderen begleiten können muss, bei Kant.

dominant, in deren Folge Apperzeption immer mehr zu einem Synonym von Assimilation wurde.

In philosophischen Texten erscheint das Verb ap(p)ercevoir zuerst und noch gänzlich untechnisch bei Descartes,[10] seinen Uebersetzern,[11] sowie bei Pascal.[12] Zum Substantiv der französischen Sprache und zum Fachbegriff der Philosophie wird Apperzeption, wie gesagt, in den französisch abgefassten Schriften Leibniz'. Eine Anzahl von „petites perceptions", die wir nicht beachten, wird durch eine kleine Vermehrung apperzeptibel.[13] Perzeption wird des weitern der innere Zustand der Monade genannt, der die äussern Dinge darstellt, und Apperzeption das reflexive Bewusstsein dieses innern Zustandes.[14] Die Apperzeption unterscheidet die menschlichen Seelen von den tierischen Monaden. Ihre Perzeptionen sind deutlicher und von „Gedächtnis" begleitet.[15] In der folgenden rationalistischen und idealistischen Philosophie verengt sich der Begriff auf den Bezug zum Selbstbewusstsein. Seine klassische Definition findet er bei Wolff: „Menti tribuitur Apperceptio, quatenus perceptionis suae sibi conscia est."[16]

Das Problem, das die Lehre von der Apperzeption bei Kant zu bewältigen hat, ist das der Möglichkeit einer Synthesis als der Voraussetzung dafür, dass etwas gedacht werden kann.[17] Die geforderte transzendentale Leistung der Einheitsbildung findet Kant in der Vorstellung „Ich denke". Dieser formale Akt des Denkens muss als durchgängig identischer alle Vorstellungen begleiten können. Seine Einheit stellt die Bedingung des objektiven Zusammenhangs der Erfahrung und somit der Natur und ihrer Gesetze dar. Als solche entfaltet sie sich in den Kategorien, den apriorischen Regeln der Synthesis. Wird das Bewusstsein dieser ursprünglich einigenden Handlung und das Bewusstsein des reinen Ich als des Subjekts dieser Handlung als transzendentale Apperzeption bezeichnet, so bedeutet die empirische Apperzeption das Bewusstsein seiner selbst nach den Bestimmungen des innern Zustandes, also des empirischen Ich als Erscheinung in

10 *Les passions de l'âme I*, 19.
11 *Principes de la Philosophie I*, 32. – Das Verb ap(p)ercevoir der Uebersetzung steht für das Substantiv Perceptio des lateinischen Originals! Vgl. *Principia Philosophiae I*, 32.
12 *Pensées* 199 (éd. Lafuma; 72, éd. Brunschvicg).
13 *Nouveaux Essais II*, 9.
14 *Principes de la Nature et de la Grâce* 4.
15 *Monadologie* 14, 19 u.a..
16 *Psychologia empirica*, § 25.
17 *Kritik der reinen Vernunft*, Transzendentale Deduktion, A 95ff, B 129ff.

der Form des inneren Sinns, mit dem sie oft identifiziert wird. Diese manifestiert sich in der Rekognition, dem Bewusstsein der Identität der reproduzierten Vorstellungen mit den ursprünglichen Erscheinungen.

Herbart holt den Begriff aus der spekulativen Philosophie zurück in die empirische Psychologie. Als Apperzeption bezeichnet er die Aufnahme und Bearbeitung von neuen Vorstellungen durch die „herrschende Vorstellungsmasse". So werden die Vorstellungen des äussern Sinnes „apperzipiert oder zugeeignet, indem ältere gleichartige Vorstellungen erwachen, mit jenen verschmelzen, und sie in ihre Verbindungen einführen".[18] Die Apperzeption verliert bei ihm den Charakter der Spontaneität. Sie wird zu einem sensualistisch-assoziationistischen Prozess der Assimilation. Von der assimilativen Konzeption her gewinnt der Begriff als neue Sinnkomponente die der Auffassung oder Deutung, die ihn in der Folge bis hin zu Husserl dominieren wird. Ebenso kommt in der Herbart-Schule nun der Zusammenhang zwischen Apperzeption und Sprache zur Diskussion. Einerseits soll die sprachliche Fassung die Apperzeptionstätigkeit unterstützen, anderseits wird die Sprache selber auf einen Apperzeptionsvorgang zurückgeführt.[19]

Wundt verwirft den Bezug auf des Selbstbewusstsein als idealistische Spekulation und lässt als einziges Kriterium das der relativen Klarheit und Deutlichkeit gelten. Perzeption heisst der Eintritt einer Vorstellung ins Blickfeld des Bewusstseins, Apperzeption der Eintritt in den Blickpunkt, d.h. denjenigen Teil des Feldes, dem die Aufmerksamkeit zugewandt ist. Aufmerksamkeit und Apperzeption werden zu korrelativen Begriffen. Sie beschreiben von der subjektiven und objektiven Seite aus den gleichen Tatbestand, Apperzeption die Veränderung in der Beschaffenheit der Bewusstseinsinhalte, Aufmerksamkeit die begleitenden Gefühle. Aktiv heisst die Apperzeption, wenn die vorausgehende Gesamtlage des Bewusstseins als ihre Ursache auftritt, passiv, wenn sich die Vorstellung selber, durch ihr unvorbereitetes und unerwartetes Aufdrängen, als Grund der Apperzeption gibt.[20]

---

[18] *Psychologie als Wissenschaft*, § 125.
[19] Zur Begriffsentwicklung in der Herbart-Schule vgl. O. Staude (Wundt-Schüler), „Der Begriff der Apperzeption in der neueren Psychologie" (1881); A. Marty (Brentano-Schüler), „Ueber Sprachreflex, Nativismus und absichtliche Sprachbildung". Dritter Artikel (1886).
[20] *Grundzüge der physiologischen Psychologie III*, S. 331ff. – Vgl. Wundts Ueberblick und Literaturverzeichnis zur Begriffsgeschichte von Apperzeption an dieser Stelle.

Um die Jahrhundertwende wird die Apperzeptionspsychologie zum Antipoden der Assoziationspsychologie. Suchte diese alle Bewusstseinsvorgänge auf psychophysisch kausierte Empfindungskomplexionen zu reduzieren, so setzt sich jene für die zusätzliche Annahme „höherer" geistiger Funktionen (der Aufmerksamkeit, des Urteilens usw.) ein, für die kein oder kein direktes physiologisches Korrelat gefunden werden kann.[21]

Aus der moderneren Psychologie ist der Begriff der Apperzeption fast ganz verschwunden. Die massgebenden Motive für dieses Ausscheiden formulierte schon W. James.[22] Als „phänomenologischer" Psychologe vermag er in der transzendentalen Apperzeption mit ihrer materialen Unbeschreibbarkeit, ihrer Zeitlosigkeit und ihrer Funktion der Synthetisierung von vorgegebenen sinnlichen Mannigfaltigkeiten nur ein metaphysisches Ueberbleibsel der in der traditionellen Psychologie substanziell aufgefassten Seele zu sehen. Den psychologischen Begriff findet er wegen seiner fortschreitenden Vieldeutigkeit nicht mehr brauchbar. Er schlägt vor, ihn durch seine Synonyma Auffassung, Interpretation, Assimilation usw. zu ersetzen.

In der Phänomenologie Husserls zeichnen sich drei Verwendungen des Begriffs ab, die man unter die Titel Sinnstiftung, Sinnübertragung und Sinnverweisung subsumieren kann. In den *Logischen Untersuchungen* dient er als ein äquivalenter Ausdruck für die beseelende Auffassung, durch welche die Empfindungen eine objektivierende, axiologische oder praktische Deutung erfahren. In diesem ersten Gebrauch für die intentionalen Akte der Auffassung wird Apperzeption immer mehr durch den prägnanteren Begriff der Sinngebung ersetzt. In einer ausgeweiteten Verwendung bezeichnet Apperzeption in den spätern Schriften nicht nur die Urstiftung eines Sinnes, sondern auch dessen Uebertragung auf Grund der Aehnlichkeit einer fundierenden Affektion, auch „apperzeptive Uebertragung" und „Nachwirkung" genannt. Schliesslich wird Apperzeption zum Titel für jedes Erlebnis, das über seinen unmittelbar vorstelligen Inhalt hinaus auf anderes verweist. Da jedes Bewusstseinserlebnis seinem Wesen nach als solches taxiert werden muss, wird Apperzeption ähnlich wie Motivation zu einem phänomenologischen Grundbegriff, der eine Grundgesetzlichkeit von Bewusstsein überhaupt bezeichnet. Alles Bewusstsein

---

[21] Vgl. H. Münsterberg, *Grundzüge der Psychologie I*, S. 436ff.
[22] *The Principles of Psychology I*, S. 360ff; *II*, S. 107ff.

ist über sich hinausmeinendes Bewusstsein, ist apperzeptiv.[23]
Merleau-Ponty verwirft mit dem sensualistischen Empfindungsbegriff, der sich als das konstruierte Resultat einer intellektualistischen Wahrnehmungsanalyse entpuppt, auch den korrelativen Begriff der Apperzeption im Sinne eines interpretierenden Aktes, der den
sinnlosen Empfindungsinhalten allererst eine Bedeutung verleiht. Die
sinnlichen Inhalte gehen immer schon mit einem Sinn „schwanger".
Alle Abhebung einer Bedeutung ist nur eine rationalistische Explikation einer gelebten, immer schon fungierenden Sinnintentionalität.
Das Bewusstsein ist nicht als „beseelende Auffassung" und „synthetische Aktivität" nach dem klassischen Konstitutionsschema Inhalt-
Auffassung, bzw. Empfindung-Apperzeption anzusetzen, sondern als
„Ek-stase", als Welt-Entwurf.[24]

§ 27. *Geschichtliche Spuren in Husserls Gebrauch des Begriffs*

Wie es bei Husserls sachorientierter Forschung und bei seinem
eigenwilligen Umgang mit den geschichtlichen Vorgängern zu erwarten
ist, verrät seine intentionale und transzendentale Fassung des Apperzeptionsbegriffs nur wenig direkte historische Abhängigkeit. Aber die
spärlichen literarischen Hinweise und terminologischen Indizien, insbesondere bezüglich der Herbart-Schule, entpuppen sich doch als sehr
aufschlussreich für seine eigene Konzeption.

Zwei namentliche Verweise auf Leibniz' Apperzeptionsbegriff
bringen die *Studien zur Struktur des Bewusstseins*. In einem Text zur
Abhebung der Wertapperzeption von der empirischen Apperzeption
aus dem Jahre 1909 führt Husserl aus, dass es sich bei der empirischen
Apperzeption, also der Konstitution von Wahrnehmungsdingen,
„immer um Phänomene der Rezeptivität handelt, im Gegensatz zum
Leibnizschen Begriff der Apperzeption, der das spontane Meinen
mitbefasst, während es hier ausgeschlossen ist".[25] Diese Aussage ist
eher befremdend, da der Begriff bei seiner Einführung in der *V. Logischen Untersuchung* keineswegs auf die sinnliche Erfahrung beschränkt wird. Ausdrücklich werden ja Symbole und Wortzeichen,
Gebilde der Spontaneität, als mögliche Ergebnisse der auffassenden
oder apperzipierenden Akte angeführt. Bei einer andern Unterschei-

---

23 Vgl. unten § 28ff.
24 *Phénoménologie de la perception*, S. 178, 278, 490f (dt. S. 183, 281, 487f).
25 Ms. M III 3 II I, § 1, S. 8 (Okt./Nov. 1909).

dung von 1911 zwischen der möglichen Erscheinungskontinuität, der
das Ich noch nicht zugewendet ist, die sich aber bereits als ein „Bewusstsein von", als eine „Auffassung" gibt, und der eigentlichen
Erfassung, in der es erst zu einer ichlichen „Richtung auf" das Ding
kommt, fügt er bei: „Man wird hier sofort an den Leibnizschen
Gegensatz zwischen blossen Perzeptionen und Apperzeptionen denken,
obwohl man leicht sieht, dass er sich mit dem, was hier in Frage steht,
nicht völlig deckt."[26] Die Einordnung des beschriebenen Sachverhalts
deckt sich allerdings auch nicht mit Husserls eigener Verwendung des
Begriffpaares. Er gebraucht ja für gewöhnlich Apperzeption gerade
als Synonym für Auffassung und nicht für Erfassung.

Kants Apperzeptionsbegriff, der transzendentale wie der empirische,
ist für Husserls Ausbildung des Begriffs zur Bezeichnung der Sinnstiftung und der Sinnverweisung ohne Einfluss. Dagegen bringt Husserl
seine Lehre vom reinen Ich, das als identischer Pol in jedem Erlebnis
mitgegeben ist, eine These, die er in den *Logischen Untersuchungen*
noch zurückwies und erst unter dem Einfluss von P. Natorp in den
Ideen aufnahm,[27] von Anfang an in Beziehung zu Kants transzendentaler Apperzeption, zur Vorstellung des „Ich denke", die alle anderen
begleiten können muss. Aber erst in der Fortführung seiner Kant-
studien vermag er allmählich die eigentliche Aussage von Kants
transzendentaler Deduktion abzuschätzen, die notwendige Beziehung
zwischen der Einheit des Ich und der Konstitution einer einheitlichen,
unter apriorischen Gesetzen stehenden Welt als der Grundüber-
zeugung, die den Boden für einstimmige Einzelüberzeugungen abgibt.[28]
Die einheitsstiftende Funktion der transzendentalen Apperzeption
bildet aber für Husserl nicht wie für Kant den letzten, nicht weiter
hintergehbaren Grund aller Einheit, sondern ruht ihrerseits auf rein
passiven, zeitlichen und assoziativen Einheitsbildungen auf.[29] Nur
auf diesem stets und apriorisch fungierenden Untergrund, der sich
nach Wesensgesetzen der Kompossibilität erstellt, kann es sich überhaupt als einheitliches erfassen. Es sind nicht irgendwelche Erlebnisse

---

[26] Ms. M III 3 I 1 II, § 33, S. 78f (Okt./Nov. 1911).

[27] *V. Logische Untersuchung*, § 8, S. 359ff; *Ideen I*, § 57, S. 138; *II*, § 26, S. 108.

[28] Die fortgesetzte Auseinandersetzung mit Kant in diesem speziellen Punkt
fand ihren Niederschlag in einer Vorlesung von 1916 (vgl. *Erste Philosophie I*,
Beilage XXI, S. 398) sowie in verschiedenen Manuskripten der zwanziger Jahre
(vgl. deren Aufzählung und Beurteilung bei I. Kern, a.a.O. S. 289ff).

[29] Vgl. Ms. orig. A V 21, S. 105 b (Zwanziger Jahre), zitiert bei I. Kern a.a.O.
S. 291. Vgl. unten § 46.

und Akte in jedem Zusammenhang möglich. Gewissen Erlebnistypen gehen notwendig andere voraus. Husserl gebracht dann gerade für die passiven Verweisungen und Verbindungen schon den Begriff der Apperzeption. Bewusstsein als synthetisches ist nur möglich als ständig über seinen selbstvorstelligen Inhalt (Perzeption) hinausgehendes Bewusstsein (Apperzeption).

Den eigentlichen Bezugspunkt der Husserlschen Apperzeptionstheorie bildet diejenige der Herbartschen Schule der Psychologie. Sie ist „die moderne Apperzeptionslehre", von der sich Husserl in der *V. Logischen Untersuchung* absetzt.[30] Das geht nicht nur aus ihrer sachlichen Beschreibung hervor. Es finden sich dafür auch literarische Belege. In den „Psychologischen Studien" von 1894, in denen er die Apperzeptionsproblematik der *V. Logischen Untersuchung* zum ersten Mal zu formulieren unternimmt, verweist er auf einen Aufsatz „Zur Theorie der Apperzeption" von B. Erdmann.[31] Erdmann versucht in diesem Artikel die Apperzeptionstheorien Herbarts und dessen Schüler H. Steinthal sowie die mit ihnen verwandten Assimilationstheorien W. Wundts und H. Spencers kritisch fortzuentwickeln. Zur Apperzeption, d.h. zur qualitativen Bestimmung neu auftretender Empfindungen, kommt es nach Erdmann nicht einfach durch die Verschmelzung neuer Empfindungen oder Vorstellungen mit alten, wie es Herbart und seine Nachfahren annahmen, sondern allein unter dem Einfluss der von ihnen geweckten Dispositionen. „Wir werden also zu der Annahme geführt, dass den Empfindungsreihen entsprechende Dispositionsreihen unbewusst erstehen, und dass die qualitative Bestimmtheit, mit der jede neu erregte Empfindung auftritt, apperzeptiv durch die Beziehung bedingt ist, in der die Disposition derselben zu den Dispositionen der gleichartigen Empfindungen steht."[32] Es sind genau diese zwei Varianten der „modernen Apperzeptionslehre", die ursprünglich Herbartianische der Verschmelzung von „Vorstellungsmassen" und die korrigierte Erdmanns der Aktualisierung von Dispositionen, gegen die Husserl Sturm läuft. „Gewöhnlich legt man in der Lehre von der ‚Apperzeption' vorwiegenden Nachdruck auf den Umstand, dass unter Voraussetzung gleicher Reize, der empfundene Inhalt nicht überall derselbe sei, indem vermöge der von früheren Erlebnissen zurückgebliebenen Dispositionen, das wirklich durch den

---

[30] § 14.
[31] (1886) S. 343; zitiert in: „Psychologische Studien", S. 185.
[32] B. Erdmann, a.a.O. S. 403.

Reiz Bedingte überwuchert werde durch Momente, die aus der
Aktualisierung jener Dispositionen (gleichgültig ob aller oder einiger),
herstammen ... Die Auffassung selbst lässt sich aber nie und nimmer
auf einen Zufluss neuer Empfindungen reduzieren, sie ist ein Aktcharakter, eine ‚Weise des Bewusstseins‘, des ‚Zumuteseins‘: wir
nennen das Erleben von Empfindungen in dieser Bewusstseinsweise
Wahrnehmung des betreffenden Gegenstandes.‘‘[33] Zur Sinnbestimmung der Empfindungen bedarf es intentionaler Akte, für deren Bezeichnung Husserl neben den Begriffen der Auffassung und der
Deutung nun auch den der Apperzeption übernimmt.[34]

Auch die Erweiterung des Leibnizschen Apperzeptionsbegriffs von
einem Terminus für das Bewusstwerden und Bemerken zu einem
Synonym von Auffassung und Deutung ist Herbartianischen Ursprungs. Darauf macht A. Marty, dessen Schriften Husserl sehr
schätzte,[35] in einem begriffskritischen Artikel über verschiedene historische und zeitgenössische Apperzeptionstheorien aufmerksam:
„Nach alledem und nach den Beispielen, die Herbart vom ‚Apperzipieren‘ gibt, scheint mir offenkundig, dass was er so nennt und schlecht-
weg mit dem Bewusstwerden einer Vorstellung identifiziert, nicht bloss
in dem Sinne mehr ist als dies, dass zum Bewusstwerden das Bemerken
hinzuträte, wie bei Leibniz, sondern dass er darunter, ohne den Unter-

---

[33] *V. Logische Untersuchung*, § 14, S. 381f. Der erstzitierte Satz stammt wört-
lich aus einer ergänzenden Anmerkung zur Selbstanzeige der „Psychologischen
Studien" im „Bericht über deutsche Schriften zur Logik aus dem Jahre 1894",
S. 226f. In dieser Anmerkung nimmt Husserl zum ersten Mal Bezug auf die Apperzeptionslehre. Im angezeigten Aufsatz selber bezieht er den „scharfen deskriptiven
Unterschied, die Weise des Bewusstseins (des ‚Zumuteseins‘, der psychischen
Anteilnahme) betreffend" (S. 182), den er in der *V. Logischen Untersuchung* zwischen den Empfindungsinhalten und den apperzipierenden Akten statuiert, auf die
Anschauungen und Repräsentationen, wobei er die Anschauungen noch nicht
streng als reell immanente Daten fasst, und bei den Repräsentationen ebensowenig
auf ihrem Aktcharakter insistiert.

[34] Der Begriff der Apperzeption scheint Husserl in diesem Zusammenhang jedoch
nie recht zu behagen (vgl. nächster §). Bei der Erörterung des Konstitutionsschemas
Inhalt – Auffassung in den *Ideen I* (§ 85, S. 208) führt er ihn gar nicht mehr an. An
seine Stelle tritt der prägnantere Ausdruck Sinngebung. Er gebraucht ihn in den
Ideen I aber weiterhin zur Bezeichnung der naturalistischen und der phänomenologischen Einstellung oder Erfahrungsart (§ 53, S. 131; § 81, S. 196). Auch später hält
er sich nicht konsequent an das in der *VI. Logischen Untersuchung*, § 26, S. 91, ausgesprochene Verdikt.

[35] Vgl. seine Rezensionen von Martys Schriften im *Archiv für systematische
Philosophie*, 10 (1904), S. 101-125 und in der *Deutschen Literaturzeitung*, 31 (1910)
S. 1106-1110.

schied gewahr zu werden, auch ein Deuten und Klassifizieren des Vorstellungsinhalts, d.i. die Anerkennung gewisser vergleichender Bestimmungen über ihn versteht. Damit ist Herbart über Leibniz hinausgegangen, und durch ihn ist die Neuerung in weite Kreise gedrungen.''[36]

Was Husserls Apperzeptionsbegriff also radikal von dem der Herbartianer unterscheidet, ist, dass er die Auffassung oder Deutung von neuen Empfindungsinhalten nicht mehr auf irgendeinen Assoziationsvorgang reduziert, sondern sie zur Angelegenheit eines intentionalen Aktes erklärt. Die phänomenologische Apperzeptionslehre stellt eine Revolution der sensualistischen Theorie im Lichte der von Brentano eingeführten Unterscheidung zwischen physischen und psychischen Phänomenen dar. Wie nach der *Philosophie der Arithmetik* die psychischen Relationen, z.B. eine Kollektion, im Unterschied zu den primären Relationen, z.B. einer Aehnlickeit, die mit ihren Fundamenten unmittelbar mitgegeben sind, aus einem ,,stiftenden Akt'' hervorgehen, so werden nun alle objektiven Gegenstände und Bedeutungen als Produkte von Akten thematisiert. Dabei erfährt aber auch Brentanos Unterscheidung, die bereits in der *Philosophie der Arithmetik* einer leichten Modifikation unterzogen wurde, eine weitere Fortentwicklung. Die physischen Phänomene Brentanos wie die primären Inhalte der *Philosophie der Arithmetik* und die Anschauungen der ,,Psychologischen Studien'' enthalten noch ungeschieden dem Bewusstsein reell immanent zugeschriebene Empfindungsmomente und

---

36 ,,Ueber Sprachreflex, Nativismus und absichtliche Sprachbildung'', Dritter Artikel, S. 349. – Dieser begriffskritisch wichtige Artikel findet sich gleich anschliessend an den ersten Teil der eben zitierten Abhandlung von Erdmann, ,,Zur Theorie der Apperzeption'', in der gleichen Nummer der *Vierteljahrsschrift für wissenschaftliche Philosophie*, 10 (1886) S. 346-364. Husserl verweist auf die ganze Artikelserie, zu der er gehört, in seiner Rezension des sprachphilosophischen Hauptwerkes Martys in der *Deutschen Literaturzeitung*, a.a.O. S. 1107. Im zitierten Artikel macht Marty auch die Unterscheidung zwischen Bemerken und Aufmerken (S. 362), die Husserl in einem Manuskript, datiert auf ,,etwa 1893'', als einen ,,von Marty-Stumpf aufgestellten Unterschied'' anführt (*Zur Phänomenologie des Zeitbewusstseins*, Ergänzender Text Nr. 1, S. 146). – Wie geläufig im übrigen der Herbartianische Begriff der Apperzeption im Sinne einer assimilierenden Deutung Husserl war, geht aus der selbstverständlichen Verwendung des typisch Herbartianischen Ausdrucks ,,Apperzeptionsmassen'' in einer Tagebuchnotiz vom 25. September 1906 (!) hervor. Er schreibt hier über A. Meinong: ,,Wir sind zwei Reisende in einem und demselben dunklen Weltteil. Natürlich sehen wir oft dasselbe und beschreiben es, aber entsprechend unseren verschiedenen Apperzeptionsmassen vielfach verschieden'' (,,Persönliche Aufzeichnungen'', hrsg. von W. Biemel, S. 296).

den transzendenten Dingen zugehörige qualitative Komponenten.[37]

Für die akthafte Modifikation des sensualistischen Apperzeptionsbegriffs liefern die beiden ältern Brentano-Schüler Marty und Stumpf wichtige Vorlagen. Gegenüber Wundts Konzeption der Apperzeption als einem „Intensiver-vorgestellt-werden" weist Marty im zitierten Artikel nach, dass die Apperzeption im Sinne des Bemerkens wie des Deutens oder Klassifizierens ein Urteilen impliziert. „In Wahrheit zeigt die Betrachtung des Vorgangs, den wir ‚Bemerken' nennen, dass er in einem Urteil besteht. Wir sagen, dass wir etwas bemerken, wenn wir es im besonderen und für sich wahrnehmen; und da Wahrnehmen Anerkennen heisst, so ist Bemerken so viel wie: etwas im besonderen anerkennen."[38] – „Ebenso wie Bemerken ist auch Deuten und Apperzeption in diesem Sinne ein Urteilen. Etwas wird gedeutet, wenn wir es einer Klasse zuweisen oder gewisse vergleichende Bestimmungen, Aehnlichkeiten, Unterschiede, über dasselbe aussagen. Es liegt also ein Anerkennen gewisser Verhältnisse unter Vorstellungsinhalten vor."[39]

Mit ähnlichen Feststellungen eröffnet Stumpf seine berühmte *Tonpsychologie*. Das Bemerken und Auffassen von Empfindungen und Verhältnissen zwischen Empfindungen beschreibt er als eine Beurteilung, die zu den blossen Empfindungen und ihren Verhältnissen als „eine neue und heterogene Funktion" hinzutritt. Es handelt sich dabei um eine primitive Form der Beurteilung, die reflexionslos und ohne sprachliche Ausgestaltung entspringen kann. „Für solche rudimentäre oder besser elementare Beurteilung erscheint wohl der eben gebrauchte Ausdruck Auffassung sprachgemässer (ersetzt nebenbei auch vollkommen die barbarische ‚Apperzeption'), aber sachgemässer ist der Ausdruck Beurteilung auch hier insofern, als das Wesen der Funktion dasselbe wie späterhin (scil. im prädikativen Urteil) und nur die Bedingungen ihres Eintrittes hier weniger verwickelt sind."[40]

---

[37] Vgl. oben § 17a.

[38] A. Marty, a.a.O. S. 359.

[39] a.a.O. S. 360. – Marty übernimmt für sich selber den Begriff der Apperzeption stets im doppelten Sinne des Bemerkens und Deutens oder Klassifizierens. Vgl. auch *Untersuchungen zur Grundlegung der allgemeinen Grammatik und Sprachphilosophie I*, S. 424, Anm. 2; 641, Anm. 1; 656.

[40] *Tonpsychologie I*, S. 5. – Husserl unterstrich im zitierten Satz in seinem persönlichen Exemplar die Ausdrücke „elementare Beurteilung", „Auffassung" und „Apperzeption". Schon Th. Lipps definierte in *Grundtatsachen des Seelenlebens* die Apperzeption gegenüber Wundts mechanistisch-assoziatio.istischem Ansatz, dem Eindringen des Apperzipierten in das Zentrum des seelischen Lebens, als eine

Husserl geht aber wesentlich über die Ansätze Martys und Stumpfs hinaus, indem er mit aller Entschiedenheit und systematisch die idealistischen Konsequenzen aus diesem Apperzeptionsschema zieht. Schon in den „Psychologischen Studien" gibt er seinem Befremden darüber Ausdruck, dass die Phänomene der Repräsentation, die den Boden für weite Gebiete der Wissenschaft und selbst der Mathematik und Logik abgeben, „selbst von hochverdienten Psychologen und Logikern ausser Acht gelassen" und in ihren erkenntnistheoretischen Auswirkungen, nämlich bezüglich der Möglichkeit einer adäquaten Evidenz, nicht erkannt worden sind.[41] Zu dieser ersten idealistischen Implikation, der notwendigen Ueberschreitung der selbstgebenden Evidenz, kommt die noch revolutinärere transzendental-idealistische hinzu, auf die er in den *Ideen I* verweist, um voreilige Gleichsetzungen seiner Unterscheidung von Akten und primären Inhalten mit derjenigen seines Lehrers Stumpf zwischen psychischen Funktionen und Erscheinungen abzuwehren.[42] Die apperzeptiven Akte erweisen sich als konstitutiv für jedwede naturale wie ideale Objektivität und Sinnhaftigkeit. Die sinnlichen Gegebenheiten, denen eine derartige Auffassung zuteil wird, können daher nicht selber als psychophysisch und real-kausal bedingt angesetzt werden. Sie sind reell-immanente Bewusstseinsgegebenheiten und als solche allererst Konstituentien von Realitäten, wie es Reizobjekte und psychophysisch konditionierte Seelen sind.

Wundts Apperzeptionslehre ist bei dieser Aufreihung der Einflüsse auf die Husserlsche Begriffsfassung allein deshalb nochmals anzuführen, weil er zu ihrer Explikation das Begriffspaar Aktivität – Passivität einführt. Er stellt den aktiven Apperzeptionen, den willentlichen Aufmerksamkeitszuwendungen, nicht nur die passiven der plötzlichen Einbrüche von Vorstellungen in den Blickpunkt des Bewusstseins gegenüber, sondern ganz allgemein auch die Assoziationen, die ursprünglich passiv, unwillkürlich, erfolgen.[43]

Art Anerkennung und als ein Reflexionsurteil (S. 395, 407 – Die Stellen sind von Husserl unterstrichen). Die Darstellung der Auffassung als ein Urteil, die er im „Bericht über deutsche Schriften zur Logik aus dem Jahre 1894", S. 227, noch übernimmt, tritt bei Husserl später zurück. Für die Seinsauffassung, den Seinsglauben, lehnt er schliesslich den Urteilscharakter, den ihm „Brentano und seine Schule" zulegen, überhaupt ab. Vgl. *Analysen zur passiven Synthesis*, S. 226f.

[41] „Psychologische Studien", S. 188f.

[42] § 86, S. 215f. – Erscheinung ist bei Stumpf ein Oberbegriff für Empfindungen und Phantasievorstellungen.

[43] Vgl. unten § 39.

Die geschichtlichen Vorlagen beziehen sich sämtliche auf die bekann-
teste Verwendung des Ausdrucks für die konstituierenden Akte der
Auffassung oder Sinngebung. Der weitere Gebrauch für Sinnübertragungen und Sinnverweisungen geht anscheinend allein auf eine Ausweitung des ursprünglichen Begriffs (Apperzeptive Uebertragung) und
auf die Berücksichtigung seiner sprachlichen Komponenten (Ad-per-
zeption) zurück. Die dreifache Verwendung des Ausdrucks suchen
wir nun nach der Aufklärung seiner historischen Herkunft auch noch
in ihrer verschiedenartigen Strukturation nachzuzeichnen.[44]

§ 28. Apperzeption als Sinnstiftung

Die primäre Anwendung des Apperzeptionsbegriffs gelangt zu
ihrer klassischen Ausgestaltung in den *Logischen Untersuchungen* und
in den *Ideen I*.[45] Das rein empfindende Bewusstsein ist ein Fluss von
Erlebnissen verschiedenster Art, Gesichts-, Gehörs-, Gefühlserleb-
nissen u. dgl.. Es erfährt in ihnen keine objektiven Dinge und realen
Ereignisse wie z.B. Tische, Geigentöne oder Insektenstiche. „Einem
solchen Bewusstsein b e d e u t e n die Empfindungen nichts, sie g e l t e n
ihm nicht als Z e i c h e n für die Eigenschaften eines Gegenstandes,
ihre Komplexion nicht als Zeichen für den Gegenstand selbst; sie

---

[44] Th. De Boer, *De ontwikkelingsgang in het Denken van Husserl*, S. 171ff, 517f,
578, unterscheidet ebenfalls drei Phasen in der Entwicklung des Husserlschen
Apperzeptionsbegriffs. Sie beziehen sich aber alle auf das Verständnis der Apperzeption als Sinnstiftung, die erste der von uns herausgestellten Bedeutungsvarianten. In den „Psychologische Studien" entdeckt Husserl bei der Analyse der Sprache,
dass die Anteilnahme des Bewusstseins bestimmend ist für das, was uns erscheint,
dass ein physisches Phänomen, z.B. eine Arabeske, als Zeichen genommen wird. In
den *Logischen Untersuchungen* stellt sich heraus, dass ein sinngebender oder apper-
zipierender Bewusstseinsvollzug für den gesamten Bereich der sinnlichen Wahrnehmung, nicht nur für die Sprache, konstitutiv ist. Später, ab ca. 1907 (*Die Idee
der Phänomenologie*, S. 7; vgl. *Ideen I*, § 53, S. 131), dient die Apperzeptions-
kategorie zur Bezeichnung der objektivierenden Selbstkonstitution des Ich als
einer psychophysischen Realität. – Tatsächlich spielt die Analyse der Sprach-
phänomene, der Zeichen, für die phänomenologische Fassung des Begriffs eine
entscheidende Rolle. Der Begriff fand jedoch schon vor Husserl, in der Herbart-
Schule und bei Marty und Stumpf, in der Wahrnehmungslehre Verwendung. Auch
die Vorformen der Apperzeptionstheorie, die wir in der *Philosophie der Arithmetik*
feststellten, beziehen sich auf Phänomene der äussern Erfahrung, die Konstitution
von Relationen, Kollektionen, Mengen. Ferner wird der Begriff von den *Ideen* an
nicht exklusiv auf die psychophysische Selbstobjektivation eingeschränkt. Auch
die reine, phänomenologische Selbstwahrnehmung wird als eine Apperzeption
betitelt. Vgl. *Ideen I*, § 53, S. 132; *Ideen II*, § 49e, S. 183.

[45] *I. Logische Untersuchung*, § 23; *V. Untersuchung*, § 14; *VI. Untersuchung*, § 26;
Beilage, § 4. *Ideen I*, §§ 41, 85, 97.

werden schlechthin erlebt, ermangeln aber einer (aus ‚Erfahrung' erwachsenden) objektivierenden Deutung."[46] Diese erhalten sie allein durch radikal andersartige Bewusstseinsmodi, durch intentionale Akte, deren Leistung in den *Logischen Untersuchungen* als Auffassung, Deutung, Repräsentation, Apperzeption oder Apprehension, in den *Ideen I* dann prägnanter als Sinngebung beschrieben wird. „Apperzeption ist uns der Ueberschuss, der im Erlebnis selbst, in seinem deskriptiven Inhalt gegenüber dem rohen Dasein der Empfindung besteht; es ist der Aktcharakter, der die Empfindung gleichsam beseelt und es seinem Wesen nach macht, dass wir dieses oder jenes Gegenständliche wahrnehmen, z.B. diesen Baum sehen, jenes Klingeln hören, den Blütenduft riechen usw.."[47]

Schon früh erweist sich der Begriff der Apperzeption von verschiedensten Gesichtspunkten aus als fragwürdig. Bereits in der *VI. Logischen Untersuchung* wird der Ausdruck an sich beanstandet.[48] Durch seinen terminologischen Gegensatz zu Perzeption kommt es zu einer unglücklichen Begriffskollision. Wahrnehmungen (Perzeptionen) werden ja gerade als Auffassungsakte (Apperzeptionen) verstanden. Später, in den Vorlesungen zur genetischen Logik, sieht sich Husserl veranlasst, auf die Problematik hinzuweisen, die Auffassung als eine Deutung und Repräsentation zu beschreiben. „Wir sprechen in dieser Hinsicht (scil. bei Körperwahrnehmungen) von der Auffassung als von der transzendenten Apperzeption, die eben die Bewusstseinsleistung bezeichnet, die den bloss immanenten Gehalten sinnlicher Daten, der sogenannten Empfindungsdaten oder hyletischen Daten, die Funktion verleiht, objektives ‚Transzendentes' darzustellen. Es ist gefährlich, hierbei von Repräsentanten und Repräsentiertem, von einem Deuten der Empfindungsdaten, von einer durch dieses ‚Deuten' hinausdeutenden Funktion zu sprechen. Sich abschatten, sich in Empfindungsdaten darstellen ist total anderes als signitives Deuten."[49] Die Uebertragung der Konstitutionsweise der Kultur- und Kunst-

---

[46] *I. Logische Untersuchung*, § 23, S. 75.

[47] *V. Logische Untersuchung*, § 14, S. 385.

[48] Der Ausdruck Apprehension, den Husserl in der *VI. Logischen Untersuchung* anstelle von Apperzeption vorschlägt (§ 26, S. 91) ist weder von seiner Wortbedeutung noch von seinem traditionellen Gebrauch her für diese Aufgabe besonders geeignet. Die scholastische wie kantianische Verwendung des Begriffs entspricht weit mehr dem, was Husserl als Erfassung (Akzeption und Rezeption) von der Auffassung abhebt.

[49] *Analysen zur passiven Synthesis*, S 17.

gegenstände (Zeichen) auf die der Naturgegenstände ist also problematisch. In der Tat nimmt Husserl die Ausdehnung der Rede von signitiven Intentionen auf alle leer hinausweisenden Intentionen, wie z.B. die apprehensiven, bzw. appräsentierenden der Dingerfahrung, schon in der Umarbeitung der *VI. Logischen Untersuchung* von 1913 zurück.[50]

Die grössten Schwierigkeiten erwachsen dem Begriff von seiner Anpassung an den der Empfindung, der sich als Konstrukt und Relikt einer zugleich sensualistischen und intellektualistischen Psychologie entpuppt. Zuerst bricht das Schema Apperzeption – Empfindung bei der Aufklärung der Zeitkonstitution zusammen. Wir sind darauf eingegangen.[51] Die Zeitkonstitution ist nicht die einzige, die nicht auf apperzipierende Akte zurückgeführt werden kann. Solche fehlen bei allen Konstitutionsformen, die Husserl als passive thematisiert, bei den assoziativen Synthesen, bei der Modalisierung, bei der Sediment und Habitusbildung. Alle diese Bildungen können nur nachträglich von intentionalen Akten aufgegriffen und nachvollzogen werden. Am deutlichsten brachte das Husserl für die passiven Modalisierungen zum Ausdruck.[52]

Nach seiner breiten Thematisierung in den *Logischen Untersuchungen* und in den *Ideen I* tritt das Konstitutionsschema Apperzeption – Empfindung zusehends zurück. Es macht z.T. der Aufklärung der passiven Konstitutionsmodi Platz, z.T. dem noetisch-noematischen Korrelationsverhältnis Vorstellung – Gegenstand, der noetisch-noematischen Erörterung der verschiedenen Gegebenheitsweisen der intentionalen Gegenstände. Von diesem Korrelationsverhältnis wurde es ursprünglich in den *Logischen Untersuchungen* abgehoben. ,,Man versteht zugleich, dass dasselbe, was in Beziehung auf den intentionalen Gegenstand V o r s t e l l u n g (wahrnehmende, erinnernde, einbildende, abbildende, bezeichnende I n t e n t i o n auf ihn) heisst, in Beziehung auf die zum Akte reell gehörigen Empfindungen A u f f a s s u n g, D e u t u n g, A p p e r z e p t i o n heisst.''[53] Die Spätwerke unterbauen die Priorität der Korrelation Vorstellung – Gegenstand gegenüber dem traditionellen Ausgangspunkt von den Empfindungen grundsätzlich. Das Erste, das die radikal anfangende Bewusstseinsanalyse vorfindet,

---

[50] Ms. M III 2 II 2, S. 11.
[51] Vgl. oben § 17 und 19.
[52] *Analysen zur passiven Synthesis*, S. 226f; vgl. oben § 11.
[53] *V. Logische Untersuchung*, § 14, S. 385.

ist die zwiefach – im Ich und in einem Gegenstand – polarisierte Bewusstseinsstruktur ego cogito cogitata qua cogitata.[54]

§ 29. *Apperzeption als Sinnübertragung*

Nicht in jeder Auffassung wird eine urquellende Sinnstiftung vorgenommen. Allermeist handelt es sich um Uebertragungen früherer und anderweitig vollzogener Setzungen auf neue Sinneserscheinungen, die allerdings immer schon eine ursprüngliche Bestimmung aufweisen müssen, die den Anhalt für eine Aehnlichkeitsüberschiebung hergibt. Wenn wir eine Allee betreten, übertragen wir unwillkürlich die Birkenauffassung der ersten Bäume auf die ganze Reihe und auch auf jene Silhouetten am Ende des Wegs, die wir noch gar nicht in ihrer Spezifikation erkennen können. Die alltägliche und die wissenschatliche Erfahrung ist voll von solchen „apperzeptiven Uebertragungen oder Erweiterungen", die im Fortschritt der Erfahrung teils bewährt, teils korrigiert werden, teils für immer unbestätigt bleiben. Husserl bezeichnet sie manchmal ebenfalls kurz als Apperzeptionen. „Apperzeption, ,analogisierende' Uebertragung einer Soseinsgeltung von einem A auf ein ähnliches B – das seinerseits eben noch nicht in diesem Sosein in Geltung ist. Diese Uebertragung ist eine Wesenstatsache der Assoziation."[55]

Die Uebertragung wird auf noetischer Seite von der Habitusbildung getragen, die jede Setzung und jede Entscheidung nach sich zieht. Die sekundäre Apperzeption ist kein identifizierender Akt oder gar ein Urteil von der Art: „Der Baum am Ende der Allee ist wie dieser unmittelbar vor mir eine Birke." Es handelt sich um eine passive Aktualisierung einer ursprünglichen Setzung auf Grund einer Aehnlichkeitsbeziehung. Jeder neu auftretende Einheitsgehalt erinnert nicht nur an frühere Erlebnisse, sondern weckt auch die Seinsgeltung, die ich vollzogen hatte, und die nun die meine ist und nicht bloss war. Es kommt hier nicht nur wie bei den Urassoziationen im Feld der lebendigen Gegenwart zu Ueberschiebungen der affektiven Kraft. Was übertragen wird, ist eine Seinsgeltung, eine Sinnstiftung, eine Entscheidung. Wie jede Affektion assoziativ über sich hinausweist auf ähnliche Affektionen, so ist mit jeder Sinnstiftung ein Horizont analoger Sinnstiftungen mitgesetzt, der nur auf seine Erfüllung wartet. „In der

[54] Vgl. oben § 20.
[55] Ms. A VII 12, S. 15 (Frühjahr 1932).

apperzeptiven Wahrnehmung, Explikation, ist es also in jeder Phase ein doxischer Akt des Ich, Aktus einer Setzung, der einen Horizont noch geltender, aber momentan nicht original vollzogener Setzung impliziert. Ohne weiteres überträgt sich diese Einheitsleistung, im Ich die Seinssetzung, das nun Seiendes hinfort Haben, auf die übrigen Glieder der passiv konfigurierten Mehrheit. ,Assoziativ' vollzieht sich diese Uebertragung..."[56]

Jede Urstiftung, so wird in der *Formalen und transzendentalen Logik* dargelegt, weist „eine doppelte genetische Nachwirkung" auf. „Fürs Erste in Form möglicher erinnernder Reproduktionen im Durchgang durch ursprünglich-genetische und ganz unmittelbar sich anschliessende Retentionen, und fürs Zweite die ,apperzeptive' Nachwirkung, der gemäss in ähnlicher neuer Situation das wie immer schon konstituiert Vorliegende in ähnlicher Weise apperzipiert wird."[57] Als eine besondere Form der Nachwirkung wird in diesem Spätwerk der „apperzeptive Einfall" aufgeführt. Es handelt sich bei ihm weder um eine schlichte Reproduktion noch um eine einfache Uebertragung gewisser Sinnbestimmungen auf irgendwelche perzeptive Gegebenheiten, sondern um eine Modifikation von ursprünglichen Stiftungen und eine neuartige Zusammensetzung ursprünglicher Gebilde. „Es können uns aber auch Gebilde einfallen, die zwar Analoga sind von Erinnerungseinfällen, aber nicht selbst Erinnerungseinfälle, Gebilde, die wir nie ursprünglich aktiv erzeugt hatten. Aber wir hatten doch analoge erzeugt, und eben vermöge dieser Analogie können sie in der Weise von Einfall-Modifikationen auftreten, als Analoga von passiven Wiedererinnerungen, und in der Tat als solche auf ihre Genesis aus früheren ähnlich gebildeten Urteilen zurückweisen."[58]

Jeder apperzeptiven Uebertragung kommt nicht nur wesentlich zu, dass sie wie jede passive Synthesis aktiv nachvollziehbar, sondern auch, dass die ursprüngliche Sinnstiftung, deren Nachwirkung sie darstellt, reaktivierbar ist. Die Uebertragung oder Nachwirkung „ist eine assoziative Passivität, aus assoziativen Motivationen entspringend, aber in der Weise intentionaler Implikation in sich tragend eine in passive Sinnlichkeit verwandelte und umgewandelte spontane Aktivität, auf sie als aktivierbare verweisend".[59] Die in der *IV. Car-*

[56] Ms. A VII 12, S. 22 (Frühjahr 1932).
[57] Beilage II, S. 279.
[58] a.a.O. S. 283.
[59] a.a.O. S. 287.

tesianischen Meditation[60] als Aufgabe der genetischen Phänomenologie geforderte regressive Aufrollung der Sinngenesis erstreckt sich in einer ersten Etappe auf die Entflechtung der vielfachen apperzeptiven Uebertragungen, die sich hinter der scheinbar so schlichten Gegenstandserfahrung verbergen. Das „passive Verstehen",[61] das wir uns angewöhnt haben, muss reaktiviert werden. Die Gegenständlichkeiten der Erfahrung sind durchwegs Nachstiftungen von Urstiftungen. Die Auffassung der bewusstseinsmässigen Gegebenheiten als Naturdinge, Kulturobjekte oder Werkzeuge und ganz fundamental als welthafte Gegenstände erfolgt in habituell gewordenen apperzeptiven Uebertragungen. Hinter dieser Forderung der Reaktivierung steht nicht nur das platonische Ideal der vollen Einsicht und Evidenz unseres Wissens. Sie ist auch vonnöten, weil es bei den unbedachten Sinnübertragungen, zu denen sich das fortschreitende Denken aus technischen und ökonomischen Gründen gezwungen sieht, sehr leicht zu „Sinnverschiebungen", „Sinnüberdeckungen" und auch zu „Sinnentleerungen" kommt. In der *Krisis* unternimmt es Husserl, diese Verfälschungsprozesse im Aufkommen der neuzeitlichen Naturwissenschaften aufzuzeichnen.[62] Das Ende solcher unaufgedeckter Uebertragungen entpuppt sich dann ganz einfach als „sachlicher Widersinn".[63] Wie es eine passive Gegenstandserfahrung gibt, so stellt sich auch ein „passives Urteilen"[64] ein, das die genetische Logik als eine Spezialdisziplin der genetischen Phänomenologie auf seinen Ursprung hin verfolgt.

§ 30. Apperzeption als Sinnverweisung

Hauptsächlich in Texten seit dem Ersten Weltkrieg führt Husserl den Ausdruck Apperzeption in einer neuen Bedeutung ein. Er bezeichnet nun den mit jeder präsentativen Selbstgebung eines Gegenstandes appräsentierten Horizont oder speziell gewisse fundamentale Stücke dieses Horizonts. Der Begriff wird zu einem Synonym von Appräsentation.[65] In einem verallgemeinerten Sinn wird er in der

---

60 § 38, S. 112.
61 *Krisis*, Beilage III („Vom Ursprung der Geometrie"), S. 372.
62 Besonders § 9, S. 42ff, und Beilage III („Vom Ursprung der Geometrie"), S. 365ff.
63 *Formale und transzendentale Logik*, Beilage II, S. 287.
64 Ms. M III 3 I 1 I, § 19, S. 169 (Okt./Nov. 1911).
65 *Analysen zur passiven Synthesis*, Abhandlung III, S. 338; *Zur Phänomenologie der Intersubjektivität I*, Beilage XXVII, S. 224; Ms. A VII 12, S. 2 (Frühjahr 1932).

Folge zu einem Titel, der eine Wesensstruktur des Bewusstseins überhaupt wiedergibt, sofern in eins mit der Selbstgebung immer auch auf darüber hinaus Gegebenes oder Gebbares verwiesen ist. „Der Titel Apperzeption bezeichnet das Gesetz der Erfahrungsbildung überhaupt ... Apperzeption bezeichnet zunächst die Weise, wie eine Erfahrung hinsichtlich ihres Erfahrenen Miterfahrungen impliziert, bzw. eine Erfahrung hinsichtlich ihres Erfahrungsobjektes als Ganzes betrachtet, den Modus selbsterfassende Meinung (...) hat, aber hinsichtlich des Inhaltes des Objektes nur einem Teil nach wirklich erfahrend ist, einem restierenden Teil nach aber es nicht ist, obschon doch mitgemeint. Dieses Mitgemeinte heisst ‚apperzipiert', dem gegenüber das eigentlich Selbsterfahrene perzipiert. Aber jede Erfahrung ist apperzipierend. Um dessen willen kann sie auch selbst, im Ganzen betrachtet, als Apperzeption bezeichnet werden."[66]

Diese neue Modifikation des strapazierten Begriffs findet sich am konkretesten in zwei Manuskripten, B III 10 aus dem Jahre 1921[67] und A VII 12 von 1932. Beide sind typische Forschungstexte, ohne einheitliche Thematik und – noch verwirrender – ohne einheitliche Terminologie. So bringt das Manuskript A VII 12, das allerdings aus losen Einzeluntersuchungen, die aber sämtliche aus dem Frühjahr 1932 stammen, zusammengestellt ist, den Begriff gleich in fünf unterscheidbaren Bedeutungen, 1. als Synonym der vergegenständlichenden Seins- und Sinnstiftung,[68] 2. als Abkürzung für „apperzeptive Uebertragung",[69] 3. als Aequivalent für Appräsentation und Miterfahrung,[70] 4. als spezifizierender Terminus für die rück- und vorwärtsweisende Miterfahrung im Kontrast zu derjenigen, in der gleichzeitig Mitdaseiendes zur Vorstellung kommt, für die nun der Begriff Appräsentation ausschliesslich reserviert wird,[71] 5. als Titel für Erfahrung überhaupt, die als solche neben dem selbstgegeben Erfahrenen wesenhaft auch bloss vergegenwärtigt Miterfahrenes enthält.[72] Die Diversifikation des Apperzeptionsbegriffs zieht natürlich ebenfalls eine Diversifikation des Perzeptionsbegriffs nach sich. Teils verbleibt er ein Titel für die

---

[66] Ms. A VII 12, S. 53.
[67] Zum Teil abgedruckt als Abhandlung III der *Analysen zur passiven Synthesis*, S. 336ff.
[68] S. 22.
[69] S. 15; zitiert oben § 29.
[70] S. 53; soeben zitiert.
[71] S. 46.
[72] S. 53; soeben zitiert.

Wahrnehmung mit ihren präsentierenden wie appräsentierenden Komponenten, teils wird er der als Apperzeption definierten Appräsentation als Bezeichnung für das in seinem Selbst Gegebene gegenübergestellt.[73]

Wir brauchen hier nur noch auf die vierte und fünfte Bedeutung näher einzugehen. Zur Exemplifikation der Bezeichnung der rück- und vorverweisenden Miterfahrung als Apperzeption übernehmen wir Husserls eigenes Beispiel.[74] Wir entdecken in einem Wald eine Wildspur. Die Fussabdrücke im Waldboden machen den Kern dieser Entdeckung aus, von Husserl hier als Perzeption bezeichnet. Mit dem Kern ist uns seine ganze Umgebung mitvergegenwärtigt, die Strasse, auf der wir daherkamen, die Bäume und Sträucher ringsherum, der Fluss am Waldrand usw.. Dinge dieser Art, die mit der Spur selber nichts zu tun haben, sind uns über die zumindest teilweise präsentativ vorliegende Spur hinaus als Appräsentation mitgegeben. Die Wildspur verweist über diese appräsentierte Umgebung hinaus jedoch auch zurück auf ihren Ursprung im Herumstreifen des nahrungsuchenden Wildes und vorwärts auf das allmähliche Verwischtwerden durch die ausgleichenden Bewegungen in der lockern Bodenoberfläche. Jede Perzeption impliziert Vor- und Rückanzeigen, in denen die frühern und spätern Stadien des Wahrgenommenen erscheinen. Es handelt sich dabei um komplexe Gebilde, die über Wiedererinnerungen auf ähnliche Fälle verweisen, bei denen wir das Entstehen und Vergehen der betreffenden Gegenständlichkeit ursprünglich erfahren haben. Diese Implikationen der Perzeption bezeichnet Husserl nun als Apperzeption.

Die appräsentierenden Apperzeptionen erfolgen passiv oder aktiv. Soweit sie rein assoziativ geweckt werden, sind es passive Vorkommnisse, soweit aber neue Sinnzusammenhänge erschlossen werden, wenn z.B. zwei Sätze als Prämissen einen Schluss motivieren, so haben wir selbstverständlich aktive und ichliche Leistungen vor uns. „Jedes Schliessen ist ein tätiges Apperzipieren, als tätiges Gestalten ist es ein Urteilen, weil anderes Urteilen vorangegangen ist – ein Urteil fällen auf andere gefällte Urteile hin."[75]

Die Verwendung des Apperzeptionsbegriffs in B III 10 zur Bezeichnung für „ein Bewusstsein, das nicht nur überhaupt etwas in sich

[73] S. 41, 53.
[74] S. 41ff; vgl. besonders S. 46.
[75] *Analysen zur passiven Synthesis*, Abhandlung III, S. 342.

bewusst hat, sondern es zugleich als Motivation für ein anderes bewusst hat",[76] und für die Erfahrung ganz allgemein, die mit dem eigentlich Perzipierten immer auch auf Mitgemeintes verweist, in A VII 12, erinnert an die Erarbeitung des Begriffs der Repräsentation in den „Psychologischen Studien" von 1894, die einen ersten Entwurf der Apperzeptionslehre der *Logischen Untersuchungen* darstellt. Gegenüber den Anschauungen, die ihre Gegenstände als immanente Inhalte wirklich in sich fassen, werden dort die Repräsentationen als Vorstellungen definiert, mittels derer wir auf andere, nicht gegebene abzielen, sie meinen, ohne dass eine begriffliche Erkenntnis der Beziehung zwischen der Vorstellung und dem intendierten Gegenstand besteht.[77] Wie in diesen „Studien" die Inhalte, die als Repräsentanten für andere, in ihnen nicht selbst erscheinende Gehalte fungieren, noch nicht exklusiv als dem Bewusstsein reell immanente Empfindungen fixiert sind,[78] so sind es auch in den beiden zitierten Manuskripten nach dem Weltkrieg wieder durchgehend noematische Erscheinungen und Sinngehalte, ja selbst logische Urteile, die als Beispiele für die apperzeptive Struktur der Bewusstseinserlebnisse herangezogen werden.

Die von uns in diesem Paragraphen ausgemachte Fassung des Begriffes lässt sich noch immer unter die formale Definition der *Logischen Untersuchungen* einordnen. Dort wird als Apperzeption „der Ueberschuss, der im Erlebnis selbst, in seinem deskriptiven Inhalt gegenüber dem rohen Dasein der Empfindung besteht",[79] definiert, jetzt die intentionalen Erlebnisse, die ihren immanenten Gehalt „transzendieren".[80] Geht es aber Husserl in den Anfängen hauptsächlich darum, nachzuweisen, dass dieser Ueberschuss, dieses Hinausmeinen, nicht auf rein sinnliche Vorgänge, auf blosse Inhaltskomplexionen und auf Dispositionen, die frühere Empfindungen hinterlassen haben, reduziert werden kann, sondern akthaften Ursprungs sind, so entdeckt er nun in der genetischen Analyse, dass bei allen Apperzeptionen doch wieder „passive", nicht intentionalen Akten der Stiftung entspringende Vorgänge eine grundlegende Rolle spielen. Vorab sind es die Gesetzmässigkeiten der zeitlichen und assoziativen Horizontbildung, die

---

[76] a.a.O. S. 338.

[77] „Psychologische Studien", S. 174f.

[78] Vgl. oben § 17a. Ansätze für die Empfindungskonzeption werden allerdings schon hier gelegt, vgl. S. 181ff.

[79] *V. Logische Untersuchung*, § 14, S. 385.

[80] *Analysen zur passiven Synthesis*, Abhandlung III, S. 336.

hier in Frage stehen. „Fundamental für die Theorie des Bewusstseins ist die universale Durchforschung der Verhältnisse des über sich hinausmeinenden Bewusstseins (über sein Selbst hinaus), das hier Apperzeption heisst, zur Assoziation."[81]

Durch die Ausweitung zu einem Fundamentalbegriff der Phänomenologie kreuzt sich der Begriff der Apperzeption nicht nur mit dem der Assoziation, bei dem wir ebenfalls eine Universalisierung – insbesondere für den passiven Bereich der Genesis – festgestellt haben, sondern auch mit dem ersten Begriff der phänomenologischen Bewusstseinslehre, dem der Motivation. „Jede Motivation ist Apperzeption. Das Auftreten eines Erlebnisses A motiviert das eines B in der Einheit eines Bewusstseins; das Bewusstsein von A ist mit einer hinausweisenden, das Mitdasein ‚anzeigenden' Intention ausgestattet... Man kann auch sagen, dass Apperzeption selbst eine Motivation sei, sie motiviere ins Leere hinaus ..."[82] Das Bewusstsein kann ebenso wie als ein Motivationszusammenhang als ein Apperzeptionszusammenhang definiert werden. Seine Bezeichnung als Apperzeption bringt dabei besonders zum Ausdruck, dass es ein reines Empfindungsbewusstsein, das in sich nichts Transzendierendes hat, gar nicht gibt.

Die phänomenologische Apperzeptions- und Urteilslehre, so ist das Resultat der beiden letzten Paragraphen, kommt ohne eine Phänomenologie der Assoziation nicht aus. Sinnstiftungen und Urteile lassen sich zwar als intentionale Akte und Entscheidungen nicht auf assoziative Synthesen reduzieren. Aber sie erweisen sich 1. wesentlich von Assoziationen her motiviert und werden 2. über Assoziationen im Bewusstsein weitergetragen auf neue Sinneserscheinungen und neue Sachlagen. Diese sekundären Sinnübertragungen und Urteilstraditionen können wir als „passive und sekundäre Apperzeptionen" den ichlich aktiven und primären Sinnstiftungen und Stellungnahmen gegenüberstellen. Wir halten schliesslich drei Stufen der Konstitution auseinander, sinnlich-ästhetische Verweisungszusammenhänge, Apperzeptionen und Stellungnahmen oder in Husserls klassischer Terminologie „Empfindung, Auffassung, Stellungnahme".[83]

§ 31. *Zur Geschichte des Begriffs Appräsentation*

Der Begriff der Apperzeption deckt sich in seiner Bedeutung der

[81] a.a.O. S. 337, Anm. 1.
[82] a.a.O.
[83] *Phänomenologie des Zeitbewusstseins*, § 33, S. 72.

Sinnverweisung mit dem der Appräsentation, der Mit-Vergegenwärtigung. Im Unterschied zu jenem, der bereits vor seiner phänomenologischen Interpretation eine weitläufige Geschichte hinter sich hatte, scheint dieser eine Neuschöpfung Husserls zu sein. Er dient ihm zur Charakterisierung sowohl der Dingwahrnehmung wie der Fremderfahrung, der Erfahrung des Anderen. Beide Erfahrungsweisen kommen durch eine Verschmelzung von originär Wahrgenommenem, Selbstgegebenem, Präsentiertem und damit in Funktionsgemeinschaft stehenden uneigentlich Wahrgenommenem, als mitdaseiend Intendiertem, Appräsentiertem, zustande.

(a) Die Entwicklung des Begriffs bei Husserl

Husserl führt den Begriff der Appräsentation um die Mitte des Ersten Weltkrieges ein. Der Ausdruck ersetzt und präzisiert die ihm vorausgehenden der Kompräsentation und der Apprehension. Diese Begriffsentwicklung lässt sich hauptsächlich in Texten verfolgen, die Aufnahme in das zweite Buch der *Ideen* und in den ersten der drei Husserliana-Bände *Zur Phänomenologie der Intersubjektivität* gefunden haben. In einem Manuskript, datiert „um 1916", in dem sich Husserl ausdrücklich um eine „bessere Terminologie" bemüht,[84] differenziert er, was er nun prägnant als Appräsenz bezeichnet haben will, gegenüber dem, was allgemein kompräsent genannt werden kann. Kompräsent heisst alles, was in einer komplexen Wahrnehmung, originär oder nicht originär gegeben mit-einander da ist, appräsent soll dagegen allein genannt werden, was „reproduktiv konstituiert", d.h. nicht in seinem Selbst anschaulich gegenwärtig, sondern bloss, intentional vergegenwärtigt, „adperzipiert" wird. „Im weiteren Sinn ‚kompräsent' sind gegenständliche Momente, Teile, Glieder von Gegenstandskomplexen, die in der verbundenen Einheit einer Wahrnehmung zur Gegebenheit, d.i. eben zur Präsenz kommen, gleichgültig ob diese Präsenz, wie es bei einzelnen Teilen oder Momenten statthaben kann, blosse Appräsenz ist. Im engeren Sinn kompräsent sind solche Momente oder Teile, die zumal in der Einheit der Wahrnehmung urpräsent sind; einer ist mit dem andern präsent und weist dem Sinn der gesamten gegenständlichen Einheit gemäss auf den andern unmittelbar oder mittelbar hin – assoziativ. Es ist wirklich besser, ‚Kompräsenz' nicht zu verstehen als das, was hier Appräsenz sagt (repro-

---

84 *Zur Phänomenologie der Intersubjektivität I*, Beilage VIII, S. 33ff.

duktiv konstituierte Kompräsenz), sondern im angegebenen Sinn zu verallgemeinern."[85] Dieser begrifflichen Fixierung entsprechend ersetzt Husserl in einem „Auszug meiner ältesten Blätter über Einfühlung vor 1909" nachträglich durchgehend Kompräsenz durch Appräsenz.[86]

Bei der wiederholten Zitation der Umarbeitung der *VI. Logischen Untersuchung* von 1913 haben wir bemerkt, dass Husserl zu diesem Zeitpunkt die mit den eigentlich intuitiven Intentionen der Dingwahrnehmung verflochtenen Leerintentionen, die auf das nicht unmittelbar anschaulich Gegebene am Ding hinausweisen, als „apprehensive Intentionen" bezeichnet.[87] In einem Text der *Ideen II*, der gleichfalls aus dem Jahre 1913 stammt, wird die „äussere" Dingerfahrung gegenüber der „inneren Erfahrung" als einer „durch und durch originären Leibhaftigkeitserfassung ohne Miterfassung" und der Fremderfahrung, die nur über Mitvergegenwärtigungen möglich ist, die grundsätzlich nicht in originären Perzeptionen eingeholt werden können, bestimmt als eine „Erfahrung solcher Mitsetzung (,Apprehension' oder ,Appräsentation'), die sich einlösen lässt in Uebergängen zu Leibhaftigkeitserfahrungen". Nur die Bezeichnung dieser Mitsetzung als „Apprehension" findet sich schon im Manuskript von 1913, während die Beifügung „oder ,Appräsentation'" nachträglich hinzukam.[88]

Der Begriff der Kompräsentation wird nicht allein für die Dingwahrnehmung gebraucht, sondern ebenso für die Erfahrung des eigenen Leibes.[89] Zur taktilen Erfahrung meiner Körperglieder gehört mit die Möglichkeit ihrer visuellen Wahrnehmung, ihrer Erfahrung in Wärme- und Kälteempfindungen und anderen spezifischen Leiberlebnissen. Dabei sind das Tastfeld, das Sehfeld, das Wärmefeld usw. in ihrer Kompräsenz nicht nur einfach zusammen da, sondern weisen aufeinander als auf zusammengehörige Gegebenheitsmodi des einen Leibes hin. In den *Ideen II* wird diese Leibeserfahrung des solipsistischen Subjekts über Kompräsentationen als „ursprüngliche Vorlage" der appräsentierenden Fremderfahrung hingestellt. Die Erfahrung des Mitmenschen wird also von Husserl nicht ausschliesslich nach dem „entfremdenden" Modell der Dingerfahrung analysiert. Wie die

---

[85] a.a.O. S. 33f.
[86] a.a.O. Nr. 2, S. 21ff.
[87] Ms. M III 2 II 2, S. 7ff.
[88] *Ideen II*, § 51, S. 199; vgl. Kritischer Apparat, S. 410.
[89] a.a.O. § 45, S. 165f; *Phänomenologie der Intersubjektivität I*, Nr. 2, S. 30ff.

Tastempfindung meiner Hand auf ein visuelles Bild dieser tastenden Hand verweist, so appräsentiert mir die tastende Hand des Anderen, die ich sehe, seine solipsistische Ansicht der Hand und alles, was in vergegenwärtigter Kompräsenz dazugehört.[90]

Das Begriffspaar Urpräsenz – Appräsenz stellt wahrscheinlich eine ältere Formulierung der später fast ausschliesslich gebräuchlichen Gegenüberstellung Präsentation – Appräsentation dar. Diese Tatsache ist wohl ohne besondern Belang. Bemerkenswert ist dagegen, dass in den *Ideen II* der Ausdruck Appräsenz allein für die Fremderfahrung benützt wird, während die Dingerfahrung und auch die des blossen Leibkörpers des Anderen als Urpräsenz beschrieben wird! „Zu beachten ist, dass Urpräsenz eines Gegenstandes nicht besagt Urpräsenz aller seiner inneren oder eigenschaftlichen Bestimmungen." Es genügt die originäre Gegebenheit einiger Eigenschaften und die prinzipielle Möglichkeit, dass alle andern sukzessive zur Urpräsenz gebracht werden können, „wobei in diesem Wahrnehmungskontinuum beständig der Gegenstand selbst in Urpräsenz bewusst ist".[91]

(b) Die Weiterentwicklung des Begriffs nach Husserl

Während die unter dem Titel Appräsentation eröffnete Thematik der Intersubjektivität in der nachhusserlschen Phänomenologie auf verbreiteter Basis fortgeführt wird, kennt der Begriff selber nur eine bescheidene Nachgeschichte. Im Rückgriff auf anderweitig entwickelte Perspektiven, vor allem Diltheys Hermeneutik und Hegels Dialektik, wird er von einer andern, z.T. personalern Begrifflichkeit verdrängt.

Heidegger verdeutscht das Begriffspaar Präsentation – Appräsentation und spricht von „Begegnen" und „Mitbegegnen". Das Begegnende, das den Andern mitbegegnen lässt, ist bei ihm jedoch nicht mehr der fremde Leibkörper, sondern das „Zeug", das Zuhandene, das mit seiner Bewandtnis auf mitdaseiende Andere verweist, z.B. auf

---

[90] *Ideen II*, § 45, S. 165f.

[91] a.a.O. §§ 42f, S. 162ff; vgl. § 51, S. 198. – Der Begriff der Appräsentation stellt auch eine Spezifikation des in den „Psychologischen Studien" von 1894 erarbeiteten der Repräsentation dar (vgl. oben § 17a). Dieser Titel würde vielleicht besser für eigenständige Akte wie die der Erinnerung und der Bildvorstellung verwendet. Die Appräsentation ist selber kein eigenständiger Akt. Sie kann nur zusammen mit Präsentationen auftreten, indem beide gleichsam als Partialintentionen zu einem konkreten synthetischen Akt „verschmelzen" (vgl. *VI. Logische Untersuchung*, § 47, S. 149), der dann als ganzer mit seinen aufeinanderverweisenden Präsentationen und Appräsentationen in einer Erinnerung oder abgewandelt in einer Bildvorstellung re-produziert oder eben re-präsentiert werden kann.

seine Hersteller, Lieferanten, Adressaten usw.. Es ist die umsichtig besorgte Welt, aus der her die Andern begegnen.[92]

In der französischsprachigen Phänomenologie verschiebt sich der Akzent von der Korrelation und der Zusammengehörigkeit, die in den Husserlschen Begriffen der Kompräsentation und Appräsentation zum Ausdruck gebracht werden, auf die Aspekte der Dialektik und der Negation, die in der Ding- wie in der Fremderfahrung festgestellt werden können. Husserls Begriffspaar macht in der Folge dem Gegensatz présence – absence Platz. Bezüglich der Fremderfahrung wird diese Entwicklung schon bei Husserl selber in die Wege geleitet. In der *Krisis* beschreibt er die Erfahrung des Anderen als eine Ent-Fremdung und Ent-Gegenwärtigung. Das aktuell gegenwärtige Ich verfügt in der Wiedererinnerung über die Wesensmöglichkeit, einen Abwandlungsmodus seiner selbst als seiend in der Weise „vergangen" zu konstituieren. Analog zu dieser primären, zeitlichen Ent-gegenwärtigung vollzieht es in der Einfühlung „eine Ent-gegenwärtigung höherer Stufe", in dem es in sich selbst ein anderes Ich mit seinem eigenen kompräsent setzt.[93] Auf diese Stelle bezieht sich Merleau-Ponty und spricht nun nicht mehr von Urpräsenz und Appräsenz, sondern von „présence (Urpräsenz)" und „dé-présentation (Entgegenwärtigung)", nicht mehr nur von einer positiven Zusammengehörigkeit, sondern von einem „Mich-aus-mir-hinaus-werfen".[94] Vor Merleau-Ponty rückte schon Sartre das Moment der Abwesenheit in den Mittelpunkt der Erfahrung der fremden Existenz. Er verweist dabei ebenfalls namentlich auf Husserls Beschreibung, greift aber zugleich auf die Hegelianische Konzeption der Intersubjektivität als einer „doppelten und reziproken Beziehung der Ausschliessung" zurück.[95]

Das Schema présence – absence findet auch Anwendung in der Phänomenologie des Leibes. Es dient zur Beschreibung seiner doppeldeutigen Gegebenheit, wie sie aus der Diskrepanz zwischen unserm habituellen und aktuellen Zur-Welt-sein hervorgeht. Anschaulich ist diese Diskrepanz im Fall eines „Phantomgliedes" gegeben. Das entsprechende Körperorgan wird zugleich als anwesend und abwesend erfahren.[96] Das Schema eignet sich anderseits auch zur Abhebung des

---

[92] *Sein und Zeit*, § 26, S. 117ff; vgl. M. Theunissen, *Der Andere* (1965), S. 169ff.
[93] § 54b, S. 189.
[94] *Phénoménologie de la perception*, S. 417 (dt. S. 416).
[95] *L'être et le néant*, S. 288ff (dt. S. 313ff).
[96] M. Merleau-Ponty, a.a.O. S. 95ff (dt. S. 104ff); A. De Waelhens, *La philosophie et les expériences naturelles* (1961), S. 188.

Leibes vom Naturding. Zur Gegebenheitsweise eines Dinges gehört nicht nur, dass es sich mit jedem Blickpunktwechsel wandelt und dabei sich doch als identisches durchhält, sondern auch dass es sich aus unserm Blickfeld entfernen und gänzlich verschwinden kann. Der eigene Leib zeichnet sich dagegen durch seine stete Gegenwart aus.[97] Schliesslich findet das Schema présence – absence Eingang in die phänomenologische Sprachanalyse. Der Mensch, so zeigt es sich, meistert die Dialektik der Anwesenheit und Abwesenheit der Dinge mittels seiner Sprache. Sprechen bedeutet etwas anvisieren mit Hilfe eines andern, heisst, das Abwesende durch ein Anwesendes ersetzen und umgekehrt. Dank der Sprache vermögen wir uns auch von uns selber, von unserer vitalen Sensibilität, in der wir eingetaucht sind, zu distanzieren. Mit Vorliebe verweisen diese Phänomenologen auf das von Freud entdeckte Spiel eines Kleinkindes, das das alternierende Erscheinen und Verschwinden seines Spielzeugs mit den Ausrufen „Fort! – Da!" begleitet. Mit diesen Ausrufen gelingt es dem Kind, die beiden Ereignisse miteinander zu verbinden und sich selbst, dem Subjekt, eine neue Form der Negativität zu verschaffen.[98]

Von L. Binswanger wird der Begriff der Appräsentation in die Psychoanalyse übernommen.[99] Das Wesen der Manie, das vom Laien als Rücksichtslosigkeit und „Verrücktheit" und vom Psychiater als Vielgeschäftigkeit und Wegfall der Hemmungen symptomatisch beschrieben wird, glaubt Binswanger philosophisch als Versagen der Appräsentation bestimmen zu können. Der Manische lebt in lauter isolierten Präsenzen, die er nicht mehr in eine zusammenhängende Einheit einzugliedern vermag. Die Patientin, deren Verhalten er als Beispiel anführt, fällt ohne Hemmung einem Organisten in einer Kirche um den Hals. Sie geht in der unmittelbaren Gegenwart auf, ohne sich als Gattin, als „Dame der Gesellschaft", als „wohlerzogener Mensch", wie Binswanger nun sagt, zu „appräsentieren". Es gelingt ihr auch nicht die Deckung ihrer eigenen präsenten Welt mit der appräsentierten des Organisten. Nicht nur bleibt ihr die Fähigkeit der Konstitution einer intersubjektiven Welt versagt, sondern auch die dafür

[97] M. Merleau-Ponty, a.a.O. S. 106ff (dt. S. 115ff).

[98] A. De Waelhens, a.a.O. S. 97, 119, 148, 161; P. Ricoeur, *De l'interprétation*, S. 375 (dt. 394); S. Freud, *Jenseits des Lustprinzips* (1920), *Gesammelte Werke XIII* (1940), S. 12f.

[99] *Wahn* (1965), besonders S. 69ff. – Es ist zu beachten, dass Binswanger Appräsentation und apperzeptive Uebertragung sowie Appräsentation und Kompräsentation im engern Sinn nicht auseinander zu halten vermag.

grundlegende Fähigkeit zur Appräsentation des Andern als alter ego
überhaupt. Der Andere wird nicht personal erfahren, ja nicht einmal
leiblich, nur dinghaft, als Objekt der eigenen Libido und Aggression.
Der Andere ist bloss ein Verbrauchsgegenstand. Der teilweise Ausfall
der Appräsentation kann auch an eine Fehlappräsentation gekoppelt
sein. Der Manische appräsentiert seinen Partner nicht mehr als jemand,
der ihm glaubt.

Husserls Fassung der Fremderfahrung als ein Appräsentationspro-
zess stiess auch auf eine grundsätzliche Kritik. Nach M. Theunissen[100]
stellt sich der Gebrauch der Appräsentationskategorie der zentralen
Aufgabe der Fremderfahrungstheorie, den Unterschied der Seinsart
des Dinges und des Mitmenschen ins Licht zu heben, in den Weg. Sie
zieht eine Nivellierung und Naturalisierung der Seinsart des Andern
nach sich. Die Abgrenzung der Appräsentation des Andern gegen die
Appräsentation des im Ding horizontal Erscheinenden durch den bloss
negativen Umstand der prinzipiellen Unpräsentierbarkeit des Andern
vermag diese Nivellierung nicht zu verhindern. Zur Mittelbarkeit der
Fremderfahrung als Vermitteltheit des Andern durch die Welt, über
Leibkörper und Naturdinge bei Husserl, über zuhandenes Zeug bei
Heidegger, kommt als zweite Mittelbarkeit die Vermitteltheit des
Anderern durch mich, das sich urpräsente Ego, das seine Selbstapperzeption auf den appräsentierten Andern überträgt. Die Fremderfahrung reduziert sich auf eine blosse ,,Analogisierung, die nicht ein
Neues gegenüber dem Ich ergibt".[101] Es geht ihr jede Ursprünglichkeit
ab. Der Andere tritt mir nicht unmittelbar entgegen. Er begegnet mir
nicht als ursprünglich neuer und wirklich anderer Partner, wie das im
Gegensatz zur Husserlschen Transzendentalphilosophie die Philosophie des Dialogs eines M. Buber aufzuzeigen unternimmt.

In dieser Uebersicht können wir Theunissens fundamentale Kritik
nicht viel mehr als registrieren. Es ist wohl zuzugeben, dass Husserl
die Möglichkeit einer ursprünglichen Fremderfahrung zu wenig in
Betracht gezogen hat. Kann das Vitale und Personale des Anderen
nicht, wie es die Gestaltpsychologie konzipiert, in der Form z.B. des
Freundlichen, des Wohlwollenden, des Drohenden, des Autoritativen
als eine Art Gestaltqualität unmittelbar erfahren werden?[102] Aber

---

100 *Der Andere*, besonders S. 136ff.
101 *Ideen II* § 46, S. 168; zitiert bei Theunissen, a.a.O. S. 150.
102 Vgl. E. Cassirer, *Philosophie der symbolischen Formen III* (1929), S. 76 (Lit.);
W. Metzger, *Psychologie* (1954), S. 64f (Lit.). Desgleichen M. Merleau-Ponty,
a.a.O. S. 31f usw. (dt. 44).

auch eine solche gestalthafte Fremderfahrung bleibt auf die Eigenerfahrung zurückbezogen. Und um diese unabdingbare Korrelativität
der Eigen- und Fremderfahrung geht es Husserl mit dem Begriff der
Appräsentation. Theunissen strapaziert die Verwandtschaft der Strukturen der Ding- und der Fremderfahrung. Es handelt sich um rein
formale Strukturen. Bei ihrer Kritik wäre zudem auch der zitierte
Ansatz der *Ideen II*, die Fremderfahrung von ihrer „ursprünglichen
Vorlage", den Kompräsentationen, in denen sich die eigene Leiber-
fahrung konstituiert, her zu verstehen, mit zu berücksichtigen gewesen!

§ 32. *Appräsentation in der Dingerfahrung*

Dinge konstituieren sich in einem wechselseitigen Geflecht von
originär Anschaulichem und intentional Dazugehörigem, das nicht
in seinem Selbst gegeben ist. Wenn wir vor einem Haus stehen, ist uns
mit der eigentlich ansichtigen Vorderseite zugleich überschüssig seine
Rückseite und seine innere Ausstattung, wie sie sich bei einem Eintritt
zeigen würde, in nicht eigentlicher Ansicht als mitdaseiend mitgesetzt.
Was in den *Ideen I*[103] in einer berühmt gewordenen Begrifflichkeit als
„Horizont" uneigentlicher Mitgegebenheit, der einen „Kern" von
wirklich Dargestelltem auffassungsmässig umgibt, beschrieben wurde,
wird unter dem Titel Appräsentation weiter thematisiert.

Was sich als Frontseite eines Hauses in direkter Präsentation darbietet, kann dies nur zusammen mit der Appräsentation der Rückseite
tun. „Also z.B. bei einem körperlichen Ding geht vom eigentlich
Wahrgenommenen die Direktion der Intentionen aus gegen das
Appräsente, und auch darin haben wir eben eine Ordnung, die ihren
Ablaufssinn hat, aber andererseits sind die Intentionen zyklisch
orientiert, und rückstrahlend gehen Intentionen auch vom Späteren auf
das Frühere, vom Appräsenten auf das Urpräsente."[104] Eine Dingwahrnehmung konstituiert sich in einem gemeinsamen, aufeinander
vorläufig und rückläufig verweisenden Fungieren von Präsentation
und Appräsentation. „Beide sind so verschmolzen, dass sie in der
Funktionsgemeinschaft e i n e r Wahrnehmung stehen, die in sich zugleich präsentiert und appräsentiert, und doch für den Gesamtgegenstand das Bewusstsein seines Selbstdaseins herstellt."[105]

Die Mitgegenwärtigung des Nichtansichtigen geschieht nicht in

---

[103] § 44, S. 100.
[104] *Phänomenologie der Intersubjektivität I*, Beilage VIII, S. 34.
[105] *V. Cartesianische Meditation,* § 55. S. 150.

einem Denkverfahren. Sie ist in einer unmittelbaren Verweisung im Gegenwärtigen impliziert. Husserl nennt sie assoziativ und ihr Resultat, die komplexe Wahrnehmung, eine Verschmelzung. Die Appräsentation „ist eine durch Assoziationen mit dieser, der eigentlichen Wahrnehmung, verbundene Vergegenwärtigung, aber eine solche, die in der besonderen Funktion der Mitwahrnehmung mit ihr verschmolzen ist".[106] Das heisst, die Verweisung wird nicht einem fundierenden Wahrnehmungskern durch einen setzenden Akt aufoktroyiert. Sie gehört zu ihm immanent. Sie entspringt passiv. Das Resultat dieser immanenten Verweisung, die komplexe Wahrnehmung, hat eine Art Gestaltcharakter.[107]

Mit der Verweisung auf Mitgegenwärtiges ist die Möglichkeit gegeben, es in entsprechenden kinästhetischen Bewegungen in präsentierende, die Leerintentionen erfüllende, bewährende oder korsigierende Erscheinungen überzuführen. Die Präsentation aller Aspekte eines Dinges auf einmal ist aber grundsätzlich ausgeschlossen. Sie kann nur in nicht endenden Wahrnehmungsreihen immer weiter vorangetrieben werden. „So ist jede Wahrnehmung dieses Typus transzendierend, sie setzt mehr als Selbst-da, als was sie jeweils wirklich präsent macht."[108] Sofern die Appräsentationen nicht nur assoziativ, sondern auch sinngeleiteten Kinästhesen, die auf die immer umfassendere und optimale Gegebenheit des Dinges abzielen, entspringen, sind sie als aktiv und nicht mehr ausschliesslich passiv motiviert anzusprechen.[109]

Die Appräsentation beschränkt sich nicht auf die Innen- und Rückaspekte eines Dinges. In eine Dingwahrnehmung ist auch seine ganze Umgebung, sein „Hof", miteinbezogen, der Weg z.B., der zum Haus führt, die Anhöhe, auf der es steht, der Park, den es verdeckt usw.. Diese Mitgegenwärtigung von Umgebungskörpern bezeichnet Husserl als „sekundäre Appräsentation".[110] Ueberhaupt können bei einer Wahrnehmung stets verschiedene Stufen der Präsenz auseinandergehalten werden. Die Phantomeigenschaften sind anders gegenwärtig als die substantial-kausalen Eigenschaften. „Urgegeben ist nur das Phantom, während das objektive Ding mittelbar angezeigt ist, in der

---

[106] a.a.O.
[107] Vgl. oben § 23 f.
[108] *V. Cartesianische Meditation*, § 55, S. 151.
[109] Vgl. Ms. A VII 13, S. 29ff (St. Märgen 1921).
[110] *Phänomenologie oder Intersubjektivität I*, Nr. 2, S. 31, Anm. 1.

vorstufigen verborgenen Intentionalität leer mitaufgefasst. Meine obige Lehre von der ursprünglichen Präsenz und Adpräsenz bedarf also der Vertiefung. Die Rede von primordialer Präsenz passt sehr gut für die vorzügliche Präsenz, welche das Phantom hat im schlichten Wahrnehmungsbewusstsein durch eine bloss schematische Apparenz. Demgegenüber hatten wir sekundäre, tertiäre Präsenzen für die verschiedenen Stufen der substantial-kausalen Eigenschaften."[111]

Unter den sekundären Appräsentationen der Umgebung heben sich diejenigen heraus, die als Dinge von der gleichen Art wie das im Kernpunkt der Wahrnehmung stehende erfahren werden, in unserm Beispiel weitere Häuser, die zusammen mit dem ersten ein Quartier ausmachen. In Bezug auf sie vollziehen wir zugleich mit der Appräsentation eine apperzeptive Uebertragung vom erstapperzipierten Haus aus. Ueberschieben sich Appräsentation und apperzeptive Uebertragung, kommt es zu einer Paarung, wenn nur ein gleicher Gegenstand mitgesetzt wird, zu einer Mehrheitsbildung, wenn es eine grössere Anzahl ist. Paarung und Mehrheitsbildung stellen sich natürlich auch ein, wenn die nachgestifteten Glieder ebenfalls im präsentierenden Wahrnehmungsfeld auftreten, also nach der eingangs angeführten terminologischen Fixierung kompräsent im engeren Sinn genannt werden müssen. Das vornehmste Beispiel einer solchen Paarung oder Pluralisierung, in der sich präsentative, kompräsentative und appräsentative Intentionalitäten verflechten, ist die Fremderfahrung, die Erfahrung von Mitmenschen.

§ 33. *Appräsentation und apperzeptive Uebertragung in der Fremderfahrung*

Das Anliegen der Phänomenologie der Intersubjektivität ist es, die formalen Strukturen, in denen sich die Erfahrung anderer Menschen erstellt und bewähren kann, zu enthüllen. Es treten dabei die zwei intentionalen Verweisungen in den Mittelpunkt, die wir in diesem Kapitel begrifflich zu klären versuchen, Appräsentation und apperzeptive Uebertragung. Sie überschneiden sich in der Fremderfahrung und müssen darum in der Analyse eindeutig voneinander abgehoben werden.

Die Appräsentation in der Fremderfahrung zeigt gegenüber der Appräsentation des horizonthaft Erscheinenden der Dingwahrnehmung zwei wichtige Abweichungen. Der erste Unterschied ist rein

[111] a.a.O., Beilage XLVI, S. 350.

negativ. Das Appräsentierte des Dinges können wir sukzessive in erfüllenden und ausweisenden Präsentationen einlösen. Der in einem Leibkörper appräsentierte Andere ist uns dagegen prinzipiell in keiner präsentativen Selbstgebung erschaubar. Die Fremderfahrung lässt sich nur durch einstimmig verlaufende weitere Appräsentationen bestätigen. Sie gleicht hierin der Wiedererinnerung. Auch diese ist eine Ver-gegenwärtigung, die nicht in einer Gegenwärtigung ausgewiesen werden kann, sondern nur durch fortgesetzte Wiedererinnerungen, die sich mit der ersten decken.

Der zweite Unterschied ist bedeutsamer. In der Fremderfahrung ist eine doppelte Appräsentation am Werk. Die seelische Innerlichkeit des Andern ist nicht nur appräsentiert gegenüber seinem – natürlich wie jedes Naturding nur partiell – unmittelbar präsenten Leibkörper, sondern ebenso gegenüber dem in der Fremderfahrung stets in originaler Präsentation mitbewussten eigenen Ego. In der Fremdwahrnehmung sind das erfahrende Ich und der erfahrene Andere, das erste urpräsent, der zweite appräsentiert, stets in Kompräsentation miteinander gegeben. Das in selbsthafter Präsentation gegebene eigene Ich fungiert dabei als urstiftendes Original gegenüber dem appräsentierten Andern, d.h. die Appräsentation hat die Form einer apperzeptiven Uebertragung. Der Andere wird als ein Ich nach meinem Urbild erfahren. Die Fremderfahrung ereignet sich als eine paarende Assoziation. Ego und alter ego sind immerzu und notwendig in ursprünglicher Paarung gegeben.[112]

Wie die Appräsentation so unterscheidet sich auch die apperzeptive Uebertragung in der Fremderfahrung wesentlich von jener der Dingerfahrung. Wenn wir die noch unbestimmten Silhouetten in der Ferne als Bäume apperzipieren gleich denen in unserer Nähe, die wir unmittelbar als solche erkennen, so lässt sich diese Uebertragung wie jede dingliche Apperzeption in anschaulicher Selbstgebung ausweisen. Wir können uns den Schattengebilden nähern, bis wir die passive Uebertragung in einer klaren Wahrnehmung aktiv nachzuvollziehen vermögen. Dagegen können wir nie über uns selber hinaussteigen, um den Andern in seinem Selbst zu erfahren. Es ist diese besondere Weise der Apperzeption, die grundsätzlich nur als eine Uebertragung und allein als Appräsentation möglich ist, die das Motiv dafür abgibt, dass das so Erfahrene den Sinn „Anderer" oder „Fremder" erhält. Das Nachgestiftete deckt sich zudem nie ganz mit dem urstiftenden Original. Es ist

---

[112] *V. Cartesianische Meditation*, § 51; *Krisis*, § 54b, S. 189.

nicht einfach auch ein ego, sondern wesentlich „alter ego". Die assoziative Uebertragung der Ichheit ist keine unmittelbare und geradlinige Ueberschiebung. Mein Leib erscheint mir stets im Modus Hier, der des Fremden im Modus Dort. Die Uebertragung der Apperzeption ist zugleich eine Uebersetzung aus dem Modus Hier in den Modus Dort. Der Andere ist kein schlichtes Duplikat meiner selbst. Das gilt für seinen räumlichen Standort und nicht weniger für seine psychische und geistige Verfassung. Ich übertrage auf den Anderen nicht die gleichen Perspektiven, die sich mir von meinem Gesichtspunkt aus bieten, sondern die, welche ich wohl haben würde, wenn ich mich an seinem Platz und in seinem „Milieu" befände.[113]

Bei der apperzeptiven Uebertragung ist eine doppelte Assoziation im Spiel. Das Erste ist eine Assoziation meines Körpers und des in meiner noch solipsistischen Umwelt erscheinenden Körpers des nachmals Anderen. Auf Grund ihrer äussern Aehnlichkeit kommt es zu einer Deckung und Paarung der beiden Körper, bzw. der sie darstellenden Daten. Diese erste Verbindung bildet die Unterlage für die höherstufige assoziative Ueberschiebung und Paarung des Psychischen und Personalen. Wie bei zwei ähnlichen Gegebenheiten jede Soseinsgeltung – mit oder ohne nachträgliche Modalisierung – von der einen auf die andere überschoben wird, so wird nun auch die meinem Leibkörper zugehörige Aktinnerlichkeit auf den ursprünglich wahrgenommenen ähnlichen Körper übertragen. „Der allgemeine Stil dieser wie jeder assoziativ erwachsenden Apperzeption ist danach so zu beschreiben: Mit der assoziativen Deckung der die Apperzeption fundierenden Daten vollzieht sich eine höherstufige Assoziation. Ist das eine Datum eine der Erscheinungsweisen eines intentionalen Gegenstandes – eines Index für ein assoziativ gewecktes System von mannigfaltigen Erscheinungen, als in welchen er sich selbst zeigen würde –, so wird das andere Datum ebenfalls zur Erscheinung von etwas, und zwar eines analogen Gegenstandes ergänzt."[114] „Nicht Aehnlichkeit der Gegenstände ist für die Fundierung von Apperzeption das Entscheidende, sondern Aehnlichkeit der fundierenden Apperzeptionen, Nullerscheinungen."[115] Mit dieser Konzeption ver-

---

113 *V. Cartesianische Meditation*, §§ 52ff.
114 a.a.O. S. § 54, S. 147.
115 *Phänomenologie der Intersubjektivität I*, Beilage X, S. 41. Vgl. dazu Beilage XXVII, S. 224: „Die Einfühlung (...) hat eine konkrete Apperzeption schon als Grundlage, die sie fundiert, und fügt eine Appräsentation einer unwahrgenommenen... Innerlichkeit, Geistigkeit bei." Ferner: Ms. A VII 12, S. 15f (Frühjahr 1932).

meidet Husserl die Tücken der Analogieerklärung, die voraussetzt, was sie ableiten will. Nur fundierte Konstitutionen können aus apperzeptiven Uebertragungen hervorgehen. Jede Sinnübertragung setzt ein „wie immer schon konstituiert Vorliegendes" voraus.[116] Die Basis für die analogisierende Fremderfahrung bilden weder gänzlich ungeformte, noch in keine Konstitution eingegangene hyletische Daten, noch ein insgeheim schon menschlich aufgefasster Leib, sondern die ursprünglich in meiner Umwelt erscheinende Körperlichkeit des nachmals Anderen, die sich auf Grund ihrer Aehnlichkeit mit meinem eigenen Körper assoziativ verbindet.

Als Appräsentation und apperzeptive Uebertragung und Paarung stellt sich die Fremderfahrung passiv ein. Die Paarung wird in der *V. Cartesianischen Meditation* als „eine Urform derjenigen passiven Synthesis, die wir gegenüber der passiven Synthesis der Identifikation als Assoziation bezeichnen", eingeführt.[117] Die passiven Leistungen des Bewusstseins reichen dank der Assoziation über die Sphäre des Einzelsubjekts hinaus. „Meine Passivität steht in Konnex mit der Passivität aller anderen."[118] Mit diesen Feststellungen wird die Untersuchung der passiven Konstitution, die ihren Ausgang in der Dingwahrnehmung nahm, über den engen Rahmen der „transzendentalen Aesthetik" hinausgetrieben. Die Fremderfahrung ist zwar „naturgemäss noch als Wahrnehmung zu bezeichnen",[119] Husserl rechnet sie aber trotzdem nicht mehr zur „transzendentalen Aesthetik". Er beschränkt diesen Titel in der *V. Cartesianischen Meditation* auf die Konstitution der primordialen Welt des einzelnen Subjekts und ordnet die Fremderfahrung „in das erste diese ‚transzendentale Aesthetik' übersteigende Stockwerk" ein.[120]

Natürlich erfolgt nur die unterste Stufe der Fremderfahrung passiv-assoziativ. Aber alle höhern Formen der intersubjektiven Erfahrung, die personale Auseinandersetzung, in der es wechselseitig zu einer aktiven Motivation des Denkens, Wertens und Handelns kommt, wie

[116] *Formale und transzendentale Logik*, Beilage II, S. 279. – Vgl. Merleau-Pontys Kritik der „Uebertragung" und des Analogieschlusses, *Phénoménologie de la perception*, S. 27ff und 404 (dt. 39ff und 403). Nach Merleau-Ponty werden dem fremden Körper die menschlichen Züge unmittelbar angesehen. Vgl. oben § 31, unten § 63.

[117] § 51, S. 142.

[118] *Analysen zur passiven Synthesis*, Abhandlung III, S. 343.

[119] *Erste Philosophie I*, S. 63.

[120] § 61, S. 173.

die wissenschaftliche Verhaltensforschung, basieren auf dieser assoziativen Appräsentation und Sinnübertragung. „Besonders wichtig
die Unterscheidung zwischen eigentlicher und uneigentlicher Einfühlung. Die letztere als passiv-apperzeptive Einfühlung und als
Konstitution des Anderen als Vorgegebenheit, die erstere als (wie ich
hier sage) Fundament für die Ermöglichung aller Sozialität..."121
„Die uneigentliche Einfühlung ist die passiv-assoziative Indizierung
einer fremden Subjektivität, und in ihr die eigentliche ⟨Einfühlung⟩ das
aktive Mittun und Mitleiden, sich ichlich Motivierenlassen, aber auch
im Untergrund den inneren Motivationen Nachgehen statt den Assoziationen."122

121 *Phänomenologie der Intersubjektivität I*, Nr. 15, S. 438.
122 a.a.O. S. 456.

8. KAPITEL

DIE ASSOZIATION ALS MOTIVATION

Mit der Beschreibung der Assoziation als Motivation soll ausgesagt werden, dass sie weder ein physiologischer Prozess im Gehirn ist, von dem im Bewusstsein allein das Resultat, die Verbindung zweier Inhalte konstatiert werden kann, noch ein psychischer Vorgang, der ein bewusstseinsimmanentes Ebenbild der physikalischen Naturprozesse nach empirisch zu induzierenden Kausalgesetzen darstellt. Was in der phänomenologischen Reduktion anschaulich gegeben und zurückbehalten wird, das sind nicht nur isolierte Erlebnisbestände, sondern auch ihr innerer Zusammenhang, ihr Auseinanderhervorgehen. Die Auslösung eines Erlebnisses durch ein anderes ist selber ein phänomenales Erlebnis, das nun im Unterschied zur Kausalität, die den Zusammenhang und die gegenseitige Abhängigkeit der physischen Dinge regelt, Motivation geheissen wird.

§ 34. Zur Entwicklung und Problematik des phänomenologischen Motivationsbegriffs

Von den Begriffen, die wir in diesen Kapitel analysieren, ist der der Motivation der einzige, der in der heutigen Psychologie allgemein in Gebrauch und anerkannt ist. Wir können uns daher auf die unmittelbare Herkunft und die Entwicklung des Begriffs bei Husserl beschränken und für seine weitere Geschichte und heutige Handhabung auf die einschlägige Fachliteratur verweisen.[1] Ganz allgemein wird hier Motivation als ,,Verhaltensdetermination" umschrieben. ,,Wie immer Motivation definiert werden mag, ihr Studium betrifft die Begründung unseres Verhaltens, meint immer dasjenige in und um uns, was uns

---

[1] Vgl. H. Thomae (Hrsg.), *Motivation. Handbuch der Psychologie II* (1965); C.-F. Graumann, *Motivation. Einführung in die Psychologie I* (1969); P. Keiler, *Wollen und Wert. Versuch der systematischen Grundlegung einer psychologischen Motivationslehre* (1970).

dazu bringt, treibt, bewegt, uns so und nicht anders zu verhalten.''[2] Die empirische Motivationsforschung beschränkte sich lange Zeit fast ausschliesslich auf die Untersuchung der triebhaften und affektiven Verhaltensdeterminanten. Erst in jüngerer Zeit treten die kognitiven Komponenten der motivationalen Prozesse wieder vermehrt in den Vordergrund.

(a) Husserls Einführung des Begriffs

Husserl macht bei der Einführung des Begriffs in der *I. Logischen Untersuchung* darauf aufmerksam, dass er ursprünglich dem ,,Gebiet der Gemüts- und speziell der Willensphänomene'' entstammt.[3] Er selber verwendet ihn für alle phänomenalen Bewusstseinszusammenhänge, die den Charakter sowohl einer Begründung wie einer Hindeutung haben. In einer begriffsanalytischen Anmerkung der *Ideen I* berichtet er, dass sich diese Verallgemeinerung und die Abhebung vom naturalistischen Kausalitätsbegriff als eine Konsequenz der phänomenologischen Reduktion aufdrängte. ,,Es ist zu beachten, dass dieser phänomenologische Grundbegriff der Motivation, der sich mir mit der in den ,*Log. Untersuchungen*' vollzogenen Absonderung der rein phänomenologischen Sphäre alsbald ergab (und als Kontrast zum Begriffe der auf die transzendente Realitätssphäre bezogenen Kausalität), eine Verallgemeinerung desjenigen Begriffes der Motivation ist, dem gemäss wir z.B. vom Wollen des Zweckes sagen können, dass es das Wollen der Mittel motiviere.''[4] In der Tat lässt sich eine zunehmende Klärung des Begriffs über die beiden ersten Auflagen der *Logischen Untersuchungen* bis zu den *Ideen I* und *II* feststellen.

Bei einer solchen historischen Nachforschung fällt auf, dass die *Prolegomena*, der I. Band der *Logischen Untersuchungen*, eine besondere Kausalitätsform für die psychischen Vorkommnisse noch gar nicht in Betracht ziehen. Die psychologischen Gesetze, voran die der Ideenassoziation, gegen deren Inanspruchnahme zur Begründung der logischen Wahrheiten Husserl Sturm läuft, werden in dieser Vorarbeit ausschliesslich als Naturgesetze behandelt, die als solche nur vage und induktiv erschlossene Tatsachengesetze darstellen. Die Möglichkeit von nicht nur empirisch erschlossenen und faktischen, sondern phänomenologisch einsichtigen und notwendigen psychischen Zu-

---

2 C.-F. Graumann, a.a.O. S. 1.
3 § 3, S. 28.
4 § 47, S. 112, Anm. 1.

sammenhängen wird noch nicht berücksichtigt. Die *Prolegomena* wenden sich gegen die Begründung der Logik durch eine naturwisschenschaftliche und induktiv erklärende Psychologie. Im Hauptteil der *Untersuchungen* wird ihre Grundlegung dagegen von einer deskriptiven Psychologie her unternommen, die nun aber nicht mehr, wie noch bei Brentano, eine blosse Erfahrungswissenschaft ist, sondern als eine eidetische ausgebaut wird.[5]

Gleich zu Beginn der *I. Untersuchung* kommt es nun zur erwähnten Ausdehnung des Begriffs von den Gemüts- und Willensphänomenen auf die der Anzeige, des logischen Beweises wie des bloss „empirischen" Hinweises und zu einer ersten, noch nicht ausgearbeiteten Abhebung der Motivation von der Kausation. Die Motivationseinheit wird bei logischen Schlussfolgerungen als eine deskriptive Einheit vorgestellt, die zwischen den Urteilsakten festgestellt wird und in der sich eine ideale logische Gesetzmässigkeit bekundet, die über die aktuellen motivational verknüpften Urteile in überempirischer Geltung hinausgreift. Dem „empirisch (also in zufälliger, nicht in notwendiger Weise) motivierten" Hinweis liegt dagegen nur ein Wahrscheinlichkeitszusammenhang zugrunde.[6]

Der Fortschritt in der Klärung der intentionalen Motivation durch ihre Abhebung von der physischen Kausation in den Jahren nach 1900 wird in der *V. Untersuchung* fassbar. In der ersten Auflage wird in Bezug auf das Verhältnis zwischen einer fundierenden Vorstellung und einem fundierten Akt, einem Gegenstand und dem Wohlgefallen, das er erregt, einem Sachverhalt und der Zustimmung, zu der er zwingt usw., als von einer „erscheinenden Kausation" gesprochen. In der zweiten Auflage ist statt dessen nur mehr von einer „scheinbaren Kausation" die Rede. Zudem wird in einer Ergänzung der grundsätzliche Unterschied deutlich gemacht, der zwischen der physikalischen Wirkung eines realen Objektes und der Verursachung, die einem intentionalen Objekt entspringt. Das Wohlgefälligsein „gehört" zu einer Landschaft nicht als physikalischer Realität, sondern als so und so erscheinender, so und so beurteilter usw..[7]

In den im gleichen Jahr wie die zweite Auflage der *Logischen Untersuchungen* veröffentlichten *Ideen I* wird die Motivation als ein phäno-

[5] Vgl. Th. De Boer, *Das Verhältnis zwischen dem ersten und dem zweiten Teil der Logischen Untersuchungen Edmund Husserls* (1967).
[6] *I. Logische Untersuchung*, § 3, S. 27.
[7] *V. Logische Untersuchung*, § 15a, 1. Auflage: S. 369; 2. Auflage: S. 391.

menologischer Grundbegriff und als eine Wesensgesetzmässigkeit, die nach apriorischen Typen vorgezeichnet ist, thematisiert. Die *Ideen II* bringen einen systematischen Versuch der Abscheidung der Kausation von der Motivation. Dieser für das phänomenologische Verständnis der Assoziation wichtigen Abhebung gelten die folgenden Paragraphen.

Die Motivationsgesetzlichkeit ist jedoch nicht allein der naturalen Kausalität gegenüberzustellen. Einer prinzipiellen Abklärung bedarf auch ihr Verhältnis zur logischen und idealen Gesetzmässigkeit, die das Denken normiert, das Verhältnis zwischen dem „psychologischen" und dem „rein-logischen Motiv", wie es Husserl im „Entwurf einer ‚Vorrede' zu den *Logischen Untersuchungen*" aus dem Jahre 1913 bezeichnet.[8] Dieses Problem ist mit den grundlegenden Analysen der *Prolegomena* noch nicht erledigt und gelöst. Es bricht mit dem Fortschritt der phänomenologischen Entdeckungen erst recht auf. Wie ist das Verhältnis von Psychologie und Logik zu bestimmen, wenn erkannt wird, dass es nicht nur in der idealen Sphäre der Logik apriorische Zusammenhänge gibt, sondern auch im nicht mehr induktiv-empirisch, sondern phänomenologisch-eidetisch erforschten Bewusstsein, wenn auch Erlebniszusammenhänge, wie z.B. die assoziativen, einen Notwendigkeitszusammenhang zeigen? Es droht nun die Gefahr eines „apriorischen Psychologismus". So glaubte K. Koffka mit dem Nachweis, dass das Denken als ein psychologischer Prozess nicht nur äusseren und faktischen, sondern inneren und damit notwendigen, nämlich Gestaltgesetzen folgt, über eine psychologische Erklärung der Logik zu verfügen, die Husserls Kritik gegenüber immun ist.[9] Wenn Wahrheit und Falschheit psychologischen Gestalteigenschaften entsprechen sollen, dann erweitert die Gestaltpsychologie mit dieser These ihren fragwürdigen psycho-physischen Parallelismus um einen nicht minder fragwüdigen psycho-logischen Parallelismus, bei dem die Eigenart der logischen Gesetzlichkeit gegenüber der psychologischen sowie ihr Verhältnis zu dieser gänzlich verkannt wird. Logische Verhältnisse sind nicht zusammen mit psychologischen parallelistisch „fertig" vorgegeben. Sie ergeben sich subjektiv in einer idealisierenden Konstitution in diesen.

---

[8] S. 112f.
[9] *Principles of Gestalt Psychology*, S. 570f, 614f; vgl. unten § 61.

(b) Literarische Vorlagen

Wenn sich der Begriff der Motivation und seine Abhebung von der Kausalität mit der Absonderung der rein phänomenologischen Sphäre „alsbald", wie Husserl sich ausdrückte, d.h. von der Sachlage selbst her ergab, so standen dafür doch auch literarische Vorlagen und Vorarbeiten zur Verfügung. Husserl verweist beim Gebrauch des Motivationsbegriffs namentlich auf Schopenhauer und Brentano. Schopenhauer unterscheidet in der *Preisschrift über die Freiheit des Willens* drei Formen der Kausalität, Ursache, Reiz und Motivation, die nach ihm der dreiteiligen Gliederung von anorganischen Körpern, Pflanzen und Tieren entspricht. Die Ursache im engsten Sinn des Wortes charakterisiert sich durch das zweite und dritte Newtonsche Gesetz, nach denen Wirkung und Gegenwirkung einander gleich sind und der Grad der Wirkung dem Grade der Ursache angemessen ist. Diese beiden Gesetze treffen auf die Reize nicht zu, die das Leben der Pflanzen bestimmen. Die Wirkung des Reizes ist abhängig von der Berührung mit dem Gereizten und von der Dauer und der Intensität des Reizes. Von diesen Eigenheiten wiederum zeigt sich die Motivation unabhängig. Sie wird allein von der Erkenntnis des Objekts getragen. „Den hier ist das eigentliche und nächtste Medium der Einwirkung nicht die Atmosphäre, sondern ganz allein die Erkenntnis. Das als Motiv wirkende Objekt braucht durchaus nichts weiter, als wahrgenommen, erkannt zu sein; wobei es ganz einerlei ist, wie lange, ob nahe, oder ferne, und wie deutlich es in die Apperzeption gekommen."[10] Die Wirkung von Ursache und Reiz wird allein von aussen und damit mittelbar, die der Motivation zugleich aber von innen erfahren. Schopenhauer bezeichnet sie daher in der Abhandlung *Ueber die vierfache Wurzel des Satzes vom zureichenden Grunde* als „die Kausalität von innen gesehn".[11] Auf diese Definition verweist Husserl in einer Beilage zu den Vorlesungen zur genetischen Logik, distanziert sich aber zugleich – vermutlich wegen ihrer parallelistischen Implikation – von ihr.[12]

In der *I. Logischen Untersuchung* verteidigt Husserl Brentanos

---

10 A. Schopenhauer, *Ueber die vierfache Wurzel des Satzes vom zureichenden Grunde* (1813), § 20; *Ueber die Freiheit des Willens*, 3. Kapitel (1839/41). – In Husserls Privatbibliothek befindet sich neben der 2. Auflage der Schopenhauer-Ausgabe von J. Frauenstädt (1877) auch die (Reclam-) Ausgabe von E. Grisebach (1890f).

11 *Ueber die vierfache Wurzel des Satzes vom zureichenden Grunde*, § 43.

12 *Analysen zur passiven Synthesis*, Beilage XI, S. 386, Anm. 1.

Verwendung und Ausweitung des Motivationsbegriffs gegenüber Meinong und gesteht diesem nur zu, „dass es sich bei der Wahrnehmung der Motiviertheit um nichts weniger handelt, als um Wahrnehmung von Kausation".[13] Es scheint, dass Brentano hauptsächlich vier Fälle aus dem Gebiet des Urteils und des Gemüts anführte, in denen nach seiner Ansicht ein Wirken unmittelbar beobachtet werden kann, in der Motivation des Schlussatzes durch die Prämissen, im Urteil, das aus Begriffen einleuchtet, in der Motivation des Begehrens nach einem Mittel durch die Liebe zum Zweck und im Entspringen der als richtig erkannten Liebe aus der Vorstellung eines Wertes. Nachdem das Hervorbringen eines realen Vorganges durch einen andern in solchen Fällen unmittelbar erfahren worden ist, kann der Begriff der Ursache auch auf die äussere Erfahrung, wo zunächst nur eine regelmässige Sukzession beobachtet wird, übertragen werden. Bei diesem Nachweis des psychologischen Ursprungs des Kausalitätsbegriffs, der sich zugleich gegen Humes Behauptung der Unanschaulichkeit eines „propter hoc" und Kants apriorischen Begriff richtet, erweist auch Brentano Schopenhauer, der „auf die vorhin erwähnten Fälle motivierten Wollens als auf eine Quelle des Ursachebegriffes hingewiesen" habe, Reverenz.[14] Husserl ging in der Folge über Brentano hinaus, indem er die Verursachung nicht nur als eine kontingente erfahrbar, sondern als eine wesensnotwendige Gegebenheit eidetisch einsehbar auswies und zudem auch für die äussere Erfahrung eine „gesehene" Kausalität nachwies.[15] A. Meinong war, wie in späteren Jahren A. Marty, ein entschiedener Gegner der Wahrnehmbarkeit der Kausalverknüpfung. Ausführlicher als in der Rezension der Abhandlung über die kategorischen Schlüsse des jüngern Brentano-Schülers F. Hillebrand, die Husserl in der *I. Logischen Untersuchung* zitiert,[16] hatte er sich damit in zweiten Teil seiner *Hume-Studien* auseinandergesetzt. Husserl hatte Meinongs Gedankengang, wie die vielen Anzeichnungen in seinem persönlichen Exemplar der *Hume-*

---

[13] § 3, S. 28.

[14] Brentano scheint seine Theorie von der Wahrnehmung der Verursachung hauptsächlich in Vorlesungen entwickelt zu haben. Eine gedrängte Zusammenfassung seiner Argumentation bringt die posthum veröffentlichte Streitschrift „Nieder mit den Vorurteilen!" (1903), S. 36ff. Vgl. A. Marty, *Raum und Zeit*, S. 105ff, der sich in dieser ebenfalls posthum veröffentlichten Schrift von der anfangs geteilten Ansicht Brentanos distanziert.

[15] *Ideen II*, § 15d, S. 43.

[16] § 3; F. Hillebrand, *Die neuen Theorien der kategorischen Schlüsse* (1891), rezensiert von A. Meinong in: *Göttingische gelehrte Anzeigen* (1892), S. 443ff.

Studien beweisen, genau unter die Lupe genommen und dann auch mit kritischen Anmerkungen versehen. Er beanstandet nicht nur Meinongs Reduktion der Wahrnehmung des Kausalverhältnisses zwischen Zweck und Mittel auf die Heraushebung dessen, auf was der Wille eigentlich gerichtet ist.[17] Er will insbesondere das Argument Meinongs nicht gelten lassen, dass die gleiche Vorstellung, die das eine Mal als Motiv auftritt, ein anderes Mal bestehen kann, ohne einen Willensakt nach sich zu ziehen, dass sie also nur Motiv ist unter der Voraussetzung einer bestimmten psychischen, vielleicht auch physischen Disposition, von der es aber keine innere Wahrnehmung gibt. Wenn dem so ist, dann besteht zwischen den Phänomenen, die der inneren Wahrnehmung zugänglich sind, gar kein Kausalverhältnis und kann ein solches mithin auch nicht wahrgenommen werden. Husserl schreibt dazu an den Rand: ,,Aber die motivierende Vorstellung und die inhaltlich bis auf das Motivierende gleiche Vorstellung sind doch nicht dasselbe. Der Charakter des Motivierens ist eben noch da, wie auf Seiten des Willens die Motiviertheit, und darum besagt das Argument nichts.''[18] Aehnlich kontert er der folgenden Uebertragung dieser Argumentation auf das logische Schliessen mit dem Verweis, dass die Sätze beim einsichtigen Folgern psychologisch einen andern Charakter erhalten.[19]

Für die weitere Ausarbeitung der Motivationsproblematik nach ihrer Entdeckung in den *Logischen Untersuchungen* sind die deskriptiv-psychologischen Schriften von W. Dilthey und Th. Lipps in Betracht zu ziehen.[20] In der Vorlesung *Phänomenologische Psychologie* von 1925 berichtet Husserl, dass Dilthey in den *Logischen Untersuchungen* eine erste konkrete Ausführung seiner *Ideen zu einer beschreibenden und zergliedernden Psychologie* sah, und dass er selber, Husserl, die

17 *Hume-Studien II*, S. 116ff.
18 a.a.O. S. 122.
19 Meinong führt in seiner Kritik neben Schopenhauer auch Fr. E. Beneke an, einen psychologistischen Philosophen der ersten Hälfte des 19. Jahrhunderts, der, z.T. unter Schopenhauers Einfluss, gegen die Auswüchse der spekulativen Philosophie alle Grunderkenntnisse, wie eben auch das Kausalgesetz, aus der inneren Erfahrung herzuleiten versuchte. In Husserls persönlichen Exemplar von Benekes *System der Metaphysik und Religionsphilosophie* (1840) finden sich die Passagen über die Anschaulichkeit von Kausalverhältnissen angezeichnet (S. 284).
20 Vielleicht auch A. Pfänder. Vgl. *Phänomenologie des Wollens* (1900), ,,Motive und Motivation'' (1911). Beide Veröffentlichungen befinden sich in Husserls Bibliothek. Nur die zweite zeigt jedoch bei der Einführung des Begriffs Motiv, S. 165ff, Lesespuren.

Lektüre dieses wichtigen Artikels bis zu diesem Zeitpunkt unter dem Eindruck von Ebbinghaus' negativer Kritik vernachlässigt hatte.[21] Dilthey entwarf gegenüber der aus supponierten und induzierten Naturgesetzen erklärenden Psychologie eine beschreibende Psychologie, die die Erlebnisse und Erlebniszusammenhänge aus der unmittelbaren, inneren Erfahrung versteht. Husserl vermisst bei ihm jedoch den Durchbruch zu den apriorischen Notwendigkeiten und Gesetzesallgemeinheiten hinter den individuellen Erlebniszusammenhängen und die transzendentalphilosophische Radikalisierung des deskriptiven Ansatzes, würdigt seine Schriften aber dennoch als eine geniale Vorstufe zur Phänomenologie und als überreich an konkreten Anregungen.

Wie Husserl explizit von der zweiten Auflage der *Logischen Untersuchungen* und den *Ideen* an thematisiert Th. Lipps in seinen Veröffentlichungen um die Mitte des ersten Jahrzehnts dieses Jahrhunderts Kausation und Motivation als zwei völlig verschiedene Abhängigkeitsbeziehungen. Das Kausalverhältnis ist erschlossen, das der Motivation unmittelbar erlebt. Jenes regelt den Zusammenhang der dinglich realen Welt, dieses verbindet die Bewusstseinserlebnisse innerlich zu einem erlebten Forderungszusammenhang.[22] Gemeinsam ist Lipps und Husserl darüber hinaus die deskriptive Analyse der Assoziation, ihre Zuordnung also zu den Motivationsverbindungen und zur beschreibenden Psychologie. Brentano wie Dilthey beliessen die Assoziation dagegen der naturwissenschaftlichen Psychologie. Dilthey stellt das Assoziationsgesetz als ein Hauptelement für die Konstruktion der erklärenden Psychologie und die Assoziationspsychologen als ihre besonders klaren Repräsentanten vor. Stumpfs Verschmelzungstheorie verallgemeinernd vertritt er die Ansicht, dass wir der elementaren Prozesse – und zu ihnen gehört in erster Linie die Assoziation – nicht unmittelbar als eines Vorganges in uns noch der Vollziehung einer Funktion in uns innewerden, sondern dass uns nur das Ergebnis dieser Prozesse zum Bewusstsein kommt.[23] Die Inan-

---

[21] Husserl besass Diltheys berühmten Aufsatz in zwei Ausgaben, in einem Sonderdruck der *Sitzungsberichte der Berliner Akademie der Wissenschaften* (1894) und im V. Band der *Gesammelten Schriften* (1924). Die erste zeigt sehr viele, die zweite nur noch wenige Anzeichnungen.

[22] *Leitfaden der Psychologie*, [2]1906, S. 26ff (mehrere Anzeichnungen in Husserls Exemplar); [3]1909, S. 40ff (nur noch eine Anzeichnung); *Bewusstsein und Gegenstände* (1905), S. 196ff (mehrere Anzeichnungen).

[23] *Ideen über eine beschreibende und zergliedernde Psychologie*, Sonderdruck 1894, S. 1, 20, 46; *Gesammelte Schriften V*, S. 139, 158, 184.

spruchnahme der Assoziationsgesetzlichkeit als Grundgesetzlichkeit der erklärenden Psychologie behinderte offenbar ihre deskriptive Aufklärung. Wie stark die Identifikation von Assoziation und erklärender Psychologie das allgemeine Bewusstsein beherrschte, zeigt sich darin, dass noch Scheler, trotz seiner Ansätze zu einer phänomenologischen Begründung, die Assoziation zur naturwissenschaftlichen Psychologie schlagen wird.[24]

§ 35. Die konstitutive Korrelation von physischer Kausalität und Realität

Husserl charakterisiert die Motivation, die Grundgesetzlichkeit des geistigen Lebens, in ständiger Abhebung von der in der Natur waltenden Kausalität. Die phänomenologische Beschreibung – nicht ihre abstrakte mathematische Handhabung in der Naturwissenschaft – der Kausalität bildet den Hintergrund, auf dem die Motivation ihr Profil gewinnt.[25]

Kausalität und Realität zeigen sich der phänomenologischen Analyse als korrelative Begriffe. Die Apperzeption eines Dinges, eines realen Individuums, erfolgt zusammen mit der Apperzeption der Kausalität. ,,Was die Kausalität anbelangt, so ist sie ein für die materielle Natur, die Idee des physischen Dinges, konstitutive Idee.''[26] Eine blosse Mehrheit von sinnlichen Einzelheiten, die als Aspekte eines einheitlichen Gegenstandes aufgefasst werden, als Bestimmungen in einem Substrat polarisiert sind, macht noch kein reales, bewusstseinsunabhängig aufgefasstes Ding aus. Es ist ein blosses Raumphantom, das ebensogut eine Sinnestäuschung wie die ästhetische Erscheinung eines materiellen Dinges sein kann. Eine bloss einheitliche Erscheinung vermag keine Dingauffassung zu motivieren. Dazu bedarf es der Wahrnehmung einer geregelten Abhängigkeit der Veränderung und der Unverändertheit der sinnlichen Gegebenheit von seiner realen Umgebung. ,,Ein materielles Ding ist nur in kausaler Beziehung zu materiellen Dingen, somit als Glied ihrer materiellen Umgebung denkbar.''[27]

---

[24] Vgl. unten § 51.
[25] Ideen II, §§ 15ff, 30ff; Phänomenologische Psychologie, §§ 13, 21f.
[26] Ideen II, § 32, S. 126.
[27] a.a.O. Beilage 1, S. 307. – Es ist zu beachten, was Husserl zu wenig berücksichtigt, dass nicht jede Abhängigkeit von der Umgebung dingkonstitutiv ist. Die rein ästhetischen Eigenschaften eines Dinges, z.B. Farbe und Gestalt, zeigen eine Abhängigkeit von der Umgebung, die keine kausale zu sein braucht, sondern bloss

Lösen wir ein Ding aus seinem Dingzusammenhang, verfügen wir über keine Möglichkeit, ausweisend zu entscheiden, ob wir es tatsächlich mit einem Ding oder einem blossen Phantom zu tun haben. Es gehört zum Wesen von Realität, sich in der Abänderung in einer geregelten Weise von Umständen abhängig zu zeigen. Es ist nicht denkbar, dass ein Ding sich von selbst ändert, eine Feder z.B. von selbst ihre Elastizität verliert oder ein Gewässer von selbst austrocknet.

Zur Dingauffassung gehört mit der Auffassung als Substrat von Bestimmungen die Auffassung eines festen und typischen Veränderungsstils. Mit jeder spezifischen Dingapperzeption ist ein ,,kausaler Stil und Horizont", ein ,,vertrauter Stil des kausalen Verhaltens" mitintendiert.[28] Dieser Stil ist gegeben als eine Präsumption, als eine Erwartungsgewissheit. Unter bestimmten Umständen, bei Beleuchtung und Erwärmung, bei Druck und Stoss, wird sich der Dinggegenstand nicht beliebig, sondern wie es seiner Art eigen ist, nach bestimmten, kennenzulernenden oder bereits bekannten Gesetzmässigkeiten verhalten. Jeder Körper der Erfahrungswelt hat ,,sozusagen seine Gewohnheiten des Seins im So-sein".[29] Darüber hinaus besitzt er auch seine typische Form der Zusammengehörigkeit, eine Koexistenz- und Sukzessionstypik. Jeder erfahrene Körper gehört nicht nur überhaupt mit andern Körpern notwendig zusammen, sondern mit typisch ihm zugehörigen.

In der wissenschaftlichen Erfahrungsbetrachtung drückt sich die Abhängigkeit des Dinges in Kausalgesetzen aus. Die Kausalität ist die einheitliche Regelung der Koexistenz und der Sukzession der Beschaffenheiten eines Dinges. ,,Jede solche Realität im spezifischen Sinn ist eine kausale Einheit, auf ihre reale Umgebung kausal bezogen und in diesem Spiel wechselnder kausaler Veränderung Substrat fester kausaler Eigenschaften, also ihren kausalen Habitus fest bewahrend."[30] Die so kausal definierte Realität macht die Welt der Naturwissenschaft aus. Sie ist eine einzige, geschlossene Welt, die alle

motivational ist. Die Farbe und die Grösse eines Stückes Eisen ist eine Funktion der Farbe des Hintergrundes und der Grösse der umliegenden Dinge. Dies sind ästhetisch-motivationale Abhängigkeiten von der ästhetischen Umgebung. Farbe und Grösse können andererseits auch abhängig sein vom Grad der Erhitzung, die wir u.U. gar nicht wahrnehmen können. Hier handelt es sich um eine kausale Abhängigkeit von der realen Umgebung (der physikalischen Wärmequelle). Sie allein ist dingkonstitutiv.

[28] *Phänomenologische Psychologie*, S. 102.
[29] *Krisis*, § 62, S. 221, Anm. 1.
[30] *Phänomenologische Psychologie*, S. 103

Realitäten kausal verknüpft im Rahmen der universalen raum-zeitlichen Weltform.

§ 36. Die konsitutive Korrelation von physiopsychischer Konditionalität und psychischer Realität

In der naturalen Erfahrung finden wir nicht nur Dingkörper vor, die in kausalen Abhängigkeiten mit allen übrigen Dingkörpern ihrer Umwelt verflochten sind. Einzelne Körper, die wir in der Folge als Leiber von Tieren und Menschen auffassen, lassen uns auch geregelte Abhängigkeiten gegenüber Realitäten, die sich nicht in sinnlichen Schemen anschaulich darstellen und nicht raumzeitlich extendiert sind, sondern nur in eigentümlicher Weise an einzelne Raumkörper annektiert und in ihnen lokalisiert gedacht werden, supponieren. „Gemäss dem Sinn der animalischen Erfahrung ist nicht nur eine rein physische Kausalität da, bzw. nicht bloss der physische Leib ist Substrat kausaler Eigenschaften und ist verflochten ⟨in⟩ kausalen Abhängigkeiten, die ihn mit der ganzen übrigen physischen Umwelt verknüpfen. Vielmehr Kausalität verknüpft (das gehört zum eigenen Sinn animalischer Erfahrung selbst) die Physis des Tieres mit seiner Psyche und umgekehrt."[31]

Die animalische Erfahrung führt so zu einer Erweiterung des Begriffs der naturalen Kausalität und Realität über die Welt der reinen Physis hinaus, zur Miteinbeziehung von doppelseitigen physiopsychischen Realitäten und Kausalitäten. Der Begriff der kausal konstituierten Realität umfasst nun alle objektiv erkennbaren Erfahrungseinheiten, die im Raum entweder primär extendiert oder sekundär lokalisiert sind.

Im zweiten Buch der *Ideen* gebraucht Husserl für die kausale Beziehung zwischen Physis und Psyche mit Vorzug die Umkehrung des geläufigen Ausdrucks „psychophysisch", nämlich „physio-psychisch", obschon die Wirkung in beiden Richtung, vom physischen Leib hinein in die Seele und von dieser hinaus in den Leib laufend aufgefasst wird, also beide Termini eine Berechtigung haben. Der Ausdruck „physiopsychisch" besitzt aber den Vorteil, dass er „recht passend die Ordnung der Fundierung andeutet".[32] In der naturwissenschaftlichen Einstellung ist zunächst eine objektive physische Natur gegeben, in der verstreut Empfindnisse und Seelenleben lokalisiert vorgefunden wer-

---

[31] *Phänomenologische Psychologie*, S. 133.
[32] *Ideen II*, § 49e, S. 183; vgl. § 32, S. 134.

den. Der Ausdruck erlaubt des weitern eine sprachlich glatte Gegenüberstellung der physiopsychischen und der idiopsychisch genannten internen Abhängigkeitsverhältnisse der Seele.

Die Begriffe der Kausalität und der Realität erfahren mit ihrer Ausweitung auf das Animalische zugleich eine Differenzierung. Ein Sonnenkörper verleiht den umliegenden Körpern eine bestimmte Schwere, Fortbewegungsgeschwindigkeit, Wärme, Helligkeit usw.. Die Gegenwart einer Seele zeitigt keinerlei Auswirkungen dieser Art. Ihre Wirksamkeit ist anderer Natur. Einmal greift sie als Bedingung über den Leib, der ihr als Bewegungsorgan und Ausdrucksfeld dient, in den kausal geregelten Veränderungsprozess der Dinge ein. Eine Willensintention löst eine Handbewegung und diese eine Dingverschiebung aus. Ein Mensch, der sich schämt, errötet. Bewegung wie Errötung sind Prozesse, die kausal von der physikalischen und chemischen Beschaffenheit des Körpers abhängig sind. Die Seele ist bei diesen Vorgängen nur konditional, nicht kausal impliziert. Anderseits finden wir zwar Eigenschaftsveränderungen an den Dingen vor, die wir nicht auf reale Umstände zurückführen, auch nicht auf den Leibkörper als bloss materielles Ding, sondern auf seine psychophysische Verfassung. Aber diese Veränderungen erhalten den Charakter einer Scheinveränderung, so wenn eine Farbenänderung nicht auf eine farbiges Licht ausstrahlende Lichtquelle zurückgeführt werden kann, sondern ihren Grund in der Einnahme einer Droge haben muss, oder wenn ein Körper „schwerer" wird, nicht weil ihm ein Magnetfeld unterschoben wird, sondern infolge der Müdigkeit oder Arbeitsunlust des Trägers. Die Natur bildet ein abgeschlossenes Ganzes. Die erfahrende Seele vermag den Körpern keine Eigenschaften zu verleihen, die ihr als physikalische Eigenschaften an sich zugehören. Umgekehrt erhält das Ding dadurch, dass es als Reizobjekt fungiert, das in den Seelen Wahrnehmungen verschiedenster Art auslöst, keine realen Eigenschaften.[33]

Die Seele gibt sich auf der anderen Seite als eine reale Erfahrungseinheit, die sich ähnlich wie ein Naturkörper unter gegebenen physischen Umständen geregelt verhält. Bestimmten Eingriffen in das Nervensystem folgen bestimmte psychische Reaktionen. Die seelischen Erlebnisse erhalten in dieser Sicht „den realen Sinn von Endgliedern eines physisch-kausalen und psychophysisch konditionalen

[33] a.a.O. § 18b, S. 63f; vgl. Beilage XII, S. 343f; Beilage XIV, S. 391.

Prozesses".[34] Aetherschwingungen, so stellt man sich vor, pflanzen sich, auslaufend von physischen Körpern, durch die Luft fort und wirken als Reize auf die Nerven, die ihrerseits gewisse Wahrnehmungen hervorrufen. Aber die Seele wird durch solche Einwirkungen kein Naturkörper mit Natureigenschaften. Sie ist keine raumzeitlich extendierte und materielle Naturrealität. Sie ist nicht in schematischen Abschattungen gegeben. Sie lässt sich nicht wie die schematischen und materiellen Einheiten in Teileinheiten aufspalten. Sie erhält ihre Individualität nicht durch ihre Zuordnung an eine bestimmte Stelle im Raumzeitsystem. Es gibt keine zwei Seelen, mit einem gleichen Was-Gehalt, die sich ausschliesslich durch ihre Diesheit unterscheiden. Orientiert man die Begriffe Natur und Realität am Wesen des materiellen Dinges, so fällt die Seele nicht unter sie. Sie hat aber durch ihre konditionale Bezogenheit Anknüpfung an die Natur in einem zweiten Sinn. In dieser Rücksicht kann sie als eine Quasi-Natur und ihr Abhängigkeitsverhältnis als eine Quasi-Kausalität bezeichnet werden.[35]

Neben den psychophysischen Abhängigkeiten zeigt die Seele als Bewusstsein noch Abhängigkeiten ganz anderer Art, Abhängigkeiten von sich selbst, ihren vergangenen Erlebnisbeständen und in die Zukunft vorgreifenden Intentionalitäten, Abhängigkeiten aber auch von den Naturdingen und den anderen Animalien, nun jedoch nicht mehr als physischen und psychophysischen Realitäten, sondern als bewusstseinsmässigen Phänomenalitäten, idiopsychische, intersubjektive, phänomenale Abhängigkeiten, kurz Abhängigkeiten motivationaler Art. Durch sie erhalten Realität und Kausalität nicht mehr nur eine untergeordnete Differenzierung, sondern ein radikal verschiedenes Gegenstück. „Es ist klar, dass diese Art von Abhängigkeit noch weniger als ein Analogon der physischen Kausalität anzusprechen ist als die Bedingtheit durch äussere Umstände."[36]

§ 37. Die Abhebung der Motivation von der Kausation

(a) Naturalistische Einstellung auf die Kausation – Personalistische und phänomenologische Einstellung auf die Motivation

Physische Kausalität und psychophysische Konditionalität werden

[34] a.a.O., Beilage XII, S. 373.
[35] a.a.O. § 33, S. 138.
[36] a.a.O. § 32, S. 136.

in der naturalistischen Einstellung, in der wir reale Dinge und Seelen apperzipieren, erschlossen. Zur Wahrnehmung der motivationalen Beziehungen bedarf es einer andersartigen, der personalistischen oder geisteswissenschaftlichen Einstellung auf die Dinge als blosse Ding-phänomene und auf die Seelen als reine Personen und Subjekte. Die beiden Einstellungen scheinen nach einer ersten Bestandesaufnahme als gleichberechtigte nebeneinander vorzuliegen. Wir gleiten „be-ständig ganz mühelos von einer Einstellung in die andere, von der naturalistischen in die personalistische, in den bezüglichen Wissen-schaften von der naturwissenschaftlichen in die geisteswissenschaft-liche".[37] Jede beansprucht von ihrem Standort, von ihrem Vollzug her, der anderen gegenüber Priorität. „Vom Standpunkte der Natur ist alles Persönliche etwas Untergeordnetes."[38] Seelenerlebnisse gibt es nur fundiert in Naturkörpern und fundiert in den kausalen Einwir-kungen von andern Naturkörpern her. Umgekehrt ordnet sich in der personalistischen Einstellung die naturalistische dieser als zweitrangig unter, und die konsequente Fortführung der phänomenologischen Ana-lyse kommt zum Schluss, dass die naturalistische Einstellung nur „durch eine Abstraktion oder vielmehr durch eine Art Selbstvergessen-heit des personalen Ich eine gewisse Selbständigkeit gewinnt, da-durch zugleich ihre Welt, die Natur, unrechtmässig verabsolutie-rend".[39]

Bevor wir uns der nur „künstlich",[40] in einer bewussten und ange-strengten Reduktion erreichbaren transzendentalphänomenologischen Einstellung zuwenden, verdient das eigenartige Neben- oder vielmehr Miteinander der naturalistischen und der personalistischen Apperzep-tionsweise in der natürlichen Haltung noch einige Beachtung. Wir identifizieren ohne weiteres das naturalistisch apperzipierte Seelen-reale mit seiner physiopsychischen Konditionalität und das geistige Subjekt mit seinen Motivationszusammenhängen. Desgleichen fassen wir die realkausal geordnete Dingnatur und die motivationalen Ge-setzen gehorchende subjektive Umwelt und Kulturwelt als ein und dieselbe Welt auf. Die Dinge der Natur bringen nicht nur ihre physi-kalischen Eigenschaften in sinnlichen Erscheinungen zur Darstellung, sie bringen auch geistige und kulturelle Bedeutungen zum Ausdruck.

[37] *Ideen II*, § 49d, S. 180.
[38] a.a.O. § 49e, S. 185.
[39] a.a.O. S. 183f.
[40] a.a.O. § 49d, S. 180.

Diese Bedeutungen sind mit ihrem physischen Medium „komprehensiv" gegeben.[41]

Noch anschaulicher ist das Miteinander der beiden Einstellungen in der Erfahrung des eigenen Leibes. In der „Inneneinstellung" erscheint er als Willens- oder frei bewegliches Organ und als Empfindungs- und Ausdrucksfeld der Seele, mit der er eine konkrete Einheit bildet. In der „Ausseneinstellung" wird er dagegen als reales Ding, das den Gesetzen der Natur unterliegt, und als Orientierungszentrum der Raumwelt erfahren. Zugleich wird er als „Umschlagpunkt" aufgefasst, in dem sich die kausalen Abläufe der Naturwelt in konditionale zwischen der Aussenwelt und dem leib-seelischen Subjekt umsetzen, in dem die Einwirkungen auf die materielle Schicht sich auf die in Inneneinstellung gegebene ästhesiologische Schicht der Empfindnisse übertragen. „Das in Ausseneinstellung und das in Inneneinstellung Konstituierte ist miteinander da: kompräsent."[42]

In den *Ideen I* wird das Bewusstsein als seinem Wesen nach von allem naturhaften Sein unabhängig erkannt. Anderseits wird die Rede von einem realen Sein des menschlichen Ich und seiner Bewusstseinserlebnisse mit ihren psychophysischen Zusammenhängen doch als „in ihrem Sinne sicherlich wohlbegründet" gelten gelassen.[43] In einem solchen eingeschränkten Sinne finden sich in den *Ideen II* nicht nur psychophysisch orientierte psychologische Untersuchungen, etwa bei der Betrachtung der Auswirkungen des Santoninessens auf die Wahrnehmung,[44] sondern auch eine grundsätzliche Diskussion der Berechtigung und der Tragweite der Theorien des psychophysischen Parallelismus und der psychophysischen Wechselwirkung. Soweit apriorische Unverträglichkeitsgesetze und Zusammenhangsgesetze bestehen, so lautet ihr Resultat, können die von derartigen Gesetzen betroffenen Phänomene nicht von physiologischen Parallelgeschehnissen begleitet, bzw. ausgelöst sein. Wenn zwei Bewusstseinsphänomene B' und B" in einem Bewusstsein prinzipiell unverträglich sind, so ist, was mit B', das wir abhängig vom Gehirnzustand C' annehmen, verbunden ist, nicht mehr rein durch ein mit C' verbundenes C" oder überhaupt durch ein Spiel von C-Zuständen bestimmt. Ebenso ist es unsinnig, für apriorische Zusammenhänge, z.B. für die Mitgegebenheit eines Horizon-

[41] a.a.O. § 56h, S. 236ff.
[42] a.a.O. § 42, S. 161.
[43] *Ideen I*, § 29, S. 117; § 30, S. 121.
[44] *Ideen II*, § 18b, S. 58ff.

tes bei jedem Erlebnis, eine kausale Dependenz von Gehirnvorgängen zu postulieren. ,,Empirisch bedingt sein kann nur das, was die Wesenszusammenhänge offen lassen. Es könnte nur bedingt sein etwa die Empfindung, nicht aber was sich daran notwendig an Retentionen knüpft."[45] Angewandt auf die Assoziationsphänomene heisst das: Wenn ein greller roter Fleck notwendigerweise mit einem andern ebenso roten Fleck und nicht mit einem angrenzenden dunklen Blaustrich eine Identitätsdeckung eingeht, dann liegt der Grund dafür im phänomenologischen Wesen der Bewusstseinserlebnisse. Eine physiologische Erklärung, etwa durch die gleiche, bzw. unterschiedliche Lokalisation der Reize in den Gehirnwindungen, wie sich das die alte, inzwischen von ihren eigenen Fortschritten überholte physiologische Psychologie vorstellte, verbleibt grundsätzlich ungenügend. Die apriorische Verweisung auf Aehnliches und auf einen kontiguierenden Hof kann nicht empirisch begründet werden.

Die psychophysischen Erörterungen, denen in den *Ideen II* noch einige Achtung und viel Raum gewährt wird, werden im Spätwerk ohne lange Diskussion mit wenigen Sätzen abgewiesen. Es ist widersinnig, kausale Einwirkungen von einer Welt, die sich überhaupt erst als Bewusstseinskorrelat konstituiert, auf das Bewusstsein anzunehmen.[46] Es gibt nur noch eine sehr relative, abstrakte und vor allem pragmatische Rechtfertigung der naturalistischen Ansetzung eines psychophysisch an die Naturwelt gebundenen Psychischen. Es kann sich herausstellen, dass man mit einer solchen Annahme ,,praktisch ganz gut operiert (für menschlich natürliche Praxis Wissenschaften ausbildend und verwertend), ..."[47]

In welcher Einstellung wir uns de facto aufhalten, hängt also von unsern Einsichten und Interessen ab, von unsern allgemeinen Lebenszielen wie von unsern besondern Berufsintentionen. Die Einstellung, die naturwissenschaftliche wie die geisteswissenschaftliche, ist selber motivational bedingt. Ebenso ist die Ausbildung der Naturwissenschaften nicht weniger als die der Geisteswissenschaften eine Kulturleistung der intersubjektiven Gemeinschaft der Personen. Mit diesen Feststellungen kündet sich ein absoluter Vorrang der personalistischen gegenüber der naturalistischen Haltung an. Endgültig fundiert wird

---

[45] a.a.O. § 63, S. 293.

[46] *Formale und transzendentale Logik*, § 93b, S. 204; § 99, S. 223.

[47] ,,Grundlegende Untersuchungen zum phänomenologischen Ursprung der Räumlichkeit der Natur" (1934), S. 325.

dieser Vorrang in der konsequenten Ausarbeitung der intentionalen oder phänomenologischen Psychologie. Der wahre Ausgangspunkt aller Erkenntnis ist die schlichte Gegebenheit von Dingen als bewusstseinskorrelativen Phänomenen. Nur sekundär, von dieser phänomenologischen Erfahrung her, kann den Dingphänomenen eine physikalische Realität substruiert werden, die in einem kausalen Nexus mit dem nun ebenfalls substantivierten Subjekt verbunden gedacht wird.[48] Die Sinnendinge, die Dingerscheinungen, sind also nicht kausal durch an sich seiende, bewusstseinsunabhängige Dinge bewirkt. Vielmehr motivieren die erstgegebenen Sinneserscheinungen in ihrem gesetzmässigen Ablauf die Substruktion von den Erscheinungen unterliegenden physikalischen Dingen.[49]

Was die absolute transzendental-phänomenologische Einstellung von der in der deskriptiven Psychologie wie auch noch in der bloss eidetischen Phänomenologie getätigten personalistischen Einstellung unterscheidet, ist die radikale Ausschaltung der objektivierenden Auffassung der Psyche und der Natur, die in den Geisteswissenschaften immer als mitgeltend belassen wird. Die naturale Welt wird in ihr nicht weniger auf ihre bewusstseinsmässige Konstitution hin befragt als die personale. Beide Einstellungen, die naturwissenschaftliche wie die geisteswissenschaftliche, werden nun in ihrer Genesis und ihrer Problematik zum Gegenstand der Untersuchung.[50]

(b) Induktive Erschliessung der Kausation – Intuitive Gegebenheit der Motivation

Naturale Kausalitäten, physische und physiopsychische, sind nur induktiv zugänglich. Zur anschaulichen Dingerfahrung gehört zwar auch eine anschauliche Kausalität als eine notwendige Mitgegebenheit der einzelnen Dingwahrnehmung. Appräsentiert, leer oder anschaulich, werden bei einer Dingapperzeption nicht nur die umliegenden Dinge, sondern auch die kausalen Abhängigkeiten und Verknüpfungen.[51] Zur originären Selbstgebung gelangt eine Dingeigenschaft erst, wenn ihre kausalen Abhängigkeiten ebenfalls zur Selbstdarstellung gelangen.[52] Die konkrete Wirkung ist mit der blossen Gegebenheit der Ursache jedoch nicht voraussehbar. Sie kann nur induktiv

---

[48] *Ideen II*, Beilage XIII, S. 373f.
[49] *Ideen I*, § 52, S. 127f.
[50] *Ideen II*, Beilage XII, S. 367ff.
[51] Ms. A VII 12, S. 42f (Frühjahr 1932).
[52] *Ideen II*, § 15, S. 43.

erschlossen werden im Anschluss an früher erfahrene Wirkungen. Apriori gegeben ist allein eine universale Kausalität und entsprechend eine universale Induktivität, die allen konkreten Induktionen besonderer Kausalitäten vorangeht und sie leitet.[53] Die anschauliche Kausalität fällt zudem nicht mit der „wahren" und „objektiven" zusammen, von der die Naturwissenschaften handeln. Die mathematisch bestimmten physikalischen Eigenschaften bekunden sich bloss in den erfahrenen Eigenschaften, denen sie durch ein abstrahierendes Denken unterschoben werden.

Anders verhält es sich mit der Motivation. Wenn eine Erfahrung das Subjekt zu einem bestimmten Verhalten veranlasst, wenn eine Erscheinung im Bewusstsein eine andere auslöst, eine Impression eine Retention, eine schöne Landschaft ein Wohlgefühl, eine Erkenntnis eine Schlussfolgerung, so wird das Ursacheverhältnis unmittelbar erlebt. Eine bestimmte Motivationswirkung wird nicht erst durch die Erinnerung an ähnliche Vorkommnisse erkannt. Sie entspringt dem aktuellen Motivanten selber. Bei der Motivation eines Schlusses aus Prämissen ist in jedem einzelnen Fall „die Folge eine notwendige und in ihrer Notwendigkeit gegeben und nicht Supposition einer Erfahrungsnotwendigkeit auf Grund der Allgemeinheit ähnlicher früherer Erfahrungen". „Motivation ist etwas Individuelles. Allgemeine Gleichartigkeiten folgen nach, sie sind nicht etwas Vorangehendes für die Erklärung des Einzelfalles. Jedes empirische ‚infolge' ist eine Supposition. Jede klare Motivationsfolge ist eine evidente Gegebenheit."[54] Das macht die Individualität der einzelnen Motivation aus und nicht die Tatsache, dass auf sie der in der Naturwissenschaft geltende Satz „Gleiche Ursachen – gleiche Wirkungen" nicht zutrifft, wie oft behauptet wird.

Die Motivationszusammenhänge bekunden keinen tiefer liegenden „wahren" und „objektiven" Zusammenhang wie die Kausalverbindungen. Darstellung und Sein fallen in ihnen zusammen. Es hat daher keinen Sinn, ihnen durch eine gedankliche Substruktion etwas Unanschauliches zu unterschieben als einen mathematischen Index für eine unendliche Mannigfaltigkeit von anschaulichen Erscheinungen. Die substanziale Auffassung einer seelischen Realität wird nicht den Motivationsverbindungen substruiert, sondern den psychophysischen Abhängigkeiten. Um sie auch den idiopsychischen Zusammenhängen

---

[53] *Krisis*, § 9d, S. 38.
[54] Ms. E III 2, S. 54 (St. Märgen 1921).

zuzuordnen, müssen diese zuerst in einer realisierenden Apperzeption veräusserlicht werden. Was primär innerlich geeinigt erscheint, wird dann sekundär in eine äusserliche Verbindung übersetzt.[55]

(c) Realität der Kausation – Intentionalität der Motivation

Nach naturwissenschaftlicher Ansicht gehen von den physikalischen Körpern Schwingungen aus, die als physische Reize auf die körperlichen Nerven der Animalien wirken und von diesen fortgepflanzt werden bis zur „Enderregung im Zentralnervensystem, die ihrerseits als ‚Reiz' für die Seele fungiert". Auf dem Boden der phänomenologischen Betrachtung „gewinnt der Begriff des Reizes einen fundamental neuen Sinn".[56] Das Objekt reizt nicht vermöge seiner physikalischen Eigenschaften, sondern vermöge seiner erfahrenen Eigenschaften, seiner sachlichen, axiologischen, ästhetischen u.a. Bestimmungen. „Statt des Kausalverhältnisses zwischen Dingen und Menschen als Naturrealitäten tritt die Motivationsbeziehung zwischen Personen und Dingen, und diese Dinge sind nicht die an sich seienden Dinge der Natur, sondern erfahrene, gedachte oder sonstwie setzend vermeinte Dinge als solche, intentionale Gegenständlichkeiten des personalen Bewusstseins."[57] Die Umstände sind bei der Motivation nicht mehr „physische Umstände", sondern „noematische Umstände".[58] Beziehungspole sind nicht Seele und reales Ding, sondern Subjekt und Dingnoema, nicht Psychisches und Physisches, sondern Ich und Umwelt.

Wie die Verschiedenheit von physischer und psychophysischer Kausalität zur Unterscheidung von Ding und Seele führt, so veranlasst die Verschiedenheit von Kausalität und Motivation die weitergehende Differenzierung zwischen animalischer Seele und personalem Subjekt. Die Seele ist als mit dem Leib verbundene Realität im objektiven Raum lokalisiert und in der objektiven Zeit temporalisiert. Das reine Ich hat eine ganz andere Beziehung zu Realität, zur objektiven, raumzeitlichen Welt, nicht eine ihrerseits reale, sondern eine intentionale. Es ist der konstituierende Bezugspunkt für alles Reale und Objektive.

[55] *Ideen II*, § 56f, S. 230f; *Phänomenologische Psychologie*, S. 141.
[56] *Ideen II*, § 50, S. 189.
[57] a.a.O.
[58] a.a.O. Beilage XII, S. 359; vgl. § 50, S. 185; § 56g, S. 233.

Die physiopsychischen Vorgänge sind nicht motivationaler Natur. „Die physiologischen Prozesse in den Sinnesorganen, in Nerven und Ganglienzellen motivieren mich nicht, wenn sie das Auftreten von Empfindungsdaten, Auffassungen, psychischen Erlebnissen in meinem Bewusstsein psychophysisch bedingen. Was ich nicht ‚weiss', was in meinen Erleben, meinem Vorstellen, Denken, Tun mir nicht als vorgestellt, als wahrgenommen, erinnert, gedacht etc. gegenübersteht, ‚bestimmt' mich nicht geistig, ... auch nicht in unbewusster Weise."[59]

Bei der Motivation ist weder die Beziehung eine realkausale, noch sind Subjekt und Objekt kausalreale Gegenstände. „Ich als Subjekt der ‚Handlungsprämissen' fasse mich nicht induktiv-real als Ursache des Ich als Subjektes des ‚Handlungsschlusses'."[60] Weder ist der Entschluss die naturale Wirkung der Motive, noch besteht ein derartiges Wirkungsverhältnis zwischen dem Subjekt des Entschlusses und dem Subjekt der vorangehenden motivierenden Erlebnisse. Bei einer Handbewegung ist die bewusstseinsmässig erscheinende Hand die Unterlage des „ich bewege", Objekt und Thema des handelnden Subjekts und nicht der physikalisch oder physiologisch bestimmbare Körperteil Hand. Voraussetzung für die willentliche Handbewegung „ist die Handapperzeption mit der phänomenalen Lage etc.".[61] Die Handbewegung ist ein intentionaler Vorgang. Das schliesst nicht aus, dass dabei auch ein physischer Prozess zur Abwicklung gelangt und damit auch die Frage nach der physischen Kausalität gestellt werden kann. Die Kenntnis der physiologischen Zusammenhänge ist aber keineswegs eine Voraussetzung für die Ausführung der Handbewegung.

Intentional sind nicht nur die Motivationsbeziehungen zwischen dem konstituierenden Subjekt und dem konstituierten Objekt im Wie seiner Gegebenheiten, sondern ebenso die rein noematischen Motivationsverhältnisse zwischen den verschiedenen Dingphänomenen. Die assoziative Beziehung zwischen zwei ähnlichen Gegebenheiten ist ebensowenig eine reale wie diejenige zwischen dem Bewusstsein und seinen Gegenständen. Sehen sich zwei Menschen einander ähnlich, stellt das zwischen ihnen noch kein reales Band her. Wohl aber kann eine solche intentionale Einheit die Motivationsunterlage zur Auffassung eines realen Zusammenhangs abgeben. So motiviert die

---

[59] a.a.O. § 56f, S. 231.
[60] a.a.O. S. 230.
[61] a.a.O. § 60, S. 260; vgl. § 55, S. 218; § 62, S. 284.

intentionale Verschmelzung einer homogenen Farbfläche die Supposition eines realen Farbobjektes.[62]

§ 38. Die assoziative Motivation

Die Ausweitung des Motivationsbegriffs über die Sphäre der Gemüts- und Willensphänomene auf den gesamten Bereich des Bewusstseins scheint auf den ersten Blick zu einer bedenklichen, wesentliche Differenzen verwischenden Gleichschaltung der verschiedenen Bewusstseinsgegebenheiten zu führen.[63] Eine nähere Betrachtung erweist die Verallgemeinerung jedoch als wohlbegründet und nicht sonderlich gefahrvoll. Durch ihre durchgehend intentionale Gegebenheit und Struktur heben sich alle Bewusstseinszusammenhänge von den physischen Kausalbeziehungen ab. Die verschiedenen Wendungen und die dazugehörigen Aequivokationen, die der Titel Motivation bei ihrer Aufdeckung erfährt, so sieht es Husserl selber, ,,werden ungefährlich und erscheinen sogar als notwendig, sowie die phänomenologischen Sachlagen geklärt sind''.[64]

In den Ideen II, in denen die Motivation als das ,,Grundgesetz der geistigen Welt'' am ausführlichsten zur Darstellung kommt, finden sich einige, allerdings fragmentarisch gebliebene Ansätze zu einer Systematik der verschiedenen Motivationsweisen. An erster Stelle wird die Unterscheidung zwischen Vernunftmotivation und assoziativer Motivation angeführt, des weitern eine solche von Motivationen auf noetischer Seite, zwischen den Bewusstseinserlebnissen, und von solchen auf noematischer Seite, zwischen den intentionalen Gehalten der Erlebnisse.[65] Andere Anhaltspunkte für eine Klassifikation böten die verschiedenen Schichten der phänomenalen Welt, die ästhetischen, axiologischen, pragmatische, kulturellen Schichten usw.. In etwas geänderter Hinsicht könnten ferner die Motivationen auseinandergehalten werden, die zwischen dem Subjekt und seiner Welt und diejenigen, die entweder ,,idiopsychisch'' zwischen seinen eigenen Erlebnisbeständen oder ,,intersubjektiv'' zwischen den Erlebnisbeständen der verschiedenen Subjekte spielen. Schliesslich bliebe noch zu beach-

---

[62] Analysen zur passiven Synthesis, S. 129, 141.
[63] Vgl. A. Schutz, ,,Edmund Husserl's Ideas, Volume II'', S. 37: ,,And does the concept of motivation not cover very heterogeneous elements if equally applied to the I as being attracted by an object, the I as the system of faculties of the form ,I can', and the social interrelationship?''
[64] Ideen I,§ 47, S. 112, Anm. 1.
[65] Ideen II, § 56.

ten, dass von Motivationen sowohl in der transzendentalphänomenologischen wie auch in der bloss geisteswissenschaftlichen Einstellung
gesprochen wird, obschon bei der letzteren die realisierende Apperzeption nicht radikal ausgeschaltet wird, sondern als kompräsente Auffassung in der Sinnbestimmung immer mitfungiert.

Unser Thema legt uns hier eine Beschränkung auf die spärlichen
Angaben Husserls zur Abhebung der assoziativen Motivation von der
Ichmotivation auf. Gegenüber dieser Ichmotivation, die als eigentliche,
vernünftige, freie, intentional erfasste, aktive und sinnbestimmte
charakterisiert werden kann, erscheint die assoziative als eine uneigentliche, triebhafte, „unbewusste", passive, an die formalen Verhältnisse
und Strukturen eines Phänomens gebundene Motivation.

Rein äusserlich kennzeichnet Husserl die Rede von Motivationen
im Bereich der Passivität gegenüber dem Bereich der Spontaneität
als eine uneigentliche. „Sprachüblich", so gesteht er zu, tragen allein
die Motivationen in der Sphäre der ichlichen Stellungnahmen diesen
Titel.[66] Der Begriff des Motivs ist im Zusammenhang der Assoziation
„ein ganz uneigentlicher natürlich, da der eigentliche sich auf Ichakte
bezieht".[67] Bemerkenswerterweise sprechen wir jedoch im Bereich
der Passivität – besonders greifbar bei den Phänomenen der Modalisierung – „unwillkürlich in denselben Worten wie in der Sphäre der
Spontaneität".[68] Die Motivationen von Stellungnahmen durch Stellungnahmen werden in der Folge „Motivationen im höheren Sinne"
oder „Motivationen im prägnanten Sinn der Ichmotivation (Vernunftmotivation)",[69] genannt, denen gegenüber die Assoziationen
als „niedere" Motivationen bezeichnet werden.[70] Diese rein äusserliche
Gegenüberstellung, die inhaltlich nichts abwirft, stellen wir nur deswegen an den Anfang, weil sie zugleich Aufschluss gibt über die Herkunft des phänomenologischen Motivationsbegriffs. In den *Ideen II*
finden sich tatsächlich Stellen, in denen Husserl den Begriff auf den
personalen Bereich beschränkt, von dem die Zusammenhänge im

---

[66] a.a.O. S. 224.
[67] *Analysen zur passiven Synthesis*, Beilage XI, S. 386.
[68] a.a.O., Beilage IV, S. 358.
[69] *Ideen II*, § 56b, S. 223; § 61, S. 279.
[70] Vgl. E. Stein, seit 1913 Husserls Schülerin, die um 1916 und 1918 zwei erste
Transkriptionen und Redaktionen von Husserls stenographischen Manuskripten
zu den *Ideen II* besorgte, in: „Beiträge zur philosophischen Begründung der Psychologie und der Geisteswissenschaften" (Erste Abhandlung: Psychische Kausalität), S. 99, 102.

seelischen „Untergrund" als idiopsychische, die induktiv und kausal zu erklären sind, abgesondert werden.[71] In einer Beilage zu den Vorlesungen zur genetischen Logik lehnt Husserl dann den Begriff der „unterpersonalen Kausalität" für die Zusammenhänge im „unterpersonal Seelischen" ausdrücklich ab, weil er zu einer Verwechslung der rein in der psychischen Innerlichkeit verlaufenden Kausalität mit der psychophysischen verleiten könnte. Er erwägt in diesem Manuskript statt dessen die Bezeichnung „assoziative Kausalität".[72]

Mit der rapportierten formalen Abhebung ist sachlich nur etwas gewonnen, wenn es gelingt, sie inhaltlich zu füllen. Als erste deskriptive Kennzeichnung bietet sich die Unterscheidung zwischen Vernunft und Unvernunft oder Triebhaftigkeit dar. Die Vernunftmotivation ist zweifach ausgezeichnet, durch ihre Einsichtigkeit und ihre Freiheit. Eine Schlussfolgerung, die ursprünglich getätigt wird und nicht bloss das Resultat einer assoziativen Erinnerung an frühere Sätze ist, setzt die Einsicht in die Prämissen als Begründung voraus. Sie ist nur „im Rahmen der Evidenz" möglich. Wenn die Vernunftsetzung eines Satzes die Verneinung seines kontradiktorischen Gegenteils auch notwendig impliziert, so ist der Vollzug dieser Verneinung doch der Freiheit und der Selbsttätigkeit des Ich anheimgestellt. Alle Vernunftsetzungen sind nicht bloss mit dem Bewusstsein „es wird kommen", sondern dem des freien „ich kann" antizipiert.[73] Anders bei den assoziativen Zusammenhängen. Sie stellen sich ein, auch wenn das Motiv, z.B. irgendeine Aehnlichkeit der Termini nicht als solches erkannt wird. Sie haben daher den Charakter der Triebhaftigkeit, der Blindheit, der Unvernunft. Der Zusammenhang drängt sich „fühlbar" auf, nicht über ein einsichtiges Motiv. Die Triebmotivationen sind blind, „weil sie nicht vom Sinn der als Reiz fungierenden Sachen ausgehen".[74] In dieser Tendenzhaftigkeit „hat die passive Motivation einige Analogie, obschon nur Analogie mit mechanischer Kraft und Kausalität".[75] Die Assoziationen sind gleichsam sachlich sich herstellende Verbindungen, versehen mit dem Eindruck „das macht sich von selbst". Das Ich ist

---

[71] *Ideen II*, Beilage XII, S. 357; vgl. § 34, S. 141f. – Idiopsychische und motivationale Beziehungen dürfen in den *Ideen II* nicht ohne weiteres gleichgesetzt werden! So P. Ricoeur, „Analyses et problèmes dans *Ideen II* de Husserl", S. 384.

[72] *Analysen zur passiven Synthesis*, Beilage XI, S. 386. – Zur Ausweitung des Begriffs der Assoziation auf alle Motivationen der passiven Sphäre vgl. oben § 12a.

[73] *Ideen II*, § 60, S. 257.

[74] a.a.O. § 56a, S. 221; vgl. *I. Logische Untersuchung*, §§ 3f.

[75] *Analysen zur passiven Synthesis*, Beilage IV, S. 359.

bei ihnen nur in einer sekundären Weise frei. Es hat jederzeit die
Möglichkeit, sie aktiv nachzuvollziehen, nicht jedoch die Freiheit, sie
ursprünglich in Gang zu setzen. Die Gesetzmässigkeiten, nach denen
das Triebgeschehen abläuft, können in einer „Phänomenologie der
Tendenzen"[76] aufgehellt werden. Sind die Motive der Assoziation
einmal aufgedeckt, so zeigt sich auch ihre Forderung als eine Vernunft-
forderung.[77]

Die Ichmotivation, so können wir die Charakterisierung in noetischer Hinsicht weitertreiben, setzt voraus, dass sich das Ich „intentional" im eigentlichen Sinne auf den motivierenden Gegenstand richtet,
sich ihm interessiert zuwendet, ihn zur Kenntnis nimmt, ihn erfasst
und schliesslich ihm gegenüber Stellung bezieht.[78] Für die assoziative
Motivation ist ein solches intentionales Sich-Richten auf die Gegebenheiten nicht erfolderlich. Eine Assoziation kann sich auch zwischen
Gegenständen einstellen, die unbemerkt, „unbewusst" im phänomenologischen Sinn, im Hintergrund des Bewusstseins verbleiben. Damit
die zwei ähnlichen Termini zu einem Paar verschmelzen, braucht ihre
Aehnlichkeit nicht erfasst zu sein. Wollte man die Assoziation auf eine
solche Erfassung zurückführen, geriete man in einen Zirkel. Der
blossen Assoziation gegenüber setzt der Vergleich, die Vergleichsbe-
ziehung, die Erfassung der Aehnlichkeit oder der Verschiedenheit der
Termini voraus, damit aber auch eine vorgängige Aehnlichkeits- und
Kontrastassoziation. Der Vergleich entspringt im Gegensatz zur
blossen Assoziation einem ichlichen Akt, der eine ichliche Zuwendung
zu den entsprechenden Gegebenheiten impliziert.[79]

Assoziativ verschmelzen ähnliche Einzelaffektionen „von selbst",
ohne dass das Ich dabei mehr als „passiver" Zuschauer ist, zu einer
einheitlich affizierenden Mehrheit. Das Ich wird von solchen Zusam-
menschlüssen wohl betroffen, affiziert und damit zu einer Zuwendung
und zu einem aktiven Nachvollzug eingeladen, aber es ist nicht es
selber, das den Zusammenschluss ursprünglich in Gang gesetzt hat.
Assoziative Motivationen sind Motivationen, bei denen das Ich „unbeteiligt", „passiv" ist. Anders bei Synthesen, die einen Akt der
Kollektion, des Zählens oder einem verbindenden Urteil entspringen.
Hier ist es das Ich, das die Akte auf Grund irgend einer Motivation

[76] a.a.O. S. 289
[77] Vgl. *Ideen II*, § 56b, S. 223.
[78] *Analysen zur passiven Synthesis*, S. 76.
[79] Vgl. oben § 11, 25b.

setzt und die Verbindung zustande bringt. Aehnliches gilt für die Modalisation. Im einstimmigen Sichdurchhalten gewinnt eine Wahrnehmung den Modus der Gewissheit und sein noematischer Korrelat den des Seienden, ohne eine akthafte Setzung von Seiten des Ich. In einer Entscheidung dagegen auf Grund einsichtiger Motive ist es das Ich das sich entscheidet und hinfort als so entschiedenes verbleibt.[80]

Die Auseinandersetzung mit Merleau-Pontys Assoziationskritik wird uns im zweiten Teil die Gelegenheit bieten, durch die Präzisierung des die Motivation auslösenden Faktors den Unterschied zwischen „eigentlicher" und assoziativer Motivation noch weiter herauszuarbeiten. Es ist nicht allein der Sinn, den ein Phänomen darbietet, wie Merleau-Ponty es beschreibt,[81] der ein anderes Phänomen auslöst und einheitsstiftend wirkt. Die gleiche phänomenale Wirkung können auch die rein formalen Aspekte und Umstände, die die Phänomene charakterisieren, wie eben ihre Aehnlichkeit und Kontiguität oder irgendwelche noch genauer zu bestimmende Gestaltqualitäten, zeitigen.[82]

[80] *Analysen zur passiven Synthesis*, Beilage IV, S. 359f.
[81] *Phénoménologie de la perception*, S. 61 (dt. 73).
[82] Vgl. unten §§ 63, 67.

9. KAPITEL

DIE ASSOZIATION ALS PASSIVE SYNTHESIS

Mit der Deskription der assoziativen Motivation sind wir im letzten Paragraphen auf den Begriff zurückgekommen, der diese ganze Untersuchung zur phänomenologischen Assoziationslehre in Gang gebracht hat, den Begriff der Passivität. Die assoziative Motivation wird von Husserl als eine passive Motivation und ihr Resultat als eine passive Synthesis beschrieben. Anderseits dient die Assoziation als die prägnanteste der passiven Bildungen Husserl als Musterbeispiel der passiven Genesis und wird schliesslich sogar verallgemeinert zum Prinzip der passiven Genesis erklärt.[1]

In der phänomenologischen Literatur gilt der Begriff der Passivität, der passiven Genesis oder Synthesis als einer der rätselhaftesten Begriffe Husserls. Zur Erklärung für die Verständnislosigkeit, auf die der im übrigen häufig zitierte Begriff fast allgemein gestossen ist, kann allerdings angeführt werden, dass seine Bestimmung in den bislang veröffentlichten Schriften Husserls äusserst dürftig, knapp und formelhaft erscheint.[2]

Etwas mehr Aufschluss lässt sich aus den noch unveröffentlichten Manuskripten gewinnen, insbesondere aus dem grösstenteils im Sommer 1921 in St. Märgen verfassten Manuskript A VII 13 und aus einer von L. Landgrebe, Husserls seinerzeitigem Assistenten, in den frühen zwanziger Jahren zusammengestellten Textsammlung, die den Titel *Studien zur Struktur des Bewusstseins* trägt.[3]

---

[1] Vgl. oben § 12a.

[2] Der unter dem Titel *Analysen zur passiven Synthesis* erschienene Band XI der *Husserliana* bringt mehr eine Exemplifizierung als eine eigentliche analytische Deskription der Passivität. Ueber ihn hinaus finden sich wichtige Passagen zur Passivitätsproblematik in: *Phänomenologische Psychologie*, § 21; *Formale und transzendentale Logik*, § 4 und Beilage II; *Cartesianische Meditationen*, §§ 38f, 51; *Krisis*, Beilage III (,,Vom Ursprung der Geometrie''); *Erfahrung und Urteil*, § 23a.

[3] Insbesondere im I. Teil mit der Ueberschrift ,,Aktivität und Passivität'', §§ 6, 19-24, 32f und im 2. Abschnitt des III. Teils: ,,Die Tendenzen im Bewusstsein und der Begriff der Intentionalität'', §§ 26f, 31-34, 39-45.

Noch hilfreicher sind die geschichtlichen Vorlagen. Husserl selber verweist allein auf Kant. Es handelt sich dabei um einen rein sachlichen und nicht um einen terminologischen Verweis. Husserl vergleicht nämlich, was er als passive Synthesis aufklärt, mit der Synthesis, die Kant in der ersten Auflage der *Kritik der reinen Vernunft* der produktiven Einbildungskraft zuschreibt. Ebenso bemerkenswert wie dieser namentliche Verweis ist die geschichtliche Tatsache, dass der Begriff der Passivität um die Jahrhundertwende bei W. Wundt und in dessen Gefolge bei Th. Lipps eine Ausgestaltung fand, die stark an Husserls Verwendung erinnert und von der er offensichtlich abhängig ist.

Ausschlaggebend für das richtige Verständnis ist schliesslich aber die Beachtung, dass es – schon in der Umgangssprache – für den Ausdruck passiv eine doppelte Verwendungsmöglichkeit gibt. Wir gebrauchen ihn nicht nur für jemand, der etwas – pathisch – erleidet, sondern ebenfalls für jemand, der bei einem Vorgang, z.B. einem Spiel oder einer Demonstration, nicht mitmacht, dabei „un-tätig" oder „in-aktiv" bleibt, der dabei nicht beteiligt ist oder höchstens in der Weise eines Zuschauers. In diesem Sinn sprechen wir allgemein von einem „passiven Zuschauer".

Man mag einwerfen, dass bei den allermeisten Verwendungen des Ausdrucks in der zweiten Bedeutung die erste mitenthalten ist. Der passive Zuschauer ist trotz allem auch jemand, der das Fussballspiel erleidet, in seiner Wahrnehmung und vielleicht noch mehr in seinem Gefühl von ihm betroffen wird. Nicht übersehen darf man aber, dass auch die zweite Bedeutung in der ersten mitenthalten ist. Was jemand erleidet, entspringt für gewöhnlich nicht oder nicht allein seiner Aktivität. Es passiert vielmehr gegen seinen Willen, unwillkürlich, und unabhängig von seinem eigenen Handeln.

Hauptsächlich im Frühwerk gebraucht Husserl den Begriff im herkömmlichen Sinn des „passiven Aufnehmens"[4] von vorgegebenen

---

[4] *Philosophie der Arithmetik*, S. 38. – S. 42 hebt Husserl hervor, „das die ganze bei Lange wie bei Kant zugrundeliegende Anschauung, wonach ein Relationsinhalt R e s u l t a t eines Relationsaktes sei, psychologisch unhaltbar ist". In seinem persönlichen Exemplar schreibt er dazu auf einem eingelegten Blatt: „Wenn beide Fundamente einer Relation gegeben sind, so bedarf es dazu, meint ⟨Ms. meinen⟩ Hume, keines ,exercise of thought', keiner ,action', sondern nur einer ,passive admission of the impressions', um die Relation zu vollziehen. Hier liege daher nur ,perception', nicht ,reasoning' vor. *Treatise*, Green and Grose I, 376 ⟨Book I, Part III, Section II⟩, zitiert nach Kerry, I, 441/42." – Während hier Husserl noch undifferenziert gegen Kant Humes Ansicht teilt, stellt sich B. Kerry gerade gegen Hume und hält auch die einfachsten Relation für einen „Fall psychischer Arbeit"

Inhalten. Nur allmählich setzt sich die zweite Bedeutung durch, zuerst im Zusammenhang der Tendenzphänomene und dann in dem der Zeitsynthesen. Die Zeitsynthesen stellen weder absolute Inhalte dar, die bloss rezipiert werden wie – wenigstens dem ersten Anschein nach – die hyletischen Daten, noch entspringen sie Denkakten wie die „höheren" Leistungen des Bewusstseins.[5] Auf breiter Basis kommt die zweite Bedeutung dann mit der Zuwendung zu den Problemen der Genesis ab 1917/18 zum Durchbruch. Als prägnantestes Beispiel einer passiven Synthesis wird nun die Assoziation angeführt. Sinnliche Gegebenheiten weisen ständig intentional über sich hinaus. Sie konstituieren sich ja allererst, indem sie sich von Kontrastierendem abheben und mit Aehnlichem verschmelzen. Diese Verweisungen entspringen den Sinnesgegebenheiten als solchen und schon bevor das Ich sich ihnen rezeptiv zuwendet. Sie sind also keine Leistung der stiftenden und setzenden Akte des Ich.

In der bisherigen Husserl-Literatur blieb man fast durchwegs auf die erste Bedeutung fixiert. Man verstand den Begriff Passivität als ein Synonym für Rezeptivität. In der Folge vermengte man die Aussagen Husserls, die sich auf die Rezeption beziehen, mit jenen, die von den Synthesen handeln, die nicht ichlichen Akten entspringen und in diesem zweiten Sinn passiv genannt werden.[6] Da Husserl die Rezeption zugleich als die unterste Stufe der Aktivität taxiert, führte diese Identifikation zu einer Relativierung des Gegensatzes von Passivität und Aktivität, die sich mit Husserls eigener Relativierung, die sich auf den Grad der Ichbeteiligung bezieht, keineswegs deckt.[7]

(„Ueber Anschauung und ihre psychische Verarbeitung" (1885), S. 441f, Anm. 3). – In Lipps' Uebersetzung des *Treatise*, S. 99, in Husserls Bibliothek ist die zitierte Passage mehrfach angezeichnet und mit Randbemerkungen versehen. Mit besonderm Nachdruck ist der Ausdruck „passive Aufnahme" unterstrichen!

[5] Die „Ursynthese des ursprünglichen Zeitbewusstseins" ist „nicht als eine aktive und diskrete Synthese zu denken": *Ideen I*, § 118, S. 292).

[6] Husserl macht selber ausdrücklich, jedoch nicht so ausführlich, wie man es sich wünscht, auf den Gebrach des Ausdrucks Passivität „in einem zweiten Sinn" aufmerksam: *Ideen II*, § 54, S. 213; Ms. A VII 13, S. 27 (St. Märgen 1921).

[7] So J. Wahl, „Notes sur la première partie de *Erfahrung und Urteil*" (1951) S. 10f, 19, 29; A. Diemer, *Edmund Husserl* ([2]1965), S. 139; H. Drüe, *E. Husserls System der phänomenologischen Psychologie*, (1963), S. 72ff, 281ff. L. Landgrebe antwortet J. Wahl, der sich daran stösst, dass Husserl den Unterschied zwischen Passivität und Aktivität als einen Grad- und nicht als einen Wesensunterschied erklärt, dass sich der Gradunterschied nur auf das Begriffspaar bezieht, sofern es sich mit der Rezeptivität und der Spontaneität deckt. „Husserl comprend la réceptivité, c'est-à-dire la perception elle-même comme un mode de l'activité et en distingue la pure passivité de la simple affection. Ainsi pour lui la différence entre

§ 39. *Die literarischen Vorlagen und Nachwirkungen des Husserlschen*
    Begriffs

(a) Husserls Rückgriff auf die Synthesis der produktiven Einbildungskraft bei Kant

Als den einzigen Autor, den Husserl im Zusammenhang der Passivitätsproblematik zitiert, haben wir Kant ausfindig gemacht. Der
positive Rückgriff auf Kant bezieht sich aber ausschliesslich auf den
Sachverhalt, den Husserl mit der zweiten Bedeutung von passiv avi-
siert. Kant selber gebraucht den Begriff Passivität nur in der ersten
Bedeutung zur Charakterisierung der sinnlichen Rezeptivität: „In
Ansehung des Zustandes der Vorstellungen ist mein Gemüt entweder
handelnd und zeigt Vermögen (facultas), oder es ist leidend und besteht in Empfänglichkeit (receptivitas) ... Vorstellungen, in Ansehung
deren sich das Gemüt leidend verhält, durch welche also das Subjekt
affiziert wird (...), gehören zum sinnlichen; diejenigen aber, welche ein
blosses Tun (das Denken) enthalten, zum intellektuellen Erkenntnisvermögen ... Jenes hat den Charakter der Passivität des inneren Sinnes
der Empfindungen, dieses der Spontaneität der Apperzeption, d.i. des
reinen Bewusstseins der Handlung, welche das Denken ausmacht...‟ [8]
Diese Gegenüberstellung von Sinnlichkeit und Verstand unter dem
Gesichtspunkt des Leidens und Tuns wurde schon zu Kants Zeiten
als eine Abstraktion kritisiert.[9] Das Bewusstsein kann nur in dem Sinn
passiv sein, dass es das Erleiden „aktiv‟ vollzieht, die Eindrücke
„selbsttätig‟ aufgreift. Ein Vertreter dieser Kritik in diesem Jahrhundert ist P. Natrop, dem Husserl entscheidende Impulse für die Ausbildung der genetischen Phänomenologie verdankt. „Meint man nun
etwa unter dem ‚tätigen' Bewusstsein allgemein das beziehende (...),
so würde aus unserer Voraussetzung folgen, dass es anderes als tätiges

l'activité (réceptivité à son étage inférieur et spontanéité à son étage supérieur) et
la passivité n'est pas relative, mais absolue.‟ („Lettre sur un article de M. Jean
Wahl...‟ (1952), S. 283) – Wir werden sehen, dass Husserl auch in diese zweite,
radikalere Scheidung eine Relativität hineinbringt.

[8] *Anthropologie in pragmatischer Hinsicht*, I. Teil, § 7, S. 140f. Vgl. *Kritik der*
reinen Vernunft, A 19, B 33.

[9] Zuerst von S. Maimon, *Versuch über die Transzendentalphilosophie* (1790),
S. 168, etwas später eingehender von J. Fr. Fries, *Neue oder anthropologische Kritik*
der Vernunft I (²1828), S. 75ff. – Innerhalb der phänomenologischen Bewegung
thematisierte am scharfsinnigsten J. Sartre die Paradoxie eines passiven Bewusstseins und zwar gerade gegen Husserls Ansatz eines hyletischen Prinzips: *L'être*
et le néant, S. 25ff (dt. 24ff).

Bewusstsein überhaupt nicht gibt. Das Ich ist, als beziehendes, immer aktiv, nie bloss passiver Zuschauer; ist doch auch das Schauen selbst ein Akt und nicht ein blosses passives Verhalten. Reine Passivität wäre Tod ... Nur wird eben damit 1. die Unterscheidung zwischen aktivem und passivem Verhalten des Ich, präsentativem und repräsentativem Bewusstsein, 2. die Scheidung der Tätigkeit vom Inhalt (...) hinfällig." [10]

Was nun Husserl angeht, so findet er die Kantische Lehre der Rezeptivität zu wenig differenziert. Während Kant schon das blosse Affiziertwerden als receptivitas betitelt, bezeichnet Husserl in der Regel nur die aufmerkende Zuwendung des Ich zum Affizierenden als Rezeption. Diese Rezeption ist eine primitivste Form der ichlichen Aktivität.[11] Durch sie wird, was bislang in anonymer Weise bewusst war, gegenständlich und thematisch in das Blickfeld des Bewusstseins gerückt. Die Affektionen für sich und ihre zeitliche und assoziative Formung bezeichnet Husserl dagegen als Vorkommnisse in der Sphäre der „puren" oder „ursprünglichen Passivität", die der Aktivität der Rezeption vorausliegt. „Was das psychische Leben der unteren passiven Stufen anlangt, so ist es überall die Voraussetzung der Personalität. Schon die blosse Rezeptivität, nämlich jedes wieder von dem Ichzentrum ausgehende ,ich gewahre, ich erfasse, ich betrachte' setzt voraus, dass das zu Erfassende vordem schon unerfasst im Bewusstseinsfeld des erfassenden Ich lag und auf dieses Ich eine Affektion übt, einen Reiz, sich dem aufmerksam zuzuwenden. So liegt, wie wir sehen, vor dem gewahrenden Erfahren schon ein ungewahrendes, mit zugehörigen Synthesen der Einstimmigkeit und eventuell Unstimmigkeit vor jeder Ichbeteiligung..."[12] Natürlich ist auch das Bewusstsein der Affektion ein lebendiges und selbsttätiges Bewusstsein. Aber seine „Aktivität" ist grundverschieden von der Aktivität der Rezeption und Apperzeption. Sie geht nicht wie jene vom Ichzentrum aus.[13]

Für diese vorrezeptive, rein passive Konstitution findet Husserl nun aber doch auch bei Kant eine Vorwegnahme, nämlich in dessen „tiefsinnigen, aber unklaren Lehre von der Synthese der produktiven Ein-

---

[10] *Allgemeine Psychologie I* (1912) S. 56f. Der letzte Satz wurde von Husserl z.T. unterstrichen und am Rand mit einem Pfeil nach unten versehen.

[11] Vgl. oben § 11.

[12] *Phänomenologische Psychologie*, S. 131.

[13] Die Affektionen mit ihren Tendenzen stellen in dieser Hinsicht „sozusagen eine aktive Passivität, nicht eine vom Ich ausgehende Aktivität" dar: *Ideen II*, Beilage XII, S. 337.

bildungskraft". „Wenn Kant in seinem grossen Werk von einer ana-
lytischen Synthese spricht, so meint er das darin in expliziten Formen
des Begriffs und Urteils sich entfaltende Erkennen, und dieses weist
nach ihm zurück auf eine produktive Synthese. Das ist aber nach
unserer Auffassung nichts anderes als das, was wir passive Konstitution nennen, als das nach unserer phänomenologischen Methode ent-
hüllbare Zusammenspiel der sich beständig höher entwickelnden
Intentionalitäten des passiven Bewusstseins, in denen sich passiv eine
überaus vielgestaltige immanente und transzendente Sinngebung vollzieht und sich organisiert zu umfassenden Sinngestalten und Seinsgestalten..."[14]

Kant bestimmte das Verhältnis der Einbildungskraft zum Verstand
in den beiden Auflagen der *Kritik der reinen Vernunft* verschieden. In
der ersten Auflage erscheint die Einbildungskraft als ein dem Verstand gegenüber selbständiges Vermögen, in der zweiten als eine Funktion eben dieses Verstandes. Die Synthesis der Einbildungskraft ist
nichts anderes als die verborgene Wirkung des Verstandes auf die
Sinnlichkeit. Husserl folgte in der spätern Zeit fast durchgehend der
Interpretation der zweiten Auflage, vor allem in der *Krisis*, in der er
die „grosse Entdeckung" Kants vom „doppelt fungierenden Verstand"
in zwei Paragraphen ausführlich würdigt.[15] Die eben angeführte Passage aus den Vorlesungen zur genetischen Logik ist eine der wenigen,
bei denen er sich in der Zeit nach den *Ideen I* an der ersten Auflage
orientiert. Diese Orientierung ist nahegelegt durch die Assoziationsproblematik, die Kant hauptsächlich in dieser Auflage zur Geltung
bringt. An den Stellen, die sich an die zweite Auflage halten, bezieht
Husserl die Kantische Unterscheidung nicht auf die zwischen der
Passivität im eigentlichen und „reinen" Sinn und der Aktivität ganz
allgemein, der vorprädikativen wie der prädikativen, sondern auf
die Gegenüberstellung von anteprädikativer Rezeptivität und logischer
Spontaneität, der Passivität also im herkömmlichen Sinn der Rezeptivität, der sinnlichen Erfahrung von Naturdingen, und der theoretischen
Erzeugung von kategorialen Gegenständlichkeiten. „Soll die gemeine
Erfahrung wirklich Erfahrung von Naturgegenständen sein, von
Gegenständen, die nach Sein und Nichtsein, nach So- und Andersbe-
schaffensein sollen in objektiver Wahrheit, also wissenschaftlich er-

---

[14] *Analysen zur passiven Synthesis*, S. 275f.
[15] §§ 25 und 28. Vgl. I. Kern, a.a.O. S. 261ff.

kennbar sein können, dann muss die anschaulich erscheinende Welt
schon ein Gebilde der Vermögen ,reine Anschauung' und ,reine Vernunft' sein, derselben, die sich in der Mathematik, in der Logik in
einem explizierten Denken aussprechen."[16] „Was da ‚Konstitution'
heisst, das hatte offenbar Kant unter dem Titel ‚Verbindung als
Verstandeshandlung', Synthesis im Auge. Es ist die Genesis, in der
sich das Ich und korrelativ die Umwelt des Ich konstituiert. Es ist
eine passive Genesis – keine kategoriale Aktion, die kategoriale
Gebilde erzeugt: kategorial im eigentlichen Sinn, keine prädikative
Urteilsaktion..."[17]

Nur für die rezeptive Gegenstandserfahrung trifft zu, dass ihre Konstitution nach denselben „kategorialen Funktionen", die für das
explizite Denken massgebend sind, erfolgt. Für die der Rezeption
vorgegebene Urkonstitution in der Sphäre der reinen Passivität gilt
dagegen, dass in ihnen in der Gestalt der Gesetze der Zeitkonstitution,
der Assoziation, der Sedimentation u.dgl. gerade Wesensgesetzmässigkeiten zur Auswirkung gelangen, die von den logischen und kategorialen Gesetzen der Vernunftkonstitution grundverschieden sind. Die
Synthesen in der Sphäre der reinen Passivität können daher nicht dem
doppelt fungierenden Verstand, sondern müssen einer von ihm verschiedenen Instanz, der Einbildungskraft zugeordnet, werden.

Eine einheitliche und geschlossene Zuweisung der verschiedenen
Konstitutionsschichten, die Husserl herausarbeitet, zu den deduktiven
Etappen Kants dürfte bei der divergierenden Konzeption der transzendentalen Aesthetik, die bei Husserl nicht nur von den leeren Formen der Sinnlichkeit, sondern von der Wahrnehmung in ihrer ganzen
gegenständlichen Fülle handelt, besonders aber infolge des phänomenologischen Nachweises der intuitiven Erfassbarkeit der „kategorialen Funktionen" ein fortwährend zum Scheitern verurteiltes Unterfangen sein.[18] Es ist eben diese intuitive Aufweisbarkeit der auch die
passive Konstitution durchherrschenden Wesensgesetze, die Husserl
zusammen mit ihrer intentionalen und noetischen Analyse bei Kant
vermisst.[19]

---

[16] *Krisis*, § 25, S. 97
[17] Ms. B IV 12, S. 3 (um 1920). Wir zitieren nach I. Kerns Transkription a.a.O.
S. 259f.
[18] Vgl. z.B. Ms B IV 1, S. 159 (1908).
[19] *Analysen zur passiven Synthesis*, S. 276; *Erste Philosophie I*, S. 281; *Krisis*, § 28,
S. 106; Ms. K III 28, S. 43 (um 1936/37).

(b) Die Passivitätsproblematik bei W. Wundt

Die Ausführungen zur Aktivitäts- und Passivitätsstruktur des psychischen Strebens, die wir in Th. Lipps' Schriften von Husserls Hand so häufig angezeichnet fanden, führten uns zurück auf W. Wundt, von dem Lipps, wie sich leicht nachweisen lässt,[20] in Thematik und Terminologie, nicht jedoch in der (deskriptiven) Methode, stark beeinflusst war. Wundt war es, der der Problematik der Aktivität und der Passivität in der deutschsprachigen Psychologie der Jahrhundertwende zu einem gewissen Auftrieb verhalf. Er führte sie bei der Erklärung der Apperzeption ein und übertrug sie dann, was für uns von besonderem Interesse ist, auf die apperzeptiven und assoziativen Verbindungen.

Der Unterschied der Aktivität und der Passivität betrifft nach Wundt nicht den Apperzeptionsvorgang als solchen, der subjektiv in der Zuwendung der Aufmerksamkeit auf eine Vorstellung und objektiv in der daraus resultierenden Klärung dieser Vorstellung besteht. Er bezieht sich vielmehr auf die begleitenden Gefühle und auf seine Verursachung. „Ist die Apperzeption von Anfang an von einem subjektiven Gefühl der Tätigkeit begleitet, so bezeichnen wir sie als eine aktive; geht dagegen dieses Gefühl erst aus einem ursprünglich vorhandenen entgegengesetzten Gefühl des Erleidens hervor, so wollen wir sie eine passive nennen."[21] Die Apperzeption als eine Willenshandlung wird von einem Gefühl der Tätigkeit begleitet, wenn die Aufmerksamkeit auf einen Inhalt gespannt ist, schon bevor dieser in den Blickpunkt des Bewusstseins tritt und diesen Eintritt überhaupt erst zustande bringt, von einem „Passivitätsgefühl" dagegen, wenn der Inhalt nicht der vorhandenen Disposition der Aufmerksamkeit entspricht, sondern diese vielmehr in eine ihrer bisherigen Tätigkeit entgegengesetzte Richtung zwingt. Der Gegensatz der Aktivität und der Passivität ordnet sich der Wechselwirkung zwischen der subjektiven und der objektiven Seite des psychischen Lebens zu. Herrscht der Einfluss des Willens vor, wird die Apperzeption als eine aktive erlebt, dominieren die Vorstellungsinhalte, als passive.

[20] Vgl. z.B. im Zusammenhang der Assoziation die Uebernahme der von Wundt eingeführten Unterscheidung zwischen extensiver und intensiver Verschmelzung (*Leitfaden der Psychologie*, 1. Auflage, S. 79ff), im Zusammenhang der Apperzeption die Kontrastierung von Perzeption und Apperzeption und von aktiver und passiver Apperzeption (*Vom Fühlen, Wollen und Denken*, 1. Auflage, S. 13f).
[21] *Grundzüge der physiologischen Psychologie III*, 5. Auflage, S. 333 (6. Auflage, S. 307).

Da das Gefühl des Erleidens regelmässig in ein solches der Tätigkeit übergeht und zudem bei jedem komplexeren Prozess beide Gefühle auftreten, lässt sich nach Wundt bei den aktiven und passiven Apperzeptionen nicht von einem absoluten Gegensatz sprechen. Die „Zerlegung" der beiden Gefühle in die einfacheren der Spannung und der Lösung ergibt des weiteren, dass ihre Verlaufsformen nur geringfügig voneinander abweichen.[22] Zu den „verhältnismässig gering erscheinenden Differenzen jener formalen Verlaufskomponenten" tritt nun aber ein anderer, „wesentlich materialer Unterschied" hinzu. Die Apperzeption eines unerwarteten Eindrucks hat seine alleinige Ursache im plötzlichen Auftreten der Vorstellung. „Die passive Apperzeption ist also im allgemeinen eine Willenshandlung unter der Wirkung e i n e s Motivs oder, nach unserer früheren Bezeichnung, eine Triebhandlung." Bei der aktiven Apperzeption wird unter dem motivierenden Einfluss weiter Teile des Gesamtbewusstseins eine Vorstellung unter vielen andern, mitvorhandenen, bevorzugt. Sie ist eine „Willkürhandlung".[23]

Von der Explikation der Apperzeption als Vorstellungsklärung übernimmt Wundt die Differenzierung zwischen Aktivität und Passivität in die Untersuchung der psychischen Verbindungen. Auch sie scheiden sich „vor allem in zwei Formen, die in der Art des begleitenden Gefühlsverlaufs durchaus jenen typischen Formen der Apperzeption entsprechen, die wir oben als aktive und passive bezeichnet haben".[24] Verknüpfungen von Vorstellungen, die aus Denkoperationen von der Art des Abmessens, des Wägens, des Vergleichens usw. resultieren und dabei von einem Gefühl der Selbsttätigkeit begleitet werden, nennt Wundt nun apperzeptive Verbindungen, weil „die Apperzeption oder, wie wir diese nach ihrer subjektiven Seite nennen, die Aufmerksamkeit sowohl für die unmittelbare Quelle der Selbsttätigkeit gegenüber den Objekten wie als die beziehende Funktion des Bewusstseins gegenüber den ihm gegebenen objektiven Inhalten betrachtet werden kann". Ihnen werden „diejenigen, denen jene Merkmale der Selbsttätigkeit und der beziehenden Verknüpfung nicht zu-

---

[22] a.a.O. S. 345 (319). *Logik II/2*, S. 267 (*III*, S. 265). Mit der Zerlegung und Quantifizierung der Gefühle verspielt Wundt wieder die Bedeutung, die er ihnen als den „sozusagen feinsten Reagentien auf die Natur des gerade ablaufenden Prozesses" zuerst zuschreibt (*Grundzüge der physiologischen Psychologie III*, S. 565 (538), *Logik II/2*, S. 267 (*III*, S. 265)).

[23] *Grundzüge der physiologischen Psychologie III*, S. 345f (319f).

[24] a.a.O. S. 524 (498).

kommen, als die assoziativen" gegenübergesetzt.[25] „Die Assoziationen in allen ihren Formen werden von uns als passive Erlebnisse aufgefasst. Denn das für die Willens- und Aufmerksamkeitsvorgänge charakteristische Tätigkeitsgefühl greift immer nur in der Weise in sie ein, dass es bei der Apperzeption gegebener psychischer Inhalte an die bereits gebildeten Verbindungen sich anschliesst. Die Assoziationen sind demnach Erlebnisse, die ihrerseits Willensvorgänge erwecken können, selbst jedoch nicht unmittelbar durch Willensvorgänge beeinflusst werden. Eben dies ist uns aber das Kriterium eines passiven Erlebnisses."[26]

Wir sind hier bei Wundts Unterscheidung von apperzeptiven und assoziativen Verbindungen auf einen Passivitätsbegriff gestossen, der mehrere gemeinsame Züge mit dem später von Husserl verwendeten zeigt. Passiv wird nicht mehr nur das Betroffenwerden durch einen elementaren Sinneseindruck genannt, sondern ein genetischer Vorgang, in dem sich ein komplexer Bewusstseinsinhalt, eine Verbindung, erstellt. Bei der Bestimmung der passiven Vorgänge weicht das „subjektive" Kennzeichen des Erleidens zusehends dem „objektiven" Moment der unwillkürlichen Verursachung. Die apperzeptiven Verbindungen entspringen der psychischen Funktion der Aufmerksamkeit, die Wundt als eine Willenshandlung ansetzt. Bei den Assoziationen verbinden sich die Termini anscheinend vermöge der ihnen immanenten Kräfte. Die Verbindung scheint in den Elementen selber gelegen zu sein.[27] Schliesslich werden bei Wundt wie bei Husserl vornehmlich die Assoziationen als passive Verbindungen thematisiert. Dass gegebenenfalls auch die Aufmerksamkeitszuwendung unwillkürlich provoziert sein kann, findet Husserl offenbar weniger relevant. Er spricht nur nebenbei von dieser Möglichkeit.[28] Statt dessen weitet er den Begriff der Passivität auf andere Synthesen, insbesondere die der Zeit, aus.

Gibt es über diese augenscheinlichen Parallelen sachlicher Art literarische Hinweise auf eine Abhängigkeit Husserls gegenüber Wundt?[29] Im Zusammenhang der Passivitätsproblematik fehlt in

[25] *Logik I*, S. 17 (erst von der 3. Auflage (1906) an; vgl. 2. Auflage (1893), S. 12f).

[26] *Grundriss der Psychologie*, 6. Auflage (1904), S. 300f (15. Auflage (1922), S. 307).

[27] *Logik I*, S. 17 (erst von der 3. Auflage (1906) an).

[28] Z.B. Ms. M III 3 III 1 II, § 43, S. 131 (1921/23).

[29] Zum allgemeinen Verhältnis Husserls zu Wundt vgl. unten § 49.

den Husserlschen Texten jeder namentliche Verweis auf Wundt. Ebenso fehlen Lesespuren in den einschlägigen Passagen in den verschiedenen Büchern Wundts, die sich in Husserls Privatbibliothek befinden.

Vermisst man in unserm Zusammenhang jeglichen literarischen Verweis auf Wundt bei Husserl selber, so taucht ein solcher doch bei seiner Schülerin E. Stein auf. Stein war in den Jahren, in denen sich Husserl zusehends der Passivitätsthematik zuwandte, um das Ende des ersten Weltkrieges, bei diesem als Assistentin tätig. Sie verweist nun in einem 1922 erschienen Aufsatz auf Wundts Rede von Passivitätsgefühlen bei den Assoziationen. Der Hinweis ist knapp gehalten. Der positiven Zustimmung zum inaktiven Ursprung der Assoziation folgt eine Distanzierung von der gefühlsmässigen Bestimmung der Passivität und der psychophysisch-kausalen Erklärung der Assoziation: ,,Wundt spricht von einem ,Passivitätsgefühl', das alles assoziative Erleben begleitet. Ob der Ausdruck ,Gefühl' hier am Platze ist, das wollen wir jetzt nicht erörtern. Jedenfalls ist richtig hervorgehoben, dass unsere Aktivität (im Sinne des willentlichen geistigen Tuns) ausgeschaltet ist, solange wir uns dem freien Spiel der Assoziationen überlassen. Aber es ist kein kausales Geschehen, das sich dabei vor uns abspielt."[30]

Ein wichtigeres Indiz als dieses vereinzelte Zitat Steins für einen wenigstens indirekten literarischen Zusammenhang der Wundtschen und der Husserlschen Passivitätsthematik bilden die erwähnten, von Husserl intensiv studierten Ausführungen Lipps'[31], deren Abhängigkeit von Wundt ausser Zweifel steht.

---

[30] ,,Beiträge zur philosophischen Begründung der Psychologie und der Geisteswissenschaften. Erste Abhandlung: Psychische Kausalität", S. 94. Stein verweist auf den III. Band der *Grundzüge der physiologischen Psychologie*, 5. Auflage, S. 564 (6. Auflage, S. 537).

[31] Vgl. *Vom Fühlen, Wollen und Denken*, 1. Auflage (1902) (Von Husserl auf der ersten Seite eingetragenes Datum: 25. VIII. 02 – Die folgenden Auflagen stellen eine völlige Umarbeitung der ersten dar, sodass ein Verweis auf parallele Stellen dahinfällt), S. 13f, 28-51; *Leitfaden der Psychologie*, 1. Auflage (1903) (Eintragung Husserls: ,,Vom Verf⟨asser⟩ erh⟨alten⟩ Weihn⟨achten⟩ 1903/04"), S. 211f; 2. Auflage (1906) (Eintragung Husserls: ,,Vom Verf. 3. V. 1906"), S. 230ff; *Einheiten und Relationen* (1902) (Eintragung Husserls: ,,In einem Zug studiert am 1-3 Dez. 1904"), S. 5; *Bewusstsein und Gegenstände* (1905) (Eintragung Husserls: ,,Vom Verf. 15. XI.05"), S. 133ff. Ueber diese von Husserl mehrfach angezeichneten und unterstrichenen Passagen hinaus finden sich Verweise aufeinander als auf parallele Stellen an den Rand geschrieben in: *Vom Fühlen, Wollen und Denken*, S. 29; *Bewusstsein und Gegenstände*, S. 133 und *Leitfaden der Psychologie*, 2. Auflage, S. 230!

(c) Die Passivitätsproblematik bei Th. Lipps

In seinem Frühwerk *Grundtatsachen des Seelenlebens* (1883) schiebt Lipps die Unterscheidung Wundts zwischen aktiver und passiver Aufmerksamkeit als keineswegs „grundwesentlich" mit wenigen Worten beiseite.[32] In den Schriften ab 1902 greift er sie in der nun stark von Wundt beeinflussten Apperzeptionslehre positiv und systematisch auf. „Ich finde das Apperzipieren oder das Apperzipiertsein eines Gegenständlichen das eine Mal mehr oder minder entschieden durch ‚mich' bedingt oder aus ‚mir' stammend. D.h. ich ... finde mich darin frei mich betätigend. Ich finde ein andermal die Apperzeption eines Gegenständlichen mir abgenötigt, finde mich darin leidend, einem mir geschehenen Drang gehorchend, oder ihm unterliegend. Ich wende das eine Mal frei meine Aufmerksamkeit einem Erlebnis zu, das andere Mal geschieht es, dass das Erlebnis die Aufmerksamkeit auf sich zieht. In jenem Falle ist die Apperzeption aktive, in diesem Falle passive Apperzeption."[33] Auffallend selten spricht Lipps dagegen bei den Assoziationen von begleitenden Passivitätsgefühlen.[34] Dabei stellt auch er den assoziativen Vorstellungsablauf als eine Nötigung dar, als ein Streben, das nicht aus meiner freien Tätigkeit hervorgeht, sondern sich mir aufdrängt.

Für Lipps ist der Gegensatz der Aktivität und der Passivität wesentlich dem psychischen Streben zuzuordnen. „Nur im Streben findet sich der Gegensatz der Aktivität und Passivität. Dieser Gegensatz ist überhaupt an das Streben gebunden. Ich kann nicht mich aktiv oder passiv fühlen, ohne in mir ein Streben zu fühlen, so wie ich umgekehrt kein Streben fühlen kann, ohne in ihm mich aktiv oder passiv zu fühlen."[35] Die strebenspsychologische wie die gefühlsmässige Bestimmung der Aktivität und der Passivität führt zu einer dialektischen Verkoppelung der beiden. „Ich würde das Gefühl der Passivität angesichts eines passiven Erlebnisses nie haben können, wenn ich dabei von einem Moment der Aktivität, als dem Faktor in mir, zu dem das passive Erlebnis in Gegensatz tritt, absähe."[36] Umgekehrt entspringt

---

[32] S. 45 (In Husserls Exemplar unterstrichen).

[33] *Einheiten und Relationen*, S. 5 (Von Husserl unterstrichen).

[34] Z.B. *Vom Fühlen, Wollen und Denken*, S. 96, 104. Zu Lipps' Assoziationstheorie, die in ihrem deskriptiven Vorgehen mit derjenigen Husserls viel gemeinsam hat, vgl. unten § 50.

[35] a.a.O. S. 37 (Von Husserl unterstrichen).

[36] a.a.O. S. 39.

das Aktivitätsgefühl dem Widerstand eines Hemmnisses, das sich mir entgegenstellt.

Bemerkenswerter noch als diese thematisierte Zuordnung von Aktivität und Passivität zum Streben sind die Ansätze Lipps', die Passivität als etwas Spezifisches von den Nötigungen, die von einem Objekt der Wahrnehmung ausgehen, abzuheben. Das Passivitätsgefühl deckt sich nicht einfach mit dem Gefühl der „perzeptiven Gebundenheit" oder der Objektivität. Es ist ein Gefühl der Nötigung, das „nicht von einem Gegenstande, sondern von dem gegenwärtigen Zusammenhang des psychischen Lebens und seiner von den Gegenständen unabhängigen Eigenart, Verfassung, Ablaufsweise" ausgeht.[37]

Der Einfluss Lipps' auf Husserl zeigt sich einmal darin, dass auch dieser die Passivitätsproblematik zuerst im Zusammenhang einer Phänomenologie der Tendenzen systematischer in Anschlag bringt,[38] und sie erst daraufhin auf die Zeitsynthesen und die Assoziationen überträgt, die in ihrer intentionalen Struktur ja gleichfalls einen Tendenzcharakter zeigen. Was aber Lipps' Analysen über die vorausgegangenen Arbeiten Wundts ausgesprochen nahe an Husserls Formulierungen heranführt, das ist die Explizierung des aktiven und willentlichen Strebens als „mein" Streben, als ein ichbestimmtes Streben, das „aus mir" hervorgeht, dem gegenüber das passive und unwillkürliche Streben, obschon auch es als ein subjektives Streben, nämlich ein Streben „in mir", gefasst ist, ein Geschehen darstellt, das mit dem Gefühl des „nicht aus mir" verbunden ist. „Ich wende meine Aufmerksamkeit oder wende mich innerlich dem Gegenstande zu. Die Zuwendung, so wie sie tatsächlich geschieht, stammt nach Aussage meines unmittelbaren Erlebens aus mir; sie ist mein Tun. Dies ist das Bewusstseinserlebnis der aktiven Apperzeption. Sie heisst aktiv wegen dieses Gefühles des Hervorgehens der Apperzeption aus mir oder meiner ,Tätigkeit', oder weil ich im Apperzipieren mich bedingend, nämlich die Apperzeption bedingend fühle. Dieser aktiven Apperzeption steht gegenüber die passive Apperzeption. Das Bewusstsein derselben ist das Bewusstsein, dass der Gegenstand sich mir aufdrängt, oder aufnötigt... Dass ich mich ihm zuwende, stammt nicht aus ,mir', d.h.

---

[37] a.a.O. S. 28 (Von Husserl unterstrichen). – Die Unterscheidung wird von Lipps, insbesondere bei den passiven Apperzeptionen, allerdings nicht streng durchgehalten.

[38] Vgl. *III. Studie zur Struktur des Bewusstseins*, §§ 23-45: Ms. M III 3 III 1 I und II (Die einschlägigen Texte hauptsächlich im 1909-14); A VII 13, S. 23ff (St. Märgen 1921).

aus meiner Tätigkeit, sondern stammt aus etwas mir Fremden, obzwar ‚in mir' Wirkendem ...''[39] – „Das Gefühl der aktiven Befriedigung ist das Gefühl des ‚Gelingens', oder das Gefühl, dass mein Tun
gelingt. Es ist das Gefühl, um deswillen ich das erlebte Geschehen
auch als ‚meine Tat' bezeichne. Das Gefühl der passiven Befriedigung
ist das Gefühl, dass mein Streben ohne mein Zutun sich erfüllt. Dort
erlebe ich meine Verwirklichung des Zieles, hier das Sichverwirklichen
desselben, also ein Widerfahrnis, etwas das mir zuteil wird, oder das
mir geschieht.''[40]

Diese Zitate, von Husserl selber angezeichnet, genügen wohl, um
die Annahme einer literarischen Abhängigkeit von Lipps plausibel
zu machen. Auch Husserl bestimmt die Passivität als ein Geschehen,
das zwar ein „subjektives'' Geschehen ist, seinen Ursprung aber nicht
der Ichaktivität verdankt, sondern „ohne mein Zutun'' in Gang kommt.
Eine bemerkenswerte Differenz liegt aber darin, dass Husserl dieses
passive Geschehen nicht so sehr „gegen mich'' gerichtet betrachtet,
als vielmehr „für mich'' vorgehend ansieht. Der Gegensatz zum „aus
dem Ich'' der aktiven Leistungen ist für ihn nicht das „gegen das Ich''
der passiven Geschehnisse, sondern ihr „für das Ich''.[41] Diese Abweichung kommt daher, dass Husserl den Gefühlscharakter, die Erfahrung des Erleidens, bei den nichtichlichen Synthesen nicht weiter
in Betracht zieht und sich statt dessen mehr für ihre Funktion gegenüber der ichlichen Konstitution interessiert. Das passive Geschehen
bildet ein potentielles Feld der Ichzuwendung und die Motivationsunterlage für das aktive Konstituieren.

(d) Die Aufnahme der Passivitätsproblematik in der
    französischen Philosophie (M. Merleau-Ponty und
    M. Henry)

Als Hauptgefahr für das Verständnis des Husserlschen Passivitätsbegriffs machten wir seine voreilige Identifikation mit der Rezeptivität,
die im naiven Bewusstsein als etwas betrachtet wird, das wir erleiden,
und das Uebersehen seiner zweiten Bedeutungsmöglichkeit des inaktiven Unbeteiligtseins namhaft.

Merleau-Ponty ist einer der wenigen Autoren, dem diese Aequivo-

---

[39] *Vom Fühlen, Wollen und Denken*, S. 13f (Von Husserl unterstrichen).
[40] a.a.O. S. 51 (Von Husserl unterstrichen). – Vgl. *Leitfaden der Psychologie*,
2. Auflage, S. 18; 3. Auflage S. 25 usw..
[41] Vgl. unten § 41.

zität nicht zur Falle wurde. Nachdem er Husserls Begriff der „passiven Synthesis" zur Bezeichnung der nicht auf intellektuelle Akte zurückzuführenden Zeitkonstitution als einen „Ausdruck, der freilich nicht die Lösung des Problems gibt, sondern vielmehr dieses nur selber bezeichnet", eingeführt hat,[42] gibt er folgende aufklärende Beschreibung: „Eine passive Synthesis wäre ein Widerspruch in sich, bedeutete Synthesis Komposition, bestünde aber alle Passivität in blosser Hinnahme – und nicht der Zusammensetzung – des Mannigfaltigen. Doch wollte die Rede von passiver Synthesis vielmehr sagen, dass in ihr das Mannigfaltige zwar von uns durchdrungen ist, gleichwohl aber nicht wir es sind, die seine Synthese vollbringen … Was hier Passivität heisst, ist nicht unser Hinnehmen einer fremden Realität oder kausale Einwirkung eines Aeusseren auf uns; vielmehr eine Belehnung, ein Sein in Situation, dem zuvor wir gar nicht existieren, das wir beständig aufs neue beginnen und das uns selbst erst konstituiert."[43] Passiv heisst nicht die Empfängnis von fertig vorgegebenen Realitäten, Reizen oder Empfindungsatomen, sondern, die „erworbene" Spontaneität, die ich in mir ebenso am Werk finde wie meinen Herzschlag.

Merleau-Pontys bevorzugtes Beispiel einer passiven Konstitution ist in seiner *Phänomenologie der Wahrnehmung* nicht wie bei Husserl die Assoziation, die er ausschliesslich als eine Sinnmotivation interpretiert,[44] sondern die Zeitkonstitution. In einer Vorlesung von 1954/55 behandelt er dann als weitere passive Phänomene den Schlaf, das Unbewusste und das Gedächtnis.[45] Die Zeit entspringt nicht meiner Wahl, so wenig wie meine Geburt. Sie bricht mit dieser durch mich hindurch hervor. Was ich mit einer solchen Konstitution machen kann, ist entweder sie aufgreifen und intellektuell nachvollziehen, sie „rekonstituieren",[46] oder aber, noch von ihr getragen, mich gegen sie stellen. In ihrer Vorgängigkeit ermöglicht sie nicht nur meine Selbstverwirklichung und schöpferische Aktivität, sie verunmöglicht auch die totale Ueberwindung meiner „Uneigentlichkeit".

---

[42] *Phénoménologie de la perception* (1945), S. 479 (dt. 476).

[43] a.a.O. S. 488 (dt. 486f); vgl. S. 222f, 299 (dt. 226, 301). Aehnlich A. De Waelhens, *La philosophie et les expériences naturelles* (1961), S. 162, 185f.

[44] Merleau-Ponty kannte Husserls Passivitätsproblematik vermutlich hauptsächlich von den C – Manuskripten her, die ihm zur Verfügung standen (vgl. H. L. Van Breda, „Maurice Merleau-Ponty et les Archives-Husserl à Louvain" (1962), S. 425).

[45] *Résumés de cours* (1968), S. 66ff.

[46] *Phénoménologie de la perception*, S. 53 (dt. 65).

Die passive Synthesis ist die Leistung einer anonymen, allgemein bleibenden Subjektivität, einer fungierenden Intentionalität, die wesenhaft leiblich strukturiert ist. Das personale Ich der Entscheidungen und des intellektuellen Verstehens fällt mit ihr nur partiell zusammen. Die passive Wahrnehmung hat etwas Vorpersönliches, etwas, das sich mir zuvor in einer gewissen Allgemeinheit vollzieht, das ihr den Anschein eines Automatismus gibt und das die Rede erlaubt, dass „man" in mir wahrnimmt. Dennoch ist sie alles andere als ein objektives Geschehen nach der Art eines physikalischen Prozesses, dem ich wie einer objektiven Tatsache ausgeliefert bin. Es ist ein subjektives Geschehen, in dem das Ich sich gewinnt und das es Merleau-Ponty ermöglicht, seine phänomenologische Beschreibung der Wahrnehmung fast durchgehend in der ersten Person vorzutragen.[47]

Merleau-Ponty setzt die passive Konstitution jener ursprünglichen Konstitution gleich, für die das klassische Schema Inhalt – Auffassung nicht zutrifft. Es handelt sich um eine Form der Konstitution, bei der nicht irgendeinem Inhalt durch eine thetische Aktivität eine Bedeutung aufgepfropft wird oder zwei Gegenstände durch eine synthetische Aktivität kategorial verbunden werden. Sinnhaftigkeit und Einheit entspringen ursprünglich der nur unzulänglich begrifflich fassbaren sinnlich-leiblichen Ekstase des Subjekts auf eine Welt hin.[48]

Neben Merleau-Ponty entwickelte M. Henry in *L'essence de la manifestation*[49] einen Passivitätsbegriff, der sich im Unterschied zu dem Husserls auf das rein immanente Selbstbewusstsein bezieht. Er bezeichnet die Selbstaffektion des Seins des Bewusstseins als ontologische Passivität. Das Bewusstsein erleidet affektiv sein eigenes Sein, ohne das Vermögen zu besitzen, diesen für es konstitutiven Rückbezug

---

[47] a.a.O. S. 249f (dt. 253f). – Bei Husserl fallen passive und anonyme Konstitution nicht einfach zusammen. Er spricht ebenso von einer anonym bleibenden Affektion (Ms. C 16 VI, S. 14 – Mai 1932) wie von einer anonym bleibenden Aktivität, solange sich das Ich ihnen nicht thematisierend zuwendet (*Formale und transzendentale Logik*, § 69, S. 157; *Krisis*, § 36, S. 141f usw.).

[48] a.a.O. S. 490f (dt. 487f); *Résumés de cours*, S. 67: „La passivité est possible à condition que 'avoir conscience' ne soit pas ‚donner un sens' que l'on détient par-devers soi à une matière de connaissance insaisissable, mais réaliser un certain écart, une certaine variante dans un champ d'existence déjà institué, qui est toujours derrière nous, et dont le poids, comme celui d'un volant, intervient jusque dans les actions par lesquelles nous le transformons. Vivre, pour un homme, n'est pas seulement imposer perpétuellement des significations, mais continuer un tourbillon d'expérience qui s'est formé, avec notre naissance, au point de contact du ‚dehors' et de celui qui est appelé à le vivre."

[49] (1963), §§ 37, 41, 53 usw..

auf sich selbst, der durch den Charakter des „immer schon" ausgezeichnet ist, aktiv zu setzen oder zu brechen. Als ontische Passivität
definiert Henry dagegen die Wirkung einer Realität auf eine andere,
wie sie z.B. nach cartesianischer Auffassung zwischen Leib und Seele
statthat.

§ 40. Passivität als Rezeptivität

Für das gemeine Bewusstsein verläuft die Grenze zwischen Passivität und Aktivität zwischen der impressionalen Gegebenheit eines
sensuellen Datums, bzw. der perzeptiven Gegebenheit eines Dinges
und der bewusstseinsmässigen Verarbeitung, Verbindung, Deutung,
Beurteilung, dieser Vorgegebenheiten. Auch bei Husserl finden wir,
wie erwähnt, dieses Verständnis des Begriffpaares, hauptsächlich aber
in den vorgenetischen Phasen seiner Phänomenologie, am häufigsten
in den *Ideen II* und in dieser Schrift sowohl in naturalistischer wie in
phänomenologischer Interpretation.[50] Die mechanischen Bewegungen,
denen der Leib wie ein Ding unterliegt, aber auch das Triebgeschehen
im seelischen Untergrund gelten als etwas „Angetanes" und als „passive Abläufe", deren Wirkung auf das Ich je nach Einstellung kausal
oder motivational verstanden wird.[51] In phänomenologischer Einstellung bedeutet Passivität in diesem Sinne nichts anders als Moti-
viertwerden. „Wir haben da das Verhältnis des Reagierens auf etwas,
dadurch Reize erfahren, dadurch motiviert zur Zuwendung, ... die
Aehnlichkeit reizt mich zur Vergleichung ... Die schlechte Zimmerluft
(die ich als solche erfahre) reizt mich, das Fenster zu öffnen. Immer
haben wir das ,von etwas leiden', passiv durch etwas bestimmt sein,
und aktiv darauf reagieren, ..."[52]

Der Begriff der rezeptiven Passivität ist bei Husserl doppelbödig.
Rezeptiv nennt er nicht nur das unwillkürliche Empfangen von
Impressionen, sondern ebenfalls und hauptsächlich den Akt der
Erfassung dieser impressionalen Vorgegebenheiten zur nähern Kennt-
nisnahme und Explikation. „Wir sind affiziert, rein rezeptiv, passiv."[53]
„Dem aktiven steht gegenüber das passive Ich, und das Ich ist immer-
fort, wo es aktiv ist, zugleich passiv, sowohl im Sinn von affektiv als

---

[50] Die Formel „Passivität als Rezeptivität" findet sich als Titel an den Rand
geschrieben in Ms. A VII 13, S. 31. Der vorangehende Titel lautet: „Wahrnehmung
und Trieb der Intention als passive Spontaneität des Ich" (S. 29, St. Märgen 1921).
[51] *Ideen II*, §§ 41c, 61f; Beilage XIV, S. 388.
[52] a.a.O. § 55, S. 217.
[53] Ms. M III 3 I 1 II, § 33, S. 81 (Okt./Nov. 1911).

rezeptiv – was wohl nicht ausschliesst, dass es auch bloss passiv sein kann."[54] Die Rezeption im zweiten, akthaften Sinn ist motiviert durch die Rezeption im ursprünglicheren, affektiven Sinn. Das passiv-affektive Erleben stellt gegenüber der Akthaftigkeit von Rezeptivität und Spontaneität eine blosse „Zuständlichkeit des Bewusstseins" dar.[55]

Schon bei der gängigen Verwendung des Begriffs der Passivität fällt auf, dass es nicht nur das Moment des Erleidens, sondern ebenso das des unwillkürlichen, nicht dem Willen und der Tätigkeit des Ich entspringenden Geschehens ist, das Husserl auf ihn führt. Das reale Sein der Natur ist ein passives Sein, weil es „von selbst" abläuft.[56] Ebenso sind die mechanischen Leibesbewegungen „passive Abläufe, an denen die Spontaneität keinen Anteil hat".[57] Die Einflüsse, die mich von aussen treffen, zwingen mich zu einem passiven Nachgeben und Folgeleisten.[58] Wenn auch die als ein Akt der Erfassung thematisierte Rezeption ebenso als eine Passivität wie als eine niedere Stufe der Aktivität hingestellt wird, dann geschieht das nicht nur wegen des Momentes des Erleidens, durch das sie bedingt wird, sondern auch, weil das Ich in ihr nicht im gleichen Grade und in der gleichen Weise engagiert ist wie bei einem Akt der logischen Spontaneität. Gegenüber der schöpferischen Spontaneität hat die Rezeptivität etwas Schlichtes.[59] Der Gegenstand steht zwar in der erfassenden Zuwendung als „mein" Gegenstand aufgefasst da, aber seine Erkenntnis ist noch nicht zum Bezugspunkt eines Wollens, eines kategorialen Handelns geworden.[60]

Passiv als affektive Einheiten vorgegeben, von denen aus Reize auf das Ich ausgehen und denen es sich rezeptiv zuwendet, sind nicht nur ursprüngliche Impressionen, sondern auch alle konstitutiven Leistungen, die der ichlichen Aktivität selber entsprungen sind, sobald es sich aus ihrem aktuellen Vollzug zurückzieht. Eine der frühen Stellen, an denen Husserl von einem konstituierten Bewusstseinsinhalt als von etwas Passivem und Rezeptivem spricht, findet sich in der *Phänomenologie des inneren Zeitbewusstseins*: Eine auftauchende Erinnerung,

---

[54] *Ideen II*, § 54, S. 213.
[55] a.a.O. §§ 4f; Ms. M III 3 I I I, § 23 (wohl um 1911).
[56] *Ideen II*, textkritischer Apparat S. 419 (Aus einem Manuskript von 1916/17, das nicht vollständig in die *Ideen II* aufgenommen wurde).
[57] a.a.O. § 41c, S. 159.
[58] a.a.O. § 60c.
[59] *Zur Phänomenologie des Zeitbewusstseins*, Ergänzender Text Nr. 45, S. 301; Ms. M III 3 I I I, § 23, S. 198 (Frühjahr 1911); A VII 13, S. 195 (wohl 1921).
[60] *Erfahrung und Urteil*, § 19, S. 90; § 47, S. 232. Es gibt auch verschiedene Grade der Zuwendung, je nach dem Interesse des Ich: Ms. M III 3 I I II, § 38 (1909/11).

„wiewohl selbst keine Impression, ist doch gleich der Impression kein Erzeugnis der Spontaneität, sondern in gewisser Weise ein Rezeptives. Man könnte hier auch von passiver Empfängnis sprechen und unterscheiden das passive Empfangen, das Neues, Fremdes, Originäres hereinbringt, und das passive Empfangen, das nur wiederbringt, vergegenwärtigt."[61]

Sofern es sich hier um Vorgegebenheiten analog zu den urimpressionalen handelt, nennt sie Husserl gegenüber dieser primären Passivität „sekundäre Passivität", sofern sie wie diese das Ich affizieren, „sekundäre Sinnlichkeit", sofern sie schliesslich wie diese vom Ich nunmehr bloss erfasst und nicht neu erzeugt werden, „sekundäre Rezeptivität". Die erste Form sekundärer Passivität bilden die retentionalen Abwandlungen einer Impression oder einer aktiven Erzeugung, weitere Formen die Wiedererinnerungen und die apperzeptiven Einfälle. „Das auftauchende Meinen, das verworrene Denken rechnen wir also in die Sphäre der Passivität und zwar der sekundären Passivität. Eben weil das, was da bewusst ist, nicht in der Zuwendung und der Aktion innerhalb der Zuwendung bewusst ist. Hier ist nichts von Spontaneität. Es ist bestenfalls Ergebnis, totes Residuum von Spontaneität, aber nicht lebendige und wirkliche Spontaneität. Stellen wir also Passivität und Aktivität gegenüber, so steht unter dem Titel Passivität: 1. die Sinnlichkeit, die klare und dunkle, 2. das verworrene Denken im Sinne der vorschwebenden Meinung."[62]

Das Zurückfallen einer aktiven Konstitution in die Passivität im Sinn einer das Ich affizierenden Vorgegebenheit und ebenso ihre assoziative Wiedererweckung aus dem retential versinkenden Bewusstseinsstrom ist nun selber eine passive Leistung im Sinn einer nicht vom Ich ausgehenden Produktion: „Das Urteil ist nicht nur in und während der aktiven Konstitution als in ihr lebendig sich erzeugendes, sondern wird zum kontinuierlich verbleibenden selben Urteil, als einem sich erhaltenden Erwerb, der eben auch für aktive Gebilde – wie überall (das ist in jedweder Konstitution identisch verharrender Einheiten) auf Funktionen der Passivität beruht."[63]

---

[61] § 42, S. 88 (wohl nach 1911).
[62] Ms. M III 3 I 1 I, § 23, S. 205 (wohl um 1911). Vgl. *Ideen II*, § 5, S. 12; § 9, S. 19; Beilage XII, S. 332ff; *Formale und transzendentale Logik*, § 4, S. 22f; Beilage II, S. 28off.
[63] *Formale und transzendentale Logik*, Beilage II, S. 281.

§ *41. Passivität als Inaktivität*

Für die Konstitutionserlebnisse, bei denen der Akzent weniger auf das Erleiden als auf das Nichtengagiertsein des Ich gesetzt wird, auf das Ausbleiben aller „Ingerenz der Ichaktivität",[64] ergänzt oder ersetzt Husserl den Begriff der Passivität gelegentlich durch den der Inaktivität.[65] Dieses Verständnis der Terminus erlaubt es, ihn nicht nur, wie es in der intellektualistischen Philosophie üblich ist, auf die postulierten Einzeldaten, die das Bewusstsein anscheinend von einer aussenstehenden Instanz entgegennimmt, anzuwenden, sondern ebenso auf gewisse Formen der Synthesis dieser Daten, die gegenüber den bewusstseinsfremd vorgefundenen Daten als etwas Bewusstseinserzeugtes angenommen werden. Sofern die Hinnahme von Daten gemeinhin der Rezeptivität, ihre Verbindung aber der Spontaneität des Bewusstseins zugeschrieben wird, spricht Husserl bezüglich dieser primitiven Formen der Bewusstseinsverbindung als von einer „passiven Spontaneität des Ich".[66] Wir gehen nun den über verschiedene Texte hin verstreuten Formulierungsansätzen zu diesem spezifischen Passivitätsphänomen nach.

Am bekanntesten ist die zur Charakteristik der passiven Konstitution eingeführte Formel „ohne Ichbeteiligung" mit ihren Abwandlungen geworden: Die passive Genesis erfolgt „ohne jede aktive Beteiligung des Ich", „ohne Mitbeteiligung des aktiven Ich", „in passiver Ichbeteiligung" usw..[67] Das Ich ist bei diesen Bewusstseinsprozessen „nicht dabei" – oder höchstens in der Weise des Zusehens.[68] Derartige Vorkommnisse sind als etwas nicht „spezifisch Ichliches",[69] ja als etwas „Ichfremdes" [70] zu taxieren. Als „ichfremd" bezeichnet Husserl sonst in erster Linie die Empfindungsdaten, aber auch die Naturdinge,

---

[64] *Analysen zur passiven Synthesis*, S. 91.

[65] *Formale und transzendentale Logik*, Beilage II, S. 288; Ms. A VII 13, S. 201f (WS 1919/20).

[66] Ms. A VII 13, S. 29 (St. Märgen 1921).

[67] *Cartesianische Meditationen* („Pariser Vorträge"), S. 29; *Analysen zur passiven Synthesis*, Abhandlung II, S. 323; Beilage XI, S. 386; *Krisis*, Beilage III („Vom Ursprung der Geometrie"), S. 374.

[68] Ms. M III 3 III 1 II, § 31, S. 14 (Juli 1914); A VII 13, S. 23 (St. Märgen 1921). – Zum Verständnis dieser Redensart: Es wird nicht nur von den Verstandesgegenständlichkeiten ausgeführt, dass sie sich „unter Dabeisein des Ich" konstituieren (*Erfahrung und Urteil*, § 63, S. 301), sondern ebenso in den *Ideen II*, § 36, S. 144, „dass bei aller Erfahrung von raumdinglichen Objekten der Leib als Wahrnehmungsorgan des erfahrenden Subjektes ‚mit dabei ist'."

[69] Vgl. *Ideen III*, S. 19.

[70] Ms. M III 3 III 1 II, § 33, S. 31 (1918).

da sie sich in der natürlichen Einstellung als „von aussen her entsprungen" geben, und schliesslich oder vielmehr als „das erste Ich-
fremde" das andere Ich.[71] Der Intensität der affektiven Aufdringlich-
keit dieser ichfremden Vorgegebenheiten entsprechen „Gradualitäten
der Ichnähe und der Ichferne".[72] Als „nicht dem Ich entsprungen",
„nicht vom Ich vollzogen", „ichloses" Geschehen stellt sich die passive
Konstitution als ein „sachliches Geschehen" und als etwas, das sich
„von selbst" macht, dar.[73]

Obwohl die passiven Abläufe als ein nichtichliches Geschehen
charakteristiert werden, sind sie doch subjektive und nicht real-natu-
rale Vorgänge. Das Getriebe im seelischen Untergrund ist zwar
leichthin naturhaft apperzipierbar, psychophysisch geregelt denkbar,
aber es bietet sich uns zuerst als „ein Untergrund von Erlebnissen" dar,
deren Verhältnis untereinander und gegenüber dem Ich ein motiva-
tionales ist. „Die Erscheinungen verlaufen vermöglich, passiv oder
aktiv; aber auch passiv sind sie bewusst als solche, die wir ‚subjektiv'
ablaufend haben und als das tuend ablaufen lassen könnten."[74] Ihre
Subjektivität weist sich also darin aus, dass sie vom Ich jederzeit
aktiv aufgegriffen werden können. Es sind „Geschehnisse, die von
selbst laufen, aber ‚subjektiv' sind, sofern sie unmittelbar aktivierbar
sind durch die blosse Richtung des Ich darauf".[75] Die assoziative
Formung, als die prägnanteste der passiven Formungen angeführt, ist
zwar eine subjektive, aber keine ichliche Formung. Es liegt nahe, „von
dieser ‚sinnlichen', in der Sinnlichkeit sich vollziehenden Formung
zu sagen, dass sie rein der Subjektivität entsprungen sei gegenüber
dem Material (auch hier dem letzten Material), das von aussen her
gegeben sei. Doch ist hier die Subjektivität eben nicht das Ich im
vorigen Sinne, die subjektiv geleistete Formung ist nicht aus dem reinen Ich durch seine tätige Leistung entsprungene."[76] Der Begriff der
transzendentalen Subjektivität ist also weiter zu fassen als derjenige
des transzendentalen Ich. Diesem kann, im strikten Sinn, nur die aktive Konstitution zugeordnet werden, während sich jene auch auf die
passive erstreckt. „Träger" der passiven Konstitution ist das urströ-

---

[71] Ms. B III 10, S. 14 (St. Märgen 1921); *Formale und transzendentale Logik*,
§ 26b, S. 71; § 96a, S. 213; § 105, S. 246.
[72] *Ideen I*, § 84, S. 205; *Erfahrung und Urteil*, § 17, S. 81.
[73] Ms. M III 3 I 1 I, § 6 (1904/05); A VII 13, S. 30 (St. Märgen 1921).
[74] Ms. D 12 I, S. 15 (5. IX. 1931); vgl. *Ideen II*, § 61, S. 280.
[75] Ms. D 12 V, S. 9 (wohl 1930/31); vgl. A VII 13, S. 23, 33.
[76] Ms. B III 10, S. 13 (St. Märgen 1921).

mende Leben, aus dem sich das Ich der akthaften Setzungen erhebt. „Das Immanente konstituiert sich in einer ursprünglichsten, von aller Ichbeteiligung unabhängigen und ihr voranliegenden Passivität; es konstituiert sich in einem allerursprünglichsten Leben, das wir urströmendes Leben des Ich nennen, das schon den Charakter eines ‚Bewusstseins von' hat."[77] Bewusstseinsstrom und Ich fallen nicht einfach ineins. Das Ich ist der Pol, in dem der Strom zentriert ist, und der Agens, für den er als Motivationsfeld fungiert.[78]

Gegenüber dem als vernünftig und freitätig ausgewiesenen Ichzentrum, das auf Grund seiner Einsicht aus sich selbst entscheidet und handelt, erscheint die ursprüngliche Genesis des Stromes von „Instinkten" getrieben, denen das Ich nur passiv folgen kann. „Der konstitutive Prozess der Genesis erwächst aus einer ursprünglichen Triebhaftigkeit, in der kinästhetisch subjektive Bewegungen in faktischer Begleitung von ‚Empfindungsbildern' verlaufen; also aus einer ursprünglich ziellosen Bewegungsintentionalität."[79] „Instinkt" und „Trieb" sind nicht eng animalisch zu nehmen. Husserl spricht in diesen Zusammenhängen auch von einem „Gewohnheitstrieb" oder einem „Trieb des Nachgebens".[80] Das instinktiv-triebmässige Geschehen charakterisiert sich als ein unwillkürliches Vorgehen nach einer starren Gesetzmässigkeit – „in starrer Passivität", wie sich Husserl insbesondere bei der Zeitkonstitution ausdrückt.[81] Gegenüber dem unterseelischen Getriebe ist das Ich passiv im Sinn von „unbeteiligt". Da es genauerhin der „Wille" ist, der an diesem Geschehen keinen Anteil hat, spricht Husserl nicht nur allgemein von einer „Ichpassivität", sondern gelegentlich auch von einer „Willenspassivität".[82]

Die Unwillkürlichkeit haben wir schon bei Wundt und Lipps als ein wesentliches Merkmal der passiven Vorgänge angetroffen. Es

---

[77] Ms. A VII 13, S. 65 (St. Märgen 1921).

[78] Vgl. *Ideen II*, § 56b, S. 222, Anm. 1.

[79] Ms. A VII 13, S. 46 (St. Märgen 1921); vgl. S. 48, 197.

[80] *Ideen II*, § 59, S. 255.

[81] *Analysen zur passiven Synthesis*, S. 93, 231, 235 usw..

[82] Ms. M III 3 III 1 II, § 40, S. 103 (Juli 1914). Für das gleiche Phänomen gebraucht Husserl aber auch den Begriff „Triebpassivität" (Ms. A VII 13, S. 48 – St. Märgen 1921)! – E. Fink bestimmt in seiner Dissertation (bei Husserl!) die Passivität als Unwillkürlichkeit und Unfreiheit: „Der Grundcharakter der ursprünglichen Konstitution der vorgegebenen Welt in den Wahrnehmungen ist die Passivität, die allererst den Boden abgibt für die bedingte Freiheit des Ich. Diese Urkonstitution ist dem Willen des Ich entrissen." („Vergegenwärtigung und Bild" (1930), S. 285f.)

waren ja die seelischen Strebungen oder Tendenzen, die zur Passivitätsproblematik führten. In ihrem Zusammenhang erarbeitete auch Husserl zwei fundamentale Bestimmungen, die bei den spätern Beschreibungen der eher kognitiven passiven Konstitution immer wiederkehren: 1. Sie bilden als Motivationsunterlage die Bedingung der Möglichkeit der aktiven Konstitution. 2. Zu ihrem Wesen gehört es, wie wir bereits angezeigt haben, dass sie vom Ich jederzeit aktiv aufgegriffen und zum Ziel seiner eigenen Tätigkeit gemacht werden können. „Jede subjektive Bewegung, mag sie unwillkürlich sein, etwa einem ‚Reiz' folgen, der den Trieb zu ihr erregt und ‚auslöst' ..., kann durch das Eingreifen des Willens befördert, gehemmt werden etc.."[83] Ein Wille bezieht sich immer auf einen Willensweg, der als ein „gangbarer Weg" nur vorstellig ist, indem er auf Wege zurückweist, die nicht von einem Wollen gebahnt worden sind. „Wir werden von willkürlichen Geschehnissen als Handlungen zurückgewiesen auf unwillkürliche Geschehnisse, die also keine Handlungen, aber doch im weiteren Sinne willentliche Geschehnisse, nämlich aus dem Ich als sein unwillkürliches Tun hervorquellende Geschehnisse sind, wobei natürlich die Rede von Wollen hier mit Vorsicht gebraucht werden muss: Es ist eine schwierige Frage, inwieferne solche Geschehnisse als willentliche, als eine Art passiven Wollens angesehen werden können."[84] Das passive Geschehen ist stets vom Bewusstsein des „ich kann" (scil. den Vorgang selbsttätig realisieren), näherhin vom Bewusstsein „ich kann infolge" – infolge eines vorgängigen Ablaufes.[85] Ist das Ich einmal erwacht, erhält das unwillkürliche Geschehen eine verstärkte negative Note. Es erscheint nun als ein „Sichgehenlassen".[86]

Das passive Geschehen ist als subjektives durch die Grundstruktur aller Subjektivität, die Intentionalität, ausgezeichnet. Auch es ist schon „Bewusstsein von". Aber seine Intentionalität ist keine, die vom Ichzentrum her durchlebt ist, durch die ein aufmerkendes, erfassendes, auch wertendes und wollendes Sichrichten, eine Spannung und Tendenz hin auf eine anschauliche Selbstgebung oder praktische Verwendung geht. Es ist eben eine „passive" oder „latente" Intentionalität,[87] zu der es aber wiederum gehört, dass sie jederzeit ichtätig aufge-

---

[83] Ms. M III 3 III 1 II, § 31, S. 14 (Juli 1914).
[84] Ms. M III 3 II II, § 26, S. 67 (1918).
[85] Ms. M III 3 III 1 II, § 33, S. 32 (1918).
[86] a.a.O. S. 40.
[87] *Analysen zur passiven Synthesis*, S. 76, 89; Beilage IV, S. 358; Ms. M III 3 III 1 II, § 43 (1921/23).

griffen und so zu einer „aktiven", „patenten" oder „thematischen" Intentionalität werden kann. „In der Sphäre dieser Passivität, dieses von selbst sich Machens oder neu Kommens (...) haben wir eine Ursphäre der Intentionalität einer uneigentlichen, weil von keiner eigentlichen 'Intention auf' die Rede ist, wozu es des Ich bedarf; aber ,Vorstellung von', Apperzeption ist schon da."[88] „Denn allgemein gilt, dass ein Vorstelliges, auf das das Ich seinen Blick richtet, ein Wahrgenommenes, Erinnertes, auch ein Retentionales, schon in sich selbst intentionales ⟨sein⟩, also schon in seinem passiven Gehalt Richtung auf sein Gegenständliches haben muss."[89]

Der Unterschied zwischen aktiver und passiver Intentionalität wird mit den gleichen oder ähnlichen Ausdrücken beschrieben wie der zur Zeit der *Ideen* thematisierte Unterschied zwischen aktueller und inaktueller Intentionalität. In der Aktualität lebt das Ich in „lebendiger Funktion", „gerichtet auf", „zugewendet zu", in der Inaktualität dagegen „verborgen" und „unbewusst". Die aktuelle Intentionalität ist immer von einem Hof der Inaktualität umgeben auf den sich das Ich nicht richtet, sich jedoch beliebig richten kann. Dem Unterschied zwischen Aktualität und Inaktualität entspricht derjenige zwischen Vordergrunds- und Hintergrundsbewusstsein.[90] In den *Ideen I* heisst es vom Zeitbewusstsein, dass es sich bei ihm nicht um ein „aktuell setzendes Wahrnehmen" handelt, und ebenso, dass ihre Ursynthese „nicht als eine aktive und diskrete Synthese zu denken ist".[91]

Trotz aller Parallelität deckt sich der Gegensatz Aktualität–Inaktualität der *Ideen* nicht einfachhin mit dem Gegensatz Aktivität – Passivität der spätern Jahre. Die wachsende Ausarbeitung des zweiten Gegensatzes in den Jahren um 1920 kann zu einer weitern Differenzierung des erstgenannten führen. Es sind nicht nur verschiedene Modi der aktuellen Intentionalität auseinanderzuhalten, sondern ebenso unterschiedliche Modi der Inaktualität.[92] Einen beachtenswerten Ansatz zur Differenzierung liefern die *Ideen II*. Es wird hier ausgeführt, dass einem Subjekt, das noch nie einen Ton „wahrgenommen",

---

[88] *Ideen II*, Beilage XII, S. 335.
[89] *Analysen zur passiven Synthesis*, S. 77; vgl. *Formale und transzendentale Logik*, § 107c, S. 253; *Erfahrung und Urteil*, § 18, S. 85f.
[90] *Ideen I*, §§ 35, 80 u.a.; *Ideen II*, § 22. Eine verwandte Unterscheidung ist die zwischen wachem und schlafendem Ich (*Ideen II*, § 58, S. 253; *Phänomenologische Psychologie*, S. 206).
[91] *Ideen I*, § 113, S. 273; § 118, S. 292.
[92] Die *Ideen I* interessieren sich nur für die ersteren.

als einen Gegenstand für sich erfasst hat, sich ein Gegenstand Ton als Gegenstand auch nicht aufdrängen kann, sondern nur ein noch nicht als solcher apperzipierter akustischer Empfindungszustand. Erst nach einer aktuell vollzogenen Erfassung kann es auch im Hintergrund des Bewusstseins zu (inaktuellen) Tongegenstandsauffassungen kommen. Es gibt also Konstitutionen, die ursprünglich nur in einer aktuellen Intentionalität erzeugt und erst hierauf – sekundär – auch inaktuell vollzogen werden können. Dagegen gibt es andere Konstitutionen, wie z.B. die Assoziationen, Modalisierungen, Sedimentierungen usw., die sich im Hintergrund des Bewusstseins einstellen können, ohne dass sie je zuvor von Ich aktuell in die Wege geleitet worden wären. Gegenüber dem inaktuellen und latenten Bewusstsein von Sinnstiftungen, das immer nur sekundär möglich ist, gibt es ein primär passives und latentes Bewusstsein von Urkonstitution.[93]

Die „passive Vorgegebenheit" gründet nicht in „spezifischen Ichakten",[94] Akten der Thesis und der Synthesis, der Auffassung und der Zusammenfassung, des Meinens und des Zusammenmeinens, wie das am deutlichsten von Sinnzeichen und mathematischen Kollektionen der Fall ist. Die Wahrnehmung einer sinnlichen Konfiguration als ein Schriftzeichen impliziert die akthafte Setzung einer Bedeutung. Die Zusammenfassung einzelner Gegenstände zu einer Menge vollzieht sich in ihrem Herausgreifen oder Herausmeinen aus dem Bewusstseinsfeld und in ihrem Zusammengreifen, das wiederum als ein Zusammenmeinen beschrieben werden kann. Eine Kollektion ist eine „Verknüpfung, die durch das Meinen und nur durch es allein hergestellt ist und zwar zwischen Gliedern, die für sich gemeint und soferne sie für sich gemeint sind". Eine Komplexion oder Konfiguration ist dagegen eine „sachliche Einheit", die sich auf Grund formaler oder inhaltlicher Verhältnisse, etwa der Aehnlichkeit der Teile, „von selbst" einstellt.[95]

Obwohl die passiven Vorgegebenheiten nicht akthaft gestiftet sind, stellen sie nichtsdestoweniger ein genetisches Ereignis dar und sind nicht einfach, wie noch in der *Philosophie der Arithmetik* angenommen wurde, vom Bewusstsein „fertig" angetroffene Einzelinhalte oder

---

[93] *Ideen II*, § 10, S. 23. – In den *Ideen I*, § 115, S. 281, werden auch Aktregungen, die den eigentlichen Akten vorangehen, als Betätigungen der Inaktualität vorgestellt.

[94] IV. *Cartesianische Meditation*, § 38, S. 111.

[95] Ms. M III 3 I 1 I, § 6 (1904/05).

statische Verhältnisse. Die Passivität reduziert sich also nicht auf statisch vorliegende Gegebenheiten. Sie bezieht sich auf einen genetischen Konstitutionsprozess. Ausdrücklich spricht Husserl von einer „passiven Produktion" [96] und, im Rahmen des Konstitutionsschemas Materie – Form, von einer „Formung in der Passivität".[97]

In der Einleitung zur *Formalen und transzendentalen Logik* führt Husserl an, dass nicht alle Bewusstseinserlebnisse fähig sind, „sinngebend zu sein" und nennt dabei die „Erlebnisse ursprünglicher Passivität, fungierende Assoziationen, die Bewusstseinserlebnisse, in denen sich das ursprüngliche Zeitbewusstsein, die Konstitution der immanenten Zeitlichkeit abspielt und dgl.".[98] Anderwärts, in den Vorlesungen zur genetischen Logik, schreibt er aber auch dem Zusammenspiel der Intentionen des passiven Bewusstseins eine sinngebende Funktion zu. Er legt hier dar, dass sich in ihnen „passiv eine überaus vielgestaltige immanente und transzendente Sinngebung vollzieht und sich organisiert zu umfassenden Sinngestalten und Seinsgestalten, wie es die immanente Einheit des Erlebnisstromes ist und hinsichtlich der Transzendenz die Einheit der Welt mit ihren universalen Formen".[99] Der Anschein eines Widerspruches, der hier aufkommt, löst sich bei der Beachtung des Kontextes auf. Aus dem Zusammenhang der erstgenannten Stelle[100] geht hervor, dass dort „Sinn" enger als geistige oder kategoriale „Bedeutung" und „Sinngebung" strikt als der Terminus, der in den *Ideen I* beim Konstitutionsschema Inhalt – Auffassung, bzw. primärer Inhalt – Akt den von der Tradition übernommenen Begriff Apperzeption ersetzt,[101] verstanden werden muss. Die passive

---

[96] *Analysen zur passiven Synthesis*, S. 276.
[97] Ms. B III 10, S. 12 (St. Märgen 1921). – Der Gegensatz Aktivität – Passivität deckt sich also nicht mehr mit dem Gegensatz Materie – Form oder Bewusstseinsfremdes – Bewusstseinserzeugtes. Vgl. zu diesem Schema: *Zur Phänomenologie des Zeitbewusstseins*, Beilage I, S. 100: „Bewusstsein ist nichts ohne Impression. Wo etwas dauert, da geht a über in xa′, xa′ in yx′a″ usw. Die Erzeugung des Bewusstseins aber geht nur von a zu a′, von xa′ zu x′a″; dagegen das a, x, y ist nichts Bewusstseins-Erzeugtes, es ist das Urerzeugte, das ‚Neue', das bewusstseinsfremd Gewordene, Empfangene, gegenüber dem durch eigene Bewusstseinsspontaneität Erzeugten."
[98] § 4, S. 22.
[99] *Analysen zur passiven Synthesis*, S. 276.
[100] „Welchen allgemeinen Wesenstypus, so ist die Frage, muss ein Bewusstseinserlebnis haben, um in Bedeutungsfunktion eintreten zu können? Muss es nicht den Typus Ichakt im spezifischen Sinne haben (stellungnehmender Akt)...?": *Formale und transzendentale Logik*, § 4, S. 22.
[101] *Ideen I*, §§ 85f.

Konstitution wäre demnach, wie es bei Merleau-Ponty expliziter zur Darlegung kommt, eine genetische Konstitution, auf die das Schema Inhalt – Auffassung nicht passt. Sie entspringt den intentionalen Verweisungen, die das Wesen der primitivsten Bewusstseinsaffektionen ausmachen.[102] Passiv erstellen sich nach Husserl hauptsächlich Synthesen, Zeitsynthesen, assoziative Synthesen, Gleichheits- und Identitätssynthesen,[103] Sedimentationen usw.. Merleau-Ponty wird zeigen, dass das in ihnen Synthetisierte nie nur eine blosse Empfindungsqualität darstellt, die erst durch einen Akt der Auffassung einen Sinn erhält, sondern von Anfang an sinnträchtig erscheint.[104]

§ 42. Die Relativität des Gegensatzes Aktivität – Passivität

Die dreissiger Jahre bringen Manuskripte, in denen Husserl seine Theorie einer ichlosen, passiven Genesis in Frage stellt. So unterscheidet er in einem Rückblick auf die Entwicklung seiner Zeitlehre zwei Phasen, eine erste, in der er den Ichbezug überhaupt ausser Acht gelassen, und eine zweite, in der er die Zeitgenesis als eine ichlose thematisiert hatte. Nun wendet er gegen die zweite Fassung ein, dass sich jegliche Konstitution in der Rekonstruktion ichpolarisiert zeigt: „In meiner alten Lehre zum inneren Zeitbewusstsein habe ich die hierbei aufgewiesene Intentionalität eben als Intentionalität – als Protention vorgerichtet, als Retention sich modifizierend aber Einheit bewahrende – behandelt, aber nicht vom Ich gesprochen, nicht sie als ichliche (im weitesten Sinn Willensintentionalität) charakterisiert. Später habe ich die letztere als in einer ichlosen (‚Passivität') fundierte eingeführt. Aber ist das Ich der Akte und der da entspringenden Akthabitualitäten nicht selbst in Entwicklung? Dürfen oder müssen wir nicht eine universale Triebintentionalität voraussetzen, die jede urtümliche Gegenwart als stehende Zeitigung einheitlich ausmacht und konkret von Gegenwart zu Gegenwart forttreibt ...? Die Rückfrage und Rekonstruktion führt auf die ständige Zentrierung durch den Ichpol jeder Primordialität..." [105] In Wirklichkeit hat Husserl jedoch

---

102 Vgl. oben § 21.
103 „Deckungsbewusstsein ist dabei eine Grundform passiver Bewusstseinsverbindung zu einem Bewusstsein, einer passiven Synthesis, wenn man dieses Wort benützen will" (Ms. D 5, S. 3 – 1917 oder 1918). Das ist wohl eine der frühesten Stellen, an denen Husserl die Formel „passive Synthesis" benützt!
104 Vgl. unten § 63.
105 Ms. E III 5, S. 3 (Schluchsee, Sept. 1932); vgl. Ms. C 17 IV, S. 5 (1932): „Die wirkliche Zeitigung, die in der evidenten zeitlichen Gegebenheitsweise des

immer, auch auf dem Höhepunkt seiner Passivitätsthematik um 1920, an einem gewissen Ichbezug auch der passiven, nominell „ohne Ichbeteiligung" erfolgenden Konstitution festgehalten. Die Nichtbeteiligung wurde immer nur als eine relative verstanden. Wenn es nur eine graduelle Ichlosigkeit gibt, dann wird es schwieriger, für die Grenzziehung zwischen passiver und aktiver Konstitution einen fixen Anhalt zu liefern. Man kann die Grenze – und bei Husserl ist das auch der Fall – bei diesem oder jenem Grad der Ichbeteiligung, bzw. Ichlosigkeit ziehen. In *Erfahrung und Urteil* wird denn auch in einer Zwischenbemerkung darauf hingewiesen, „dass die Scheidung von Aktivität und Passivität keine starre ist, dass es sich dabei nicht um ein für allemal definitorisch festlegbare Termini handeln kann, sondern nur um Mittel der Beschreibung und Kontrastierung, deren Sinn in jedem Einzelfall im Hinblick auf die konkrete Situation der Analyse ursprünglich neu geschöpft werden muss – eine Bemerkung, die für alle Beschreibungen intentionaler Phänomene gilt".[106]

(a) Die Gradualität der Ichbeteiligung

Bekanntlich leugnet Husserl in der ersten Auflage der *Logischen Untersuchungen* die phänomenale Gegebenheit eines reinen Ich als identischen Beziehungspoles aller Erlebnisse. In der zweiten Auflage und in den im gleichen Jahr veröffentlichten *Ideen I* distanziert er sich von seinen früheren Behauptungen.[107] In jedem aktuellen Aktvollzug hebt sich ein Sichrichten auf das Gegenständliche ab, dessen Ausgangpunkt in einer Identitätsdeckung mit dem aller übrigen Akte zusammenfällt. Herrscht in den aktuellen Erlebnissen das „vom Ich

Stromes der Erlebnisse vorausgesetzt und getätigt ist, ist die des transzendental-phänomenologischen Ich. In dem es sie ursprünglich tätigt, hat es die Evidenz der Erlebniszeitlichkeit und so ist das apodiktische Wahrheit. Zeitlichkeit ist eben in jeder Weise Ichleistung, ursprüngliche oder erworbene." – Hauptsächlich auf dieses C-Manuskript stützt K. Held, *Lebendige Gegenwart* (1966), S. 27f, 97ff, seine These der Ichlichkeit auch der passiven (Zeit-)Konstitution. Wenn er aber die Art der ichlichen Tätigkeit in der Passivität als ein „Entgleitenlassen", das immer ein „Noch-im-Griff-Behalten" impliziert, interpretiert, so greift er Husserlsche Termini auf, die in erster Linie den Uebergang der ursprünglichen Aktivität in eine sekundäre Passivität charakterisieren. Ursprünglicher als in der Weise eines Entgleitenlassens ist das Ich, wie wir sehen werden, „in der Weise der Affektion", als ein von sich aufdrängenden Synthesen affiziertes und motiviertes Ich in der passiven Genesis impliziert.

[106] § 23a, S. 119.
[107] V. *Logische Untersuchung*, § 8; *Ideen I*, § 57.

her" vor, so dominiert in den Hintergrundserlebnissen der umgekehrte Richtungsstrahl „zum Ich hin", verbunden mit dem Potentionalitäts-bewusstsein, dass sie sich jederzeit in aktuelle cogitationes verwandeln oder in solche einbeziehen lassen. Auf diese Tatsache bezieht Husserl Kants Formel: „das ‚Ich denke' muss alle meine Vorstellungen be-gleiten können".[108]

Die passiven Erlebnisse sind als etwas Ichfremdes zwar nicht „aus dem Ich", aus einem vom einheitlichen Pol des Bewusstseins seine in-tentionale Richtung nehmenden Akt, aber doch wie alle inaktuellen Erlebnisse „für das Ich" da. Zu jedem Erlebnis gehört eine affektive Tendenz auf das Ich hin, seine Zuwendung motivierend, In diesem Sinn ist auch die passive Konstitution ichzentriert. „Die Leistung der Passivität und darin als unterste Stufe die Leistung der hyletischen Passivität ist es, für das Ich immerfort ein Feld vorgegebener und in weiterer Folge eventuell gegebener Gegenständlichkeiten zu schaffen. Was sich konstituiert, konstituiert sich für das Ich, ..." [109]

Was zu Beginn des Paragraphen als skeptische Infragestellung der ganzen Passivitätsthematik angeführt wurde, die Ichpolarisierung auch der „primitivsten" Erlebnisse, erweist sich – literarisch belegbar – als eine nie vergessene oder gar aufgegebene Grunderkenntnis: „Jeder actus hat den Charakter eines vom Ichpol herkommenden, aus ihm nicht passiv hervorströmenden, sondern in der einzigartigen aktiven Weise aus ihm hervorgehend. Aber jedes solche ego cogito ist an die Voraussetzung gebunden, dass vorher das Ich affiziert wurde, das sagt, dass vorher eine passive Intentionalität, in der das Ich noch nicht waltet, einen Gegenstand schon in sich konstituiert hat, von dem aus der Ichpol affiziert und zum actus bestimmt worden ist."[110] Der Pol, auf den die passiven Erlebnisse hintendieren, ist der gleiche, von dem

[108] *Ideen I*, §§ 57, 88; *Ideen II*, § 22. – Husserls Konversion in der Ichlehre hat in A. Gurwitsch einen entschiedenen Gegner gefunden. Vgl. „Phänomenologie der Thematik und des reinen Ich" (1928/29); „A non-egological conception of con-sciousness" (1940/41). Die Akte erhalten nach Gurwitsch ihren Ichbezug allein in der Reflexion. Wir können Gurwitschs Argumentationen nicht im einzelnen nachgehen. Nur grundsätzlich sei daran festgehalten, dass auch Husserl die Ichstruktur der Erlebnisse nur in der Reflexion feststellt. Die ganze Phänomenologie des Bewusstseins bewegt sich ja prinzipiell „in Akten der Reflexion" (*Ideen I*, § 77). Die einzelnen – reflektierten – Erlebnisse zeigen dabei sehr unterschiedliche Beziehungen zum als Ich gefassten Pol des Bewusstseins.
[109] *Analysen zur passiven Synthesis*, S. 162.
[110] *Phänomenologische Psychologie*, S. 209; vgl. Ms. B III 10, S. 9ff (St. Märgen 1921).

die aktiven Erlebnisse ihren Ausgang nehmen. Das Ich ist identischer Pol der „passiven und aktiven Intentionalität", identischer „Pol der Affektionen und Aktionen".[111] Die sekundär passiven Akterlebnisse weisen über die unmittelbare Tendenz auf das Ich hin noch einen zweiten Ichbezug auf. In ihrer intentional enthüllbaren Genesis verweisen sie auf ihren Ursprung in frühern, dem Ich unmittelbar entquellenden Erlebnissen.

Die Ichbeziehung der passiven Erlebnisse ist demnach als eine affektive zu bestimmen. „In der Passivität ist also das Ich beteiligt in der Weise der Affektion. Wir können scheiden die Modi des Gegenstandsbewusstseins je nach der Art der Affektion, die noch nicht Attention geworden ist. Affektion als Reiz übt auf das Ich einen Zug in einer von Null angehenden Gradualität. Wir betrachten also die Affektion als Vollzugsform der intentionalen Erlebnisse bzw. als Art der Beteiligung des Ich an der Intentionalität. Indem das Ich dem Reiz nachgibt, erhält das Gegenstandsbewusstsein einen sich neu wandelnden Modus der Ichbeteiligung und im Moment, im Einsatzpunkt des Erfassens erhält es die attentionale Gestalt des Ego cogito."[112] Wenn davon die Rede ist, dass das Ich in der Passivität lebt, dann ist immer dieses Hineingezogensein in die Affektion gemeint. Affektionen sind nun mehr oder weniger stark und es scheint Gründe zu geben, auch passive Leistungen zu postulieren, die dauernd oder zeitweise „unbewusst", „voraffektiv" bleiben.[113] Sofern aber auch ihnen wesentlich eine Tendenz auf die Weckung des Ich innewohnt, sind auch sie noch ichpolarisiert.[114]

Als eine ebenfalls passiv zu nennende Form der Ichbeteiligung wird in *Erfahrung und Urteil* die sekundäre Abwandlung der Erfassung hingestellt, die im „Noch-im-Griff-behalten" des eben in aufmerkender Zuwendung Erfassten besteht, z.B. das Noch-im-Griff-behalten der ersten Töne einer Melodie, während sich die Aufmerksamkeit bereits gespannt auf ihren Fortgang richtet. Auf die gewöhnlichen Retentio-

---

[111] Vgl. *V. Cartesianische Meditation*, § 44, S. 129; Ms. C 3 III, S. 11 (März 1931).

[112] Ms. M III 3 III 1 II, § 45, S. 165f (1921/23).

[113] Vgl. oben § 8b.

[114] In Bezug auf das instinkthafte Geschehen spricht Husserl auch von einem „Trieb-" und „Instinktich". Dieses „Ur-Ich", dem das passive Streben entquillt, ist aber eher dem Bewusstseinsstrom als dem affizierten und motivierten Ichpol zuzuordnen, empfängt dieses doch von jenem seine Affektionen. Vgl. Ms. C 10, S. 20 (1931); C 13 I, S. 6 (Januar 1934).

nen ist das Ich überhaupt nicht mehr gerichtet, auf das Im-Griff-Behaltene immer noch in einem gewissen Grad. Im Bezug auf dieses Phänomen, das also mehr als eine Ichbeteiligung im Modus der Affektion darstellt, wird dann auf die zitierte Relativität des Begriffpaares Aktivität – Passivität hingewiesen. Gegenüber der ursprünglichen „Passivität vor der Aktivität" wird sie als „eine Art Passivität in der Aktivität", als „eine solche, die zum Akt nicht als seine Unterlage, sondern als Akt gehört" beschrieben.[115] Der Ausdruck „Passivität in der Aktivität" dürfte eher unglücklich sein, legt er doch eine Verwechslung mit jener wiederum rein affektiven Passivität nahe, die alle Aktivität umflutet und in die die aktiven Gebilde entgleiten, wenn sie gänzlich aus dem Griff entlassen werden.

(b) Die unterschiedliche Grenzziehung zwischen passiver und aktiver Gegenstandskonstitution

Das Manuskript A VII 13 enthält eine äusserst aufschlussreiche Notiz „gegen die Scheidung von passivem und aktivem Intellekt, wie ich sie früher versucht habe"[116]: „In meinen älteren Darstellungen habe ich den Grundunterschied der Konstitution von Gegenständlichkeiten, den ich im Auge hatte, Natur und Kultur (geistiges Erzeugnis im weitesten Sinn) durch den Unterschied des passiven und aktiven Intellekts zu umschreiben versucht, aber in unrichtiger Weise. Die Naturgegenstände (und vorher schon die ichfremden Gegenstände der Ursinnlichkeit), das Reich der absoluten personalen Fremdheit, sind nicht ‚passiv konstituiert'. (Alle Gegenstände als Gegenstände sind aktiv konstituiert. Aber fundamental ist der Unterschied zwischen assoziativer und kategorialer Konstitution.)" Diese Anmerkung stammt aller Wahrscheinlichkeit nach, wie der grösste Teil des Manuskripts, aus dem Jahre 1921, der Zeit, in der sich Husserl der Sphäre der „vor dem Rezipieren liegenden Passivität"[117] und ihren spezifischen Gesetzen zuwendet. Diese bietet also „im eigentlichen Sinn noch kein Feld von Gegenständlichkeiten".[118]

In der allgemeinen Erfahrung erfassen wir immer schon Gegenstände. Damit aber eine gegenständliche Apperzeption, die als Erfassung und als freies Identifizieren nur „mit Beziehung auf das aktive Ich

---

[115] *Erfahrung und Urteil*, § 23a, S. 119.
[116] S. 186.
[117] *Analysen zur passiven Synthesis*, Beilage IV, S. 361.
[118] *Erfahrung und Urteil*, § 16, S. 75.

da"[119] ist, möglich wird, müssen schon mannigfache Bewusstseinsleistungen vorangegangen sein. Eine Gegebenheit liegt zur objektivierenden Erfassung vor, wenn sie sich in einer zeitlichen Synthesis
als eine dauernde Einheit konstituiert, in assoziativen Ausbreitungen
und Abhebungen eine inhaltliche Fülle und eine figurale Form gewinnt, sich dabei – wenigstens kurzfristig – einheitlich und einstimmig
durchhält, wodurch ihr der Modus „seiend", bzw. „vor-seiend", wenn
man den Ausdruck „seiend" den gegenständlich apperzipierten Einheiten reservieren will, zuwächst, und schliesslich auf eine immer vol-
lere Anschaulichkeit hintendiert. Diese Leistungen der Zeitkonstitution, der Assoziation, der Modalisierung und des Tendierens nach
Evidenz gelten in den Jahren um 1920 als die eigentlichen und wichtigsten passiven Vorkommnisse. Sie sind vorgegenständliche Leistungen und als solche vorausgesetzt sowohl für die Konstitution von
Ding- wie von Sinngegenständen. Damit wir z.B. beim Hören oder Lesen Bedeutungen erfassen, müssen sich zuerst in einer passiv verlaufenden Synthesis sinnliche Konfigurationen von der Art der Wortlaute
und Buchstaben bilden.[120] Die Sphäre dieser reinen Passivität ist, da
unsere Erfahrung, wie gesagt, immer schon gegenständlich strukturiert ist, nur abstraktiv, in einer mühsamen Rekonstruktion enthüll-
bar, indem man den an den „fertigen" Erfahrungsgegenständen vorfindlichen intentionalen Verweisungen auf ihre Genesis nachspürt.
„Diese Ichlosigkeit, die hier Passivität heisst, ist eine blosse Abstraktion innerhalb der weltkonstituierenden Subjektivität."[121]

Husserl lässt nun die um 1921 ausdrücklich revidierte Scheidung
zwischen Passivität und Aktivität offenbar schon nach wenigen
Jahren wieder fallen. In den *Cartesianischen Meditationen* und in der
Formalen und transzendentalen Logik weist er der passiven Synthesis
doch wieder die realen Gegenstände und der Ichaktivität ausschliesslich die eigentlich kategorialen Gebilde der Theorie zu.[122] Wo liegen
die Motive für diese neuerliche Revision der Grenzziehung? In den

[119] *Analysen zur passiven Synthesis*, S. 203.
[120] *Formale und transzendentale Logik*, § 16a, S. 50.
[121] Ms. D 14, S. 7 (1931); vgl. *IV. Cartesianische Meditation*, § 38; *Erfahrung
und Urteil*, § 16.
[122] *II. und IV. Cartesianische Meditation*, §§ 21, 38; *Formale und transzendentale
Logik*, § 11a, S. 36; Schlusswort, S. 257. Auf die erstzitierte Stelle bezieht sich eine
kritische Anmerkung R. Ingardens, die er seinem Lehrer auf die französische Ausgabe der *Meditationen* hin zugesandt hatte. Ingarden bezweifelt, „dass die synthetischen Operationen, die zu den realen Gegenständen führen, rein passiver
Natur sind" (Beilage, S. 214f).

Cartesianischen Meditationen fällt auf, dass sie ein besonderes Gewicht auf die Identifikation als einer Grundform der passiven Synthesis legen. [123] Wiederum wird wie erstmals 1905 in den „Seefelder Manuskripten über Individuation"[124] hervorgehoben, dass es im zeitlichen Dahinströmen nicht allein zu einer kontinuierlichen Verbindung in der Form eines äusserlichen Aneinanderklebens von Erscheinungsphasen kommt, sondern in eins mit dieser Ausbreitung zu einer Zentrierung der Erscheinung zu e i n e m Bewusstsein und korrelativ zu einem identischen Gegenstand. „Der Gegenstand des Bewusstseins in seiner Identität mit sich selbst während des strömenden Erlebens kommt nicht von aussen her in dasselbe hinein, sondern liegt in ihm selbst als Sinn beschlossen, und das ist als intentionale Leistung der Bewusstseinssynthesis."[125] Die Synthesis der Identifikation kommt also ebensowenig von aussen her, durch einen setzenden Akt, zustande wie die Synthesis der Assoziation. In den Texten um 1921 wird diese zentrierende Identifikation der Erscheinungsabläufe als eine Phase der Vorkonstitution von Gegenständen eingestuft. Die eigentliche Gegenstandskonstitution wird in der aufmerkenden Erfassung dieser passiven Identifikation und im Bewusstsein ihrer beliebigen Wiederholbarkeit lokalisiert. In den Spätschriften insistiert Husserl vermehrt auf der Vorgegebenheit der Dinge in der natürlichen Erfahrung, die sie in scharfen Kontrast bringt zu den idealen Gegenständen, die nur dadurch erfahrbar sind, dass sie das Subjekt in spontanen Akten zuvor erzeugt hat.[126] Gegenüber den „vorgegebenen" Dinggegenständen zeigen die kategorialen Gegenständlichkeiten einen Charakter der „Nachgegebenheit".

Die Bezeichnung der Assoziation als eine passive Synthesis besagt also kurz zusammengefasst: Die Assoziation ist in der Sprache Kants als eine Synthesis der produktiven Einbildungskraft anzusetzen. Sie ist eine Verbindung, die triebhaft und unwillkürlich entspringt, die aber auch als solche rein transzendental und nicht, wie bei Wundt und Lipps, naturalistisch und realistisch zu interpretieren ist. Sie vollzieht sich vor allem intentionalen Sichrichten und aufmerkenden Zuwenden des Ich, entstammt also nicht dessen setzenden Aktivität. Das Ich

---

[123] § 18.
[124] *Zur Phänomenologie des Zeitbewusstseins*, Ergänzender Text III, S. 237ff, vgl. oben § 14b.
[125] *II. Cartesianische Meditation*, § 18, S. 80.
[126] Vgl. *Analysen zur passiven Synthesis*, Abhandlung I, S. 291f; *Erfahrung und Urteil*, §§ 63ff.

ist in ihr nur als affiziertes impliziert. Sie stellt sich nämlich gleichsam „von selbst" in den den Affektionen wesenhaft innewohnenden intentionalen Verweisungen her. Als ein affektionskonstituierender Faktor gehört sie zu den vorgegenständlichen Phasen der Genesis, auf die wir in der konkreten Gegenstandserfahrung intentional zurückgewiesen werden.

2. TEIL

KONFRONTATION DER HUSSERLSCHEN PHAENOMENO-
LOGIE DER ASSOZIATION MIT KLASSISCHEN UND
MODERNEN ASSOZIATIONSLEHREN

Nach der systematisierenden Darstellung von Husserls Phänomenologie der Assoziation setzen wir diese nun in Beziehung zu frühern Assoziationstheorien und deren Kritik in der neuern Psychologie und Philosophie. In der Abhebung von den ältern Theorien soll Husserls Ansatz und Ausführung an Profil gewinnen und in der Auseinandersetzung mit der modernen Assoziationskritik in ihrer Stichhaltigkeit ausgewiesen werden. Es wird sich zeigen, dass das gängig gewordene negative Urteil über die Assoziation zu stark auf eine naturalistisch gefasste Assoziationsproblematik ausgerichtet ist und ihre intentionale und transzendentale Konzeption ausser Acht lässt.

Es geht in diesem zweiten Teil nicht vorwiegend um das Aufzeigen von historischen Abhängigkeiten und Einflüssen. Auseinandersetzungen mit frühern und zeitgenössischen Autoren blieben bei Husserls sachorientierten Untersuchungen zweitrangig und daher – wenigstens vom Standpunkt des Historikers aus – dürftig und oft auch ungenau. So sind die einzigen Namen, die in den veröffentlichten Texten im Zusammenhang der Assoziationsthematik fallen, Hume, J. St. Mill, Stumpf und – bezeichnenderweise am meisten gewürdigt – Kant. Für historische Forschungen dankbarer erweisen sich die Lesespuren in den Büchern der grossen Privatbibliothek Husserls. Wir werden uns ihrer besonders in den Kapiteln über die Psychologie der Jahrhundertwende und die Assoziationskritik Schelers bedienen, allerdings auch nicht so sehr, um Einflüsse und Gemeinsamkeiten als vielmehr deren Fehlen zu konstatieren.

HUSSERLS LEKTUERE DER ENGLISCHEN ASSOZIATIONS-PSYCHOLOGEN

§ 43. Die klassischen Empiristen (Hume)

Ins Zentrum der Bewusstseinsanalyse wurden die Assoziationsprozesse von den englischen Empiristen des 18. Jahrhunderts, von David Hume und David Hartley, gerückt. Mit Recht greifen die historischen Ueberblicke zwar bis auf Platon und Aristoteles zurück. In Platons Dialog *Phaidon*[1] und in Aristoteles' Schrift *Perì mnémes kaì anamnéseos*[2] erscheinen Aehnlichkeit, Unähnlichkeit und Berührung als Ansatzpunkte der Wiedererinnerung. Die drei Gesetzmässigkeiten bleiben aber in der antiken und mittelalterlichen Philosophie relativ unthematisiert und dienen nur zur Erklärung einzelner, als zweitrangig betrachteter Bewusstseinsphänomene, der Wiedererinnerung und der Entstehung von Irrtümern. Noch John Locke, der den Begriff „Association of Ideas" aufbrachte, behandelt die Assoziation in seinem *Essay* im 33. und letzten Kapitel des umfangreichen zweiten Buches „Of Ideas"! Nach den langen Ausführungen über die verschiedenen Probleme der Vorstellungen wird zum Schluss, gleichsam der Vollständigkeit halber, auch noch das zur Gewohnheit gewordene Zusammenauftreten als eine wichtige Fehlerquelle für „unvernünftige" Vorstellungen für erwähnenswert gehalten.[3]

---

[1] 73-74. Von Husserl in einer seiner zwei deutschen *Phaidon*-Ausgaben, derjenigen von H. Müller und K. Steinhart (1854), angezeichnet und u.a. mit den Stichworten „Kontiguitätsassoziation" und „Aehnlichkeitsassoziation" versehen.
[2] 415b 18-20.
[3] Husserl besass mehrere Ausgaben von Lockes *Essay*. Er scheint ihn vor allem nach „der sorgsamen Uebersetzung von Th. Schultze in Reclams Universalbibliothek" (1897) studiert zu haben (vgl. *II. Logische Untersuchung*, § 10, S. 127, Anm. 1). Die Lesespuren im 33. Kapitel beziehen sich auf die Unterscheidung der Verbindungen von Ideen, die „in deren eigentümlichen Wesen begründet sind", von „solchen, die nicht von Natur zusammengehören" (S. 507), die Gewohnheit als Gesetz der Verbindungen (S. 508) und die Assoziation als eine Hauptursache von Irrtümern (S. 509).

Hume war es, der die Assoziation zuerst als eine grundlegende Gesetzmässigkeit des geistigen Lebens erkannte und ihre Einführung daher zur Erklärung der komplexeren Erscheinungen an den Anfang seines *Treatise* verlegte. Ihm folgte zehn Jahre später Hartley mit den *Oberservations on Man.* Mehr als der skeptische Hume baute Hartley – jedoch ebenfalls vorsichtig als eine blosse Hypothese – die gehirn-physiologische Erklärung der Assoziation aus. Für Husserl kam dieser Ansatz bei seiner phänomenologischen Konzeption der Psychologie von vornherein nicht in Frage. Er scheint denn auch Hartley nur indirekt gekannt zu haben, über die englischen Empiristen des 19. Jahrhunderts[4] und über W. James, der trotz seiner phänomenolo-gischen Ansätze die Assoziation rein physiologisch als eine ,,nervöse Gewöhnung" erklärte und sich dabei auf Hartley berief, den er ,,in vielen wesentlichen Hinsichten auf dem rechten Weg"[5] schätzte, sowie im deutschen Sprachraum über seinen Göttinger Kollegen G. E. Müller.[6]

Humes Schriften, voran der *Treatise*, bildeten dagegen zusammen mit denen von Locke und Berkeley Husserls Einführungslektüre in das Reich der Philosophie.[7] Wenn man sich auf die Lesespuren in den Büchern seiner Privatbibliothek verlassen darf, dann hat Husserl Humes Assoziationstheorie am intensivsten nach ,,Lipps' verdienst-voller deutscher Ausgabe des *Treatise*" [8] studiert. Beachtenswert ist vor allem die Randbemerkung zu Beginn des fünften Abschnittes des ersten Teiles des ersten Buches: ,,Relation: Wirkung der Asso-ziation! s.o. Aber philosophische Relationen erwachsen durch Ver-gleichen, Aufeinanderbeziehen." Husserl anerkennt hier die genetische Bedeutung der Assoziation für die Bildung von Synthesen. Schon im Schlussteil des vorangegangenen Abschnittes hat er den Satz, dass unter den Wirkungen der Assoziation keine bemerkenswerter sei als die Entstehung von zusammengesetzten Ideen, mit dem für ihn typi-schen ,,NB!" (Nota bene!) – Zeichen versehen. Gleichzeitig insistiert

---

[4] J. St. Mill verehrte Hartley als den ersten und genialen Begründer der Asso-ziationspsychologie und seinen Vater, James Mill, als deren Wiederbeleber und zweiten Begründer; vgl. Vorwort zu: J. Mill, *Analyses of the Phenomena of the Human Mind I*, S. X – XII.

[5] *The Principles of Psychology I*, S. 553.

[6] Vgl. den von Husserl angezeichneten Verweis auf Hartley: *Zur Analyse der Gedächtnistätigkeit III*, S. 541, Anm. 1.

[7] Vgl. H. Spiegelberg, *The phenomenological movement I*, S. 92; Fr. Sauer, ,,Ueber das Verhältnis der Husserlschen Phänomenologie zu David Hume" (1931).

[8] Vgl. *II. Logische Untersuchung*, § 32, S. 185, Anm. 1.

er aber in den Anzeichnungen und Randbemerkungen[9] auf seiner in der *Philosophie der Arithmetik* vorgetragenen These, dass die von Hume „philosophisch", von ihm selber „psychisch" genannten Relationen unabhängig von einer primären Assoziationsverbindung durch einen Akt des Vergleichens und Aufeinanderbeziehens entstehen. In den Uebersetzungen der *Enquiry concerning human Understanding* von J. H. von Kirchmann und C. Nathanson, beide in Husserls Bibliothek, fallen die Anzeichnungen und Unterstreichungen auf, die Humes Darstellung der Assoziation als eine Verknüpfung, „die wir im Geiste fühlen",[10] betreffen und die an Husserls erste phänomenologische Deskription der Assoziation als eines „f ü h l b a r e n Zusammenhangs" in der *I. Logischen Untersuchung* erinnern.[11]

In Husserls Schrifttum findet sich eine erste Auseinandersetzung mit Humes Assoziationslehre in der Kritik seiner Abstraktionstheorie in der *II. Logischen Untersuchung*.[12] Wichtige Vorarbeiten lagen Husserl dafür in A. Meinongs *Hume-Studien I* vor. Meinong taxiert das Ausserachtlassen des Begriffsinhaltes und das Einführen der Ideenassoziation zur Ableitung der Erscheinungen des Begriffsumfanges als die beiden Grundfehler der Humeschen Abstraktionstheorie.[13] Gegenüber Meinong fällt nun bei Husserl die grundsätzlich positive Einstellung zum assoziationspsychologischen Ansatz Humes auf. Er hat seine gute Berechtigung, wenn es auch eine beschränkte ist, eine Berechtigung nämlich, nicht was die logische Bedeutung der Begriffe betrifft, wohl aber, was ihre psychische Genesis anlangt. Immer wieder insistiert Husserl auf der Unterscheidung zwischen dem logischen und erkenntnistheoretischen Aspekt und dem genetisch-psychologischen Aspekt. In logischer und erkenntnistheoretischer Hinsicht stellt Humes Abstraktionstheorie „eine extreme Verirrung" dar. Hume verkannte den Bedeutungscharakter der abstrakten Ideen, die Tatsache, dass sich die Erfassung einer allgemeinen Bedeutung gegenüber der Vorstellung eines individuellen Gegenstandes in einer deskriptiv festlegbaren Modifikation der Bewusstseinsweise bekundet, und schliesslich die Unterschiede zwischen den verschiedenen Formen der Allgemeinheit, der psychischen Allgemeinheit, die Sache der asso-

---

9 Lipps' Ausgabe des *Traktates*, S. 21, 24f.
10 C. Nathanson, S. 92 (vgl. S. 96; 7. Abschnitt, 2. Teil). Vgl. ebenso J. H. von Kirchmann, S. 75 („Diese Verknüpfung, welche wir in der Seele fühlen, . . .") und 78.
11 § 4, S. 29; vgl. oben § 5.
12 5. Kapitel, §§ 32ff.
13 S. 65 (Von Husserl angezeichnet).

ziativen Funktion der Zeichen ist, und der logischen Allgemeinheit, die zum Bedeutungsgehalt selber gehört und die sich ihrerseits wieder in eine generelle und universelle sondert. Nach dieser erkenntnistheoretischen Kritik attestiert er Humes genetischer Analyse, dass sie – bei aller Unvollkommenheit – doch wertvolle und fruchtbare Gedankenreihen entfaltet und dass ihr der Ruhm zu vindizieren ist, „der psychologischen Theorie der Abstraktion den Weg gewiesen zu haben".[14] Auf die genetischen Probleme will Husserl im erkenntnistheoretischen Rahmen seiner Untersuchungen jedoch nicht eingehen. Die Rücksicht auf einen paradoxen Gedanken, der in schroffer Weise allerdings erst von den modernen Humeanern vertreten worden ist, zwingt ihn dann aber doch, sich damit wenigstens kurz zu beschäftigen. Humes Lehre von der distinctio rationis lässt sich in ihrer radikalen Interpretation nicht durchhalten. Wenn man die anschauliche Vorstellung abstrakter gegenständlicher Bestimmtheiten, z.B. der Weisse einer Kugel, ablehnt und ihre vermeintliche Gegebenheit auf eine gewohnheitsmässig gewordene Einordnung in entsprechende Kreise, zu denen sich die ähnlichen Gegenstände zusammenfinden, reduziert, verwickelt man sich in einen unendlichen Regress, da dann ja konsequenterweise auch von der Eigenschaft der Aehnlichkeit nicht angenommen werden darf, dass sie anschaulich vorgestellt werden kann, und daher auf das Vorfinden einer Aehnlichkeit dieser Aehnlichkeit mit andern Aehnlichkeiten zurückgeleitet werden muss. Wenn absolute Momente wie die der Weisse oder der Kugelform nichts für sich sind, dann erst recht Beziehungsinhalte von der Art der Aehnlichkeit.[15]

Wie Humes Lehre von der distinctio rationis in ihrer „gemässigten Interpretation" zu fassen und zu retten ist, führt Husserl leider nicht aus. Die psychologische Erklärung der Abstraktion von Teilinhalten von konkreten Gegenständen hat nicht, so gibt er bloss zu bedenken, nur für den Nominalisten, sondern auch für den Intuitionisten, für den sie den Gegenständen wahrhaft innewohnen, „einen guten Sinn", zur erkenntnistheoretischen Aufklärung trägt sie vom Standpunkt der *Logischen Untersuchungen* aber nichts bei. Erst gegen das Ende des ersten Weltkrieges entdeckt Husserl die Bedeutung der Genesis,

---

[14] *II. Logische Untersuchung*, § 34, S. 190.
[15] a.a.O. § 37, S. 197. Vgl. Meinongs ähnliche Argumentation a.a.O. S. 64f (Von Husserl mit einem „NB"-Zeichen versehen).

die nun freilich rein phänomenologisch und nicht mehr psychologisch, d.h. in realisierenden und objektivierenden Apperzeptionen fundiert, gefasst wird, für die Evidenz der Ideen selber. Eine Bedeutung ist erst voll evident, wenn alle Phasen ihrer Genesis in der Rekonstruktion zur Evidenz gebracht worden sind. Der Assoziation fällt dabei, wie wir gezeigt haben, eine fundamentale Rolle sowohl für die Abstraktion von Teilmomenten an konkreten Gegenständen wie für die Abstraktion von Allgemeingegenständlichkeiten zu.[16] Sie hat freilich nicht wie im Nominalismus die Funktion, den Begriffsumfang anzuzeigen, sondern die Erfassung des Begriffsinhaltes zu ermöglichen, der als etwas Selbiges und Allgemeines nur über aufeinander verweisende Einzelheiten entspringen kann. Die assoziative Verweisung, auf die der Nominalismus die Allgemeinheit der Begriffe reduziert, stellt nur eine genetische Phase in der Konstitution von Allgemeinbegriffen dar, eine Phase allerdings, die als solche für die volle Evidentmachung nicht übersprungen werden darf. Es ist aber nicht so, dass ein in Frage stehender Gegenstand oder eines seiner Momente seinen Sinn von einem ähnlichen Gegenstand oder Moment her übertragen erhält. Der Sinn entspringt in eins mit solchen Verweisungen. ,,Das Rot eines Gegenstandes anschauen und irgend eine Aehnlichkeitsrelation anschauen" ist zwar, wie Husserl gegen den Nominalismus ins Feld führt, etwas ,,evident Verschiedenes",[17] das schliesst jedoch keineswegs aus, dass sie zusammen gegeben sein können oder sogar notwendig zusammen auftreten. Das Rot eines Gegenstandes ist vom Blau seines Hintergrundes ebenfalls evident verschieden und doch kann es ohne ein solch Verschiedenes überhaupt nicht angeschaut werden.[18]

In spätern Veröffentlichungen bezieht sich Husserl noch zweimal namentlich auf Humes Assoziationslehre, in der *IV. Cartesianischen Meditation* und in den ideengeschichtlichen Vorlesungen zur *Ersten Philosophie* von 1923/24. Er führt hier thesenhaft an, was er in den Vorlesungen zur genetischen Logik in konkreten Analysen ausgearbeitet hatte, dass nämlich von der Assoziationslehre der Neuzeit nach der Einführung der phänomenologischen Reduktion ,,nicht etwa nichts übrig" bleibt.[19] Die Assoziation, die bei den Engländern phy-

---

[16] Vgl. oben § 11.
[17] *II. Logische Untersuchung*, § 37, S. 198.
[18] Vgl. auch unten § 57.
[19] *Analysen zur passiven Synthesis*, S. 118.

sikalistisch als eine Art „innerseelischer Gravitation" angesetzt wird[20], bedarf nur einer „richtigen immanenten Fassung".[21] „Der alte Begriff der Assoziation" ist „eine naturalistische Verzerrung" des entsprechenden echten intentionalen Begriffes, der in der Phänomenologie „ein völlig neues Gesicht, eine wesensmässig neue Umgrenzung mit neuen Grundformen" erhält.[22]

§ 44. Die Empiristen des 19. Jahrhunderts (J. St. Mill und Spencer)

Neben den klassischen englischen Philosophen gehörten auch ihre Nachfahren im 19. Jahrhundert, J. Mill, W. Hamilton, H. Spencer und allen voran J. St. Mill zu den auf den jungen Husserl wirksamen Autoren.[23] Der wichtigste und von Husserl im Zusammenhang der Assoziationsproblematik allein zitierte, J. St. Mill, beschäftigt sich mit der Assoziationspsychologie als solcher, obwohl sie die Grundlage sowohl seiner nominalistischen Theorie der Allgemeinbegriffe wie seiner berühmten Induktionslehre hergibt, verhältnismässig kurz. Was ihre Grundlegung und Ausarbeitung angeht, glaubt er, sich mit dem Verweis auf die – wie er meint – umfassende Darstellung seines Vaters J. Mill, H. Spencers und seines eigenen Schülers A. Bain begnügen zu dürfen.[24]

Husserl setzt sich in der gleichen *II. Logischen Untersuchung*, in der er die Abstraktionslehre Humes der Kritik unterzieht, auch mit derjenigen J. St. Mills auseinander.[25] Für Mill ist die Abstraktion eine Leistung der Aufmerksamkeit. Ein Merkmal, das an und für sich weder wirklich sein noch vorgestellt werden kann, wird für sich beachtet. Assoziativ wird dann immer „dasselbe Zeichen" an „dasselbe" gegenständliche Moment geknüpft, wodurch jenes zu seiner allgemeinen Bedeutung gelangt. Wie schon bei Hume wird so die logische Allgemeinheit der Bedeutung der psychologischen Allgemeinheit, die Sache der assoziativen Funktion der Zeichen ist, geopfert.

[20] *IV. Cartesianische Meditation*, § 39, S. 114; *Erste Philosophie I*, S. 172. Vgl. Lipps' Ausgabe des *Traktates*, S. 23: „Es liegt hier eine Art Anziehung vor, welche, wie wir sehen werden, in der geistigen Welt ebenso ausserordentliche Wirkung hat, wie in der natürlichen, ..." (Der Satz ist von Husserl unterstrichen und am Rand mit dem Hinweis versehen: „Assoziation verglichen mit Gravitation").
[21] *Erste Philosophie I*, S. 172.
[22] *IV. Cartesianische Meditation*, § 39, S. 114.
[23] Vgl. H. Spiegelberg, a.a.O. S. 92; unten § 47.
[24] *System der deduktiven und induktiven Logik (Gesammelte Werke*, hrsg. von Th. Gomperz, Band IV, Buch VI, Kapitel IV, § 3, S. 254f).
[25] 3. Kapitel, §§ 13ff.

In den Vorlesungen zur *Ersten Philosophie* wirft Husserl Mill den Widersinn vor, die letzten Prinzipien des Rechts aller Induktion, nämlich die Assoziationsgesetze, selbst wieder induktiv zu begründen.[26] In der Tat betrachtet Mill die Gesetze des Geisteslebens „mitunter mechanischen und mitunter aber auch chemischen Gesetzen vergleichbar" und verlangt daher, dass sie ebenfalls „durch die gewöhnlichen Methoden experimentaler Forschung ermittelt" werden.[27] Wenn Mill im Zusammenhang der Assoziationspsychologie wie schon Hume auf das Gravitationsgesetz verweist, dann liegt das bei ihm nicht nur an seiner naturalistischen Auffassung des Seelenlebens, sondern hat auch ein methodisches Ziel. Was Newton mit der Einführung des Gravitationsgesetzes gelungen ist, Gesetze wie Phänomene auf möglichst wenige und gleichartige zu reduzieren, soll auch in der empirischen Psychologie angestrebt werden.[28]

Eine Assoziation ist dagegen nach Husserl als Motivation aus sich heraus verständlich. Zur Feststellung eines Assoziationsgesetzes bedarf es ebensowenig eines induktiven Rekurses auf ähnliche frühere Vorkommnisse, wie es zur Feststellung eines Schlussgesetzes des Rekurses auf schon früher aufgetretene syllogistische Satzreihen bedarf. Aus dem gleichen Grund wie die Induktion zur Gewinnung der Assoziationsgesetze ist die Gewohnheit zur Ermöglichung der Assoziation als solcher entbehrlich. Eine ursprüngliche Assoziation entspringt ebensowenig der Gewohnheit, wie ein logischer Schluss ursprünglich einer Gewöhnung verdankt wird. Jede einzelne Assoziation hat wie jeder einzelne Schluss seinen Grund einsichtig in sich selbst. Die Gewohnheit, die in der gesamten traditionellen Assoziationspsychologie eine so fundamentale Rolle spielt, wird in Husserls Phänomenologie der Assoziation zu einem sekundären Faktor. Sie ist keine notwendige Bedingung der Assoziation, bzw. des Erwartungsglaubens, sondern nur ein Faktor ihrer affektiven Intensität, bzw. graduellen Stärke.

Es ist uns aufgefallen, dass Husserl die Wirksamkeit der ursprünglichen Assoziationen an die Grenzen der einzelnen Sinnesfelder bindet und die von der Ganzheitspsychologie in den Vordergrund gerückten Phänomene der Synästhesis vernachlässigt. Eine Randbemerkung in O. Külpes *Grundriss der Psychologie* verrät die Herkunft

---

[26] *I*, S. 172; vgl. oben §§ 5, 7b.

[27] *System der deduktiven und induktiven Logik*, a.a.O. (Von Husserl angezeichnet).

[28] Vgl. *Analysis of the Phenomena of the Human Mind I*, Preface, S. V-VIII.

dieser von Husserl so stark betonten These der Gebundenheit der Assoziation. Külpes Darlegung, dass „die Zusammengehörigkeit der Eindrücke zu dem nämlichen oder zu verschiedenen Sinnesgebieten von natürlichem Einfluss auf ihre Zusammenfassung" ist, dass nämlich die Verbindung von homogenen Eindrücken eine grössere Reproduktionstendenz bedingt als die Verbindung von disparaten, versieht Husserl am Rand mit der Notiz: „Spencer I".[29] In der Tat statuiert Spencer im I. Band seiner *Principles of Psychology* als Grundthese, dass „die primäre und wesentliche Assoziation" stets statthat „zwischen jedem einzelnen Gefühl und der Klasse, Ordnung, Art und Varietät der demselben ähnlichen vorausgegangen Gefühle".[30] Die einzelnen Gefühle assoziieren sich zunächst mit den Gliedern ihrer eigenen Gruppe. Bei Spencer wird nun aber auch das erkenntnistheoretische Dogma hinter diesen Ausführungen handgreiflich. Die Assoziation mit seinesgleichen soll die Erkenntnis der neuen Bewusstseinsinhalte ermöglichen. „Das Erinnern einer Beziehung ist gleich wie das Erinnern eines Gefühls nichts anderes als die Assimilierung derselben mit ihrer vergangenen Verwandschaft, und das vollständige Erkennen derselben ist nichts anderes als ihre Assoziierung mit genau gleichen Erscheinungen der Vergangenheit."[31] Husserl hat sich diesen dogmatischen Hintergrund der englischen Assoziationspsychologie, der auch das Hauptmotiv für ihre in nominalistischer Hinsicht fundamentale Bevorzugung der Aehnlichkeitsassoziation gegenüber derjenigen der Kontiguität herbgibt,[32] nicht kritisch bewusst gemacht.

---

[29] S. 203.

[30] *Die Prinzipien der Psychologie I*, hrsg. von B. Vetter, § 115, S. 267. (Die Kapitel VII und VIII des 2. Teiles über die Assoziabilität der Gefühle (Empfindungen) und der Beziehungen zwischen den Gefühlen zeigen mehrfach Lesespuren von Husserls Hand. So ist auch der § 115, dem das Zitat entstammt, angezeichnet.)

[31] a.a.O. § 120, S. 278f (Von Husserl angezeichnet); ähnlich S. 281.

[32] Neben Spencer, a.a.O. S. 280, vgl. auch die kritischen Annotationen J. St. Mills und A. Bains in: J. Mill, *Analyses of the Phenomena of the Human Mind I*, S. 120ff (Von Husserl ebenfalls mehrfach angezeichnet).

II. KAPITEL

HUSSERLS INTERPRETATION DER STELLUNG DER ASSO-
ZIATION IN DER PHILOSOPHIE KANTS

§ 45. Die transzendentale Notwendigkeit der Assoziation

Seiner Konzeption der Assoziation näher gekommen als die empiristischen Philosophen ist nach Husserls eigener Interpretation
Kant.[1] Kant hat „die transzendentale Notwendigkeit der Assoziation"
erkannt: „Dass sich in den phänomenologischen Zusammenhängen,
die uns im natürlichen Ausgang von der objektiv psychologischen
Betrachtung zuerst unter dem Titel Assoziation entgegentreten, nicht
bloss zufällige Fakta bekunden, sondern vielmehr eine absolut notwendige Gesetzmässigkeit, ohne die eine Subjektivität nicht sein
könnte, das hat eigentlich schon Kant gesehen."[2] Seine Theorie bedarf
nur insofern der Ergänzung, als er sie nicht durch eine phänomenologische Wesensanalyse unterbaut, die ihre Tatsachen und Gesetze
eidetisch verständlich machen würde. Ferner befasst er sich allein
mit dem in Husserls Perspektive höherstufigen Problem der Konstitution der raumweltlichen und bewusstseinstranszendenten Welt, der
die Aufhellung der Konstitution des subjektiven Erlebnisstromes als
des primären Feldes des dem Subjekt selbsteigen zugehörigen Seins
voranzugehen hätte.[3]

---

[1] Für Kants Assoziationslehre sind neben der *Kritik der reinen Vernunft* die
Ausführungen in der *Anthropologie in pragmatischer Hinsicht* (1. Teil, §§ 31ff)
wichtig. In Husserls umfangreicher Kant-Bibliothek (vgl. I.Kern, a.a.O. S. 428ff)
zeigt von der *Anthropologie* allein die Ausgabe von G. Hartenstein (*Sämtliche
Werke VII*, 1867) Lesespuren und zwar nur auf den ersten 30 Seiten, von der
Kritik die Ausgaben von G. Hartenstein (Band III, 1867), K. Kehrbach (2. Auflage, 1878) und K. Vorländer (1899). Die Ausführungen Kants über die Assoziation in der *Kritik*, besonders A 100ff und 121f sind wie die gesamte „Transzendentale Deduktion" vor allem in Kehrbachs Ausgabe fast durchgehend angezeichnet
und mit Stichworten und Verweisen versehen.
[2] *Analysen zur passiven Synthesis*, S. 118.
[3] a.a.O. S. 118f, 125f; Abhandlung III, S. 326f; vgl. *Erste Philosophie I* (Vortrag: „Kant und die Idee der Transzendentalphilosophie", 1924), S. 281.

Auf den ersten Blick ist man über Husserls These, dass schon Kant die transzendentale Notwendigkeit der Assoziation eingesehen hat, erstaunt. Stellt sie Kant nicht gerade im Anschluss an Hume als eine empirische und zufällige Gesetzmässigkeit der Verbindung hin, der er „die transzendentale Einheit der Apperzeption" als eine apriorische und notwendige gegenüber- oder vielmehr voranstellt. „Diesen subjektiven und empirischen Grund der Reproduktion nach Regeln nennt man die Assoziation der Vorstellungen."[4]

Um Husserls These zu verstehen, muss man sie auf dem Hintergrund seiner allgemeinen Sicht der „Transzendentalen Deduktion" der ersten Auflage der *Kritik der reine Vernunft* betrachten. Schon in einem Manuskript von 1908 interpretiert er Kants psychologisches Referat über die drei Synthesen der Apprehension, der Reproduktion und der Rekognition als eine transzendentale Analyse.[5] In den *Ideen I* führt er dann aus, dass sie sich eigentlich schon auf phänomenologischem Boden bewegt, Kant diesen jedoch als psychologischen missdeutet und daher selbst wieder preisgibt.[6] Diese Kritik nimmt er in breiterer Form nochmals in den Vorlesungen *Natur und Geist* von 1927 auf. Kant und noch mehr den Neukantianern, gegen die er Kant selber dann gerade ausspielt, macht er zum Vorwurf, die „subjektive Deduktion" (die Analyse der „drei Synthesen") nur mangelhaft durchgeführt und ihre Zugehörigkeit zum wahren Sinn der „Transzendentalen Deduktion" nicht voll realisiert zu haben. Der Weg „von unten", der bei der phänomenologischen Beschreibung der Struktur der konkreten Erfahrung ansetzt, besitzt eine prinzipielle und nicht nur didaktische Priorität gegenüber dem deduktiven Weg „von oben", den die Neukantianer bevorzugen.[7]

Bei dieser Auffassung einer innern Inkonsequenz bei der Ausführung der „Transzendentalen Deduktion" kann es möglich sein, dass die transzendentale Deutung der Assoziation wohl der Grundeinsicht dieser zentralen Abschnitte der *Kritik der reinen Vernunft* entspricht, auch wenn sie einzelnen Aussagen, die vielleicht noch zu stark

---

[4] *Kritik der reinen Vernunft*, A 121; vgl. A 100, B 139ff usw..
[5] Ms. B IV 1, S. 159f.
[6] § 62, S. 148.
[7] Ms. F I 32, S. 209ff usw.; vgl. I. Kern, a.a.O. S. 160ff, 176f. – Es sei darauf hingewiesen, dass Husserl ähnlich wie die von Kant selber psychologisch verstandene Erörterung der „drei Synthesen" an anderer Stelle auch Humes Psychologie (*Ideen III* („Nachwort zu meinen *Ideen*"), S. 155) und diejenige J. St. Mills (*Krisis*, § 56, S. 198) als transzendentalphilosophische Unternehmen würdigt.

der überkommenen Psychologie verhaftet bleiben, widerspricht. In der Tat lassen sich in diesen komplexen Darlegungen genug und deutliche Ansätze für Husserls Interpretation freilegen. Zuerst ist die von der Kant-Exegese heftig umstrittene Stelle in der „Vorläufigen Erinnerung" zu nennen, in der Kant „die reproduktive Synthesis der Einbildungskraft zu den transzendentalen Handlungen des Gemüts" schlägt.[8] Umstritten ist sie, weil sie gerade jenen Aussagen widerspricht, die auch gegen Husserls These angeführt werden können, nach denen allein die produktive Synthesis der Einbildungskraft apriori statthaben kann, die reproduktive dagegen auf Bedingungen der Erfahrung, eben der nur empirisch und subjektiv gültigen Assoziation, ruht.[9] An der Stelle, an der die transzendentale Funktion der Assoziation, nämlich als eine Bedingung der Reproduktion und „folglich" der Erfahrung überhaupt am deutlichsten zum Durchbruch kommt, wird sie selber auf die produktive Einbildungskraft, mit deren Synthesen, wie wir gesehen haben, Husserl die passive Konstitution gleichsetzt,[10] zurückgebunden: „Es ist daher zwar befremdlich, allein aus dem bisherigen doch einleuchtend, dass nur vermittelst dieser transzendentalen Funktion der Einbildungskraft, sogar die Affinität der Erscheinungen, mit ihr die Assoziation und durch diese endlich die Reproduktion nach Gesetzen, folglich die Erfahrung selbst möglich werde: weil ohne sie gar keine Begriffe von Gegenständen in eine Erfahrung zusammenfliessen würden."[11] Dieser Funktion entsprechend fordert Kant über die empirischen Assoziationsgesetze Humes hinaus einen objektiven und notwendigen Grund für die Assoziation, den er in der transzendentalen Affinität findet. Die transzendentale Affinität der Erscheinungen liegt in ihrer Zusammengehörigkeit zu einem Objekt überhaupt, das als eine Substanz mit Akzidentien aufgefasst ist, und gründet letztlich in ihrer Zusammenstimmung zur Einheit der transzendentalen Apperzeption, zum einheitlichen Bewusstsein meiner selbst.[12]

Die transzendentale Notwendigkeit der Assoziation beruht nach Husserl darauf, dass sie es ist, welche die Reproduktion und die Rekognition ermöglicht, ohne die es keine Erfahrung von an sich seienden

---

[8] *Kritik der reinen Vernunft*, A 102 (Von Husserl bei Kehrbach unterstrichen).
[9] Vgl. A 118, B 139ff, 152 usw..
[10] Vgl. oben § 39a.
[11] A 123 (Von Husserl bei Kehrbach streckenweise unterstrichen).
[12] Vgl. A 122f.

Gegenständen gibt. Zur eigentlichen Gegenstandskonstitution genügt, das ist eine wichtige Erkenntnis, die sich Husserl in den Vorlesungen zur genetischen Logik erarbeitet,[13] das aktuelle Werden einer sich einheitlich zentrierenden Erscheinungsmannigfaltigkeit noch nicht. Dazu bedarf es des Bewusstseins ihrer beliebigen Identifizierbarkeit in der Wiedererinnerung. Es ist dieses Problem, das Husserl zur Ausarbeitung seiner Phänomenologie der Assoziation anregte. Schon bei seiner Einführung in der ersten Fassung der Vorlesungen erweist er Kants Lehre von der Synthesis der Reproduktion und der Rekognition Reverenz.[14] In der *Formalen und transzendentalen Logik* begnügt er sich dann mit der Verwendung der ihren Autor deutlich genug verratenden Formel „Synthesis der Rekognition".[15]

§ 46. Die Gesetze und Leistungen der Assoziation

Als Assoziationsgesetze figurieren bei Husserl Aehnlichkeit, Kontrast und Kontiguität. Bei Kant ist die Lage weniger durchsichtig. In der *Kritik der reinen Vernunft* beschränkt er sich auf Beispiele und lässt sich auf eine Aufzählung der Regeln gar nicht ein. In der *Anthropologie* unterscheidet er mit den verschiedenen Regeln zugleich verschiedene „sinnliche Dichtungsvermögen". Dabei wird ausschliesslich das zweite, das auf der wiederholten zeitlichen Kontiguität gründet, als Vermögen der Beigesellung (imaginatio associans) betitelt. Die Vereinigung der Vorstellungen, die auf ihre Zusammengehörigkeit zu einem Objekt zurückgeht, wird einem eigenen Vermögen zugeschrieben (der imaginatio affinitatis), während für das erstaufgeführte, das bildende Dichtungsvermögen der Anschauung im Raum (die imaginatio plastica) keine Regel angegeben wird.[16] Die Beispiele in der *Kritik* legen nahe, dass Kant hier alle drei Vermögen, bzw. deren Regeln für die assoziative Synthesis der Reproduktion in Anspruch nimmt. Man könnte demnach die drei Dichtungsvermögen als Entfaltungen eines einzigen ansetzen und als seine Regeln zeitliche und räumliche Kontiguität und empirische Affinität, „Nachbarschaft" und „Verwandtschaft" betrachten. Für die wichtigste Regel hält Kant offensichtlich die der Affinität.

Während bei Kant die Aehnlichkeit als Assoziationsregel ausfällt,

---

[13] Vgl. oben § 13. – Husserl geht mit ihr über seine frühere Theorie der *Ideen I* (§ 136) hinaus.

[14] *Analysen zur passiven Synthesis*, Abhandlung II, S. 326f.

[15] § 59, S. 141; § 60, S. 143.

[16] 1. Teil, § 31, S. 174ff.

anerkennt Husserl die Affinität im Kantischen Sinn des Begriffs nicht als eigentliches Assoziationsgesetz.[17] Husserl bemüht sich in seiner Phänomenologie der Assoziation um die Herausarbeitung der Wesensgesetze, welche die Erscheinungen vor und unabhängig von jeglicher Intervention von Seiten gegenständlicher Sinnstiftungen durchwalten. Darum klammert er methodisch alle synthetischen Wirkungen, die von den gegenständlichen Apperzeptionen ausgehen, von vorneherein aus. Natürlich weiss auch er, dass ein Sinngegenstand einen Knoten von motivationalen Verweisungen darstellt, ein eigentliches „Motivationsgeflecht".[18]

Wichtiger als die Divergenz in der Zahl und in der Klassifizierung der Assoziationsgesetze ist ihre unterschiedliche Begründung. Für Husserl ist ihre Notwendigkeit in apriorischer Wesenseinsicht evident zu machen. Für Kant haben sie nur eine empirische und subjektive Gültigkeit. Zur transzendentalen Begründung der Erfahrung muss er darum über sie hinaus noch auf „einen objektiven, d.i. vor allen empirischen Gesetzen der Einbildungskraft a priori einzusehenden Grund" rekurrieren, den er in der transzendentalen Affinität findet.[19] Kant definiert die Affinität in der *Kritik* als den „Grund der Möglichkeit der Assoziation des Mannigfaltigen, sofern es im Objekte liegt,"[20] und in der *Anthropologie* als „die Vereinigung aus der Abstammung des Mannigfaltigen von einem Grunde".[21] Die transzendentale Affinität unterscheidet sich von der empirischen dadurch, dass für sie die Abhängigkeit von einem apriorischen Grund, für die empirische dagegen von einem bloss erfahrungsmässigen Grund massgebend ist.

---

[17] Wenigstens nicht in seinen zentralen Texten zur Assoziation aus den zwanziger Jahren. Im Entwurf zur Umarbeitung der *VI. Logischen Untersuchung* von 1913, Ms. M III 2 II 2, S. 7ff (vgl. oben § 3b, 9), beschreibt Husserl die später Appräsentationen genannten Verweisungen auf das nicht intuitiv Gegebene an einem Dinggegenstand als assoziative Kontiguitätsintentionen. Assoziative Verweise dieser spezifischen Art gründen letztlich in der gegenständlichen Apperzeption des intuitiv Gegebenen. – Merleau-Ponty wird sich bei seiner These, dass Assoziationen nur von sinnhaft wahrgenommenen Gegebenheiten ausgehen können, auf Kants Gesetz der Affinität berufen (vgl. unten § 63). – Husserl gebraucht vereinzelt zwar den Begriff der Affinität, aber nicht im Kantischen Sinn, sondern als Synonym für Homogenität: „Affinität ⟨ist⟩ besonders zu definieren als Abgehobenes vereinheitlichend: differenzlose Verschmelzung als Gegenstück zu Kontrast" (*Analysen zur passiven Synthesis*, S. 148).
[18] *Ideen II*, § 56c, S. 224; vgl. oben 3. Kapitel, Einleitung.
[19] *Kritik der reinen Vernunft*, A 122.
[20] A 113.
[21] a.a.O. S. 176.

Für die transzendentale Affinität ist die Zusammengehörigkeit zu einem Objekt überhaupt, einer Substanz von Akzidentien, entscheidend, für die empirische die Zusammengehörigkeit zu einem bloss partikulären, empirisch zur Kenntnis genommenen Objekt. Wir könnten nicht der Regel der empirischen Affinität folgend in einem Zuckerwürfel die Eigenschaften weiss, hart und süss assoziieren, hätten wir nicht ein apriorisches Wissen von dem, was ein Objekt überhaupt ist, nämlich die Einheit einer Substanz, deren Akzidentien Quantität und Qualität besitzen und durch kausale Beziehungen zu andern Substanzen bestimmt sind. Gleicherweise könnten wir nicht zwei Vorstellungen, rot und grün, in einer Kontiguitätsassoziation verknüpfen, verfügten wir nicht apriori über die objektive Kontiguität, die aus dem Gesetz von Ursache und Wirkung hervorgeht.[22]

Während also die Assoziation für Husserl als notwendige unabhängig von irgendwelchen apperzeptiven Leistungen, in reiner Passivität vor jeder Ichbeteiligung erfolgen kann, wird sie bei Kant über die transzendentale Affinität zurückbezogen auf die transzendentale Apperzeption und ihre Entfaltung in den Kategorien. Neben der Intentionalität und der Notwendigkeit können wir als drittes Merkmal, das die Assoziation Husserls – in strenger Interpretation – von derjenigen Kants unterscheidet, ihre Autonomie anführen. Diese besteht natürlich auch bei Husserl nur „nach oben", gegenüber der Aktivität des transzendentalen Ich, nicht „nach unten". Die assoziativen Synthesen setzen wie die übrigen Leistungen des Bewusstseins als Basis die Zeit- und Raumkonstitution voraus. Die affektiv-assoziativen Fortpflanzungen finden sich an die zeitlich und räumlich konstituierten Strukturen des Wahrnehmungsfeldes gebunden.[23]

Dem unterschiedlichen Verständnis der Assoziation entsprechend unterscheiden sich auch die Leistungen, die ihr zugeschrieben werden. Die Assoziation stiftet nach Kant nur eine subjektive Einheit des Bewusstseins, die empirisch und „ganz zufällig" ist. Diese assoziative Einheit des Bewusstseins ist eine Erscheinung, eine Bestimmung des inneren Sinnes, also keine transzendentale, nur eine empirische Einheit der Apperzeption. Sie besteht im Bewusstsein dessen, was der Mensch leidet, nicht im Bewusstsein seiner Denktätigkeit. Zu einer objektiven

---

[22] Bei der Interpretation der Kantischen Lehre der Assoziation und der Affinität folgen wir weitgehend dem Kommentar von H. J. Paton, *Kant's Metaphysic of Experience I*, S. 366ff, 444ff usw..

[23] Vgl. oben §§ 9f.

und transzendentalen Einheit kommt das Bewusstsein allein durch die Einheit der Apperzeption des „Ich denke".[24]

Anders liegen die Verhältnisse bei Husserl. Zwar führt er in den *Ideen I* mit Bezugnahme auf Kant das Ich als identischen Pol aller cogitationes in die Phänomenologie ein. Aber die Erlebnisse erhalten ihre notwendige und transzendentale Einheit nicht erst durch diese Apperzeption des „Ich denke". Seine ursprünglichste transzendentale Einheit erhält das Bewusstsein in seiner einheitlichen zeitlichen Konstitution. In den Vorlesungen zur genetischen Logik wird dann auf die Leere und Abstraktheit dieser rein zeitlichen Einheit aufmerksam gemacht. Ohne affektive Füllung, die sich primär nach den assoziativen Gesetzen der Konkreszenz und des Kontrasts vollzieht, gibt es keine anschauliche Einheit des Bewusstseins.[25] Diese assoziative Einheit und Erschliessung des Bewusstseins ist nun bei Husserl nicht wie bei Kant eine zufällige, subjektive und empirische, sondern eine apriorische, objektive und transzendentale. Die assoziative Einheit ist eine apriorische. Jede assoziative Synthesis ist ohne Rekurs auf frühere Vorkommnisse für sich in ihrer Motivation verständlich. Sie ist eine objektive. In den assoziativ geweckten Wiedererinnerungen kommt es zur Vorkonstitution des verflossenen Bewusstseinsstromes zu einem „in steter Identität mit sich selbst verbleibenden Reich wahren Seins". Der Strom ist nun nicht mehr „nur vorhanden in aktueller Erfahrung, sondern als ein stehendes und bleibendes Ansich, dem das wirkliche Erfahrenwerden in gewisser Weise zufällig ist".[26] Schliesslich ist die assoziative Einheit der Subjektivität eine transzendentale. Ihre immanente Einheit liegt der Einheit der transzendenten Objektivität notwendig voraus. „Hier in der Immanenz sind also die prinzipiell allgemeinsten Synthesen zu suchen, speziell, wie gesagt, die über die transzendentale Zeitsynthese hinausreichenden inhaltlichen Synthesen, und zwar als solche, die ihrer allgemeinen Artung nach als transzendental notwendig einsehbar sind."[27]

Eine weitere Differenz liegt endlich noch darin, dass sich die Leistung der Assoziation für Husserl, wie schon unmittelbar vor ihm für einen Teil der sensualistischen Psychologen, nicht wie für die gesamte ältere Assoziationspsychologie, auf die Reproduktion und die in

---

[24] *Kritik der reinen Vernunft*, B 139ff.
[25] Vgl. oben § 12b.
[26] *Analysen zur passiven Synthesis*, S. 207f; vgl. oben § 13.
[27] a.a.O. S. 126.

Reproduktionen fundierte Antizipation von Vorstellungen reduziert. Die gleichen assoziativen Gesetze, die für die Reproduktion verantwortlich sind, beherrschen auch die ursprüngliche Konstitution des Wahrnehmungsfeldes vor allen reproduktiven Einschlägen.[28] Schon von dieser ursprünglich produktiven Funktion her sind die assoziativen Synthesen der produktiven Einbildungskraft zuzuordnen.

[28] Vgl. oben § 8, unten § 49.

DIE ASSOZIATIONSTHEORIEN DER JAHRHUNDERTWENDE

§ 47. *Die geringe Vertretung der Assoziationsthematik bei F. Brentano und seiner Schule*

Im veröffentlichten Werk Brentanos, Husserls Lehrer in Wien (1884-86), finden sich nur sehr vereinzelte und knapp gehaltene Erörterungen der Assoziation. Seine in den Vorlesungen vertretene Auffassung der Zeitwerdung als eine „ursprüngliche Assoziation" ist hauptsächlich über Husserls Kritik bekannt geworden.[1] In seinem Hauptwerk, der *Psychologie vom empirischen Standpunkte*, verweist Brentano beim Problem der „Ideenassoziation" bloss auf J. St. Mill und die von ihm angeführten Gesetze der Similarität, Kontiguität und Intensität.[2] Seine eigene Einstellung zum Thema verrät er am deutlichsten in einem Vortrag von 1890.[3] Als Gesetze für den Verlauf der Vorstellungen führt er die Interessen, die Gewohnheit und die Aehnlichkeit auf. Mehr als den englischen Psychologen zollt er dabei seinem Altmeister Aristoteles Reverenz: „Die altüberlieferten ‚Gesetze der Ideenassoziation' sind, wie schon Aristoteles mit tieferem Blicke als spätere Forscher erkannte, eigentlich samt und sonders nur Fälle eines allgemeineren Gesetzes der Gewohnheit."

Der Hauptgrund für die dürftige Behandlung der Assoziation beim Autor der *Psychologie vom empirischen Standpunkte* dürfte darin zu suchen sein, dass er für seine Zeit, in der die Assoziationspsychologie blühte, weniger die Aufgabe sah, sie zu begründen, als ihre übertriebenen Ansprüche zu stutzen. Dass er die assoziationistische Begründung des Kausalgesetzes durch den Nachweis von Fällen der unmittelbaren

[1] *Zur Phänomenologie des Zeitbewusstseins*, §§ 3ff; vgl. oben § 12a. – Zu Husserls Verhältnis zu Brentano, vgl. „Erinnerungen an Franz Brentano": O. Kraus, *Franz Brentano* (1919), Anhang II.
[2] 1. Auflage (1874), S. 14f (Von Husserl angezeichnet); 2. Auflage (1924/25), hrsg. von O. Kraus, *I*, S. 17f.
[3] *Das Genie*, S. 30.

Wahrnehmung eines kausalen Wirkens ausbootete, haben wir bereits angeführt.[4] Ein noch zentraleres Anliegen war ihm die Wiederlegung der assoziationistischen Urteilslehre. In Uebereinstimmung mit dem, wie schon erwähnt, mit ihm brieflich korrespondierenden J. St. Mill attackiert er die Meinung des älteren Mill und Spencers, „das Vorstellen einer Vereinigung von zwei Merkmalen sei dann mit Glauben (belief) verbunden, wenn sich in dem Bewusstsein zwischen den beiden Merkmalen eine untrennbare Assoziation gebildet habe". Die beiden Forscher verwechseln die innere Besonderheit des Denkens, das Fürwahr-Halten, mit dem, was sie höchstens als Ursache dieser Besonderheit hätten bezeichnen dürfen, der Disposition, Merkmale, die gewohnheitsmässig zusammen auftreten, auch zusammen zu denken. Die Assoziation, so stark sie auch sein mag, kann aber nicht einmal als hinreichender Grund des Für-wahr-Haltens anerkannt werden. Bildete sich der Glaube nach Gesetzen der Ideenassoziation, wäre er Sache der Gewohnheit und des Zufalls und nicht der Vernunft. Jeder Unterschied zwischen dem von Beweisgründen geleiteten Fürwahr-Halten eines „Weisen" und dem bloss ideenflüchtig bewirkten eines „Toren" würde dahinschwinden.[5]

A. Marty, Brentanos ältester und – zusammen mit O. Kraus – treuester Schüler, den Husserl im allgemeinen hoch schätzte,[6] teilte mit Brentano die Ansicht, dass der eigentliche Grund der Ideenassoziation im Gesetz der Gewohnheit zu suchen ist, und mit W. James die These, dass diese psychophysisch zu erklären ist.[7] In den spätern Jahren distanzierte er sich, wie wir bereits erwähnt haben, von Brentanos Nachweis der unmittelbaren Wahrnehmung des kausalen Wirkens und wandte sich in diesem Zusammenhang – ohne allerdings einen Namen zu nennen – insbesondere gegen „die Rede von Assoziations-'Motiven'", d.h. die phänomenale Ausweisung der Assoziation.[8]

Bei C. Stumpf, bei dem sich Husserl auf Empfehlung Brentanos 1887 in Halle habilitierte, nimmt die deskriptive Untersuchung der Ver-

---

[4] Vgl. oben § 34b.
[5] *Psychologie vom empirischen Standpunkte I*, 1. Auflage, S. 269f; vgl. S. 294 (Beide Stellen sind in Husserls Exemplar mehrfach angezeichnet); 2. Auflage, *II*, S. 41f, 68f.
[6] Vgl. Husserls Rezensionen von Martys Schriften.
[7] Vgl. Martys Rezension von W. James, *The Principles of Psychology*, S. 302 (113f).
[8] *Raum und Zeit*, S. 112; vgl. oben § 34b.

hältnisse zwischen den einzelnen Bewusstseinsinhalten einen zentralen Platz ein. Es sind speziell deren vier, die er zum Gegenstand seiner mit Akribie vorgetriebenen Forschung wählt, die Verhältnisse der Mehrheit, der Aehnlichkeit, der Steigerung und insbesondere das der Verschmelzung. Wir haben gesehen, dass er die genetisch-assoziative Begründung dieser Verhältnisse strikte ablehnt. Sie sind statischen Wesens und haben zwischen den Inhalten des Bewusstseins statt, während die Assoziationspsychologie nach seiner Ansicht Beziehungen zwischen den Vorstellungserlebnissen und zudem solche, die gerade nicht untrennbar sind, statuiert.[9]

A. Meinong, Brentanos dritter berühmt gewordene Schüler und lange Zeit Husserls Rivale,[10] beschäftigt sich wiederholt mit der „Psychologie der Komplexionen und Relationen",[11] jedoch auffallend spärlich mit ihrer assoziativen Problematik. In einem einzigen Artikel[12] lässt er sich ausführlicher auf sie ein, ohne aber neue Akzente zu setzen. Das Hauptanliegen seines Referates ist ein kritisches. Es geht ihm darum, zu zeigen, dass nicht alle „Einbildungsvorstellungen" assoziativen Ursprungs zu sein brauchen. Die Assoziation, so führt er aus, ist ihrem Wesen nach ein Reproduktions- und nicht ein Produktionsprinzip. Ihre Domäne ist die der Phantasie-Vorstellung. Bezeichnend für seine Interessenrichtung sind seine *Hume -Studien*. Von der Assoziation ist nur wenig die Rede. In den ersten Studien beschränkt er sich auf die Kritik der nominalistischen Verwendung der Ideenassoziation zur Ableitung der Erscheinungen des Begriffsumfanges.[13] In den zweiten Studien, die der Relationslehre gewidmet sind, berührt er die genetische Problematik der Bewusstseinsverbindungen kaum. Sein Ziel ist ihre statisch-phänomenologische Beschreibung und Klassifikation. Die Bestreitung der unmittelbaren Wahrnehmung jeglicher Art von Kausation trennt ihn grundsätzlich von Husserls Ansatz.[14]

Als Resultat unserer Untersuchung können wir festhalten: Für die Assoziationsthematik im allgemeinen und für seine spezifische

---

9 Vgl. oben § 22b.
10 Vgl. H. Spiegelberg, a.a.O. S. 98ff.
11 Titel eines Aufsatzes (1891) zu Ehrenfels' Entdeckung der Gestaltqualitäten.
12 „Phantasie-Vorstellung und Phantasie", S. 199ff. – Husserl zitiert diesen Aufsatz: „Psychologische Studien", S. 166ff.
13 S. 65; vgl. oben § 43.
14 S. 116ff; vgl. oben § 34b.

genetische, apriorische und transzendentale Fassung fand Husserl in der Schule, aus der er stammt, kaum Anhalt und Anregung.

§ 48. *Die Assoziationsproblematik bei den übrigen zeitgenössischen Philosophen (Uebersicht)*

Die tendenziös wirkende Randbehandlung der Assoziation in der Brentano-Schule kontrastiert auf das stärkste mit dem breiten Raum, den sie bei den meisten übrigen Psychologen und Philosophen der Zeit einnahm.

Die führenden Assoziationspsychologen um die Jahrhundertwende waren H. Ebbinghaus, G. E. Müller, Husserls Kollege in Göttingen, und der die damalige deutsche Psychologie dominierende W. Wundt. Ein direkter Einfluss ihrer Forschungen auf Husserls Phänomenologie der Assoziation ist nicht nachzuweisen.[15] Ihre experimentelle Methode und ihre physiologistische Einstellung waren nicht, was Husserl suchte. Das vernichtende Urteil, dass man in Wundts Werk „schwerlich jemals eine wirklich reine Analyse von Phänomenen finden wird",[16] hätte er wohl ohne weiteres auf die andern Autoren dieser Richtung ausgedehnt. Dennoch war natürlich auch Husserl ein Kind seiner Zeit und stand, wenn nicht direkt und reflektiert, so zumindest indirekt und unreflektiert, in mancher Hinsicht in Thematik und Terminologie unter dem Einfluss der herrschenden Strömungen. Um die wichtigsten Parallelen und Differenzen greifbar zu machen, werden wir im nächsten Paragraphen seine Phänomenologie der Assoziation der Konzeption der Assoziationspsychologie bei Wundt gegenüberstellen. Wir folgen dabei Husserl, der für seine geschichtlichen Analysen der *Krisis* ebenfalls Wundt als den letzten grossen Repräsentanten der empiristischen Philosophie exemplarisch auswählte.[17]

Neben der ausgesprochen physiologistisch und sensualistich einge-

---

[15] Von den Koryphäen zeigen allein die zwei in der Husserl-Bibliothek vorfindlichen Bände des assoziationspsychologischen Monumentalwerkes von G. E. Müller, *Zur Analyse der Gedächtnistätigkeit und des Vorstellungsverlaufes* (Band I und III) relativ ausgedehnte Lesespuren. Auch dafür dürfte weniger Husserls sachliches Interesse als der Umstand, dass Müller Husserls Kollege in Göttingen war, verantwortlich sein. Von den mit Husserl in persönlichem Kontakt stehenden Autoren vertrat auch H. Münsterberg eine physiologische Assoziationslehre. Vgl. *Grundzüge der Psychologie I*, Kapitel 14 (mehrfache Anzeichnungen von Husserls Hand).

[16] „Entwurf einer ‚Vorrede' zu den ‚Logischen Untersuchungen' " (1913), S. 335.

[17] a.a.O. § 12; *Krisis*, § 67.

gestellten Psychologie der Zeit finden sich aber auch verschiedentliche, mehr deskriptive Ansätze zu einer Neufassung der Assoziationsprobleme. Von ihren Autoren, die Husserl zur Kenntnis nahm, ohne von ihnen aber besondere Impulse zu empfangen, sind H. Höffding, H. Cornelius, O. Külpe und H. Bergson zu nennen.

Höffding brachte mit seiner Herausarbeitung der Priorität der Aehnlichkeitsassoziation – bei der Wiedererinnerung geht jeder Reproduktion nach dem Gesetz der Kontiguität (b' folgt a', wie früher b auf a) eine Aehnlichkeitsassoziation (zwischen a' und a) voraus – die mechanistische Physiologie seiner Zeit, deren Modell und Experimenten die atomistische Berührungsassoziation besser entsprach, in grosse Verlegenheit und machte auch später noch der Feldtheorie der Gestaltpsychologie zu schaffen.[18] Husserl kannte Höffdings These, die er teilt, aus dessen *Psychologie in Umrissen.*[19]

Von Husserls intensiven Studium Cornelius', eines der frühen Vertreter der Ganzheitspsychologie, zeugen nicht nur die ausgedehnten Lesespuren in dessen psychologischen Hauptwerk *Psychologie als Erfahrungswissenschaft,*[20] sondern auch der Exkurs, den er in der *II. Logischen Untersuchung* Cornelius' nominalistischer Bedeutungslehre widmet.[21] Husserl anerkennt, dass sein Werk, soweit es Psychologie ist, „manche sehr interessante und anregende Einzelausführungen" enthält.[22] Unhaltbar findet er jedoch seine psychologistische Erkenntsnistheorie. In dieser Unterscheidung gleicht Husserls Kritik derjenigen, die wir im gleichen Zusammenhang Hume gegenüber vernommen haben. Bei der Behandlung der Assoziationsphänomene legt Cornelius das Gewicht auf ihre Bindung an Komplexe sowie auf die nach seiner Ansicht fundamentale und nicht weiter hintergehbare Tatsache der Nachwirkung vergangener Erlebnisse im Gedächtnis, die

[18] Vgl. W. Köhler, *Dynamische Zusammenhänge in der Psychologie,* S. 99ff; sowie unten § 61.

[19] Vgl. Husserls Anzeichnung der einschlägigen Stelle in diesem zu seiner Zeit viel gelesenen Werk, S. 196. In der *I. Logischen Untersuchung* zitiert Husserl auch Höffdings Aufsatz „Ueber Wiedererkennen, Assoziation und psychische Aktivität" (§ 22, S. 74, Anm. 2).

[20] Die von Husserl in sein Exemplar eingelegten Blätter sind auf den 28. Sept. 1906 datiert und zeugen von einem intensiven Studium über die *Logischen Untersuchungen* hinaus.

[21] Anhang zum 5. Kapitel, im Anschluss an § 39, S. 207ff. – Vgl. auch die ältere Rezension von Cornelius' *Versuch einer Theorie der Existentialurteile:* „Bericht über deutsche Schriften zur Logik aus dem Jahre 1894", S. 229ff; unten § 55.

[22] a.a.O.

als ihre und aller Erfahrung Bedingung der Möglichkeit anzuerkennen ist. Nach den Lesespuren zu urteilen, scheint sich Husserl vor allem für die Darstellung des Verhältnisses von Zeit und Assoziation interessiert zu haben. In der Tat betont Cornelius nicht nur die zeitliche Struktur der inhaltlichen Komplexe, sondern auch die Einordnung eines einzelnen Inhaltes in einen solchen Komplex zur Abhebung seines zeitlichen Indexes: „Insbesondere kann jede zeitlich bestimmte Erinnerung nur dadurch zu Stande kommen, dass wir uns der Stellung des betreffenden Inhaltes in einem Komplexe sukzessiver Ereignisse erinnern, nur indem wir ihn uns als Teil eines solchen Komplexes vergegenwärtigen, können wir überhaupt den Begriff seiner zeitlichen Stellung zu anderen – ... – fixieren."[23] Bei Husserl sind wir ebenfalls auf die Bedeutung der inhaltlichen Füllung der Zeitstrukturen für ihre anschauliche Abhebung gestossen.[24]

Ganz ohne Auswirkung auf Husserls Konzeption der Assoziation blieben die beiden wichtigsten zeitgenössischen Modifikationen der Assoziationspsychologie, die von Külpes „Würzburger Schule" der Denkpsychologie und von Bergson stammen. Was die Denkpsychologie als den entscheidenden Faktor für die Auslössung von Assoziationen eruierte, die Herrschaft von mehr oder weniger latenten „Obervorstellungen" und „determinierenden Tendenzen", klammerte Husserl als „apperzeptive Sphäre" von seiner Analyse der reinen Passivität von vornherein aus. Das Ineinander von assoziativer und sinn- und interessebedingter Motivation werden wir im letzten Kapitel über die psychoanalytischen Beiträge zur Assoziationslehre besprechen. Innerhalb der phänomenologischen Bewegung war es Scheler, der der denkpsychologischen Kritik der traditionellen Assoziationspsychologie bei der phänomenologischen Thematisierung des Problems mehr Beachtung schenkte.[25]

Noch mehr trifft das für die Kritik Bergsons zu, von der sich Scheler ebenfalls in seiner kulturhistorischen Kritik des Assoziationismus wie bei seinem Ansatz zu einer phänomenologischen Konzep-

---

23 *Psychologie als Erfahrungswissenschaft*, S. 38. Der zitierte Satz ist von Husserl angezeichnet und am Rand mit der Bemerkung versehen: „Einordnung in die ‚Zeit'". Am obern Rand der Seite vermerkt Husserl „Zeit und Assoziation".
24 Vgl. oben § 12b.
25 Die Anzeichnungen in Husserls Exemplar im Kapitel „Reproduktion und Assoziation" in Külpes *Grundriss der Psychologie* halten sich in einem mässigen Rahmen. Zu Schelers Beachtung der denkpsychologischen Ansätze vgl. *Der Formalismus in der Ethik*, S. 39 (4. Auflage, S. 63f).

tion weitgehend leiten liess.[26] Nach Bergson liegt der Grundirrtum
der Assoziationspsychologie in der Ersetzung der Kontinuität der
lebendigen Wirklichkeit durch eine diskontinuierliche Mannigfaltigkeit atomistischer Elemente. Bei seiner Sicht der fundamentalen
Einheit des Bewusstseins ist das Hauptproblem nicht mehr die Synthesis von Einzelelementen, sondern vielmehr ihre Aussonderung und
Auswahl aus dem zusammenhängenden Ganzen. Obschon von der
gemeinsamen intuitionistischen Methode her eine eingehende Kontaktnahme nahelag, hielt sich Husserls Bergson-Lektüre in einem beschei-
denen Rahmen.[27] Am intensivsten düfte er sich im Zusammenhang
der Doktoratsthese *Intuition und Intellekt bei Henri Bergson* seines
Schülers R. Ingarden,[28] in der die Assoziationsproblematik jedoch
keine Rolle spielt, mit ihm beschäftigt haben.

Schliesslich haben wir noch auf die zeitgenössischen Autoren einzugehen, die neben Brentano und seiner Schule für Husserl bedeutsam
geworden sind. Es sind wiederum vier Namen herauszuheben:
W. James, W. Dilthey, P. Natorp und Th. Lipps. Die Einstellung zur
Assoziationsproblematik ist bei den vieren ganz und gar verschieden.
James, sonst in vielen Problemen ausgesprochen phänomenologisch
eingestellt, vertritt bezüglich der Assoziation die klassische physiologische Erklärung. Bei Dilthey und Natorp spielt die Assoziation nur
eine dürftige Rolle. Lipps ist der einzige der vier, der systematisch
eine deskriptive Analyse der Assoziationsphänomene in Angriff
nimmt und dabei in mehreren Einzelheiten nahe an Husserlsche Kon-
zeptionen kommt. Wir werden uns daher auf seine Beschreibung im
übernächsten Paragraphen ausführlicher einlassen.

James hält die Annahme „psychischer Synthesen" für „mental
chemistry". Die komplexen Ganzheiten, die wir im Bewusstsein antreffen, sind die Wirkung von Verbindungen einzelner physiologischer
Reize im Zentralnervensystem und nicht das Resultat von Verbindungen elementarer Empfindungsdaten im Bewusstsein selber.[29]
Konsequenterweise folgt er zur Erklärung der Assoziationsprobleme
der physiologischen Linie Hartleys.[30] Die einzige Spur, die in unserm

---

[26] Vgl. folgendes Kapitel.
[27] Von den in Husserls Bibliothek befindlichen Schriften Bergsons zeigt allein
die *Einführung in die Metaphysik* Lesespuren!
[28] Nach einem vorgängigen Separatdruck 1921 im folgenden Jahr im 5. Band
des *Jahrbuches für Philosophie und phänomenologische Forschung* veröffentlicht.
[29] *The Principles of Psychology I*, S. 154ff; vgl. unten § 60.
[30] a.a.O. S. 553ff; vgl. oben § 43.

Zusammenhang offenbar zu James zurückführt, findet sich im Exkurs über die Assoziation in der *I. Logischen Untersuchung.* James' These lautete, dass die Assoziation zwischen „gedachten Dingen" und nicht zwischen Vorstellungen (ideas) – gemeint sind Vorstellungserlebnisse – statthat. Husserl führt am genannten Ort aus, dass das Einzelne in den assoziativen Hin- und Rückverweisen „nicht der bloss erlebte Inhalt, sondern der erscheinende Gegenstand" ist. In den spätern Analysen hält er diese These dann allerdings nicht mehr aufrecht. [31]

Dilthey sieht hinter der an der Newtonschen Himmelsmechanik und der Molekularphysik orientierten Assoziationspsychologie das Grundmotiv der neuzeitlichen Wissenschaft, die technische Beherrschung des Seins, am Werk.[32] An Stelle der nach physikalischen Vorbildern operierenden Erklärung der Assoziationsvorgänge fordert er die sukzessive Beschreibung der Ergebnisse der elementaren Prozesse nach dem Vorbild von Stumpfs Verschmelzungslehre.[33]

Der Neukantianer Natorp gilt als wichtiger Anreger für Husserls Konzeption der Phänomenologie als einer letztlich genetischen Wissenschaft.[34] Was bislang jedoch nicht beachtet wurde, ist, dass Natorp für die Verquickung der Thematik der Genesis mit derjenigen der Passivität und der Assoziation, die für Husserl typisch ist, überhaupt keinen Anhalt bietet. Husserl greift die drei Problemkreise der Genesis, der Passivität und der Assoziation nicht nur gleichzeitig in den Jahren ab 1917/18 auf, sie erscheinen bei ihm auch als sachlich zusammengehörig. Mit ihrer Aufarbeitung unternimmt Husserl eine phänomenologische Fassung von Zusammenhängen, wie sie „in naturalistischer Verzerrung" in der empirisch-genetischen Psychologie des ausgehenden 19. Jahrhunderts vorlagen und an die er sich in einem ersten Ansatz, jedoch in noch zu wenig adäquater Form, in der *Philosophie der Arithmetik* gemacht hatte.

Natorp begnügt sich mit der grundsätzlichen Kritik der bisherigen Assoziationspsychologie, ohne selber einen konkreten Beitrag zu

---

31 „Associaton, so far as the word stands for an effect, is between THINGS THOUGHT OF – it is THINGS, not ideas, which are associated in the mind. We ought to talk of the association of objects" (a.a.O. S. 554). – Das Zitat ist von Husserl angezeichnet und mit einem grossen NB – Zeichen versehen. – Vgl. *I. Logische Untersuchung*, § 4, S. 30, sowie oben § 16.

32 Zu dieser These vgl. unten § 51.

33 *Ideen über eine beschreibende und zergliedernde Psychologie*, S. 46 (184); – Zu Husserls Verhältnis zu Dilthey vgl. oben § 34b. H. Spiegelberg, a.a.O. S. 122ff.

34 Vgl. I. Kern. a.a.O. S. 339ff.

ihrer Neufassung auszuarbeiten. In der für Husserl so wichtigen *Allgemeinen Psychologie* beurteilt er Humes Ansatz als eine „sehr missratene Imitation des Naturmechanismus, wie ihn Descartes und Newton für die Körperwelt aufgestellt hatten", und seinen Anspruch, die Kausalität als trügenden Schein entlarvt zu haben, als einen Widersinn, da er ihn ja durch die „Kausalität der Assoziation" ersetzt. Husserl folgt Natorps Kritik in seinen Randbemerkungen zustimmend, bis dieser zum Schluss, in der Linie der objektivistischen Interpretation von Kants Erörterung der „drei Synthesen" im Marburger Neukantianismus,[35] ihre Fassung „durch exakte Naturgesetze" fordert.[36]

Das Resultat dieses Paragraphen ist wiederum ein negatives. Husserl hat für die für ihn spezifische Konzeption der Assoziation von der zeitgenössischen Psychologie kaum Impulse empfangen. Gewisse Parallelen, die wir in den folgenden zwei Paragraphen herauszustellen versprochen haben, sind zwar nicht zu übersehen. Husserls Ausarbeitung ist jedoch durch seine konsequent phänomenlogische und transzendentale Orientierung so neuartig, dass man über einen äusserlich gebliebenen Anstoss in Thematik und Terminologie (z.B. Verschmelzung, Passivität u.ä.) von einer eigentlichen Abhängigkeit nicht reden kann. Wenn man ein historisches Vorbild suchen will, dann muss man es, wie es Husserl selber getan hat, wohl bei Kant und dessen Problem der Bedingung der Möglichkeit einer Synthesis, einer einheitlichen Erfahrung suchen. Die Differenzen, die man feststellen kann, schlagen allerdings auch nicht alle positiv auf Husserls Konto. Der grösste Mangel seiner Assoziationsthematik gegenüber den zeitgenössischen Fortschritten stellt wohl sein Uebersehen – oder zumindest Uebergehen – der Abhängigkeit der Assoziationen von Sinngegebenheiten und Interessen, die das Bewusstsein mehr oder weniger latent beherrschen, dar. Dieser Aspekt, den noch mehr als die Denk-

---

[35] Vgl. I. Kern, a.a.O. S. 177: vgl. oben § 45.

[36] „Diese Assoziationen, Apperzeptionen, Dispositionen und was sonst diese Art von Psychologie als instrumentale Begriffe gebraucht, sind nichts als ‚okkulte Qualitäten' fragwürdigster Art, wenn man sie nicht verstehen darf als blosse Umschreibungen noch zu lösender Probleme; Probleme, welche wissenschaftlich nicht anders zu beantworten wären als durch exakte Naturgesetze, bezogen auf Zeit und Raum, eingefügt in den seinem ganzen Sinne nach einzigen Kausalzusammenhang des in Zeit und Raum Geschehenden" (*Allgemeine Psychologie*, S. 17; vgl. S. 310f). – Der Satz ist von Husserl am Rande unterteilt. Zur ersten Hälfte schreibt er: „Bis hier lässt sich das vertreten", zur zweiten Hälfte: „Das ist vielleicht doch widersinnig".

psychologie die Psychoanalyse an den Tag gebracht hat, wird uns im letzten Kapitel beschäftigen.

§ 49. W. Wundts sensualistische Konzeption der Assoziation

Zur Herausstellung eines repräsentativen Vergleichs der vorherrschenden Assoziationskonzeption der Jahrhundertwende und derjenigen Husserls fiel unsere Wahl, dem Vorbild Husserls bei der Adressierung seiner philosophiegeschichtlichen Auseinandersetzungen folgend, auf Wundt. Wundt nimmt in der zeitgenössischen Psychologie eine überragende Stellung ein, die er hauptsächlich seiner „organisatorischen Kraft"[37] verdankt, mit der er ihre Probleme in umfassender und systematisierender Weise darzustellen vermochte. Das trifft speziell auch für den Neuaufbruch der Assoziationsproblematik in der deutschen Psychologie der Zeit zu. Unser Vergleich ist vorwiegend sachlich orientiert, da wir nicht mehr als einen äusserlich und vielleicht auch indirekt gebliebenen Einfluss auf die Husserlsche Phänomenologie der Assoziation feststellen konnten. In Wundts Schriften, die sich in Husserls Privatbibliothek finden, fehlen, mit Ausnahme der nach Husserls eigenem Urteil „grossen und glänzenden Abhandlung"[38] unter dem Titel „Psychologismus und Logizismus" im I. Band der *Kleinen Schriften*, die nicht nur eine Auseinandersetzung mit den *Logischen Untersuchungen* bringt, sondern auch eine scharfsinnige Kritik der intellektualistischen und logizistischen Vorurteile der traditionellen Assoziationspsychologie enthält, Lesespuren in den für unser Thema einschlägigen Abschnitten.[39]

---

[37] *Phänomenologische Psychologie*, S. 4.
[38] „Entwurf zu einer ‚Vorrede' zu den ‚Logischen Untersuchungen'" (1913), S. 331.
[39] Wundts Assoziationslehre ist hauptsächlich enthalten im III. Band seiner *Grundzüge der physiologischen Psychologie* (Wir zitieren an erster Stelle nach der 5. Auflage von 1903 in Husserls Privatbibliothek und fügen in Klammern die Seiten der 6. und letzten Auflage von 1911 hinzu), im *Grundriss der Psychologie* (Wir zitieren wiederum nach der 6. Auflage von 1904 in Husserls Besitz und fügen in Klammern die Zahlen der 15. und letzten Auflage von 1922 bei) und im I. Band der *Logik* (Wir zitieren nach der 2. Auflage von 1893 in Husserls Besitz und fügen die Seitenzahlen der 5. und letzten Auflage von 1925 bei). Die drei Bände der *Grundzüge* weisen überhaupt keine Lesespuren auf. Husserl hat sie wohl, wie man aus seiner Rezension der 2. Auflage der *Logik* schliessen kann, in einer frühern Auflage studiert (Vgl. „Bericht über deutsche Schriften zur Logik aus dem Jahre 1894", S. 217).

Wundts Behandlung der Assoziation zeigt vor allem drei Schwer-
punkte, die Kritik der alten Assoziationspsychologie, die experimentelle Untersuchung der vier Hauptgruppen der Assoziation und das
Problem der Systematisierung ihrer Tatsachen und Gesetze.

Seine Kritik der bisherigen Assoziationspsychologie lässt sich gleichfalls auf drei Nenner zusammenziehen. Sie richtet sich gegen ihren
Absolutismus, ihren Intellektualismus und ihren Konstruktionismus.

Der Anspruch der alten Assoziationspsychologie, eine umfassende,
eben „assoziationistische” Theorie des Seelenlebens zu bieten, die
Möglichkeit einer assoziativen Erklärung sämtlicher psychischer
Prozesse, lässt sich nicht durchhalten. Die Assoziationspsychologie
muss ergänzt werden durch eine Apperzeptionspsychologie.[40]

Der intellektualistische Charakter der traditionellen Assoziationstheorie zeigt sich in der Beschränkung der Assoziationsgesetze auf
die Verbindung von Vorstellungen. Die Gefühlselemente gehen
gleichfalls assoziative Verbindungen ein. Sie vereinigen sich zudem
mit den Assoziationen der Empfindungenselemente zu komplexeren
Produkten und bilden bei ihrem Zustandekommen sogar häufig die
ausschlaggebende Rolle.[41]

Auf die Rechnung der intellektualistischen Einstellung gehen
ebenfalls die vielen Konstruktionen der vorgeblich rein empirischen
Assoziationspsychologie. Als wichtigste Konstruktion ist die Ansetzung von „Vorstellungen” (ideas) als Substrate des Assoziationsme-
chanismus zu entlarven. Die genauere Analyse der Wahrnehmung
ergibt, dass die Vorstellungen, welche die Assoziationisten als unzer-
legbare, fixe und fertige Einheiten und Träger der Verbindungen an-
sahen, „selbst schon aus Verbindungsprozessen entstehen, die offenbar
mit den gewöhnlich Assoziationen genannten komplexeren Verbindungen innig zusammenhängen”.[42] Wundt nennt diese „elementaren”
Assoziationen, aus denen die Vorstellungen hervorgehen, Verschmelzungen. Sie bilden „die fundamentalste Form der Assoziation” und
stellen gegenüber den reproduktiven Assoziationen von Vorstellungen, die sich als „die losesten” erweisen, „die im allgemeinen festes-
ten” Verbindungsprodukte dar.[43] „Vorstellungsassoziationen” im

---

[40] *Grundriss der Psychologie*, S. 15 (16f).
[41] Vgl. a.a.O. S. 267ff (271ff); *Grundzüge der physiologischen Psychologie III*,
S. 522ff (496ff).
[42] *Grundriss der Psychologie*, S. 269 (273).
[43] a.a.O. S. 270 (274).

strengen Sinn des Wortes gibt es gar nicht, wenn man darunter eine „Sukzession fertig gegebener Vorstellungen" versteht. Von einer identischen Wiederholung einer früheren Vorstellung kann keine Rede sein. Die Einzelelemente der reproduzierten Vorstellungen entstammen jeweils mehreren aktuellen und vorangegangenen Vorstellungen.[44]

In der Abhandlung „Psychologismus und Logizismus" thematisiert Wundt als Konstruktion „nach logischen Gesichtspunkten" hauptsächlich die Aufstellung der vier Gesetze der Aehnlichkeit und des Kontrastes, der Gleichzeitigkeit und der Aufeinanderfolge. „Einerseits entspricht jedes dieser beiden Begriffspaare dem dialektischen Prinzip der Bewegung der Begriffe in Gegensätzen, und anderseits erfüllen sie a priori die logische Forderung des ausgeschlossenen Dritten." „In Wahrheit sind sie schematische Begriffsformen, bei deren Erzeugung Dialektik und Subsumtionslogik zusammen wirksam gewesen sind, und in die man dann nachträglich, so gut es ging, die Erscheinungen, die Erinnerungsphänomene bieten, einordnete."[45] abenso verbergen sich hinter der Reduktion der Vielfalt der Gesetze Euf ein einziges und bei der Unterordnung der Aehnlichkeits- unter die Berührungsassoziation logische Postulate.[46]

Für die experimentelle Erforschung teilt Wundt die Assoziationen in vier Gruppen unter, in Verschmelzungen, Assimilationen, Komplikationen und sukzessive oder Erinnerungsassoziationen. Verschmelzungen heissen, wie gesagt, die Verbindungen von Empfindungselementen zu komplexen Vorstellungen. Assimilationen nennt er die Veränderungen psychischer Gebilde unter der Einwirkung einzelner Elemente anderer Gebilde. Komplikationen heissen, wie bei Herbart, Verbindungen von Eindrücken aus verschiedenen Sinnesfeldern.[47]

Gegenüber dem Hauptproblem der späten Assoziationspsychologie, ihre Gesetze in ein ausgewogenes System und wenn möglich unter ein einheitliches Prinzip einzuordnen, nimmt Wundt eine differenzierte Haltung ein. Er akzeptiert die Grundeinteilung in Aehnlichkeits- und Berührungsassoziationen, neigt aber zur Bevorzugung der Berührungsassoziation. Gelb und orange, so vermutet er z.B., verbinden sich

---

[44] *Grundzüge der physiologischen Psychologie III*, S. 520ff (495ff).
[45] „Psychologismus und Logizismus", S. 560, 561 (Beide Zitate von Husserl angezeichnet).
[46] a.a.O. S. 561, 563 (Beide Punkte von Husserl angezeichnet).
[47] Vgl. oben § 22a.

nicht, weil sie als ähnliche Farben aufeinander verweisen, sondern weil unter den frühern Vorstellungen solche gewesen sein mögen, die gelb und orange nebeneinander enthalten haben mögen! [48] Hier macht sich auch bei ihm eine dogmatische Bindung an physiologistische und datensensualistische Aprioris geltend.

Wenn wir zur Gegenüberstellung der Wundtschen und der Husserlschen Assoziationslehre übergehen, dann fallen im grossen drei gemeinsame Züge auf, die allerdings sofort nach einem „aber" und „jedoch" rufen.

Beide lehnen den absolutistischen Anspruch des Assoziationismus, die Ableitung aller Synthesen des Bewusstseins, auch der logischen, aus assoziativen Vorkommnissen, grundsätzlich ab. Es gibt Bewusstseinsgegebenheiten, für deren Ursprung man auf ganz andersartige Leistungen rekurrieren muss, für die beide den gleichen Titel Apperzeption übernehmen.[49] Die Assoziationen spielen allerdings eine unabdingbare Rolle in der genetischen „Vorbereitung" dieser höhern Bewusstseinsleitungen. Wundt billigte denn auch Husserls Psychologismus-Kritik der *Prolegomena*, missverstand jedoch seine phänomenologische Grundlegung der reinen Logik als logizistische Konstruktion. Husserl beanstandete seinerseits die mangelnde intentionale und phänomenale Aufklärung der Vernunftaktivität im Rahmen der dem naturalistischen Sensualismus verhafteten Psychologie Wundts.[50]

Beide steigen mit der Assoziation eine Stufe im Aufbau des Bewusstseins hinab. Nach Assoziationsgesetzen richtet sich nicht nur die „Vergesellschaftung" der anscheinend „fertig" vorgegebenen Vorstellungen, sondern schon die Synthesis der primitivsten Teile oder Phasen dieser Vorstellungen, für die beide den Titel Verschmelzung übernehmen. Während es Husserls an den Phänomenen orientierten Analysen jedoch gelang, die in die transzendentale Reduktion übernommene Lehre der Empfindungsdaten zu überholen, indem er ihre genetisch erwachsende zeitliche und figurative Struktur aufdeckte, blieb Wundt dem dogmatischen Empfindungsatomismus verhaftet. Ebenso wies Husserl nach, dass die Sinngebung der Vorstellungen nicht aus der blossen Synthesis der Empfindungsdaten und auch nicht aus einer leeren Aufmerksamkeitszuwendung gewonnen werden kann.

---

[48] *Grundzüge der physiologischen Psychologie III*, S. 562 (535f).
[49] Vgl. oben §§ 26, 28.
[50] Vgl. „Entwurf zu einer ‚Vorrede' zu den ‚Logischen Untersuchungen' ", § 12; *Krisis*, § 67.

Beide definieren die Assoziation als ein passives Vorkommnis. Für Wundt beruht die Passivität im Gefühl des Erleidens, das die Assoziationen als unwillkürliche Prozesse begleitet.[51] Bei Husserl spielt dieses Gefühl keine Rolle. Die Passivität liegt in einer Modifikation der Intentionalität des Ich.

Gewichtiger als die Gemeinsamkeiten sind die Differenzen. Die Tatsachen der Assoziation werden grundverschieden angefasst. Bei Wundt handelt es sich um naturkausal, gehirnphysiologisch zu erklärende Verknüpfungen zwischen konstruktiv gewonnenen Elementen der Vorstellungen, bei Husserl dagegen um in der reinen Anschauung enthüllte intentionale und motivationale Zusammenhänge zwischen verweisungsgeladenen affektiven Urphänomenen. Sah Wundt in Husserls phänomenologischen Analysen – bei denen in der Frühzeit die genetischen Aspekte fast gänzlich ausgklammert blieben – einen intellektualistischen Logizismus am Werk, so weist Husserl Wundt einen nicht minder intellektualistischen Naturalismus nach. Der vermeintliche Positivismus der empiristischen Psychologie „von Hobbes bis Wundt" besteht darin, dass sie eine doppelseitige Welt, bestehend aus körperlichen und seelischen Substanzen als letzte, von metaphysischen Voraussetzungen freie Erfahrungstatsache ausgibt und dabei übersieht, dass, was sie als konkrete Natur ansetzt, ein in einer abstaktiven Konstruktion gewonnenes idealisiertes Gebilde ist. Im besondern wird innerhalb der Psychologie der naturalistische Positivismus der neuzeitlichen Wissenschaften noch weiter getrieben, indem die realkausal bestimmten Empfindungsdaten sowie die analog gearteten Gefühls- und Willensdaten als unmittelbare Gegebenheiten zum Ausgangspunkt der Bewusstseinsanalyse erklärt werden. Dabei ist das Erstgegebene und allein Unmittelbare das irreale cogito, das allererst reale Gegebenheiten setzt.[52]

Gegenüber der empiristischen Psychologie verrät sich die phänomenologische Analyse in folgenden Einzelheiten: Die Aehnlichkeitsassoziation wird in ihrer Eigenart und Selbständigkeit anerkannt und nicht auf die Berührungsassoziation zurückgeführt.[53] Dagegen wird die Gewohnheit zu einem sekundären Faktor degradiert.[54] Schliesslich wird prinzipiell und streng zwischen den rein assoziativen (Aehn-

[51] Vgl. oben § 39b.
[52] Vgl. *Krisis*, § 67.
[53] Vgl. oben § 9.
[54] Vgl. oben § 44.

lichkeit, Kontrast, Kontiguität) und den sinnbedingten Motivationen (logische, kausale u.a. Implikation) unterschieden. Auf der andern Seite ist nicht zu leugnen, dass Husserls Phänomenologie der Assoziation gegenüber dem Reichtum an konkreten Entdeckungen wie auch der hohen Entwicklung der technischen Hilfsmittel der experimentellen Psychologie eher allgemein und formal wirkt. Das dürfte jedoch das Schicksal jeder philosophischen Analyse, die auf die Entdeckung der apriorischen Grundstrukturen aus ist und sich daher an relativ einfache Exempel hält, gegenüber den spezialisierten Einzelwissenschaften sein.

§ 50. Th. Lipps' deskriptive Assoziationstheorie

Mehr als nur einzelne Parallelen zu Husserls Assoziationslehre über eine ganz und gar verschiedene psychologische Einstellung hinweg finden sich bei Th. Lipps.[55] Die offensichtliche Verwandschaft der beiden Assoziationslehren hat ihren Hauptgrund in der deskriptiven Methode. Allerdings vermochte Lipps in ihrer radikalen Reinigung durch die eidetische und transzendentale Reduktion Husserl nicht mehr zu folgen. Bei all seinen vordergründig noch so aufhellend wirkenden Deskriptionen bleibt er letztlich doch einer objektivistischen und realistischen Apperzeptionsweise verhaftet. Das führt dann auch in der Thematik der Assoziation doch wieder zu Differenzen, am deutlichsten fassbar bei der unzulänglichen Bestimmung ihrer Notwendigkeit.

Der Zusammenhang des Bewusstseinslebens ist nach Lipps in seinem Werden und Bedingtsein unmittelbar erlebt. An den einzelnen Erlebnissen werden die Beziehungen derselben zu andern Erlebnissen miterfahren. Die Beziehungen der Abhängigkeit und des Auseinanderhervorgehens der Erlebnisse bezeichnet er als „Beziehungen der Motivation", die von den kausalen Beziehungen der dinglich realen Welt radikal verschieden sind.[56] Derartige unmittelbar erlebte Zusammenhänge stellen nun auch die assoziativen Verbindungen dar: „Ich strebe

---

[55] Mit seiner psychologistischen Logik gehörte Lipps zu den in den *Prolegomena* attackierten Autoren. Entsprechend negativ wurde Husserls Werk anfänglich von diesem aufgenommen. Erst über seine Schüler, die später den aktivsten Kern des phänomenologischen „Göttinger Kreises" ausmachten, erfolgte in den ersten Jahren des neuen Jahrhunderts eine stärkere Annäherung, die sich äusserlich z.B. in der Uebersendung der rasch erfolgenden Publikationen Lipps' an Husserl manifestierte. Vgl. H. Spiegelberg, a.a.O. S. 140, 171, sowie oben § 39c.

[56] *Leitfaden der Psychologie*, 2. Auflage, S. 26ff; 3. Auflage, S. 40ff; vgl. oben § 34b.

etwa ‚von' einer gegenwärtigen Wahrnehmung ‚nach' der Vorstellung eines Gleichartigen oder Aehnlichen, das ich ehemals wahrnahm.
Dann finde oder fühle ich mich von der gegenwärtigen Wahrnehmung
oder durch dieselbe hingewiesen zu der Vorstellung." „Oder ich
‚besinne' mich auf den Namen eines Menschen, den ich sah. Hier
strebe ich nicht nur schlechthin oder ‚absolut' nach einer Namensvor-
stellung, sondern ich finde mich von der Person auf die Vorstellung
des zugehörigen Namens hingewiesen."[57] Die unmittelbare Er-
lebbarkeit der Assoziationen gründet in ihrer psychischen Wirksamkeit. „Aehnlichkeitsassoziation, so sagte ich, ist Aehnlichkeit, sofern
sie psychisch wirkt."[58]

Im *Leitfaden der Psychologie* thematisiert Lipps die Assoziation
hauptsächlich als „psychische Einheitsbeziehung". In der zweiten
Auflage unterscheidet er drei Arten von Einheitsbeziehungen, solche,
die in der Tatsache gründen, dass sie „Vorgänge in einer einzigen
Psyche überhaupt" sind und Anteil an „der einen, dem Ganzen der
Seele zugehörigen psychischen Kraft" haben, apriorische Einheitsbeziehungen, wie sie z.B. zwischen der Höhe, der Stärke und der
Klangfarbe eines identischen Tones bestehen, und Assoziationen. Diese teilen sich wiederum in Aehnlichkeits- und Erfahrungs- oder
Berührungsassoziationen. Die beiden Gesetze der Aehnlichkeit und
der Berührung erweisen sich als Gesetze der Reproduktion, der
Empfindungs- und Wahrnehmungerwartung und der Aufmerksamkeit. „In jedem psychischen Vorgange liegt die Tendenz, gleichartige
psychische Vorgänge, die einmal gegeben waren, und im Gedächtnis
bewahrt sind, zu reproduzieren." – „In jeder Empfindung oder Wahrnehmung liegt die Tendenz des Fortgangs zu gleichartigen Empfindungen und Wahrnehmungen." – „Die Aufmerksamkeit gleitet fort
oder tendiert fortzugehen am Leitfaden der Uebereinstimmung."[59]
„Beide Gesetze der Assoziation sind Gesetze der Einheitlichkeit
oder Vereinheitlichung des seelischen Geschehens. Das Gesetz der
Aehnlichkeitsassoziation ist ein Gesetz der qualitativen, d.h. durch
Uebereinstimmung gegebenen, das Gesetz der Erfahrungsassoziation

---

57 *Vom Fühlen, Wollen und Denken*, S. 102. – Beide Zitate versah Husserl am
Rand mit „LU", d.h. einem Verweis auf parallele Ausführungen in der *I. Logischen
Untersuchung*, § 4.
58 *Leitfaden der Psychologie*, 2. Auflage, S. 72 (Von Husserl angezeichnet).
59 a.a.O. S. 68ff. – Husserl hat die referierte Einteilung der Einheitsbeziehungen
und der Funktionen der Assoziationen nicht nur angezeichnet, sondern am Rande
auch numeriert.

ein Gesetz der empirischen, d.h. durch das Zusammentreffen in der Seele gewordenen Einheitlichkeit."[60]

In der Schrift *Vom Fühlen, Wollen und Denken* werden die Gesetze der assoziativen Vereinheitlichung näher als solche der Vervollständigung expliziert. „Die Assoziationsgesetze können ja in sich selbst bezeichnet werden als Gesetze der Vervollständigung. Dies leuchtet zunächst ein beim Gesetz der Erfahrungsassoziation: Tritt zu einem psychischen Vorgang ein anderer hinzu, so verweben beide zu einem Ganzen mit dem Erfolg, dass die Wiederkehr eines Teiles dieses Ganzen verbunden ist mit der Tendenz der Vervollständigung zu eben diesem Ganzen, ..." Das Gleiche gilt für die Aehnlichkeitsassoziation. „In jedem psychischen Vorgang ist jeder andere insoweit unmittelbar enthalten, als beide sich gleichen, also ein Gemeinsames in sich schliessen. Es ist also in jedem psychischen Vorgange jeder ähnliche Vorgang zunächst teilweise mitgegeben. Und in diesem Teile nun liegt die Tendenz der Vervollständigung zum Ganzen."[61]

Bemerkenswert gegenüber der traditionellen Bestimmung der Assoziation als eines zufälligen und gewohnheitsmässigen Zusammenhanges ist Lipps' These ihres Notwendigkeitscharakters. Allerdings stossen wir hier auf die Grenzen seiner deskriptiven Psychologie, der die eidetische und transzendentale Reduktion fehlt. Lipps vermag die assoziative Notwendigkeit nur unzulänglich, ja widersprüchlich, einerseits als eine „empirisch reale",[62] anderseits als „eine unbedingte", eine „logische oder objektive Notwendigkeit"[63] zu charakterisieren.

Schliesslich betont Lipps, wie es für die deskriptiv vorgehenden Psychologen typisch ist, die Priorität der Aehnlichkeitsassoziation. „Die mitunter versuchte Rückführung der Assoziation der ‚Aehnlichkeit', d.h. der Gleichartigkeit oder Uebereinstimmung, auf Erfahrungsassoziation ist unmöglich. Vielmehr ist die Aehnlichkeitsassoziation die Grundassoziation. Auch die Wirksamkeit der Erfahrungsassoziation setzt dieselbe voraus."[64]

Angesichts der gemeinsamen Thesen der Erleb- oder Fühlbarkeit, der Einheits- und Vervollständigungsfunktion, des Notwendigkeitscharakters und der Priorität der Aehnlichkeitsverbindung ist man auf

---

[60] a.a.O. S. 71 (Von Husserl angezeichnet).
[61] S. 101 (Beide Zitate von Husserl angezeichnet).
[62] *Einheiten und Relationen*, S. 72 (Von Husserl angezeichnet).
[63] *Vom Fühlen, Wollen und Denken*, S. 110.
[64] *Leitfaden der Psychologie*, 2. Auflage, S. 71 (Von Husserl angezeichnet).

den ersten Anhieb geneigt, in der Assoziationsproblematik eine literarische Abhängigkeit Husserls von Lipps anzunehmen. Eine nähere Betrachtung nötigt jedoch zu einer grössern Zurückhaltung. Es kann festgestellt werden, dass Lipps die Assoziation insbesondere in ihrer Einheitsfunktion erst in den Schriften ab 1902 in betonter Weise thematisiert. In seinem Früwerk *Grundtatsachen des Seelenlebens* (1883) werden die Assoziationsgesetze noch nicht in auffallend origineller Art abgehandelt und exemplifiziert. Wohl wird auch schon in diesem Werk ausgeführt, dass die Termini der Assoziation „einerseits durch das, was sie gemeinsam haben, durchaus ineinander verwoben, andererseits voneinander unabhängig" sind,[65] und dass zu den „Leistungen der Beziehungen überhaupt" die Erzeugung von Wahrnehmungsganzen gehört,[66] aber keine der aufgeführten gemeinsamen Charakterisierungen erscheint besonders herausgestrichen, wie das in den spätern Schriften der Fall ist. 1901 veröffentlichte Husserl den Hauptteil der *Logischen Untersuchungen*, die zwei zwar knappe, dafür jedoch umso prägnantere Beschreibungen der Assoziation bringen, bei denen der Schwerpunkt gerade auf ihrer Fühlbarkeit und Einheitsfunktion liegt.[67] Lipps könnte also durchaus seinerseits schon von Husserl inspiriert gewesen sein. Husserl selber hat mit seinen beiden Verweisen auf die „*Logischen Untersuchungen*" bei den beiden ersten Zitaten, die wir oben von Lipps brachten, und die gerade die Fühlbarkeit des assoziativen Hingewiesenseins betrafen, wohl mehr als nur eine Verwandschaft, nämlich eine Abhängigkeit Lipps' anzeigen wollen. Wir kommen so zum Schluss, dass der einzige Psychologe der Jahrhundertwende, dessen Assoziationslehre mehr als nur vereinzelte und zufällige Parallelen mit Husserls Phänomenologie der Assoziation aufweist, in diesem Bereich nicht weniger unter dem Einfluss Husserls gestanden haben mag als dieser unter dem seinen.

---

[65] S. 103. (Von Husserl angezeichnet).
[66] S. 374. (Von Husserl angezeichnet).
[67] *I. Logische Untersuchung*, § 4, S. 29f; *V. Untersuchung*, § 15a, S. 389f.

13. KAPITEL

M. SCHELERS BEITRAG ZU EINER
PHAENOMENOLOGISCHEN ASSOZIATIONSLEHRE

Neben Husserl lieferte innerhalb der deutschsprachigen Bewegung der Phänomenologie Max Scheler den gewichtigsten Beitrag zu einer phänomenologischen Assoziationslehre. Nach einer mehr grundsätzlich und insbesondere kulturhistorisch gehaltenen Kritik in zwei frühen Abhandlungen unter den Titeln „Die Idole der Selbsterkenntnis"[1] und „Versuche einer Philosophie des Lebens"[2] äusserte sich Scheler zum Thema am ausführlichsten und konkretesten im letzten Kapitel seines monumentalen Werkes *Der Formalismus in der Ethik und die materiale Wertethik*.[3] Insofern Husserl seine Phänomenologie der Assoziation vor der Veröffentlichung dieser Schriften bloss exkursartig zuerst in den *Logischen Untersuchungen* und dann in einigen Entwürfen, die nicht über das „Manuskript-Stadium" hinausgelangten, skizzierte und sie erst in den Vorlesungen der zwanziger Jahre systematisch aufzurollen begann,[4] kommt Schelers Darlegungen sogar eine gewisse Priorität zu. Allerdings muss gleich hinzugefügt werden, dass seine phänomenologische Begründung der Assoziation recht verwor-

[1] Erstmals mit dem Titel „Ueber Selbsttäuschungen I" 1911 veröffentlicht, für die Aufnahme in den II. Band der *Gesammelten Aufsätze* 1915 erweitert. Wir zitieren nach der 2. Auflage dieser Aufsatzsammlung von 1919, nunmehr unter dem Titel *Vom Umsturz der Werte*, die sich mit verschiedenen Anzeichnungen in Husserls Privatbibliothek befindet. In Klammern fügen wir die Seitenzahlen der 4. Auflage im IV. Band der *Gesammelten Werke* (1955) bei.
[2] Erstmals 1913 veröffentlicht und gleichfalls 1915 bei der Aufnahme in den II. Band der *Gesammelten Aufsätze* erweitert. Wir zitieren wiederum nach den Ausgaben von 1919 und (in Klammern) von 1955.
[3] II. Teil, VI, A, 3, f und g, S. 431-495 (413-469). Wir zitieren dieses Werk, das zuerst in den ersten beiden Bänden des *Jahrbuches für Philosophie und phänomenologische Forschung* von 1913 und 1916 erschienen ist, nach dem Sonderdruck von 1916, den Husserl intensiv studiert und mit vielen Annotationen versehen hat. Wiederum fügen wir in Klammern die Seitenzahlen der 5. Auflage im II. Band der *Gesammelten Werke* (1966) bei.
[4] Vgl. oben § 36.

ren bleibt und dass er die Früchte seines Ansatzes zum Schluss selber verkannt hat. Die Schuld daran trägt seine zu dogmatisch angesetzte Grundthese von der intuitiv gegebenen Einheit des Bewusstseins, die er zu wenig in ihrer genetisch-intentionalen Struktur freilegt, und die mangelnde Reinigung seiner auf die Intuition abgestellten deskriptiven Anthropologie von realistischen und objektivistischen Einschlägen durch eine transzendental-phänomenologischer Reduktion. Entsprechend verheerend fällt Husserls Urteil aus, das den vielen Anzeichnungen und Randbemerkungen in den assoziationspsychologischen Abschnitten von Schelers grossen Ethik-Buch entnommen werden kann. Schelers ganze Analyse findet Husserl verworren und „völlig unklar".[5]

Schelers Beiträge zur Assoziationsproblematik konzentrieren sich auf drei Punkte, 1. die kulturgeschichtliche Kritik der Assoziationspsychologie, 2. die Abweisung ihres Anspruches, die Einheit der Person rein assoziationistisch erklären zu können, und die Einschränkung der Assoziation auf die sekundäre Funktion der Selektion von Bewusstseinserscheinungen, 3. die phänomenologische Fundierung der Assoziationsprinzipien der Aehnlichkeit und der Berührung.

§ 51. Die kulturhistorische und prinzipielle Kritik der Assoziationspsychologie

Schelers kulturkritische Beurteilung der Assoziationspsychologie findet sich am eingehendsten in dem Essay „Versuche einer Philosophie des Lebens", den er den drei „Lebensphilosophen" Nietzsche, Dilthey und Bergson widmet.[6] Im Anschluss an Dilthey und Bergson nennt Scheler drei Motive für die Ausbildung der neuzeitlichen Assoziationspsychologie mit ihrer Zerstückelung der lebendigen Seele in „Empfindungs- und Vorstellungsdingelchen", die sich, unabhängig von der zentralen Tätigkeit eines „Ich", nach einfachen, mechanischen Gesetzen zu Komplexen verbinden. In erster Linie erstrebten die

---

[5] In den einschlägigen Abschnitten, S. 431-495 (413-469), finden sich nicht weniger als elf, z.T. riesige Fragezeichen und die folgenden Verdikte: „Zeitbewusstsein, dann Assoz. Gesetz – Reproduktion, bis 494 (468) fast schon in einer Art Ideenflucht" (S. 443 (423)); „Zur Lehre Zeitbewusstsein – So recht klar wird mir all das nicht" (a.a.O.); „Alles unklar" (S. 450 (429)), „Zeit, Phänomenologie der Assoziation, Wiedererinnerung, Reproduktion etc.. Das alles gehört zur Lehre vom Zeitbewusstsein, aber es ist völlig unklar bis 494 (468)" (S. 451 (430)).

[6] S. 157ff (321ff), 178f (333); vgl. „Die Idole der Selbsterkenntnis", S. 100ff (269f).

Psychologen der Neuzeit eine analogisierende Nachbildung der Newtonschen Himmelsmechanik und der Molekularphysik in der Welt der Seele und übertrugen daher auf sie die Grundbegriffe der neuentdeckten Mechanik, die Gesetze der Erhaltung, der Trägkeit usf.. Hinter dieser Tendenz verbarg sich das Hauptmotiv der neuzeitlichen Wissenschaft, sich ein solches symbolisches Bild von der Realität, der materiellen wie der seelischen, zu verschaffen, das sie mit einfachsten, äusserlichen und rein technischen Mitteln beherrschbar machen würde. Das dritte Motiv schliesslich lag im Vorurteil, dass jeder Veränderung im seelischen Leben eine physiologische parallel läuft, die ihrerseits mechanisch zu erklären ist.

Die Folge dieser Einstellung war eine verhängnisvolle Reduktion und Vereinseitigung der seelischen Wirklichkeit. Wie Physik und Chemie die vielfältigen Qualitäten, Formen und Sinnzusammenhänge der Natur auf mechanische Beziehungen zwischen möglichst qualitätslos gedachte punktuelle Realitäten zurückführten und ihr neues Bild der Natur mit dieser gleichsetzten, so reduzierte die Assoziationspsychologie den Form- und Sinnreichtum der seelischen Welt auf das an ihr, was nach den Gesetzen der Assoziation beherrschbar war. Ebenso nahm sie diese assoziativ regierte Oberflächensicht der Seele für ihren gesamten Wesensgehalt und identifizierte das Bild der Assoziationsmaschine mit dem seelischen Sein selber. Die physiologistische Erklärungstendenz führte zum gleichen Resultat. Statt die Art und das Ausmass der physischen Abhängigkeit zu eruieren, unterschlug man einfach das Eigenleben und die Eigengesetzlichkeit der höhern geistigen Funktionen oder deutete sie so lange um, bis sie als Begleiterscheinung der mechanistisch ablaufenden Nervenprozesse betrachtet werden konnten. Die psychische Vielfalt wurde nur soweit als „gegeben" anerkannt, als eine Zuordnung zu körperlichen Prozessen möglich oder plausibel schien. In strenger Interpretation war das allein der Fall, wenn man die seelischen Gehalte auf uniforme Atome reduzierte und nur eine einzige Verbindungsart zwischen ihnen annahm, die Assoziation durch Berührung.

Scheler will mit seiner harten Kritik der Assoziationslehre nicht überhaupt jede Geltung absprechen, er will nur ihren absolutistischen Anspruch auf das ihr zukommende Recht einschränken. Diese Haltung entspringt seinem realistischen Dualismus. Ausdrücklich nimmt er die objektive Assoziationspsychologie gegenüber dem spriritualistischen Bergson in Schutz. Sie hat ebenso wie die mechanische Naturansicht

„ihr wohlbegründetes Recht", „wenn sie sich nur begnügt, ein Bild
zwecks möglicher Lenkbarmachung und Leitung der Seele durch Einwirkung auf den Leib zu geben, und wenn sie nicht vermeint, ihr
Wesen zu erkennen".[7] Bergsons Vorurteil liegt darin, psychische
Tatsachen für „unmittelbarer gegeben" zu halten als physische Erscheinungen. Was dem Psychologen als Gegenstand der Beobachtung
empirisch vorliegt, ist stets „eine Superposition von Sinn, Sinnge-
setzmässigkeit und Assoziation und Assoziationsgesetzmässigkeit".[8]
Er findet weder „reine Assoziationen" noch „reine Sinnzusammenhänge" vor, sondern nur konkrete Tatsachen, die durch eine Superposition der Gesetzmässigkeiten der beiden, der Motivationskausalität,
deren Wirksamkeit unmittelbar erlebt wird und für die das klassische
Gesetz „gleiche Ursachen – gleiche Wirkungen" nicht anwendbar ist,
da im seelischen Leben, in dem jede Aenderung von der ganzen bisherigen Erlebnisreihe abhängt, keine gleichen Ursachen wiederkehren,
und der mechanistisch bestimmbaren Kausalität der objektiv realen,
physiologischen Prozesse voll begreifbar werden. Die ersten werden
in der verstehenden Psychologie erschlossen, die zweiten, zu denen die
Assoziationsgesetze zählen, in der erklärenden Psychologie erforscht.[9]
    Hier zeigt sich ein erster und fundamentaler Unterschied in der
Konzeption der Assoziationsgesetzmässigkeiten bei Scheler und
Husserl. Die Assoziationsgesetze sind für Husserl keine physiologisch
zu fassende Kausalgesetze, sondern in ihrer Wirksamkeit ebenfalls
unmittelbar erlebbare und einsehbare Motivationsgesetze. Sie sind
daher ebenfalls zur „verstehenden", zur phänomenologischen Psychologie zu schlagen. Das relative Recht der traditionellen Assoziationspsychologie bezieht sich entsprechend nicht auf eine unabdingbare und daher nicht reduzierbare Naturseite der psychischen Erlebnisse und auch nicht allein auf die Bereitstellung der technischen
Daten zur Beherrschung des Seelenlebens, sondern auf die Tatsache
dass sie, obzwar in naturalistischer Verzerrung, Wesensgesetze des
Bewusstseins entdeckt hat. Bei der richtigen intentionalen Fassung
wird in der Assoziationspsychologie dem wahren Wesen des Bewusstseins nicht ein „Bild zwecks möglicher Lenkbarmachung" substruiert.
Es werden vielmehr fundamentale Aspekte seines Wesens freigelegt.

---

[7] „Versuche einer Philosophie des Lebens", S. 179 (333).
[8] *Der Formalismus in der Ethik*, S. 492 (466).
[9] a.a.O. S. 438ff (419f), 492ff (466ff).

Husserl wirft Kant darum gerade nicht wie Scheler[10] vor, dass er die Assoziationslehre für „rein theoretisch" hält und ihr „pragmatisches" Motiv, ihre praktisch-technisch mitbedingte Bedeutung zur Beherrschung der Seele übersieht, sondern dass seine Theorie noch zu sehr Konstruktion bleibt und nicht durch eine phänomenologische Wesensanalyse in sich selbst einsichtig gemacht wird. Im übrigen werden wir im übernächsten Paragraphen sehen, wie Scheler selber Ansätze zu einer solchen phänomenologischen Analyse bereitlegt, freilich ohne zu realisieren, wie er damit seinen objektivistischen Grundthesen den Boden entzieht.

§ 52. Die Funktion der Assoziation: Nicht Einheitsstiftung, sondern Selektion

Als Motiv für die Aufnahme der scheinbar weit abliegenden Assoziationsproblematik in sein ethisches Fundamentalwerk führt Scheler an, dass der für die Ethik grundlegende Begriff der Person in seiner vollen Bedeutung erst erschlossen werden kann, wenn nicht nur negativ die für die Ethik tödliche assoziationistische Erklärung der Einheit der Person zurückgewiesen wird, sondern auch positiv die Assoziationsprinzipien in ihren untergeordneten, aber in dieser Unterordnung wohlberechtigten Platz eingewiesen werden.[11]

Die Einheit der Person ist nach Scheler als ein zeitloses Urphänomen in der Intuition eines eigenartigen „Ineinanders" aller seelischen Tatsachen unmittelbar gegeben. Für gewöhnlich scheint sie in der Motivationserfahrung auf. Jedes einzelne Erlebnis wird vom Totalgehalt der spezifischen Mannigfaltigkeit der Psyche bestimmt und wirkt sich seinerseits auf sie in ihrer Gesamtheit aus. Speziell wird sie jedoch sichtbar in jenen privilegierten Augenblicken der sog. „Sammlung", z.B. vor grossen Entscheidungen, in denen das ganze seelische Leben in konzentrierter Weise in eins zusammengefasst und als eines wirksam erlebt wird. In einer solchen inneren Anschauung, die in jeder faktischen Wahrnehmung eines zeitlichen Aus- oder Nacheinander eingeschlossen ist, kann der Blickstrahl jedes psychische Erlebnis mit gleicher Unmittelbarkeit treffen und die Gehalte der Vergangenheit

---

[10] Vgl. „Erkenntnis und Arbeit": Die Wissensformen und die Gesellschaft, 1. Auflage (1926), S. 309 (2. Auflage im VIII. Band der Gesammelten Werke (1960) S. 249). – Die Kalenderzettel, die sich als Lesezeichen in Husserls Exemplar finden, sind auf den Juli 1926 und den April und Mai 1931 datiert und lassen eine Lektüre in diesen Jahren vermuten.

[11] Der Formalismus in der Ethik, S. 494 (468).

und der Zukunft mit gleicher Unmittelbarkeit zur Gegebenheit bringen wie jene der Gegenwart. Die Identität des Ich und seiner Sinngehalte wird unmittelbar erlebt und wird nicht erst durch einen Akt der Identifikation zustande gebracht. Das der Psychologie gestellte Problem ist darum nicht, wie es zur Ichidentität und Sinnidentität der zeitlich und qualitativ verschiedenen Akte der Wahrnehmung, der Erinnerung und der Erwartung kommt, sondern umgekehrt, wie es von dem zeitlosen Sinnzusammenhang aller von einem persönlichen Wesen vollzogenen Akte, vom identisch individuellen Erleben dieser Akte, zum Bild eines Abflusses der Akterlebnisse in der Zeit kommt.[12]

Das Auseinander der Erlebnisse entspringt nach Scheler nicht dem Wesen des Ich selber, sondern seiner – allerdings wiederum wesensmässigen – Verbindung mit einem Leib. Auf die Frage nach der Bestimmung des Verhältnisses von Ichmannigfaltigkeit und Leib gibt es zwei mögliche Antworten: Entweder assoziiert der Leib ursprünglich geschieden angesetzte Elementartatbestände zu einheitlichen Gebilden und schliesslich zur komplexen Einheit eines ,,Ich" oder aber er dissoziiert das als Urphänomen gegebene Ineinander des Ich zu dem, was nachträglich an Einzelerlebnissen vorgefunden wird. Die Analyse ergibt nun aber, dass jeder Versuch, die Identität des Ich statt als eine Urgegebenheit hinzunehmen, ,,erklären" zu wollen, die Einheit des Ich, ohne sie mit noch so subtilen Hypothesen wieder herstellen zu können, künstlich zerreisst und unreflektiert doch wieder als Voraussetzung der Identifizierungsakte impliziert. Die Identifikation einer Erinnerungsvorstellung mit einer frühern Wahrnehmungsvorstellung impliziert ein unmittelbares Bewusstsein, eine ,,unmittelbare Erinnerung", wie Scheler das Phänomen der Retention nennt, dieser frühern Vorstellung, die nicht erst durch eine Assoziation geleistet wird, sondern unvermittelt vorliegt auf Grund der Wesenstatsache, dass ein Erlebnis eines mit einem Leib verhafteten Ich überhaupt nur in einem Totalakt von Wahrnehmung, unmittelbarer Erinnerung und unmittelbarer Erwartung ,,gegeben" sein kann. Nur die mittelbare Erinnerung und die mittelbare Erwartung durch die Reproduktion einer in einem vorgängigen Totalakt unmittelbar gegebenen Vorstellung ist assoziativ bedingt.[13]

Was die Assoziation leistet, ist nicht die Identifikation der jetzigen und der früheren Erlebnisgehalte, sondern allein die Selektion der

---

[12] a.a.O. S. 435f (416f), 455ff (424ff).
[13] a.a.O. S. 432f (413f), 455ff (434ff).

reproduzierten Gehalte. Sie vermag weder die Erinnerung überhaupt zu erklären, noch welche Gehalte möglicherweise erinnert werden können, sondern allein welche aus ihrer Totalität faktisch und mittelbar erinnert werden. Scheler nimmt hier Bergsons These von der intuitiven Einheit des Bewusstseins und der bloss dissoziativen und selektorischen Funktion des nervösen Systems auf.[14]

Schelers Grundthese von der Einheit des Bewusstseins, die erst durch die Verknüpfung mit einem Leib in ein zeitliches Auseinander gerät, das dann sekundär den Boden für die Wirksamkeit von Assoziationsprinzipien abgeben kann, stösst bei Husserl auf heftigste Abwehr. Zuerst bricht diese in einer Randbemerkung zur referierten Behauptung Schelers durch, dass „jeder der bekannten Versuche, jene Inhaltsidentität, die z.B. in Aussagen vorliegt wie ‚ich stelle jetzt vor, was ich vorhin wahrnahm‘, ... anstatt als ein letztes Urphänomen anzusehen, noch ‚erklären‘ zu wollen,‘‘ die Einheit des Ich zerreisse, ohne sie in ihrer ursprünglichen Art wieder herstellen zu können. Husserl bemerkt dazu: „Aber doch im Sinne der ästhetischen Aufklärung, der intentionalen Analyse des Urphänomens‘‘ (scil. ist diese ursprüngliche Einheit in ihrem Werden explikabel).[15] Ebenso versieht er die folgende These, dass bei der Reduktion des Leibes die zeitlichen Erstreckungen und entsprechend die Aktqualitäten der Wahrnehmung, Erinnerung und Erwartung fortfallen, sodass der Strahl der inneren Anschauung alle psychischen Erlebnisse, die nur durch die Einschaltung des Leibes zu solchen der Gegenwart, der Vergangenheit und der Zukunft werden, in gleicher Unmittelbarkeit treffen kann, mit einem grossen Fragezeichen.[16] Nach Husserl erscheint das Bewusstsein wesensmässig und nicht erst über seine Abhängigkeit von der dissoziierenden Leiblichkeit als Strom. Er teilt Schelers Ansicht nicht, dass die innere Anschauung ebenso durch die Bewegungs- und Triebstruktur des Leibes vermittelt ist wie die äussere Anschauung.[17] Darum erhält auch der folgende Satz Schelers ein Fragezeichen: „Dieser Strom aber als eine Form dieses Erlebens der Icherlebnisse gehört wesenhaft zum Leibe und nicht zum Ich selbst.‘‘[18]

---

[14] Vgl. „Versuche einer Philosophie des Lebens‘‘, S. 18of (334).
[15] *Der Formalismus in der Ethik*, S. 445 (425).
[16] a.a.O. S. 454 (433). – Schelers These von der Wahrnehmung, Erinnerung und Erwartung als Akt qualitäten versieht Husserl schon an zwei frühern Stellen mit Fragezeichen, S. 431 (413), 453 (432).
[17] Vgl. a.a.O. S. 432 (413) (Ein Fragezeichen am Rand).
[18] a.a.O. S. 487 (462).

Was Scheler als ein zeitloses und gleichsam „fertig" vorfindbares und nicht weiter aufzubrechendes Urphänomen statuiert, die Einheit des Bewusstseins, geht nach Husserl aus einer phänomenologisch enthüllbaren Genesis, einer kontinuierlich synthetischen Konstitution hervor. Die Einheit des Bewusstseins erstellt sich primär als eine zeitliche, die jedoch für sich allein leer und abstrakt bleibt, wenn sie nicht durch eine inhaltliche Synthesis, die primär eine assoziative ist, ergänzt und dadurch in ihrer Struktur überhaupt erst anschaulich abgehoben wird. Die assoziativen Verweisungen und Verbindungen leisten so mehr als „nur eine fortwährende Wiederherstellung der ursprünglichen Einheit des Ich und des puren ‚Ineinander' seiner Erlebnisse".[19] Sie stiften die ursprünglichste Einheit des Bewusstseins selber, sofern diese wesenhaft einen inhaltlich-hyletischen Aspekt hat.[20] Sie sind nicht bloss „Wesensbedingungen davon, wie einem leiblichen Wesen sein Ich und dessen Erlebnisse allein zur Gegebenheit kommen", sondern „Bedingungen dieses Ich und seiner Erlebnisse selbst".[21] Die Thesen Bergsons und Schelers, dass der Assoziation nur eine sekundäre, nämlich reproduktive und selektorische Rolle zufällt,[22] nicht aber eine ursprünglich produktive und einheitsstiftende Funktion in der Genesis der Subjektivität, hält der intentionalen Aufklärung nicht stand. Natürlich ist die Einheit, welche die Assoziation stiftet, eine „niedere" – aber als solche eine primäre, nämlich fundamentale, und nicht eine sekundäre – Einheit, die keineswegs mit der „höhern", personalen Einheit des Ich verwechselt werden soll, die sich in der Stiftung von habituell bleibenden Entscheidungen konstituiert.

§ 53. *Die phänomenologische Fundierung der Prinzipien der Aehnlichkeit und der Berührung*

Nach der Herausstellung der unmittelbar anschaulichen Einheit des Ich und ihrer Bedeutung für die Möglichkeit einer identischen Erfahrung setzt Scheler zu einer phänomenologischen Aufklärung der „materialen Aprioris" der induktiven Gesetzmässigkeiten an, die sich die erklärende Psychologie erarbeitet. Dabei enthüllt er die Assoziations- und Reproduktionsprinzipien der Aehnlichkeit und der Berührung, die bis anhin von der empirischen Psychologie als induk-

---

[19] a.a.O. S. 487f (462) (Ein Fragezeichen am Rand).
[20] Vgl. oben §§ 12b, 14.
[21] *Der Formalismus in der Ethik*, S. 488 (462f) (Ein Fragezeichen am Rand).
[22] a.a.O. S. 458 (436); „Versuche einer Philosophie des Lebens", S. 18of (334).

tive Regeln betrachtet wurden, als apriorische Gesetze.[23] Allerdings handelt es sich bei ihnen, wie er im Anschluss an Bergson und die „Denkpsychologie" ausführt, um zwar notwendige, aber allein nicht hinreichende Bedingungen der faktische Erinnerung. Erst das Hinzukommen von „Obervorstellungen", Interessen, Triebtendenzen usw. vermag die tatsächliche Auswahl aus der unermesslichen Sphäre des Aehnlichen verständlich zu machen.[24]

Als erstes Assoziationsprinzip wird die Aehnlichkeit thematisiert.[25] Dass die Reproduktion an die Aehnlichkeit der früher wahrgenommenen Gegenstände von Erinnerung und Erwartung mit dem Gegenstande der sie reproduzierenden Wahrnehmung geknüpft ist, erweist sich als ein „material apriorischer Satz", der jedoch in Schelers Einschränkung nur für Gegenstände gültig ist, die auf einen möglichen Leib daseinsrelativ sind.[26] Das unmittelbare Erlebnis der Aehnlichkeit eines vormals wahrgenommenen Gegenstandes ist die Bedingung dafür, dass er zum Gegenstand einer mittelbaren Erinnerung durch Reproduktion wird.

Die Aehnlichkeitsassoziation kann nicht auf die Berührungsassoziation zurückgeführt werden. Ihre wiederholt versuchte Ableitung von dieser hat die sensualistische Interpretation der Aehnlichkeit als partielle Identität und Verschiedenheit der elementaren Teile der Vorstellungen zur Voraussetzung. Ihr eigentliches Motiv ist zu offensichtlich. Für die Aehnlichkeitsassoziation lässt sich kein korrelativer Prozess im Gehirn plausibel aufstellen. Solche Prozesse sind nur für die steigende Einübung einer schon vollzogenen Aehnlichkeitsassoziation denkbar, nicht aber für ihre erstmalige Stiftung. Die Aehnlichkeit zweier Dinge ist nicht an die Grundbedingung der Naturkausalgesetzmässigkeit, die Berührung von Ursache und Wirkung im Raum und Zeit, gebunden und vermag daher keine mechanische Wirksamkeit zu äussern. Die Tatsache der Aehnlichkeitsassoziation liefert den negativen Beweis, dass es für die Auslösung der Erinnerung kein mechanisches Korrelat im Nervensystem gibt, und zugleich den positiven Beweis für die These der phänomenalen Gegebenheit der Einheit des Bewusstseins, die im Erlebnis der Wirksamkeit der Aehnlichkeit durchscheint.

[23] *Der Formalismus in der Ethik*, S. 452 (431), 468 (445) usw..
[24] a.a.O. S. 39 (63f), 476f (453); „Versuche einer Philosophie des Lebens", S. 180f (334).
[25] *Der Formalismus in der Ethik*, S. 461ff (439ff).
[26] a.a.O. S. 468 (445).

Auch der Grundsatz der Berührungsassoziation stellt sich als ein einsichtiges Prinzip und nicht bloss als eine empirische Regel heraus.[27] Er besagt: „Was an Gegenständen ‚zusammen' erlebt ist, hat bei Gegebenheit eines dieser Gegenstände die Tendenz, die Erinnerung an die anderen hervorzurufen."[28] Dieses Zusammen meint kein Neben- und Nacheinander im objektiven Raum und in der objektiven Zeit. Die Assoziation durch Berührung hat ihren Grund nicht darin, dass der Leib ein Körper unter anderen in Raum und Zeit ist und dass diese andern Körper auf ihn einwirken, wobei räumliche Berührungen der ihn treffenden Reize und zeitliche Berührungen der Reizvorgänge mit den inneren Prozessen statthaben. Sie entspringt dem Zusammen-Erlebtsein der Gegenstände, in einem Akt der inneren Anschauung als spezifisch seelisches Ineinander, in einem Akt der äusseren Anschauung als ein Auseinander, das nach Schelers unverständlicher Konzeption ursprünglich noch nicht zeitlich und räumlich bestimmt ist. Zur Scheidung von Zeitlichkeit und Räumlichkeit kommt es erst in der verschiedenen Orientierung zweier Elemente ausserleiblicher Phänomene dadurch, dass sie sich in Bezug auf die leibliche Jetzt-Hier-Gegebenheit als räumlich umkehrbar oder als zeitlich unumkehrbar geben. Die sich im „blossen" Auseinander berührenden Elemente können den Charakter des räumlichen Nebeneinanders und des zeitlichen Nacheinanders erst noch annehmen. Die Berührungsassoziation geht dem Bewusstsein von Räumlichkeit und Zeitlichkeit und ihrer Verschiedenheit voraus und kann somit nicht selber von einem zeitlichen und räumlichen Verhältnis her abgeleitet werden.[29]

In der Folge präzisiert Scheler die Art der Berührung. Zur assoziativen Verbindung reicht nicht aus, dass etwas einfachhin zusammen erlebt wird. Gleichzeitige Muskelempfindungen und Gedanken an Polygone, z.B., zeigen nicht ohne weiteres eine Tendenz zur Reproduktion. Die Gegebenheiten müssen zueinander in einer spezifischen „Berührungskonstellation", in der Einheit einer „Situation" stehen. Damit löst Scheler das reine Berührungsprinzip in ein Gestalt- oder Ganzheitsgesetz auf. Reproduktiv wirksam ist allein eine „Situationseinheit" oder „Konstellation", die Eigenart des Zusammentreffens der Gegenstände.[30]

[27] a.a.O. S. 483ff (459ff).
[28] a.a.O. S. 483 (459).
[29] Diese sonderbaren, völlig uneinsichtigen Behauptungen versah Husserl mit einem riesigen Fragezeichen: a.a.O. S. 484 (459f).
[30] a.a.O. S. 489f (464).

Ebensowenig wie sich die Aehnlichkeitsassoziation auf die Berührungsassoziation reduzieren lässt, ist diese auf jene zurückführbar. Wohl aber kann nach Scheler eine Berührungsassoziation nur zwischen Gehalten spielen, denen eine Aehnlichkeitsassoziation der sie umfassenden Bewusstseinseinheiten vorausgeht. Dass die Berührungsassoziation in den Horizontverweisen, die zum Wesen aller sinnlichen Gegenstände gehören, grundgelegt ist, entging Scheler.[31]

Husserls wenig anerkennendes Urteil über Schelers phänomenologischen Ansatz zur Fundierung der Assoziationsgesetzlichkeit kennen wir. Es muss einmal auf einzelne Thesen seiner Aufklärung der beiden Prinzipien bezogen werden. Die Unzulänglichkeiten der Bestimmung der Berührungsassoziation haben wir vermerkt. Bei der Aehnlichkeitsassoziation ist die Behauptung zu nennen, nach der es für einen leiblosen Geist so etwas wie Aehnlichkeit nicht geben kann, sondern allein Identität und Verschiedenheit.[32] Des weitern trifft es seine allgemeine These, dass Assoziation nach Aehnlichkeit und Assoziation nach Berührung beide in Wesensabhängigkeit davon sind, ,,dass ein Leib mit dem Ichindividuum in Wesenszusammenhang steht".[33] Dazu kommt die Einschränkung ihrer Wirksamkeit auf die blosse Reproduktion und Selektion von Bewusstseinserscheinungen. Beide Thesen ergeben sich aus dem dogmatischen Ansatz einer zeitlosen Einheit des Bewusstseins. Schliesslich ist in wissenschaftstheoretischer Hinsicht zu bedauern, dass Scheler aus seiner, wenn auch noch so in mancher Hinsicht unklar ausgefallenen, doch originellen Entdeckung des phänomenologischen Gehalts der Assoziationsgesetze die grundsätzliche Konsequenz einer rein phänomenologischen Assoziationspsychologie nicht zu ziehen vermochte und sie weiterhin der erklärenden und naturwissenschaftlichen Psychologie zuordnete.

---

[31] Vgl. a.a.O. S. 490 (465).
[32] a.a.O. S. 468 (445) (Ein Fragezeichen am Rand). – Scheler verlegt die Aehnlichkeit gegenüber der sensualistischen Theorie der partiellen Gleichheit und Verschiedenheit der Elemente einer Vorstellung in die Abweichung der unmittelbaren Erinnerung, bzw. Erwartung, die bei zwei Wahrnehmungsakten mit identischem Inhalt auftritt. Wie die Aehnlichkeit von rot, purpur und orange, die Scheler als Beispiel anführt, daraus abgeleitet werden kann, dass derselbe Wahrnehmungsgehalt von verschiedenen Ringen unmittelbarer Erinnerungen und Erwartungen umgeben ist, bleibt rätselhaft. Vgl. S. 461ff (439ff), 479ff (455ff).
[33] a.a.O. S. 487 (462) (Ein Fragezeichen am Rand).

14. KAPITEL

DIE KRITIK DES SENSUALISMUS UND DES
ASSOZIATIONISMUS IN DER GESTALTPSYCHOLOGIE UND
IN DER PHAENOMENOLOGIE M. MERLEAU-PONTYS

*§ 54. Die sachliche Dringlichkeit einer Konfrontation Husserl – Ge-
staltpsychologie*

Als eines der bedeutendsten Ergebnisse der phänomenologischen
Untersuchung der Assoziation hat sich uns die Ueberholung des
Empfindungsbegriffes ergeben. Nun wird das historische Verdienst,
nachgewiesen zu haben, dass es einfache Empfindungsatome, wie sie
von der Psychologie des 19. Jahrhunderts postuliert wurden, gar nicht
gibt und nicht geben kann, gemeinhin der Gestaltpsychologie zugeschrieben. Ihre wichtigsten Entdeckungen in diesem Zusammenhang,
die Figur-Hintergrund-Struktur der Wahrnehmungsgegebenheiten
und die Unhaltbarkeit der Konstanzannahme, sind heute allgemein
anerkannt und haben auch in die übrigen psychologischen Schulen
Eingang gefunden, in die behavioristische (D.O. Hebb) nicht weniger
als in die phänomenologische der nachhusserlschen Zeit (Merleau-
Ponty).

Die Ueberwindung des Empfindungsbegriffes sowohl in der
Husserlschen Phänomenologie der Assoziation wie in der empirisch-
experimentell arbeitenden Gestaltpsychologie, die zudem zeitlich nur
wenig differiert, ist an sich Anlass genug, um eine Konfrontation
der beiden nahezulegen, ganz abgesehen von der Tatsache, dass
Merleau-Ponty – unabhängig von Husserls assoziationsphänomeno-
logischen Analysen – die gestaltpsychologische Argumentation aufgenommen und von phänomenologischen Gesichtspunkten aus weiter-
verarbeitet hat, was im übrigen der Grund dafür ist, dass wir seine
Kritik des Sensualismus und des Assoziationismus in dieses Kapitel
miteinbeziehen. Die Konfrontation wird aber geradezu provoziert,
wenn man vernimmt, wie von beiden Seiten, von Husserl wie von der
Gestaltpsychologie, bzw. in deren Gefolge, der Gegenseite vorgehalten
wird, dass sie im Grunde den Kategorien des attackierten Sensualismus

verhaftet geblieben ist. Nach Husserls Urteil behandeln die Gestaltpsychologen ihre Ganzheiten wie die Psychologen des 19. Jahrhunderts die Empfindungsdaten als etwas, das „fertig" vorgeben, dinghaft
und einer naturalen Kausalität unterworfen ist. Von der Gestaltpsychologie her erscheint aber gerade Husserl als derjenige, der die alte
Sinnesdatenlehre fortführt und sie bloss in einer schlechten Reduktion
immanentistisch von ihren physiologischen Wurzeln abschneidet.
Dazu kommt, dass Husserl seine Ueberholung des Empfindungsbegriffs unter dem Titel und in der phänomenologischen Adaptation von
Grundsätzen vollzieht, die von der Gestaltpsychologie als Korrelate
von Empfindungsbegriff und sensualistischer Psychologie denunziert
werden, unter dem Titel Assoziation und im Anschluss an die Assoziationspsychologie. Wir haben zur Einleitung dieser Arbeit das Verdikt H. U. Asemissens zitiert, nach dem Husserls Assoziationslehre
ein sensualistisches Relikt und ein Beispiel dafür ist, „wie sehr der
Begründer der Phänomenologie sein ganzes Werk hindurch überkommenen, phänomenologisch nicht haltbaren Theorien verhaftet
geblieben ist".[1] Ja, kam Husserl in der spätern Zeit nicht selber der
gleiche Verdacht? In einem Manuskript von 1932 stellt er die selbst-
kritische Frage: „Ist nicht meine ursprüngliche Auffassung von der
immanenten Sphäre mit den immanenten Daten, die am Ende erst
durch die passive Leistung der Assoziation zu ‚Auffassung kommen',
noch ein Rest der alten Psychologie und ihres sensualistischen Empirismus?"[2]

Bei der Konfrontation der Husserlschen Phänomenologie der Assoziation mit der Gestaltpsychologie stellen sich vor allem zwei Fragen.
1. Wie sind die Assoziate, die Termini a quo und ad quem der Assoziation zu bestimmen, als Empfindungsdaten, als Gestalten oder gar
als Sinngegenstände? 2. Wie verhalten sich die Assoziationsgesetze in
ihrer phänomenologischen Fassung zu den Gestaltprinzipien? Husserls
Ueberholung der Empfindungsdaten-Konzeption, der Ansetzung von
immanenten Sinnesdaten als materiellen Bezugspunkten für die formen-

---

[1] a.a.O. S. 48.
[2] Ms. B I 13 I, S. 8. – Wie aus der Fortsetzung hervorgeht, kann diese skeptische
Frage allerdings nicht für eine gänzliche Aufgabe der in der Phänomenologie der
Assoziation erarbeiteten Einsichten in Anspruch genommen werden. Es handelt
sich um eine der Stellen in den spätern Manuskripten, in denen Husserl vermehrt
auf der Abstraktheit der Analyse der Passivität insistiert und auf die Weise der
Ichimplikation in ihr reflektiert. Vgl. oben § 42.

den Leistungen der Assoziation und der sinnstiftenden Apperzeption, erfolgt bei der Aufdeckung des phänomenologischen Status der Termini der reproduktiven und der antizipativen Assoziation. Es stellt sich nämlich heraus, dass diese Anhaltspunkte ihrerseits nach den gleichen assoziativen Gesetzen genetisch erwachsen wie die Reproduktion und die Antizipation. Auf der anderen Seite hatte schon der Begründer der Gestaltforschung, Chr. von Ehrenfels, in seinem die ganze Bewegung einleitenden Aufsatz „Ueber ‚Gestaltqualitäten'" die Relevanz seiner Entdeckung für die Bestimmung der Assoziate erkannt, wenn er freilich auch noch einen dualistischen Standpunkt vertritt und Assoziationen sowohl zwischen Empfindungsdaten wie zwischen Gestalten statthaben lässt. „Nach Gestaltqualitäten erfolgt der grösste Teil unserer Assoziationen. Ja, wenn die Aehnlichkeit sich nicht durchgängig als partielle Gleichheit darstellen lassen und mithin in dem Assoziationsgesetz nach dem Prinzipe der Aehnlichkeit etwas Anderes vorliegen sollte, als in demjenigen nach dem Prinzipe der zeitlichen Kontiguität, so dürfte man sogar den Satz aussprechen, dass Ersteres überhaupt nur für Gestaltqualitäten Geltung besitze."[3] Nach der Bestandesaufnahme der literarischen Kontakte zwischen Husserl und der Gestaltpsychologie (§ 55) beschäftigen wir uns daher zuerst mit der gestaltpsychologischen Widerlegung der Ansetzung der primitivsten Teile der Wahrnehmung als einfache Empfindungen (§§ 56-58) und gehen erst nach ihrer Abmessung mit Husserls paralleler Entdeckung (§§ 59f) zur Auseinandersetzung mit der eigentlichen Assoziationskritik, wie sie von der Gestaltpsychlogie erarbeitet und dann innerhalb der Phänomenologie von Merleau-Ponty aufgenommen und weitergeführt wurde, über (§§ 61-63).

§ 55. Die literarischen Beziehungen zwischen Husserl und der Gestaltpsychologie

Husserls Verhältnis zur Gestaltpsychologie ist gekennzeichnet durch die Anmeldung von Prioritätsansprüchen gegenüber den innerhalb der Psychologie erfolgreicheren Gestalttheoretikern und durch die knappe und kategorische Formulierung seiner Kritik.

Die Prioritätsansprüche beziehen sich auf die Entdeckung der Gestaltqualitäten als spezifische Qualitäten, die ebenso unmittelbar gegeben sein sollen wie die Empfindungsqualitäten, jedoch nicht ein-

---

[3] S. 282 (36).

zelnen Empfindungen für sich zugeordnet werden können. Chr. von
Ehrenfels' epochemachender Aufsatz „Ueber ‚Gestaltqualitäten'''
erschien 1890, ein Jahr vor Husserls *Philosophie der Arithmetik*, in der
er ähnliche unmittelbare Gegebenheiten unter dem Titel „figurale
Momente" vorführte. In Anmerkungen in seiner Frühschrift[4] wie in
den *Logischen Untersuchungen*[5] verweist Husserl auf die Verwandtschaft seiner und Ehrenfels' Entdeckung und insistiert auf seiner Unabhängigkeit. Seine Ausführungen seien beim Erscheinen von Ehrenfels'
Aufsatz nahezu ein Jahr ausgearbeitet gewesen. Eine mögliche gemeinsame Anregung vermutet er in E. Machs *Beiträge zur Analyse der
Empfindungen* (1886), auf die sich Ehrenfels einleitend beruft. Nahe-
liegender ist für Husserl jedoch die Anregung durch die Verschmelzungslehre seines Lehrers C. Stumpf. Wenn jemand Prioritätsansprüche auf die systematische Erarbeitung – aperçuhafte Bemerkungen
lassen sich immer schon Jahrhunderte zurückverfolgen – von Ge-
staltphänomenen geltend machen kann, dann ist es Stumpf mit seiner
Verschmelzungstheorie.

Gegen das Ende der zwanziger Jahre attackiert Husserl die nun
florierende Gestaltpsychologie dreimal mit einer schneidenden Kritik.
Nach Husserls Urteil ist sie mit ihrem Naturalismus, der unphänomenologischen, dem Bewusstsein nicht konformen Kausalerklärung
der Gestalten,[6] der Vorstellung der Ganzheiten als „fertiger Gegenstände", die ihre genetische Konstitution übergeht,[7] sowie dem
Immediatismus, der Ansetzung der Gestalten als der unmittelbarsten
Gegebenheiten des Bewusstseins und somit als Ausgangspunkt der
beschreibenden Psychologie,[8] im Grunde nicht über die alten Kategorien des Sensualismus hinausgekommen.

In seinen Publikationen zitiert Husserl namentlich allein die frühen
gestalttheoretischen Arbeiten von Chr. von Ehrenfels,[9] von A. Mei-

---

[4] S. 210.
[5] 1. Auflage, II, S. 230f, 633; 2. Auflage, II/1, S. 234, 282; II/2, S. 161. – Schelers
Verweis auf die Entdeckung der Gestaltqualitäten durch Chr. von Ehrenfels und
H. Cornelius im Aufsatz „Erkenntnis und Arbeit", a.a.O. S. 375, kommentiert
Husserl mit der Randbemerkung: „vielleicht doch auch ich und vor Cornelius".
[6] *Ideen III* („Nachwort zu meinen 'Ideen'"), S. 156.
[7] *Formale und transzendentale Logik*, § 107c, S. 252. Zum Vorwurf der Ver-
dinglichung vgl. schon *Ideen I*, § 112, S. 270.
[8] *II. Cartesianische Meditation*, § 16, S. 76f.
[9] „Ueber ‚Gestaltqualitäten'": *Philosophie der Arithmetik*, S. 210; *III. Logische
Untersuchung*, § 4, S. 234; *VI. Untersuchung*, § 51, S. 161, Anm. 2.

nong[10] und von H. Cornelius.[11] Die Rezension von Cornelius' *Versuch einer Theorie der Existenzialurteile* (1894) verrät, dass Husserl in der Frühzeit noch nicht wie später in den Vorlesungen der zwanziger Jahre die Abhebung vom Hintergrund als ein Urphänomen oder Gestaltphänomen erkannt hat. Er kritisiert die These Cornelius', das Bemerken eines Inhalts falle mit seiner Unterscheidung vom vorhergegangenen Gesamtinhalt zusammen. „Sieht man in dem Abheben eines Inhalts vom Hintergrunde ein eigenartiges Verhältnis (...), so habe ich nichts dagegen, aber das Bemerken des Inhalts ist nicht das Bemerken dieses Verhältnisses, sondern der o b j e k t i v e Bestand des letzteren (...) ist nur die durch psychologische Reflexion und Induktion erkennbare Vorbedingung für die Bemerkbarkeit jenes Inhalts."[12] Während Husserl die Abhebung vom Hintergrund noch nicht phänomenal aus einer passiv-assoziativen Diskretion hervorgehen, sondern in einem beziehenden Urteil objektiv konstatieren lässt, vermag Cornelius das beziehende Urteilen überhaupt nicht als einen vom blossen Vorstellen verschiedenen Bewusstseinsmodus zu erkennen.

Eine Bestandesaufnahme der Schriften der eigentlichen Gestaltpsychologen und der unter ihrem Einfluss stehenden Philosophen in Husserls Privatbibliothek ergibt folgendes Resultat: Von der „Berliner Schule" (Wertheimer, Köhler, Koffka, Lewin) finden sich in ihr zwar mehrere Artikel, aber nur ein wissenschafttheoretischer Aufsatz K. Lewins zeigt Lesespuren von Husserls Hand. Eine Arbeit Koffkas über die Verschmelzungsphänomene von 1922 ist nicht einmal aufgeschnitten! [13] Noch weniger zur Kenntnis genommen zu haben scheint Husserl die „Leipziger Schule" der Ganzheitspsychologie (Krueger, Sander, Volkelt). Sie wäre für seine Anliegen gerade interessant gewesen, wählten die Leipziger doch die Genesis der Ganzheiten zu einem ihrer wichtigen Forschungsthemen.[14] Dagegen enthält Husserls

---

[10] „Beiträge zur Theorie der psychischen Analyse" (1893): *III. Logische Untersuchung*, § 4, S. 234, Anm. 1; in der 2. Auflage auch § 23, S. 282, Anm. 1.

[11] *Psychologie als Erfahrungswissenschaft* (1897) und „Ueber ,Gestaltqualitäten'" (1900): Anhang zur *II. Logischen Untersuchung*, § 39, S. 207ff. Vgl. oben § 48. – Weitere frühe Arbeiten zur Gestaltproblematik vermerkt Husserl in nachträglichen Eintragungen in seinem persönlichen Exemplar der *Philosophie der Arithmetik;* vgl. Textkritische Anmerkungen, S. 510ff.

[12] „Bericht über deutsche Schriften zur Logik aus dem Jahre 1894", S. 233.

[13] *K. Lewin*, „Ueber Idee und Aufgabe der vergleichenden Wissenschaftslehre" (1925); K. Koffka und P. Cermak, „Beiträge zur Psychologie der Gestalt. V. Untersuchungen über Bewegungs- und Verschmelzungsphänomene" (1922).

[14] Von F. Krueger besass Husserl mehrere Artikel, alle jedoch ohne Lesespuren,

Bücherei den Grossteil der Schriften K. Bühlers, des Begründers der „Wiener Schule" der Gestaltpsychologie, darunter die wichtigen Bücher *Die Gestaltwahrnehmungen*[15] und *Die Krise der Psychologie*.[16] Die meisten erhielt Husserl von dem ihm befreundeten Autor persönlich.[17] Bühler zählt allerdings nicht zu den radikalen Gestaltpsychologen. Aehnlich wie Chr. von Ehrenfels und die „Grazer Schule" (Meinong, Benussi, Ameseder) – wie auch Husserl selber in seinen Frühwerken – vertritt er den sog. „Kompromisstandpunkt"[18] und lässt neben den neu entdeckten Gestalten auch noch die Empfindungen als Gegebenheiten des Bewusstseins und als Aufbauelemente der Ganzheiten gelten.[19]

Von den übrigen Autoren, welche die gestaltpsychologischen Entdeckungen philosophisch aufnahmen, sind P. F. Linke und E. Cassirer zu nennen. Husserl scheint ihre diesbezüglichen Schriften, Linkes *Grundfragen der Wahrnehmungslehre*[20] und Cassirers *Phänomenologie der Erkenntsnis* im dritten Band seiner grossen *Philosophie der symbolischen Formen*[21] allerdings nur auszugsweise gelesen zu haben. Intensiver hatte er Schelers Aufsatz „Erkenntsnis und Arbeit" studiert, in der dieser die gestaltpsychologische Kritik des Sensualismus übernimmt, die Gestaltprinzipien jedoch auch seiner Spätphilosophie entsprechend vitalistisch und kosmologisch ontologisiert. Bezeichnend ist Husserls Randverweis auf die *Philosophie der Arithmetik* bei dem Satz: „Aber schon das einfachste Relationserlebnis und Gestalterlebnis hat mit einer Denkschöpfung, einem denkmässig nur erschliessbaren oder auch einem nur denkmässig zu ‚erfassenden' Etwas nicht das mindeste zu tun."[22]

---

darunter auch die für die Kritik der „Konstanzannahme" wichtige Artikelserie „Die Theorie der Konsonanz" (1906ff).

[15] (1913) – jedoch nicht aufgeschnitten!

[16] (1927) – zahlreiche Anmerkungen sowie eine stenographische Einlage.

[17] Das Husserl-Archiv ist im Besitz eines Briefes von Husserl an Bühler vom 28. Juni 1927.

[18] Vgl. A. Wellek, *Die genetische Ganzheitspsychologie der Leipziger Schule und ihre Verzweigungen*, S. 17f.

[19] Vgl. *Die Krise der Psychologie*, S. 10f (Von Husserl angezeichnet); „Die ‚Neue Psychologie' Koffkas", S. 152.

[20] (1918) – nur teilweise aufgeschnitten! Vgl. auch: „Phänomenologie und Experiment in der Frage der Bewegungsauffassung": *Jahrbuch für Philosophie und phänomenologische Forschung*, 2 (1916).

[21] (1929).

[22] a.a.O. S. 415; vgl. die Anzeichnungen S. 391, 434.

Mit dieser Bestandesaufnahme kommen wir zum Schluss, dass Husserl die Arbeiten der Gestaltpsychologen – von denen ihrer frühen Vertreter oder Vorläufer abgesehen – mehr indirekt und relativ spät zur Kenntnis genommen hatte. Das bedeutet, dass er seine eigenen „ganzheitspsychologischen" Erkenntnisse, wie wir sie seinen Vorlesungen zur genetischen Logik entnahmen, ähnlich wie schon die Entdeckung des „figuralen Moments" in der *Philosophie der Arithmetik* wohl gänzlich unabhängig von den gleichzeitigen Untersuchungen der Gestaltisten, ausgehend allein von den „Sachen selbst", erarbeitet hatte. Einmal mehr sind ihm andere mit ihren Veröffentlichungen und damit der Anerkennung in der psychologischen Fachwelt, aber auch der Anregung und dem Einfluss auf die weitere Forschung zuvorgekommen. Dennoch hat die Veröffentlichung des Husserlschen Aufweises der Ganzheitsstrukturen der Wahrnehmung im XI. Band der *Gesammelten Werke* mehr als einen bloss historischen Wert. Er bringt nämlich mehr als nur die gleiche Entdeckung, die andere Jahre zuvor gemacht hatten. Die Originalität von Husserls Beitrag zur Gestaltpsychologie besteht – abgesehen von der phänomenologischen und transzendentalen Fassung – in der streng genetischen Analyse der Konfigurationen. Damit bringen die Logik-Vorlesungen zugleich die konkret ausführende Unterlage zu seiner Kritik der Ansetzung der Ganzheiten als „fertiger" Gegenstände, die man bei ihrer knappen Formulierung in der *Formalen und transzendentalen Logik* vermisste, bzw. ausschliesslich in seinen länger bekannten Zeitanalysen suchte.[23] Mit dieser genetischen Kritik trifft sich Husserl, wie wir zeigen werden, bis in frappierende Einzelheiten hinein mit der nach dem zweiten Weltkrieg aufkommenden Relativierung der zu statisch und nativistisch eingestellten Gestalttheorie in der empirischen Psychologie.

Husserls unmittelbarer Einfluss auf die Gestaltpsychologie – wenigstens zur Zeit ihrer Ausbildung und ihrer Blüte vor dem Zweiten Weltkrieg – ist eher gering. In der zweiten Auflage der *Logischen Untersuchungen* beklagt er selber, dass seine Entdeckungen in der *Philosophie der Arithmetik* „in vielen neueren Behandlungen zur Lehre von den ‚Gestaltqualitäten'" zumeist unbeachtet geblieben sind.[24] Von den Gestaltpsychologen erweist allein Koffka, der philosophisch anspruchvollste, Husserl Reverenz. Er hatte eine Zeit lang bei Husserl

---

[23] Vgl. oben § 20.
[24] *III. Untersuchung*, § 23, S. 282, Anm. 1.

Vorlesungen gehört.[25] Seine Behauptung, dass Husserls Psychologismus-Kritik die apriorische Gesetzmässigkeiten aufzeigende Gestalttheorie nicht treffe, ist allerdings nicht frei von Missverständnissen.[26]
Engern, jedoch sehr kritischen Kontakt hielten die Gestaltpsychologen,
besonders die Berliner Schule, mit Husserls Lehrer Stumpf.[27] Köhler
wurde 1922 als Stumpfs Nachfolger auf dessen Lehrstuhl in Berlin
berufen. In direkter kritischer Auseinandersetzung standen die Berliner
gleichfalls mit Meinong und dessen Grazer Schule, vor allem mit Benussi. Sie unterzogen deren intellektualistische Produktionslehre, die
Erklärung aller Verbindungen und Gestaltungen durch geistige Akte,
sowie deren sensualistische Fundierungstheorie, den Aufbau der
Produktionsleistungen auf fundierenden Empfindungen, einer ein-
gehenden Kritik.[28]

Eine erste kritische und systematische Inbeziehungsetzung der
Husserlschen Phänomenologie und der Gestaltpsychologie unternahm
A. Gurwitsch in seiner Göttinger Doktoratsthese von 1928, die er
dann in seinen spätern Veröffentlichungen fortsetzte.[29] Neben der
gestaltpsychologischen Korrektur von Husserls „Lehre von den Ganzen und Teilen" [30] ist in unserm jetzigen Zusammenhang seine Bestreitung, dass noetische Akte für die Gestaltung des hyletischen Materials aufkommen sollen, besonders bemerkenswert.[31] Sie kann allerdings nicht im gleichen Ausmasse auf Husserl bezogen werden wie auf
die „Produktionslehre" der Grazer. Husserls ganze Lehre der passiven
Synthesis besteht gerade im Nachweis einer nicht intentionalen Akten
entspringenden Konstitution von gestalthaften Bewusstseinseinheiten.
Desgleichen führte er schon in der *Philosophie der Arithmetik* die
Konfigurationen im Unterschied zu den Kollektionen nicht auf
„zusammenfassende Akte" zurück. Ihre geniale Integration fanden
Gestaltpsychologie und Husserlsche Phänomenologie schliesslich
in Werk Merleau-Pontys.

[25] Vgl. M. Merleau-Ponty, *Phénoménologie de la perception*, S. 62, Anm. 1
(dt. 74, Anm. 45).
[26] Vgl. oben § 34a.
[27] Vgl. H. Spiegelberg, a.a.O. S. 637ff; W. Köhler, „Carl Stumpf zum 21.
April 1928" (1928); K. Lewin, „Carl Stumpf" (1937).
[28] Vgl. unten § 58.
[29] „Phänomenologie der Thematik und des reinen Ich. Studien über Beziehungen
von Gestaltpsychologie und Phänomenologie" (1929); *Théorie du champ de la
conscience* (1957).
[30] *III. Logische Untersuchnng.*
[31] „Phänomenologie der Thematik und des reinen Ich", S. 355f.

§ 56. Die Voraussetzungen der sensualistischen Psychologie: Konstanzannahme und Zerlegungsprinzip

Die klassische Empfindungs- und Assoziationslehre ruht auf der nicht reflektierten Voraussetzung, dass jede Wahrnehmung in konstant bleibende Elemente zerfällt, die in einem strengen Korrespondenzverhältnis zu den objektiven Reizelementen stehen. Ihre zwei Grunddogmen, gegen die sich die Gestaltpsychologie erhebt, sind die Konstanzannahme und das Zerlegungsprinzip.[32]

Was und wie wahrgenommen wird, so lautet die Gegenargumentation der Gestalttheoretiker, lässt sich weder empiristisch durch eine punktuelle Zuordnung und konstante Verknüpfung von Reiz und Empfindung sowie eine mechanistisch erklärte Assoziation der sich berührenden Daten, noch ausschliesslich intellektualistisch durch einen modifizierenden und formierenden Eingriff der subjektiven Aufmerksamkeit und Urteilstätigkeit erklären. Das Auswahl- und Ordnungsprinzip muss in einem Zwischenbereich gesucht werden, in den Gestaltgesetzen, die dem Wahrgenommenen immanent erscheinen und wirksam sind.

Bei der Konstanzannahme sind zwei Interpretationen zu unterscheiden. Bei der Zitierung der Hypothese ist allermeist nur von der ersten explizit die Rede. Die These der ersten, empiristischen Interpretation lautet: Gleichen Reizen entsprechen gleiche Empfindungen. In dieser einfachen und allgemeinen Form wurde sie allerdings von keinem Psychologen des 19. und 20. Jahrhunderts ausgesprochen. Die Interferenz von zentralen Einflüssen, bzw. vom subjektiven Zustand des Empfängers in der Art des Empfindens war zu offensichtlich. Und doch fungierte sie, wie Köhler, der den Titel 1913 in einer Auseinandersetzung mit Stumpf einführte, [33] nachwies, in der traditionellen Psy-

---

[32] L. Landgrebe, „Prinzipien der Lehre von Empfinden", S. 198. – Neben den einzeln angeführten Artikeln stützen wir uns beim Referat der gestaltpsychologischen Sensualismus-Kritik auf die folgenden Hauptwerke: K. Koffka, *Psychologie* (1925); ders., *Principles of Gestalt Psychology* (1935); W. Köhler, *Psychologische Probleme* (engl.: *Gestalt Psychology* (1928)); M. Merleau-Ponty, *Phénoménologie de la perception* (1945); W. Metzger, *Psychologie* (²1954); ders., „Figural-Wahrnehmung": *Handbuch der Psychologie* I/1 (1966); F. A. Allport, *Theories of Perception and the Concept of Structure* (1955).

[33] „Ueber unbemerkte Empfindungen und Urteilstäuschungen", S. 51f. – Zur Frühgeschichte der Ueberwindung der Konstanzannahme vgl. Koffkas Referat: „Probleme der experimentellen Psychologie" (1917). Nach Koffka finden sich erste Ansätze bei Cornelius (1897). Den entscheidenden Durchbruch brachte Wertheimer mit seinen „Experimentellen Studien über das Sehen von Bewegungen"

chologie auf verheerende Weise als ein implizite Voraussetzung der psychologischen Forschung. Man rekurrierte, wenn die allgemeine Beobachtung gegen die Zuordnung von Reizen und Empfindungen sprach, wie sie unter gewissen bevorzugten Bedingungen und innerhalb gewisser Grenzen gefunden wurde, kurzerhand zur Aufrechterhaltung der Konstanz auf per definitionem nicht verifizierbare ,,unbemerkte Empfindungen" und ,,Urteilstäuschungen".

Die These der zweiten, der intellektualistischen oder, wie wir auch sagen können, der phänomenologistischen Interpretation kann im Anschluss an eine Husserlsche Formulierung so umschrieben werden: Derselbe stoffliche Komplex kann mehrfache, diskret ineinander überspringende Auffassungen erfahren, denen gemäss verschiedene Gegenständlichkeiten bewusst werden. Gegen diese Behauptung wies die Gestaltpsychologie nach, dass keine sinnliche Qualität bei einer unterschiedlichen Sinngebung identisch bleibt. Das (wollene) Rot eines Teppich ist ein anderes als das (irdene) Rot eines Ziegelsteines. Das Gelb einer sonnengereiften Pampelmuse ist nicht das gleiche wie das eines synthetischen Gummiballes. Der Unterschied zeigt sich sprunghaft, sobald eine irrtümliche Apperzeption ,,auffliegt".

Für die Variation der ,,Empfindungen" [34] gegenüber der Beschaffenheit der objektiven Reize und gegenüber der Gesamtwahrnehmung haben die Gestaltisten besonders zwei Faktoren namhaft gemacht, die Feldbedingtheit oder die Abhängigkeit des Teiles vom Ganzen und die Bedingtheit durch die subjektive Einstellung. Die Qualität der ,,Empfindungen" ist nicht allein eine Funktion der Beschaffenheit eines einzelnen Reizes, sondern eine Funktion der gesamten Reizlage – in physiologischer Sicht – bzw. der gesamten sinnhaften Wahrnehmung – in phänomenologischer Sicht.

Die deskriptiven Nachweise der Gestaltpsychologie sind zum Allgemeingut der psychologischen Schulbücher geworden. Farben variieren nicht nur nach Helligkeit und Intensität, sondern auch nach ihrer Qualität, wenn sie isoliert für sich auf einem neutralen Hintergrund

---

(1912). Koffka unterschlägt in seiner Uebersicht ungerechtfertigterweise den Hinweis auf F. Krueger von der konkurrierenden Leipziger Schule, der schon 1906 in der Artikelserie ,,Die Theorie der Konsonanz. Eine psychologische Auseinandersetzung vornehmlich mit C. Stumpf und Th. Lipps" (!), S. 328 u.a., bezüglich derselben Voraussetzung von einem ,,Identitätsvorurteil" spricht.

[34] Wir setzen hier und im Folgenden ,,Empfindungen" in Anführungszeichen, da wir diesen Titel wie die Gestaltpsychologen für die primitivsten Teile der Wahrnehmung nicht länger aufrechterhalten.

oder zusammen mit andern vorgeführt werden. Je nach ihrem Verhältnis zum Gesamtgebilde werden bei einer punktierten Linie von der
prägnanten Form etwa einer Gerade oder einer Sinuskurve Punkte
auf Abschnitten gesehen, die isoliert betrachtet, leer bleiben, und
andere, die abseits liegen, entweder verschoben oder unterdrückt. Bei
der Anfügung von Hilfslinien erscheinen zwei objektiv gleich lange
Linien ungleich (Müller-Lyersche Täuschung).[35] Nicht bestimmen
vorgegebene Empfindungselemente die Gestalt der Wahrnehmung,
sondern diese bestimmt Existenz, Ort und Beschaffenheit dessen, was
nachträglich als Empfindungselement abstrahiert wird.

Je nach unserer Einstellung „empfinden" wir bei gleichbleibenden
äusseren Reizbedingungen dasselbe Rot stumpf oder leuchtend, wobei
das stumpfe zugleich kalt, festgefügt und wenig eindringlich erscheint,
das leuchtende dagegen warm, locker und intensiv. Eine weisse Figur
von der Form des Buchstabens W, die genau zur Hälfte auf einem
rotem und einem grünen Hintergrund aufliegt, erscheint als W aufgefasst grau, als zwei V apperzipiert jedoch zum einen Teil rötlich und
zum andern grünlich. Wenn wir ein in der dämmrigen Ecke unseres
Zimmers sich nur undeutlich abhebendes braunrotes Häufchen bald
als einen hingeworfenen „wolligen" Pullover, bald als eine „mollige"
Angorakatze oder als ein Paar lederne Handschuhe zu erkennen meinen,
variieren die „Farbempfindungen" je nach Auffassung. Dasselbe sinnliche „Material", das mehrfache, diskret ineinander überspringende
Sinnstiftungen erfährt, bleibt weder nach Intensität noch nach Qualität konstant.[36]

Die Konstanzannahme erweist sich als eine Implikation des Prinzips der Zerlegung, dessen Korrelat dasjenige der Assoziation auf
Grund der blossen Kontiguität ist. Von einer Zerlegbarkeit und einer
entsprechenden Zusammensetzbarkeit der Wahrnehmung kann nur
die Rede sein, wenn selbständige Elemente vorgefunden oder mit guten Gründen angenommen werden können. Gegen diese konstrukti-
vistische Sicht setzen die Gestalttheoretiker ihre These von der Priorität des Ganzen im Verhältnis zu seinen Teilen und der Gestaltbedingt-
heit der Teile. Das Erste der Wahrnehmung ist nach ihnen eine meist

[35] F. C. Müller-Lyer, „Zur Lehre von den optischen Täuschungen" (1896).
[36] „Eine Farbe ist niemals einfach nur Farbe, sondern immer Farbe eines bestimmten Gegenstandes; das Blau eines Teppichs wäre nicht dieses Blau, wäre es
kein wolliges Blau" (M. Merleau-Ponty, *Phénoménologie de la perception*, S. 36
(dt. 362); vgl. S. 178 (183)).

noch wenig differenzierte Ganzheit. Sondern sich Teile ab, so sind sie in ihrer Beschaffenheit bedingt durch ihr Verhältnis zum Ganzen. Dazu kommt, dass das Ganze Qualitäten aufweist, die ihm nicht von seinen Teilen isoliert mitgebracht werden. Ueber seine „Empfindungsqualitäten" wie Farbigkeit, Tonhaftigkeit, Körperlichkeit usw. hinaus besitzt das Ganze „Gestaltqualitäten", die nur ihm als Ganzen und nicht seinen Teilen für sich zugehören. Ausgeglichenheit, Sperrigkeit, Mitte und Rand, Breite und Länge u. dgl. sind Eigenschaften, die den supponierten Elementen des Sensualismus abgehen. Die „Gestaltqualitäten" sind ebenso ursprünglich und unmittelbar erfassbar wie die „Empfindungsqualitäten", ja es kann sogar nachgewiesen werden, dass sehr oft sie es sind, die zuerst wahrgenommen werden und etwas zur Darstellung bringen und dass die einzelnen „Empfindungsqualitäten" erst im Fortgang der Wahrnehmung zur Abhebung kommen. Die Wahrnehmung ist in diesem Sinne keine Synthesis, sondern eine Analysis. In was sie sich jedoch differenziert, das sind nicht punktförmige Elemente, in die sie logisch und abstrakt zerlegt werden kann, sondern sog. „natürliche Teile" oder „Primitivganze", d.h. Gebilde, die ihrerseits gestalthaft sind, von der gleichen Struktur wie die komplexeren Ganzheiten, in die sie sich einordnen.

§ 57. *Die Entdeckung der wesenhaft figurativen Struktur der Wahrnehmung*

Die formalsten und allgemeinsten Gestaltqualitäten, die jeden kleinsten Teil, der sich auf natürliche und anschauliche Weise aus einem grössern Ganzen aussondert, auszeichnen, sind sein Zusammengehen mit andern, ihm gleichen oder ähnlichen Teilen, mit denen er eine Konfiguration bildet, und seine „Figur-Hintergrund"-Struktur.

Die roten Flächen einer abstrakten Zeichnung sondern sich gemeinsam ab und bilden zusammen ein Konfiguration. Soll ein einzelner Flecken für sich allein erscheinen, muss er immer über eine gewisse Ausbreitung, d.h. ipso facto einen minimen figurativen Charakter verfügen. Er stellt in diesem Fall eine Konfiguration aus kontinuierlich ineinander überlaufenden Teilen dar, die nur zusammen und nicht mehr für sich allein gesehen werden können. Einen ausdehnungslosen Punkt gibt es in der Wahrnehmung nicht. Unter Umständen haben auch die kleinsten Teile sogar noch eine Tiefe, sind also nicht nur flächenhaft, sondern dreidimensional gegeben.

Dazu kommt, dass sich jede sinnliche Einheit auf einen Hintergrund bezieht, von dem sie sich abhebt. Ein farbiger Punkt und das weisse Papier, auf das er getupft ist, erscheinen nicht beziehungslos. Sie können nur begrifflich auseinandergehalten werden. Jede sinnliche Erscheinung besitzt eine „Figur-Hintergrund"-Struktur, die zum erscheinenden Gegenstand selbst als ein Moment seines Erscheinens gehört. Was sich abhebt, die Figur, ist stärker gestaltet als der Grund. Sie wird von einer Kontur begrenzt gesehen, nicht der Grund. Sie erscheint eindringlicher, dichter, solider, dinglicher. Der Hintergrund ist einfacher, undifferenzierter, chaotischer. Er verblasst und ist dem Entschwinden nahe, wenn mehrer Figuren nebeneinandertreten.[37]

Es sind diese beiden fundamentalen Entdeckungen der konfigurativen und der hintergrundsbezogenen Struktur, die am anschaulichsten und am einfachsten die Unhaltbarkeit des Begriffs einer punkthaften und unstrukturierten Empfindung zeigen. Empfindungsqualitäten, wie sie der Sensualismus definiert, amorph und atomar, ohne Gestalt und Beziehung auf andere Qualitäten, können gar nicht im Bewusstsein auftreten und so auch nicht als Aufbauelemente der Wahrnehmung fungieren.

Die Gestaltisten wandten sich mit der Deskription der immanenten Gestaltstruktur der Wahrnehmung nicht nur gegen die streng sensualistische Konzeption der blossen Assoziation von Sinnesdaten, sondern ebenso gegen die intellektualistischen Theorien, nach denen die Gestalten auf Akte der Aufmerksamkeit, des Urteilens oder der Auffassung, die die sinnlichen Elemente zu einheitlichen Ganzen zusammenfassen sollen, zurückgehen. Diese intellektualistischen Hilfstheorien verfangen sich unweigerlich in eklatanten Schwierigkeiten. Zum ersten kommen sie kaum um irgendwelche sinnliche „Kohärenzfaktoren" herum, welche die geistigen Leistungen auslösen und leiten sollen, im Grunde aber ihr Werk vorwegnehmen. Zum zweiten führen sie zu unwahrscheinlichen und phänomenologisch gar nicht aufweisbaren Verschachtelungen von Akten. Wenn wir z.B. ein Schriftgebilde von bloss drei Worten vor uns haben, wird nach G. E. Müllers Konzeption „die Zusammengehörigkeit der ‚Elemente' in den Buchstaben durch kollektive Auffassung bewirkt, die der Buchstaben zu Worten durch einen Akt des Zusammenfassens, die der Worte zur einheitlichen Gruppe durch kollektive Aufmerksamkeit", so dass „im Ganzen drei Akte

---

[37] Die „Figur-Hintergrund"-Struktur wurde erstmals systematisch beschrieben von E. Rubin, *Visuell wahrgenommene Figuren* (1921).

der kollektiven Aufmerksamkeit simultan übereinandergetürmt sind".[38]

Zu den Vertretern der intellektualistischen Wahrnehmungslehre, mit denen sich die Berliner Gestaltpsychologen polemisch auseinandersetzten, zählte neben Stumpf, Husserls Lehrer,[39] auch die von Meinong begründete Grazer Schule, also eine Husserl ebenfalls nahestehende Gruppe. Die sehr konkrete Auseinandersetzung der Berliner mit der sog. ,,Produktionslehre" der Grazer ist in unserem Zusammenhang von einem gewissen Interesse. Die Produktionslehre orientiert sich nämlich am Konstitutionsschema Inhalt – Auffassung und an Meinongs Fundierungslehre, die Husserl beide in den *Logischen Untersuchungen* und den *Ideen I* für seine rein phänomenologische Bewusstseinsanalyse adaptierte. Im Unterschied zu den Grazern übertrug er sie aber gerade nicht auf die Konstitution von sinnlichen Ganzheiten und zwar schon in den Frühschriften und nicht erst in den *Analysen zur passiven Synthesis* der zwanziger Jahre. Ausdrücklich unterscheidet er in den *Logischen Untersuchungen* die sinnlichen von den kategorialen Einheitsformen. Die sinnlichen Ganzheiten sind ,,gleich ihren Teilen Gegenstände im primären und schlichten Sinn". Sie erscheinen in schlichten Anschauungen. Schlicht, das heisst nicht fundiert. Sie können nur in dem allgemeinsten Sinn fundiert genannt werden, als ein Ganzes eben Teile impliziert, aber nicht in dem ausschlaggebenden Sinn, in dem z.B. ein idealer Gegenstand, der zu seiner Konzeption einen realen Gegenstand voraussetzt, fundiert heisst.[40]

Wenn wir kurz die Produktionslehre der Grazer, ihre Argumentation und deren Widerlegung durch Koffka referieren,[41] so geschieht das vor allem, um uns ein Kontrastbild zu verschaffen. Es soll bewusst gemacht werden, dass es Husserl im Unterschied zu Meinongs Schülern gelang, die Denkkategorien der Auffassung und der Fundierung,

---

[38] W. Köhler, ,,Komplextheorie und Gestalttheorie. Antwort auf G. E. Müllers Schrift gleichen Namens", S. 371f.

[39] W. Köhler kritisiert Stumpfs Begriff der Auffassung als unklar und verschwommen: ,,Ueber unbemerkte Empfindungen und Urteilstäuschungen", S. 73f.

[40] *III. Logische Untersuchung*, §§ 22f, *VI. Untersuchung*, §§ 6of.

[41] Vgl. V. Benussi, ,,Zur Psychologie des Gestalterfassens"; R. Ameseder, ,,Ueber Vorstellungsproduktion"; beide Abhandlungen erschienen in: *Untersuchungen zur Gegenstandstheorie und Psychologie*, hrsg. von A. Meinong (1904); K. Koffka, ,,Zur Grundlegung der Wahrnehmungspsychologie. Eine Auseinandersetzung mit V. Benussi" (1915) (daselbst weitere Literaturangaben zur Grazer Produktionslehre).

die auch für ihn leitend waren, in ihren Grenzen zu erkennen und die Gestaltwahrnehmung von ihrem Zuständigkeitsbereich auszunehmen.

Wie der Initiator der Gestaltforschung, Chr. von Ehrenfels, und wie die Wiener Schule K. Bühlers wollte auch die Grazer Schule den Empfindungsbegriff nicht durch den der Gestalt ersetzt, sondern bloss ergänzt wissen. Eines ihrer Anliegen ist daher die Herausarbeitung der Unterschiedenheit von Empfindungen auf der einen Seite und von Komplexen, Relaten, Gestalten u.dgl. als Gegenständen höherer Ordnung auf der anderen Seite. In der Terminologie Meinongs werden die ersten fundierende Gegenstände oder Inferiora genannt, die zweiten fundierte Gegenstände oder Superiora. Die Empfindungen zeichnen sich durch ihre „innere Selbständigkeit" aus.[42] Für ihr Vorhandensein bedarf es keiner andern Gegenstände. Die Superiora sind dagegen nur in andern Gegenständen fundiert möglich. Es kann keine Verschiedenheit geben ohne etwas, das verschieden ist, dagegen ist die Verschiedenheit nicht vorausgesetzt, damit Inferiora existieren können.

Die Unterscheidung der fundierten Gestalten von den Empfindungen wird vor allem auf drei Argumente abgestützt, die Reizlosigkeit, die Mehrdeutigkeit und die spezifische Inadäquatheit der Gestalten. 1. Die Empfindungen gehen aus Sinnesreizen hervor. Den Tönen entsprechen Luftschwingungen. Der Tonverschiedenheit oder dem Akkord als einer Tongestalt entspricht dagegen nichts, was solchen als Reiz fungierenden Luftschwingungen vergleichbar wäre. Es muss für sie eine „aussersinnliche Provenienz" angenommen werden. Für ihr Entstehen sind zweierlei vorausgesetzt, Inferioravorstellungen, die sie fundieren, und eine psychische Tätigkeit, die sie produziert. Meinong war es, der für derart entsprungene Vorstellungen den Begriff „Produktionsvorstellungen" oder einfach „Produktionen" prägte, um sie den rezipierten Elementarvorstellungen gegenüberzusetzen.[43] 2. Die Gestalten sind im Unterschied zu den Einzelempfindungen, die reizdeterminiert sind, mehrdeutig. Eine mäanderartige Figur lässt sich als eine weisse, endlos laufende Figur auf schwarzem Grunde oder als eine aus zwei Reihen von entgegengesetzt zueinander gestellten schwarzen Haken gebildete Figur auf weissem Grunde auffassen. 3. Die Empfindungsinadäquatheit ist ausschliesslich an objektive Bedingungen

---

[42] Vgl. R. Ameseder, a.a.O. S. 482.
[43] *Ueber Annahmen*, 1. Auflage, 1901, S. 8f (In Husserls Exemplar angezeichnet).

gebunden, während die aussersinnliche Inadäquatheit nur an innern Bedingungen hängt.

Diese Argumentationen werden von Koffka Punkt um Punkt zurückgewiesen. 1. Der Einspruch gegen das Fehlen einer unmittelbaren physiologischen Reizkorrespondenz für die Gestalten ist dabei der problematischste, aber auch der am wenigsten wichtige. Er stützt sich auf die physiologische Konstruktion der Gestalttheoretiker, nach der die Vorgänge im Zentralnervensystem ihrerseits gestalthafter Natur sind. Nicht mehr die einzelne „Empfindung", sondern die ganze Gestalt besitzt ihr isomorphes Korrelat im Gehirn. 2. Phänomenologischer ist die Argumentation gegen die Mehrdeutigkeit als ein festes Kriterum für die Unterscheidung von Empfindungs- und Gestaltvorstellungen. Die Konstanz der „Empfindungen" bei Gestaltmehrdeutigkeit lässt sich deskriptiv nicht nachweisen. Eine „Empfindungsqualität" kann ebensogut wie eine Gestalt bei gleichbleibenden äusseren Bedingungen mehrdeutig erscheinen. 3. Die sinnliche Inadäquatheit ist ebenso durch zentrale Einflüsse modifizierbar – bei einer runden, grauen Scheibe, die durch einen roten und grünen Hintergrund halbiert wird, verschärft sich der optische Kontrast, wenn die Scheibe als zwei Halbkreise bildend aufgefasst wird – wie die Gestalttäuschung – vgl. das Müller-Lyersche Experiment – durch Elementarveränderungen. Endlich führt Koffka an, dass eine Produktion als ein Bewusstseinsakt neben den „Empfindungen" deskriptiv gar nicht gegeben ist. Der Produktionsbegriff der Grazer Schule ist nach ihm kein Deskriptions-, sondern ein Funktionsbegriff.

§ 58. Die Ueberholung des klassischen Begriffs der einfachen Empfindung

Die historische Nachforschung kommt zum Befund, dass der Begriff der Empfindung in erster Linie ein funktionaler und kein deskriptiv ausgewiesener ist. Die junge Wissenschaft der Physiologie stand ihm Pate. Man glaubte, in den Reizen über einen direkten Zugang zu den kleinsten und einfachsten Bestandteilen des Bewusstseins zu verfügen. An seiner Fassung wirkten mehrere dogmatische Leitschemen mit, deren metaphysischer und kulturgeschichtlicher Hintergrund bis zu Diltheys bahnbrechenden Forschungen kaum beachtet wurde.

Ein erstes Vorstellungsschema betrifft die doppelte, subjektive und objektive Betrachtung der Wirklichkeit, ein zweites die Zerlegung der seelischen Gegebenheiten in elementare Bestandteile, ein drittes ihre schroffe Einordnung in einen Stufenbau von Empfindungen, Gefühlen, Verstandestätigkeiten usw.. Die ersten beiden Schemen wurden von der neuzeitlichen Physik, in der sie zuerst und mit Erfolg wegleitend waren, in die Psychologie übernommen, wo man sich von ihnen eine ähnliche Fruchtbarkeit versprach.

Nach dem ersten Schema ergibt sich die Empfindung als die subjektive Seite eines objektiven, physiologischen Leibreizes, der seinen Ursprung einem physikalischen Stimulus der Körperwelt verdankt. Die psychisch-subjektive Auswirkung des Reizes kann nochmals nach dem gleichen Schema aufgespalten werden, nämlich in objektive Elemente, die eigentlichen Empfindungen, und in subjektive Elemente, die sog. „einfachen Gefühle", gelegentlich zum Unterschied von den ersten auch „Empfindnisse" (Wundt) genannt. Diese Aufspaltung wird durch das dritte Vorstellungsschema unterstützt. Unter seiner Leitung wird der Empfindungsbegriff nach zwei Richtungen hin scharf abgegrenzt. „Nach oben" wird aus ihm alles weggeschnitten, was aus geistigen, verstandesmässigen Funktionen zu entstammen, „nach unten" wird alles abgestossen, was gefühls- und triebhafter Herkunft zu sein scheint. „Vom Baum der Erkenntnis behält die sensualistische Wahrnehmungslehre gewissermassen nur den nackten Stamm zurück – sie sieht weder seine Krone, mit der er sich frei in die Luft, in den Aether des reinen Gedankens, erhebt, noch die Wurzeln, durch die er dem Erdreich verhaftet ist."[44]

Neben den referierten figurativen Entdeckungen waren es auch noch solche, die man unter dem Titel der Synästhesis zusammenfassen kann, die zur Aufgabe des klassischen Begriffs der in jeder Hinsicht einfachen Empfindung zwang. Mit diesem Titel der Synästhesis wird in der alten Psychologie das für aussergewöhnlich gehaltene Hinüberwirken eines Sinneseindruckes in ein anderes Sinnesgebiet bezeichnet. Als bekanntestes Phänomen dieser Art galt das „Farbenhören", die Verbindung von optischen Farbeindrücken mit akustischen Empfindungen.[45] Die Ganzheitspsychologie zeigte, dass es sich hier keineswegs um aussergewöhnliche Tatsachen handelt. Es gibt gar keine reine, nur optische oder nur akustische Sinneswahrnehmungen. Das Mitwirken der übrigen Sinne, mehr noch als das der fünf klassischen

---

[44] E. Cassirer, *Philosophie der symbolischen Formen III*, S. 78.
[45] Vgl. A. Argelander, *Das Farbenhören und der synästhetische Faktor der Wahrnehmung* (1927).

Sinne, das des motorischen Verhaltens, der Triebhaftigkeit und des gesamten Gefühlslebens, ist nicht nur eine faktische, sekundäre, durch wiederholtes Zusammenauftreten „assoziierte" Begleiterscheinung, sondern eine – genetisch – unabdingbare Voraussetzung der Qualitäts- wie der Gestaltwahrnehmung.

Bevor ein schwacher und allmählich anwachsender Lichtreiz optisch erscheint, als rot oder blau im Gesichtsfeld auftritt, wird er schon als warm oder kalt, als weit oder eng, als unruhig oder ruhig, als befreiend oder beklemmend, als anziehend oder abstossend erfahren. Versucht man die lebendige Wahrnehmung eines roten Teppich von solchen hauptsächlich emotionalen und motorischen Komponenten zu säubern, vermag sich auch die Qualität Rot nicht mehr zu halten.

Nicht nur „Empfindungsqualitäten" erwachsen aus Gefühlen und leiblichem Verhalten heraus, sondern auch, wie es speziell die Leipziger Schule unter dem Titel „Aktualgenese" erarbeitet hat,[46] optische und akustische Gestalten. Vielfältig differenzierte, plastisch und rhythmisch strukturierte Gestalten gehen in ruckhaften, gefühls- artigen Sprüngen über relativ einfache, regelmässige, symmetrische Zwischenstadien aus amorphen, labilen, ungegliederten und ausge- sprochen gefühlsstarken Ganzheitserlebnissen, „Vorgestalten" ge- nannt, hervor, die etwa als quallig, molluskenhaft oder sperrig und gittrig charakterisiert werden. Eine erst gleichförmige Reihe von Schalleindrücken verliert ihre anfängliche Homogenität und beginnt sich zu gliedern. Dem ersten Ansatz geht dabei eine kurze Periode voraus, in der mit der Reihe irgend etwas „los" ist. „Das Erlebnis ist von starken Spannungsgefühlen erfüllt, dazu treten Spannungs- empfindungen in den Ohren, Bewegungsfragmente in der Zunge, wie beim Ansetzen zum Zählen, leise Mitbewegungen des ganzen Körpers, der Hand oder des Fusses. Dieses Vorgestalterlebnis pflegt mit einem ‚Ruck' zu enden, es ‚ist etwas da', ‚in Ordnung gekommen', was wie die ‚Erfüllung eines dumpf Gesuchten' erscheint."[47]

Definiert man die Empfindungen gegenüber der komplexen, vielfach strukturierten, sinngeladenen und gegenstandsbezogenen Wahrneh- mung als deren atomare, amorphe, qualitativ einfache und noch sinn-

---

[46] Der Begriff der Aktualgenese wurde von Fr. Sander eingeführt. Vgl. „Expe- rimentelle Ergebnisse der Gestaltpsychologie" (1927/28). – Eine umfangreiche Literaturübersicht zum Thema gibt C.-Fr. Graumann, „Aktualgenese" (1959).
[47] Fr. Sander, „Ueber räumliche Rhythmik" (1926), S. 127; vgl. auch „Gestalt- psychologie und Kunsttheorie" (1928).

freie Aufbauelemente, dann hat der Empfindungsbegriff als ein deskriptiver Begriff ausgespielt. Die Wahrnehmungen lassen sich anschaulich nur in Teile zerlegen, die prinzipiell gleicher Struktur sind wie sie selber. Will man daher weiterhin im Anschluss an die Umgangssprache auf eine plausible Weise zwischen Empfindung und Wahrnehmung unterscheiden, muss man nach anderen Gesichtspunkten Ausschau halten. Man kann den Begriff dann etwa mit H. U. Asemissen[48] jenen spezifischen Sinneserlebnissen, wie z.B. den Wärme-, Härte- und auch den Kitzelempfindungen, reservieren, die nicht nur in objektiver Hinsicht Eigenschaften physischer Dinge oder Vorgänge anzeigen, sondern ebenso in subjektiver Rücksicht als Leibesvorkommnisse erscheinen, also jenen Erlebnissen, die Husserl selber in den *Ideen II* als „Empfindnisse" bezeichnet.[49] Eine andere mit guten Gründen vertretbare Anwendungsmöglichkeit bieten die noch vorwiegend vitalen und diffusen Phasen der Wahrnehmung, wie sie in der eben referierten Weise die Leipziger Ganzheitspsychologen sowie in etwas anderer Richtung H. Werner, dessen „Untersuchungen über Empfindung und Empfinden" von Merleau-Ponty aufgegriffen wurden,[50] in subtilen Analysen freilegten. Immer muss man sich bei dieser Neubestimmung bewussthalten, dass es sich um mindestens in einer primitiven Form gestalthafte, synästhetische und bedeutungsvolle Gebilde handelt, die nicht den Bewusstseinserlebnissen reell immanente, mit ihnen in eins zusammenfallende Gegebenheiten sein können, die nur sekundär durch einen thetischen Akt der Auffassung zu ihrem Sinn und durch einen synthetischen Akt des Zusammenmeinens zu ihren Verbindungen kommen.[51]

§ 59. *Zwischenbilanz I. Das Minus Husserls gegenüber der Gestaltpsychologie: Die Vernachlässigung der Synästhesis und die Konstanzannahme*

Wenn wir die gestalttheoretische Kritik des Empfindungsbegriffs, soweit sie deskriptiv vorgeht und nicht auf ihre fragwürdige physiologische Fundierung[52] rekurriert, mit derjenigen, die wir im 5. Kapitel aus Husserls Phänomenologie der Assoziation gewonnen haben, ver-

[48] a.a.O. S. 28f.
[49] § 36, S. 146.
[50] *Phénoménologie de la perception*, S. 262ff (dt. 266ff).
[51] Vgl. oben § 21.
[52] Vgl. die Diskussion der einschlägigen physiologischen Literatur bei F. H. Allport, *Theories of Perception and the Concept of Structure*, S. 136ff.

gleichen, sind fundamentale Parallelen nicht zu übersehen. Die zwei wichtigsten sind die Feststellung der figurativen Struktur der primitivsten Wahrnehmungsgegebenheiten und der Nachweis, dass diese Strukturen nicht auf intellektuelle Akte der Auffassung zurückzuführen sind, sondern der Wahrnehmungsgegebenheit immanent zukommen oder entspringen. Ebenso rasch fallen aber auch gewichtige Differenzen auf. Auf Seiten Husserls vermisst man die gebührende Berücksichtigung der Phänomene der Synästhesis sowie die Einsicht in den dogmatischen Charakter der Konstanzannahme. Auf Seiten der Gestalttheorie, wenigstens derjenigen der Berliner Schule, fehlt dagegen vor allem die Thematisierung der genetischen Aspekte der Gestaltwahrnehmung.

Für die Vernachlässigung der Synästhesis ist einmal Husserls Tendenz zu Reduktionen und Ausklammerungen, um gewisse Phänomene „in ihrer Reinheit" zu Gesicht zu bringen, verantwortlich und wohl auch, wie wir aus einem Hinweis auf Spencer geschlossen haben, eine zu wenig reflektierte materiale Abhängigkeit von einzelnen, erkenntnistheoretisch voreingenommenen Thesen englischer Assoziationspsychologen des 19. Jahrhunderts.[53]

Wir haben gesehen, wie Husserl in der Aufklärung der Phänomene der assoziativen Abhebung unter Kontrast und derjenigen der assoziativen Uebertragung nach Aehnlichkeit die entscheidenden Instanzen für den „Relativismus der Affektionen" gewonnen hatte, diesen jedoch ausschliesslich auf ihre Intensität, nicht aber ihre Qualität bezog. Das heisst, dass er nicht über die Position seines Lehrers Stumpf hinausging, die dieser lange vor der Thematisierung des Problems durch die Gestaltisten in seiner Tonpsychologie verteidigt hatte.[54] Auch für Stumpf gilt die Relativität der Empfindungen – von wenigen, speziellen Ausnahmen abgesehen – nur für ihre Intensität. „Beim Tonsinne zeigt sich ein Empfindungs-Kontrast nur hinsichtlich der Intensität, nicht der Qualität der Empfindungen, und selbst in ersterer Beziehung liegt nur Einzelnes vor."[55] Husserl teilte die Konstanzannahme in ihrer zweiten, intellektualistischen Interpretation der qualitativen Beständigkeit der „Empfindungen" gegenüber den wechselnden Wahrnehmungsauffassungen, in die sie integriert werden, mit der ge-

---

[53] Vgl. oben § 44.

[54] Vgl. den Abschnitt: „Lehre von der Relativität der Empfindungen", *Tonpsychologie I*, S. 7ff (Von Husserl mehrfach angezeichnet).

[55] a.a.O. S. 20 (Von Husserl angezeichnet).

samten Brentano-Schule.[56] Sie scheint ein Erbe von Brentanos Dualismus von psychischen Akten und (objektiv vorgegebenen) physischen Inhalten zu sein.

Von der Relativität der Intensität, die auch von der traditionellen Psychologie nicht geleugnet wurde, und von den speziellen Verhältnissen der Zeitkonstitution[57] abgesehen, hat Husserl die Konstanzannahme nie in Frage gestellt. Er hat sie aber auch nie ausführlich verteidigt. Sie schien ihm eine Selbstverständlichkeit zu sein. Dafür blieb er von der Polemik der Gestaltpsychologen verschont, die sich in diesem Punkt vornehmlich gegen Stumpf und den Meinong-Schüler Benussi richtete. Er schien aber auch zeitlebens nicht auf ihre Kritik und ihre grundsätzlichen Auswirkungen aufmerksam geworden zu sein. Zumindest hat er ihr nicht die nötige Beachtung geschenkt.[58]

Dieses Uebersehen ist umso erstaunlicher, als andere phänomenologisch orientierte Psychologen, P. F. Linke und A. Gurwitsch,[59] die methodologische Tragweite der Ueberholung dieser Hypothese sofort und noch zu Husserls Zeit erkannten. Die Unhaltbarkeit des Konstanzverhältnisses liefert ein konkretes Motiv für die Priorität einer bewusstseinsimmanenten, rein phänomenologischen Psychologie. „Gerade das, worin Husserl die Bedeutung der ‚epoché’ sieht: die Ausschaltung allen auf natürlicher Erfahrung beruhenden Wissens über die Welt und damit auch selbstverständlich der positiven Wissenschaften sowie das In-den-Blick-kommen der ‚Bewusstseinswelt rein als solcher’ wird durch die Aufgabe der Konstanzannahme erreicht. Diese hat also für die Gestalttheorie eine ähnliche Funktion und Bedeutung wie die ‚transzendental-phänomenologische Reduktion’ innerhalb der Phänomenologie Husserls, ...” [60] Es blieb Merleau-Ponty vorbehalten, der Kritik der Konstanzhypothese als einem Angelpunkt der dem „Vorurteil der objektiven Welt” entsagenden Psychologie

---

[56] Neben Stumpf auch Marty und Meinong, vgl. C. Stumpf, „Erscheinungen und psychische Funktionen”, S. 17.

[57] Vgl. oben § 19.

[58] In Schelers Aufsatz „Erkenntnis und Arbeit” ist die Vermerkung, „die prinzipielle Preisgabe des Prinzips, es entspräche dem Einzelreiz auch stets eine Einzelempfindung” sei das Verdienst Cornelius’, von Husserl angezeichnet, a.a.O. S. 406 (322). – Es ist hier jedoch nur von der physiologischen Variante der Annahme die Rede.

[59] P. F. Linke, *Grundfragen der Wahrnehmungslehre*, S. 183ff; A. Gurwitsch, Rezension von: E. Husserl, „Nachtwort zu meinen ‚Ideen’ ”, S. 402f; vgl. auch *Théorie du champ de la conscience*, S. 141 (engl. 168).

[60] A. Gurwitsch, a.a.O. S. 402.

innerhalb der Phänomenologie den ihr gebührenden zentralen Platz zuzusprechen.[61]

Erstaunlich ist das Uebersehen auch, wenn man in Betracht zieht, dass Husserl den Beziehungen zwischen Ganzen und Teilen, im Anschluss an seinen Lehrer Stumpf, ausgedehnte Untersuchungen gewidmet hatte.[62] Sowohl in seinen Konfigurationstheorien der Frühzeit wie in den Assoziationsanalysen der zwanziger Jahre blieben ihm wesentliche Modifikationen des Wahrnehmungsinhaltes, die sich aus der Konfiguration und der Assoziation ergeben, unbemerkt. In den „Psychologischen Studien" heisst es: „Ein Strich, der mit irgendwelchen anderen eine Konfiguration fundiert, ist ein selbständiger Inhalt." [63] In der *VI. Logischen Untersuchung* vermerkt er immerhin, dass die Inhalte in der Verknüpfung relative Bestimmungen als neue phänomenologische Charaktere erhalten.[64] In der Tat ändert sich ein Strich phänomenologisch, wenn er zur Seite eines Rechteckes wird. Er erhält nun eine Innen- und eine Aussenseite.[65] Es sind jedoch nicht nur solche relative Bestimmungen, die neu hinzukommen. Es können auch Deplazierungen, Verformungen und Qualitätsmodifikationen statthaben. Zwei gleichartige Phänomene, taktile oder visuelle, von nicht allzu grossem Abstand, verbinden sich nicht nur zu einer assoziativen Einheit, sie ziehen sich auch an, sie rücken näher zusammen.[66] Ebenso wirkt sich die farbliche Umgebung auf die Farbe und der figurale Kontext auf die Gestalt eines Gegenstandes aus.

A. Gurwitsch hat die Teil-Ganze-Theorie Stumpfs und Husserls einer gestaltpsychologischen Kritik unterzogen. Anstelle der Unterscheidung von selbständigen und unselbständigen Teilen schlägt er eine Differenzierung vor zwischen Teilen, die einer Verselbständigung zugänglich sind, den „natürlichen Teilen" der Gestaltisten, und solchen, bei denen das nicht möglich ist, die nur logisch abstrahierbar sind.[67]

---

61 *Phénoménologie de la perception*, S. 58, 65f (dt. 70, 77) usw..

62 „Psychologische Studien" („I. Ueber die Unterscheidung von abstrakt und konkret"), S. 159ff; *III. Logische Untersuchung*, "Zur Lehre von von den Ganzen und Teilen".

63 S. 163f.

64 § 9, S. 38.

65 K. Koffka, *Psychologie*, S. 533.

66 W. Köhler, *Dynamische Zusammenhänge in der Psychologie*, S. 50ff.

67 „Phänomenologie der Thematik und des reinen Ich", S. 363.

§ 60. Zwischenbilanz II. Das Plus Husserls gegenüber der Gestalt-psychologie: Die genetische Betrachtung

Husserls Einwände gegen die naturalistische, ungenetische und immediatistische Fassung der Ganzheiten bei den Gestaltpsychologen haben wir bereits erwähnt. Seine Haltung gegenüber der physiologischen Betrachtung haben wir im Zusammenhang der Darlegung seiner Phänomenologie der Motivation näher erörtert.[68] Desgleichen haben wir seine Ausführungen zur Struktur der unmittelbaren Gegebenheiten des Bewusstseins im Zusammenhang seiner Beschreibung der assoziativen Konfigurationen als Urphänomene länger diskutiert.[69] Es bleibt uns jetzt noch seine genetische Konzeption der Gestaltphänomene als das bemerkenswerteste Plus seiner Analysen gegenüber denen der Gestaltpsychologen in ihrer Problematik darzulegen. Die Ganzheiten und Gestaltqualitäten können nicht, so lautet Husserls Kritik, gleich wie es im alten Sensualismus mit den Empfindungsdaten geschieht, als „sozusagen fertige Gegenstände" aufgefasst werden. Es gibt im Bewusstsein „keine Gegenstände im voraus und keine Evidenzen, die nur umgreifen, was im voraus schon ist".[70]

Für die physiologische Psychologie, die Husserl hier angreift, stellt sich das Problem der Genesis folgendermassen: Wir finden im Bewusstsein z.B. Töne und Akkorde als phänomenale Einheiten vor. Den Tonganzheiten entsprechen physikalisch eine Unmenge von Einzelimpulsen. Wo findet nun die Vereinheitlichung statt, auf der Ebene des Bewusstseins oder auf der Ebene des Zentralnervensystems? Resultieren bei einem Ton von 20000 Hertz aus den 20000 Impulsen ebenso viele „Tönchen" im Bewusstsein, die sich blitzesschnell und für uns unbemerkt zu einem ganzheitlichen Ton verbinden? Oder hat die Synthesis nicht vielmehr auf dem Niveau des Zentralnervensystems statt? Verbinden sich die Impulse bei ihrer Weiterleitung im Zentralnervensystem sukzessive zu immer unfassenderen Einheiten, bis schliesslich das physiologische Integral im Gehirn in ein entsprechendes Erlebnisintegral auf der Bewusstseinsseite umschlägt und einen einfachen Ton, einen komplexen Akkord oder ein noch reichhaltigeres Sinngebilde darstellt? Die physiologistische Psychologie optiert für die zweite Alternative. Ein prominenter Vertreter dieser These ist W. James. Nach ihm sind die Ganzheiten nicht durch „psychische

---

[68] Vgl. oben § 37a.
[69] Vgl. oben § 14c.
[70] *Formale und transzendentale Logik*, § 107c, S. 252.

Synthesen", sondern allein durch physiologische Verbindungen der Reize zu erklären. Die Rede von „zusammengesetzten" Empfindungen und Vorstellungen ist für ihn „mental chemistry" und eine Ausgeburt der „mind-stuff-theory".[71] Was wir im Bewusstsein vorfinden, Sinnganze und Sinn-„verbindungen" sind gleichsam „Fertigprodukte" von physiologischen Prozessen auf einer andern, der Bewusstseinsebene. Von den Berliner Gestaltpsychologen wurde diese physiologische Erklärung grundsätzlich übernommen und nur ihre offensichtlich unhaltbar gewordene mechanistische Ausgestaltung durch eine weniger leicht falsifizierbare feldtheoretische Konzeption ersetzt.

Husserl polemisiert nun sowohl gegen den psychologischen Naturalismus, der das „Seelenleben als naturähnlichen Ereignisverlauf in einem Quasi-Raum des Bewusstseins" ansieht[72] und die seelischen Synthesen nach dem Vorbild physikalischer Verbindungen erklärt, als auch gegen den physiologischen oder psychophysischen Naturalismus, der die Bewusstseinsgegebenheiten als geistige Fertigprodukte aus physiologischen Arbeitsprozessen erstehen lässt. Bevor es philosophisch einen Sinn hat, nach dem Verhältnis der 20000 physikalischen Impulse zum einheitlichen Ton im Bewusstsein zu fragen, müssen wir Ton und Impuls, die uns zuallererst als Phänomene gegeben sind, als solche nach ihren „internen", eben phänomenalen Gesetzmässigkeiten untersuchen. Wir können nicht ein Tonphänomen mit Impulsen in Beziehung bringen, bevor wir nicht wissen, wie ein Ton seiner Erscheinung nach überhaupt beschaffen ist. Die phänomenologische Bestandesaufnahme ergibt nun, dass so etwas wie ein Ton gar nicht als ein absoluter und „fertiger" Gegenstand ins Bewusstsein wie in einen Behälter fällt und bei entsprechenden Vorkehrungen, durch die Ausschaltung störender Nebeneinflüsse, als solcher säuberlich herauspräpariert werden kann. Nicht allein die komplexen Sinngebilde, auch die einfachsten Wahrnehmungsgegebenheiten zeigen sich als genetisch aus phänomenalen Synthesen, die jedoch nicht naturalkausal zu erklären sind, sondern intentional und motivational verstanden werden müssen, erwachsend, als „Phänomene eigentümlicher Synthesen".[73]

Der Berliner Schule wird heute allgemein die statische oder nativis-

---

[71] *The Principles of Psychology I*, S. 154ff; vgl. dazu J. Linschoten, *Auf dem Wege zu einer phänomenologischen Psychologie*, S. 26f.
[72] *Ideen III* („Nachwort zu meinen ‚Ideen' "), S. 156.
[73] *Analysen zur passiven Synthesis*, S. 137. Vgl. oben § 21b.

tische Konzeption der Wahrnehmung vorgehalten. Hören wir zuerst ihre Antwort auf solche Einwände. Koffka erklärt, dass natürlich nicht die Gestalt selber angeboren ist, sondern bloss eine Gestaltdisposition, die beim Einwirken der Reize aktualisiert wird und zu einem Gestaltprozess führt.[74] Und Köhler antwortet, dass die Gestaltpsychologie gegenüber der Assoziationspsychologie, die neben der leeren Kontiguität die Zeit, nämlich die wiederholte und zur Gewohnheit gewordene Erfahrung, als den fundamentalen Faktor der Organisation statuiert, nachzuweisen sich bemüht, dass die Hauptsache „nicht ein rein zeitliches Verhältnis, sondern die Geschehensart" ist.[75] Die sachliche Beschaffenheit der aktuellen Lage und die daraus entspringende Dynamik ist das Entscheidende und nicht der Zeitfaktor. Was das zeitliche Verhältnis zwischen den Ganzen und den Teilen betrifft, anerkennt Köhler drei mögliche Varianten: 1. Eine Gestalt erscheint als Ganzes und gliedert sich hernach in natürliche Teile. 2. Eine Gestalt tritt als bereits gegliedert auf. 3. Aus zuerst selbständigen Gestalten bilden sich umfassendere Ganzheiten. Begreiflicherweise hat die Gestaltpsychologie den Akzent auf die erste Variante gesetzt, da sie die Empfindungslehre am augenscheinlichsten in Frage stellt.

In der Polemik zwischen der Assoziations- und der Gestaltpsychologie wurde allzulange übersehen, dass sich die Prinzipien der beiden gar nicht ausschliessen müssen, sondern sich im Gegenteil ergänzen können, ganz abgesehen davon, dass die Assoziationsgesetze der Aehnlichkeit und der Kontiguität mit der entsprechenden feldtheoretischen Umdeutung Eingang unter die Gestaltgesetze gefunden haben, letzteres unter dem Titel der Nähe. Gegen das zeitliche Werden auf Grund der Erfahrung brachten die Gestaltisten auch nie prinzipielle Einwände, sondern beriefen sich allein auf ihre Beobachtungen, deren allgemeine Tragweite von der nachfolgenden Kritik nun allerdings grundsätzlich erschüttert wurde, beschränkten die Gestaltpsychologen ihre Experimente doch vorwiegend auf Erwachsene, die über eine bereits durch die Erfahrung konstituierte und fixierte Wahrnehmungsorganisation verfügen.

Die neuere empirische Psychologie wie die Husserlsche Phänomenologie kommen mit der Gestalttheorie darin überein, dass die blosse und beliebige Kontiguität für die Wahrnehmungsgestaltung allein nicht aufkommt. Impliziert sind immer auch gewisse primitive Ge-

---

[74] *Psychologie*, S. 537.
[75] „Bemerkungen zur Gestalttheorie", S. 204f.

staltfaktoren, die jedoch streng dynamisch und genetisch anzusetzen sind. Insbesondere die „Figur-Hintergrund"-Beziehung hat allgemeine Anerkennung gefunden. Eine impressionale Qualität ist nie für sich allein gegeben, sondern immer nur zeitlich und qualitativ „sich abhebend" von einem differierenden Hintergrund.

Die gestaltkritischen Psychologen wählten zur Beobachtung der Genesis der Wahrnehmungsgestaltung den gleichen Fall, den auch Husserl in Betracht zog, den leicht kontrollierbaren Sehensprozess eines operativ geheilten Blindgeborenen. „Blind geboren und Moment des Sehendwerdens – ist im Moment eine geordnete Gegenwart schon konstituiert? Kann man nicht umgekehrt sagen: Erst in der werdenden Kontinuität konkreszieren Einheiten und sondern sie sich von andern Einheiten und konstituieren nun auch Koexistenz von Dauerndem. Erst später kann mit einem Blick, mit dem blossen Aufwachen, Oeffnen der Augen sofort eine gegliederte impressionale ‚Welt' gesehen werden." [76] Was Husserl sich bloss imaginativ appräsentierte, liessen sich experimentelle Psychologen auf ihre Weise bestätigen. Experimente wurden angestellt sowohl mit operierten blindgeborenen Menschen wie mit im Dunkeln aufgezogenen Schimpansen.[77] Ein Neusehender, so stellte sich heraus, braucht eine lange Zeit, um so einfache und symmetrische Gestalten, wie es Kreis und Dreieck sind, sofort unterscheiden zu können. Erst muss er den einzelnen Teilen des Dreieckes mit den Augen nachfahren, um es von einem Kreis zu unterscheiden. Das Erste, dessen ein Sehendgewordener gewahr wird, ist ein amorphes Ganzes, bei dem die Farbe entschieden dominiert. Der Patient, der gelernt hatte, ein Viereck aus weisser Pappe als solches zu benennen, vermochte es nicht wieder zu erkennen, wenn die Farbe durch das Wenden des rückseitig gelb bemalten Kartons gewechselt wurde. In einer zweiten Phase beginnt er, seine Aufmerksamkeit den einzelnen Teilen der Gestalt zuzuwenden, wobei zur Diskrimination die motorisch-kinästhetische Aktivität eine grosse Rolle spielt, und erst in einer dritten Etappe vermag er das umfassende Ganze als solches zu identifizieren.[78] Welche spezifischen Gestalten mit einem Schlage erkannt werden, hängt an der Erfahrung. Afrikanische Kinder, welche

---

[76] *Analysen zur passiven Synthesis*, Beilage XIX, S. 413.

[77] M. von Senden, *Raum- und Gestaltauffassung bei operierten Blindgeborenen vor und nach der Operation* (1932); A. H. Riesen, „The development of visual perception in man and chimpanzee" (1947); beide zitiert in: D. O. Hebb, *The Organization of Behavoir*, S. 31ff.

[78] D. O. Hebb, *The Organization of Behavoir*, S. 32.

eine Reihe von Holzklötzen von einfacher geometrischer Gestalt in
ihnen korrespondierende Löcher zu stecken hatten, brauchten ausgesprochen lange, bis sie die einzelnen Gestalten identifiziert hatten,
während umgekehrt der europäische Forscher Mühe hatte, Formen
im Busch zu sehen, die den Eingeborenen offenbar „augenfällig"
waren.[79] Welche der spezifischen Gestaltgesetze über die der „Figur-
Hintergrund"-Beziehung, der Nähe und der Aehnlichkeit hinaus, die
alle drei schon von der Assoziationspsychologie mit mehr oder weniger grosser Gewichtsverlagerung in Betracht gezogen wurden, als
„angeborene" oder apriorische Gesetze anerkannt werden können,
bedarf also noch genauerer genetischer Analysen.

Im Gegensatz zur Berliner Schule bezog die Leipziger Schule die
genetischen Aspekte der Ganzheiten von Anfang an in ihre Untersuchungen ein. Sie nahm für sich selbst den Titel „Genetische Ganzheitspsychologie" in Anspruch. Desgleichen führte sie, wie wir erwähnt haben, den Begriff „Aktualgenese" ein, der im Unterschied zur
phylogenetischen und ontogenetischen Entwicklung die „in einem
Prozess erlebbare Entstehung von Gestalten im entwickelten Bewusstsein" kennzeichnen soll.[80] Ihre Hauptthese besagt, dass die seelische Entwicklung nicht von diskreten Elementen zu synthetischen
Ganzheiten, sondern vielmehr von Ganzheiten zu Ganzheiten fort-
schreitet, wobei die ersten, die Vorgestalten, ausgeprägt ganzheitlich
und gefühlsgeladen, die Endgestalten dagegen von möglichst regel-
mässiger und prägnanter Struktur sind.

In den theoretischen Erörterungen einzelner ihrer Vertreter (H.
Volkelt) wird der Primat des Ganzen jedoch derart übertont, dass der
alte Kantianische Titel Synthesis überhaupt eliminiert wird,[81] als ob
der gesamte natürliche Wahrnehmungsprozess einbahnig in einer blossen Differenzierung eines ursprünglich Ganzen verlaufen würde und
sich die einzelnen Abhebungen nicht wieder phänomenal – und nicht
bloss logisch – zu neuen Einheiten zusammenschliessen könnten. Ganz
abgesehen von der Grundtatsache, dass sich der Bewusstseinsstrom
sukzessive ausbreitet, wobei neue Eindrücke aufgenommen und integriert werden, Prozesse also im Spiel sind, die mit gutem Recht synthetisch genannt werden.

[79] a.a.O. S. 120.
[80] Fr. Sander, „Experimentelle Ergebnisse der Gestaltpsychologie", S. 101.
[81] H. Volkelt, „Wilhelm Wundt auf der Schwelle zur Ganzheitspsychologie",
Zusätze 1959/60, S. 28ff.

Damit soll nicht verschleiert werden, dass Husserl die primäre Phase der Wahrnehmung, die Aufgliederung von diffusen Ganzheiten zu knapp und zu einfach zur Darstellung bringt. Der ganze synästhetische Aspekt dieser Frühphase bleibt bei ihm unthematisiert. Immerhin hat er die Bedeutung der kinästhetischen Prozesse für die Genesis der Wahrnehmung erkannt und wiederholt zum Gegenstand seiner Forschung genommen. Merkwürdigerweise fällt ihre Berücksichtigung jedoch innerhalb seiner Assoziationsstudien gänzlich aus.

Wenn also Husserl bei seinen assoziativen Analysen mit der Betrachtung von ,,ursprünglichen Einzelheiten" einsetzt, dann dürfen diese nicht wie bei den klassischen Sensualisten als atomare Sinnesdaten verstanden werden. Es handelt sich um gestalthaft sich abhebende Einheiten. Von ihnen strahlen ipso facto intentionale Verweisungen und kontinuierliche oder durch Kontrast diskret unterbrochene Verbindungen aus. Die Genesis einer inhaltlichen Kontinuität darf wiederum nicht sensualistisch als ein Zusammenschmelzen von substruierten Punkten genommen werden. Die Teilphasen ,,sind nicht durch Zusammenschmelzen zur Einheit geworden, aber wohl durch kontinuierliches Erzeugen, Erzeugen aus einem ersten Punkt".[82] Bei dieser Deskription denkt man unwillkürlich an gewisse Experimente der Gestaltisten. Bei einer abrupten Exposition erscheinen Figuren nicht simultan in ihrer ganzen Erstreckung. Ein Strich z.B. rollt sich gleichsam in einer Entstehungsbewegung auf und zieht sich beim plötzlichen Auslöschen ebenso wieder auf einen Nullpunkt zusammen.[83]

Abschliessend können wir sagen, dass Husserls Vorwurf der Vernachlässigung der genetischen Betrachtung insbesondere gegenüber der Berliner Gestaltpsychologie wohlberechtigt ist und von der neueren empirischen Psychologie mitgetragen wird. Gegenüber der Leipziger Schule ist sein pauschales und schroffes Urteil stark zu relativieren. Es zeigt sich, dass Husserl die Genesis rein zeitlich und assoziativ versteht, unter Vernachlässigung ihrer ,,synästhetischen" Aspekte, und dass er des weitern zu einseitig auf die ,,synthetischen" und zuwenig auf die besonders in der Frühphase der Wahrnehmung einschlägigen ,,analytischen" Prozesse ausgerichtet ist.

---

[82] Ms. D 7, S. 9 (Bernau, Sommer 1917).
[83] K. Koffka, *Psychologie*, S. 553.

§ 61. Die Ersetzung der Assoziationsgesetze durch Gestaltgesetze

In der Auseinandersetzung mit den traditionellen Assoziationsprinzipien lassen sich bei den Gestaltisten zwei Stufen feststellen. In einer ersten Etappe liefen sie gegen das Monopol der gewohnheitsmässigen, rein äusserlichen Berührung als den alleinigen Faktor der Gestaltbildung Sturm. In einer zweiten Phase, ausgelöst durch K. Lewins strebenspsychologische Untersuchungen, wurde der Kontiguität wie der Aehnlichkeit überhaupt jede motivierende „Kraft", jede einheitsstiftende Wirkung abgesprochen. Ausschlaggebend für psychische Verbindungen, insbesondere für Reproduktionen, sollen allein entsprechende Intentionen und Vorsätze sein. Wir befassen uns zunächst mit der Ablösung der Assoziationsprinzipien durch Gestaltgesetze.

Die sensualistische Psychologie des 19. Jahrhunderts reduzierte die Wahrnehmungsbildung auf die Faktoren der Berührung und der Gewohnheit. Was in der Erfahrung wiederholt zusammen auftritt, verbindet sich gewohnheitsmässig. In vielen Experimenten zeigte die Gestaltpsychologie nun, dass die leere Kontiguität derselben Empfindungselemente zur reproduktiven Einheitsbildung nicht hinreicht. Nicht beliebige Einzelfragmente, die man aus einem Wahrnehmungsganzen herauslösen kann, vermögen die restlichen Teile in Erinnerung zu rufen, sondern nur solche, die als „natürliche Teile" mit den übrigen zu einer organisatorischen Ganzheit zusammenstimmen. Die Wahrnehmung ist keine Punkt-zu-Punkt-Verbindung. Sie wird vielmehr dominiert und ins Spiel gesetzt durch die Gestalteigenschaften, die ihr als ganzer zukommen. Dass die Reproduktion nicht an die Identität der sich berührenden „Empfindungselemente" gebunden ist, sondern allein von der Gestaltung abhängt, zeigt sich schlagend in der Tatsache, dass z.B. ein Würfel nach Farbe und Grösse variiert werden kann und doch sofort wieder als solcher erkannt wird, bzw. bei einer lückenhaften Darstellung als solcher vervollständigt wird. Soweit die sensualistische Psychologie dieser Tatsache Rechnung trägt und für die Reproduktion doch nicht nur isolierte Empfindungen, sondern ganze Gruppen verantwortlich macht, verstrickt sie sich in einen Zirkel, da diese Gruppierung ja anderseits erst aus der Reproduktion hervorgehen soll.[84] Gegen die Bedeutung

---

[84] W. Köhler, „Bemerkungen zur Gestaltpsychologie", S. 195ff, 215; M. Merleau-Ponty, *Phénoménologie de la perception,* S. 26ff (dt. 39ff); vgl. unten § 63.

der Gewohnheit führen die Gestaltisten das Argument, auf dessen relativen Wert infolge der Beschränkung der Beobachtung auf die bereits ausgeformte Wahrnehmung von Erwachsenen wir bereits aufmerksam gemacht haben, ins Feld, dass die Organisation der Wahrnehmung nicht allmählich, sondern schlagartig oder doch schubweise erfolgt.

Die neuen Entdeckungen erheischten eine Neuformulierung der Wahrnehmungs- und Reproduktionsprinzipien, die nun nicht mehr unter dem durch die sensualistische Interpretation in Misskredit geratenen Titel Assoziationsgesetz, sondern als Gestaltgesetze thematisiert wurden. Das tragende Prinzip der Einheitsbildung ist das Gesetz der Prägnanz oder der guten Gestalt. Diejenige Einheit kommt zustande, die sich gestalthaft am meisten auszeichnet, am „prägnantesten" ist, d.h. den wichtigsten und stärksten Gestaltgesetzen entspricht. Solche Gesetze wurden im Verlauf der Entwicklung immer mehr statuiert. Als die bedeutendsten Faktoren aber gelten die Gleichartigkeit, die Nähe, das „gemeinsame Schicksal", die Einstellung, das Aufgehen ohne Rest, die durchgehende Kurve und die Geschlossenheit. Wie wir feststellen können, figurieren auch die alten Assoziationsgesetze der Aehnlichkeit und der Kontiguität unter den neuen Prinzipien, das zweite unter dem Namen „Nähe" (proximity). Das des Kontrasts ist ohnehin schon in der allgemeinen „Figur-Hintergrund"-Struktur der Wahrnehmung impliziert. Meistens werden Aehnlichkeit und Nähe sogar an der Spitze der Gestaltgesetze aufgeführt. Zugleich wird jedoch betont, dass der Aehnlichkeit ebensowenig wie der Kontiguität für sich allein eine sichere Wirksamkeit zukommt. „Ob eine bestimmte Nähe oder Aehnlichkeit – ... – zusammenschliessende Wirkung besitzt oder nicht, ist in jedem Fall durchaus bestimmt vor der Gesamtlage."[85]

Wie ist Husserls Orientierung an den wenigen klassischen Assoziationsprinzipien angesichts der vielfältigen Gestaltgesetze, welche die Gestaltisten an den Tag förderten, zu beurteilen? Husserl macht als fundamentale Gesetze der Einheitsbildung allein die drei klassischen Assoziationsgesetze der Aehnlichkeit, der Verschiedenheit und der Kontiguität geltend. Als weitere Ordnungsfaktoren führt er nur die ganz allgemeinen Gestaltverhältnisse an, die sich aus der Eindimensionalität der zeitlichen Abläufe und aus der Dreidimensionalität des

---

[85] W. Metzger, *Psychologie*, S. 112.

Anschauungsraumes ergeben.[86] Nur am Rande macht er auf mögliche „hemmende Gegenpotenzen" [87] aufmerksam, welche die Einheitsbildung nach den assoziativen Grundgesetzen beeinträchtigen können. Husserls Beschränkung rührt vor allem daher, dass seine Wahrnehmungslehre, die zudem nie über Entwürfe und Ansätze hinauskam, weniger auf materiale Vollständigkeit ausgerichtet ist, als auf eine methodologisch und phänomenologisch adäquate Fassung ihrer fundamentalsten und universalsten Prinzipien. Mit der intentionalen und transzendentalen Fassung der drei klassischen Assoziationsgesetze ist er dabei zweifelsohne auf den letzten und allgemeinen Grund der Wahrnehmung gestossen. Auch wenn im Einzelfall, etwa beim Abseitsliegen gewisser Segmente gleicher Beschaffenheit, das Gesetz der durchgehenden Kurve über das der Aehnlichkeit und der Nähe triumphiert, stellt das noch kein vernichtendes Argument wider die apriorische und fundamentale Wirksamkeit der beiden dar. Ohne gewisse allgemeinste Aehnlichkeits- und Kontiguitätsverhältnisse kommt auch eine Kurve gar nicht zur Abhebung, kann das entsprechende spezifische Gestaltgesetz überhaupt nicht ansetzen, auch wenn es sich dann in Einzelteilen gegen diese grundlegenden Faktoren auswirkt. Ueber diese Argumentation hinaus muss beachtet werden, was wir im vorigen Paragraphen vernahmen, dass die Allgemeingültigkeit aller spezifischen Gestaltgesetze, insbesondere solcher, die von harmonischen und symmetrischen geometrischen Figuren abgeleitet werden, noch nicht erwiesen ist.

Neben der Feststellung der Ergänzungsbedürftigkeit der traditionellen Assoziationsgesetze durch spezifische Gestaltgesetze ist anderseits aber gerade die These von nicht bloss äusserlich-kontingenten, sondern innerlich-apriorischen und notwendigen Wahrnehmungsgesetzen philosophisch bemerkenswert. „Die Gestaltgesetze sind die allgemeinen apriorischen Grundlagen der Möglichkeit der Erfahrung von Einheit, Vielheit und Form im Sinne Kants." [88] Allerdings ist gleich beizufügen, dass es den Gestalttheoretikern nicht gelungen ist, diese Apriorität der Wahrnehmungsgesetze korrekt und undogmatisch auszuweisen, und dass sie sich des weitern zu unhaltbaren Extrapolationen ihrer Gültigkeit sowohl auf die reale Natur – mit der Behauptung von „realen Gestalten" im Bereich der Neurologie und der Physik

---

[86] Vgl. oben §§ 9f.
[87] *Analysen zur passiven Synthesis*, S. 153.
[88] W. Metzger, „Grundbegriffe der Gestaltpsychologie" (1954), S. 10.

– als auch auf die Logik – mit der Reduktion der logischen Gesetze auf die psychischen und nach ihrer Ansicht im Letzten physiologischen Gestaltgesetze verleiten liessen.[89]

Die physiologische Fundierung der Wahrnehmungsgestalten in isomorphen Korrelaten im Gehirn haben wir hier nicht weiter zu diskutieren.[90] Wir wollen den Finger nur noch auf das bezeichnende Faktum legen, dass es den Gestalttheoretikern nach ihrem eigenen Urteil mit ihrer feldtheoretischen Konzeption ebensowenig gelungen ist, die Aehnlichkeitsverbindung stringent zu erklären, wie den mechanistisch denkenden Sensualisten mit der längst ausgebooteten Annahme, dass alle Reizabläufe, welche die gleichen Eigenschaften besitzen, im Gehirn denselben Bahnen folgen. Köhler gibt zu, dass die vielen Beweise dafür, dass die Aehnlichkeit zu Reproduktionen führt, in der Psychologie verdrängt werden, „nur weil wir nicht wissen, wie sich eine derartige unmittelbare Aehnlichkeitswirkung erklären liesse. Ich will gestehen, dass auch ich keine Erklärung dafür geben kann."[91]

In Anbetracht solcher „weisser Flächen" in ihrer Gehirntopographie wie auch in Anbetracht der Scharfsicht und des Scharfsinnes, den die Gestaltpsychologen bei der Deskription und Klassifikation der Wahrnehmungsgegebenheiten unter Beweis stellten, ist es kaum zu begreifen, wie sie blind bleiben konnten für die „sichtbare Motivationskausalität", die von den Phänomenen der Aehnlichkeit und des Kontrasts ausgeht und welche die Einheitsbildung vollauf und vor jedem Rekurs auf neurologische Substruktionen verständlich zu machen vermag. So kommentiert Köhler die sog. „Wertheimerschen Figuren", die wie kein anderes Beispiel die Erkenntnis Husserls von der passiven Motivation der Homo- und der Heterogenität zu veranschaulichen vermögen, mit folgender Bemerkung: „Vielleicht kann er (scil. der Beobachter) erkennen, dass Gleicheit bei mehreren Objekten ihr Hervortreten als Gruppe begünstigt, aber wieder wird er uns nicht sagen können, aus welchem Grunde Gleichheit diese spezielle Wirkung auszuüben vermag (!). Soweit diese Beobachtungen daher einen Wirkzusammenhang beweisen, der als solcher im phänomenologische Bereich nicht beobachtet werden kann (!), lassen sie sich nicht in rein

---

[89] Vgl. K. Koffka, *Principles of Gestalt Psychology*, S. 570f, sowie oben § 34a.
[90] Vgl. dazu F. H. Allport, *Theories of Perception and the Concept of Structure*, S. 130ff (Lit.).
[91] W. Köhler, *Dynamische Zusammenhänge in der Psychologie*, S. 101; vgl. *Psychologische Probleme*, S. 219ff.

psychologischen Begriffen verstehen. Entsprechend unserem allgemeinen Programm werden wir daher die Annahme machen, dass sich diese gegenseitige Einwirkung zwischen den Hirnkorrelaten der betreffenden Wahrnehmungsfakten abspielt."[92]

„Wertheimersche Figuren" [93]

X X X X X	X O X O X
O O O O O	X O X O X
X X X X X	X O X O X
O O O O O	X O X O X
X X X X X	X O X O X
Abb. 1	Abb. 2

Wir stellen bei einem unvoreingenommenen Blick fest, dass die x und die o auf Grund ihrer Gleichheit unwillkürlich, jedoch „fühlbar" aufeinander verweisen und sich darob zu Linien verbinden. Abb. 1 erscheint so aus waagrechten, Abb. 2 aus senkrechten Linien gezogen. Bei Abb. 2 ist die senkrechte Linienziehung allerdings durch unsere nur schwer ausschaltbare, zur Gewohnheit gewordene Einstellung, von links nach rechts zu „lesen", leicht gehemmt.

§ 62. *Die Bestreitung der „Assoziationskraft" bei Lewin und Merleau-Ponty*

K. Lewin versuchte in seinen strebenspsychologischen Forschungen der zwanziger Jahre zu zeigen, dass das wiederholte gemeinsame Auftreten von zwei Vorgängen oder Gegebenheiten allein beim Erscheinen des ersten Gliedes noch keine Tendenz zur Reproduktion des zweiten schafft. Erhält eine Versuchsperson in der ersten Etappe des Experiments Silbenpaare vorgesetzt, die sich reimen, und wird ihr dann in einer folgenden Etappe die Aufgabe gestellt, bei den vorgesetzten Silben die Anfangs- und Schlussbuchstaben auszutauschen, ist überhaupt keine Hemmung oder Fehlreaktion bemerkbar, wenn eine Silbe aus einem früher genannten Paar auftaucht und das intendierte Resultat nicht dem gelernten Reim entspricht, und ebenso wenig eine Beschleunigung, wenn das Ergebnis der Buchstabenumstellung die zweite Silbe des sich reimenden Paares ergibt, das eben erst memori-

---

[92] W. Köhler, *Dynamische Zusammenhänge in der Psychologie*, S. 53f.
[93] W. Wertheimer, „Untersuchungen zur Lehre von der Gestalt" (1923), S. 309.

siert worden war. Eine hemmende, bzw. fördernde Assoziationsten-
denz ist also nicht zu beobachten.[94] Etwas anschaulicher ist das
„Türklinken-Experiment": Jeder Erwachsene hat in vielen tausend
Fällen beim Oeffnen und Schliessen von Türen die Türklinke ergriffen
und nach unten gedrückt. Nach assoziationistischer Lehre ist also eine
äusserst starke Assoziation zwischen dem Ergreifen der Klinke und
ihrem Hinunterdrücken zu erwarten. Erteilt man jedoch einer Versuchsperson die Instruktion, die Türklinke zu ergreifen und herauf-
zudrücken, so wird diese Instruktion ausnahmslos ohne jede Schwierigkeit ausgeführt.[95] Aus derartigen Versuchen schloss Lewin, dass
assoziative Zusammenhänge wohl die Form des Geschehens weitgehend abgeben, jedoch nicht die Energiequelle für es darstellen. Die
assoziativen „Koppelungen" enthalten nicht den „Motor" des Geschehens in sich. „Motor" des psychischen Ablaufes sind vielmehr
„Vorsatz, Wille und Bedürfnis",[96] in den zitierten Experimenten der
Vorsatz der Reproduktion und der Buchstabenumstellung und die
Intention, die Türe durch Heraufdrücken der Klinke zu öffnen.

Mit seinen Experimenten und ihrer Interpretation forderte Lewin
nicht nur die alte Assoziationspsychologie, sondern auch die bishe-
rige Gestalttheorie heraus. Seine Ergebnisse richten sich ja prinzipiell
ebenso gegen die gestalthafte wie die assoziative Erklärung der
„Koppelungen", sofern im Zusammenhängen der Teile zu einem
Ganzen auf Grund seiner Gestalteigenschaften die eigentliche „Ursache" eines Prozesses gesehen wird. Die Gestaltisten hatten sich also
den Theorien ihres jüngern Mitarbeiters zu stellen. Ihre Replik ist für
uns von höchstem Interesse, wird doch mit Lewins These gleichfalls
die Husserlsche Phänomenologie der Assoziation an ihrer Wurzel
tangiert, der Auffassung der Aehnlichkeit und der Kontiguität als
einer unmittelbar wirksamen und als solcher unmittelbar „erlebbaren"
Motivation. Innerhalb der Phänomenologie gewinnt sie zudem an
Gewicht durch die Tatsache, dass zum ersten Husserl selber sich in den
dreissiger Jahren den Phänomenen des Instinktes und des Interesses
vermehrt zuwandte, nachdem er sie schon in der hohen Zeit seiner
Assoziationsstudien ein Jahrzehnt zuvor als die „vielleicht wirksam-

[94] K. Lewin, „Untersuchungen zur Handlungs- und Affektpsychologie I"
(1926), S. 294ff.
[95] K. Lewin, „Das Problem der Willensmessung und das Grundgesetz der
Assoziation" (1922), S. 104.
[96] Titel des 2. Teils der „Untersuchungen zur Handlungs- und Affektpsychologie", S. 330.

sten Motive" der Einheitsbildung anerkannt und sie nur aus methodologischen Gründen ausgeklammert hatte, um die rein assoziative
Motivation zu Gesicht zu bekommen. Dabei stellte er seine gesamte
Lehre der Assoziation, wie wir berichtet haben, gelegentlich skeptisch
in Frage. „Aber ist nicht das Entscheidende das subjektive Ich tue,
Ich kann, Ich bewege, und die Ausbildung von Interessen, von interessierten Intentionen, von ihren Erfüllungen und Entleerungen etc. ?"[97]
Zum zweiten wurde Lewins These von Merleau-Ponty aufgegriffen
und in seine phänomenologische Theorie der Wahrnehmung übernommen.[98] Die Antwort auf Lewin wird damit zugleich auch zur
Replik auf Husserls späte skeptischen Fragen und auf Merleau-Pontys
radikale Assoziationskritik.

Koffka gibt zu bedenken, dass Lewins Ergebnisse gar nicht unbedingt gegen die Wirkung, die von der „Spur" eines frühern Vorganges
im Gehirn ausgeht, ins Feld geführt werden können. Sie beziehen sich
ausschliesslich auf die Wirkung, die ein Vorgang auf das „Spur-Sys-
tem" haben kann. Im übrigen müsse man, um die vorsätzliche Einstellung auf eine Reproduktion einzunehmen, bereits wissen, was eine
Reproduktion ist, also eine solche erfahren haben. Die „intendierte"
Reproduktion setzt die „spontane" voraus.[99]

Köhlers Argumentation, der Lewin dann offenbar beipflichtete,
ist etwas leichter einsichtig. Eine Silbe ist bei der Instruktion der
Buchstabenumstellung nur objektiv, nicht aber phänomenal die gleiche,
die sie als Teil eines zur Memorisierung vorgelegten Reimpaares war.
Die Versuchsperson erfasst sie jetzt von vornherein im Hinblick auf
ihre neue Aufgabe. Die zwei Buchstaben, die ausgewechselt werden
sollen, stechen sogleich als die Teile, auf die es ankommt, heraus.[100]
Die Gleichheit, welche die Assoziation auslösen soll, ist also gar nicht
gegeben oder zumindest stark gestört. Analoges gilt für die Türklinke, die ihre Phänomenalität, die sie bei der alltäglichen Intention,
ins Nebenzimmer zu gehen, gewinnt, bei der experimentellen Instruktion, die Klinke zu heben, sogleich verliert, und ebenso für Merleau-
Pontys Beispiel, das Sechseck, das in einer komplexen Figur, einem
Raster, wie in einem Vexierbild versteckt ist, das jemand, der bewusst
eine verborgene Figur im Raster sucht, schneller und öfter findet als

---

97 Ms. B I 13 I, S. 9 (1932); vgl. oben § 9.
98 *Phénoménologie de la perception*, S. 25f (dt. 37ff).
99 *Principles of Gestalt Psychology*, S. 571ff, besonders 582; 163.
100 *Psychologische Probleme*, S. 210f.

ein rein passiver Beobachter, der über die gleichen assoziativen Vor-
bedingungen verfügt. Das Sechseck wird durch das Raster nach den
primitivsten Gestaltgesetzen, nach denen sich der Kontext auf jede
Figur auswirkt, verformt, sodass es sich phänomenal keinswegs mit
einem freischwebenden Sechseck deckt. Das Beispiel kann somit gar
nicht gegen die Aehnlichkeitsassoziation in Anspruch genommen werden. Eine Aehnlichkeit liegt nur in objektiver Hinsicht, nicht aber
phänomenal vor. Merleau-Ponty hat diese Tatsache der unterschiedlichen Gegebenheit ausschliesslich im Bezug auf den „Sinn", nicht
aber im Bezug auf die Gestalt als solche in ihrer möglichen homogenen
Erscheinung berücksichtigt. Er schreibt zu diesem Experiment, dass
die „induzierende" Figur erst denselben „Sinn" annehmen muss wie
die „induzierte", ehe sie deren Erinnerung hervorzurufen vermag.[101]
    Wir halten die Einwände Koffkas und Köhlers gegen Lewins These
für durchschlagend. Wir brauchen nur Koffkas erstes Argument phänomenologisch zu fassen. Lewin macht nicht verständlich, weshalb
die tendenziöse Erforschung der Vergangenheit ausgesprochen häufig
Bahnen folgt, die von der Aehnlichkeit vorgezeichnet erscheinen, und
das intendierte Lernen auf Rhythmisierungen und die Bildung von
natürlichen Gruppen verfällt, die den bekannten Gestaltgesetzen
entsprechen. Wenn aber Aehnlichkeitsassoziation und Gestalt die
Form eines Reproduktions- oder Lernprozesses ausmachen, so kann
nur ein physikalistisch denkender Psychologe ihnen jede „bewegende
Kraft" absprechen. Die Form eines Bewusstseinsgeschehens kann
selber wesensmässig nur in einem genetischen Prozess in einer „sicht-
baren" oder „fühlbaren" Motivation erwachsen. Die Form ist zum
ersten selber intendiert und motiviert und motiviert ihrerseits den inhaltlichen Ablauf mit. Jeder Vorgang im Bewusstsein, der einer Form
gemäss erfolgt, ist nicht nur von willentlichen Faktoren, die als besonders triebkräftig zuerst auffallen, abhängig, sondern ebenso notwendig von Formfaktoren, allgemein von zeitlichen, gegebenfalls auch
von assoziativen. Auf das Verhältnis solcher assoziativer Formfaktoren
zu den eigentlichen Sinnfaktoren haben wir nun noch in der Auseinandersetzung mit Merleau-Pontys Assoziationskritik einzugehen.

§ 63. *Die Auslegung der Assoziation als Sinn-Motivation bei Merleau-
        Ponty*

Merleau-Pontys radikale Kritik der sensualistischen Assoziations-

------

[101] a.a.O. S. 26 (dt. 39).

psychologie erfolgte ohne Berührung mit der Husserlschen Phänomenologie der Assoziation.[102] Zur Zeit der Abfassung seines Hauptwerkes standen bloss der knappe Exkurs in der *I. Logischen Untersuchung*,[103] die thesenhafte Proklamation der Assoziation als „ein Titel der Intentionalität", „ein transzendental-phänomenologischer Grundbegriff" und als „Prinzip der passiven Genesis" in der *IV. Cartesianischen Meditation*,[104] sowie ein paar Paragraphen aus *Erfahrung und Urteil*,[105] welche die Originalität der phänomenologischen Fassung der alten Assoziationslehre nicht recht zum Ausdruck zu bringen vermögen, zur Verfügung. Merleau-Ponty stützte sich auf die Theorien der Gestaltpsychologie und auf einige scharfsinnige Ansätze in Schelers „Idolen der Selbsterkenntnis".[106] Bei den Gestaltpsychologen folgte er, wie wir eben dargelegt haben, der Linie Lewins, begnügte sich also nicht mit der blossen Ersetzung der Assoziationsprinzipien durch Gestaltgesetze, sondern bestritt grundsätzlich die Existenz einer eigenständigen „Assoziationskraft". Die treibende Motivation verlegte er jedoch weniger als Lewin in Trieb- und Willensintentionen, Bedürfnisse und Vorsätze, als in den Sinn des Wahrgenommenen.

Merleau-Ponty eröffnet seine *Phänomenologie der Wahrnehmung* mit dem Nachweis, dass es keine einfache, reine und sinnfreie Empfindungen gibt, wie das die sensualistische Psychologie postuliert. Alle Wahrnehmung ist immer schon Gestalt- und Sinnwahrnehmung. Einheit und Sinn der Wahrnehmung entspringen nicht assoziativ. Sie erweisen sich vielmehr als das, was Assoziationen überhaupt erst möglich macht. Alle Verbindungen. die wir im Bewusstsein antreffen,

---

[102] *Phénoménologie de la perception*, S. 20ff (dt. 32ff). – Einen Bezug zu Husserls *Erfahrung und Urteil* stellt dann A. De Waehlens in seinem Merleau-Ponty-Buch *Une philosophie de l'ambiguité*, S. 72, Anm. 1, her. Er vermerkt, dass Husserls Konzeption der Assoziation untrennbar ist von den Begriffen des Wiedererkennens, der inneren Verbindung und der Zeitsynthese, und dass zwischen ihr und Humes psychologischem Atomismus Antinomie besteht. Am entscheidenden Punkt geht aber auch er wie Merleau-Ponty vorbei, dass nämlich die „connexion intrinsèque" der Assoziation nach Husserl nicht eigentlich sinn-motiviert ist. Bemerkenswert ist dagegen De Waehlens' These, dass a' nur auf a zurückweisen kann, wenn in a ein Sinn ist, der die Tatsache a transzendiert und es so erlaubt, a', a'' usw. als Reproduktionen von a zu qualifizieren (S. 72). – Nach Husserl ist diese fundamentale Transzendenz, wie wir gezeigt haben, in erster Linie als eine assoziative zu fassen; vgl. oben § 21.

[103] § 4.

[104] § 39.

[105] §§ 16, 42ff.

[106] „III. Ein genereller Irrtum in der Auffassung und Erklärung der Täuschungen", S. 66ff (249ff).

haben zwischen Sinneinheiten statt. Sie gehen nicht auf die kausale Einwirkung von bewusstseinsfremden Naturvorkommnissen zurück, sondern auf den Sinn der sich verbindenden Gegenstände, dessen phänomenale Wirksamkeit in der Phänomenologie als Motivation bezeichnet wird: „Ein Phänomen löst ein anderes aus, nicht durch ein objektives Wirkungsverhältnis, wie es Naturvorkommnisse verknüpft, sondern durch den Sinn, den es darbietet." [107]

Da alle Verbindungen immer nur zwischen Sinngegebenheiten statthaben, nimmt er an, dass es immer der Sinn als solcher ist, der die Verbindungen in Gang bringt. Wohl anerkennt er neben den eigentlichen Sinnzusammenhängen solche der Kontiguität und der Aehnlichkeit, aber sie gründen letztlich im Sinn der Wahrnehmung und sind von seiner Erfassung abhängig. Ausdrücklich verweist er auf „die in Kants Sinne verstandene ,Affinität' als das zentrale Phänomen des Wahrnehmungslebens, nämlich als die ursprüngliche Konstitution – ohne irgend ein ideales Modell – eines bedeutsamen Ganzen".[108] Bei Husserl leisten dagegen Aehnlichkeit und Kontinuität/Kontiguität, immer als phänomenale Gegebenheiten und nicht als objektive Verhältnisse verstanden, für die Erstellung von Sinneinheiten vorkonstituierende Arbeit.

Führen wir zuerst Merleau-Pontys anschaulichstes Beispiel vor.[109] Ich gehe am Ufer des Meeres auf ein gestrandetes Schiff zu. Von weitem verfliesst sein Mast mit den Zweigen und Stämmen des Gehölzes am Rande der Dünen. Plötzlich aber verbindet er sich unzweideutig mit dem Schiff und verwächst mit ihm zu einem Ganzen. Diese doppelte Wahrnehmung ist nach Merleau-Ponty nicht so zu erklären, dass sich die einzelnen „Empfindungen" zuerst auf Grund ihrer Aehnlichkeits- und Nähebeziehungen assoziativ zur Sinngestalt eines dichten Gehölzes und dann beim Nähertreten auf einmal zu der eines Mastwerkes organisieren. Vielmehr organisiert umgekehrt die Gehölz- und die Schiff-Auffassung die Wahrnehmungsteile und ermöglicht nach-

---

[107] *Phénoménologie de la perception*, S. 61 (dt. 73); Vgl. zu dieser prägnanten Formulierung Merleau-Pontys, die wir als einseitig zurückweisen, *Ideen II*, § 56a, S. 221: „Wer sich von Trieben, Neigungen ziehen lässt, die blind sind, weil sie nicht vom Sinn der als Reiz fungierenden Sachen ausgehen, ..., ist unvernünftig getrieben." Auch Husserl unterscheidet hier also schon zwei Arten von Motivationen, vernünftige, die vom Sinn der Sache ausgehen, und triebhafte, die in etwas anderem ihre Quelle haben.

[108] a.a.O. S. 65 (dt. 76).

[109] a.a.O. S. 24f (dt. 36f).

träglich ihre Assoziation nach Kontiguität und Aehnlichkeit. Die Bedeutung des Ganzen ist es, welche die Teile, die von ihm her einen
Sinn erhalten, mit dem sie sich ins Ganze einpassen, eint. Die Art, wie
Merleau-Ponty die Dingkonstitution, in diesem Fall die Perzeption
eines Schiffes auf dem Hintergrund einer bewaldeten Düne, beschreibt
und dabei besonders die gefühlsmässige Seite des Prozesses heraus-
stellt, erinnert an die aktualgenetische Deskriptionen der Leipziger
Ganzheitspsycholgen, die ihre Aufmerksamkeit gleichfalls vorwiegend
auf die motorischen und emotionalen Komponenten der Wahrnehmung, die ihre Entstehung nicht bloss „begleiten", sondern für sie
eigentlich konstitutiv sind, richteten.[110] „Während ich mich näherte,
wurde ich der Aehnlichkeits- und Nähebeziehungen nicht gewahr, die
schliesslich ein zusammenhängendes Bild der Aufbauten des Schiffes
ergeben hätten. Ich fühlte nur, dass der Anblick der Dinge plötzlich
sich wandeln würde, die Spannung auf etwas, das bevorstand, sich
anzeigend wie ein Gewitter in den Wolken."[111]

Husserls Analysen nehmen sich neben solchen Texten spröde und
abstrakt aus. Aber die Abstraktheit ist methodisch begründet und
intendiert. Husserl will bewusst nicht nur alle Sinnapperzeptionen, sondern auch alle ursprünglichen Gefühlskomponenten ausklammern,
um die autonome Wirksamkeit der Aehnlichkeit und der Nähe frei-
zubekommen.[112] Während Merleau-Ponty behauptet, dass wir der
Aehnlichkeits- und Nähebeziehungen vor der einheitlichen Sinnstiftung gar nicht gewahr werden, präzisiert Husserl, dass sie nicht als
solche in einer intendierten Zuwendung des Ich erfasst zu sein brauchen,
dass sie jedoch in einer nicht thematisierten Affektivität phänomenal
gegeben sind und prinzipiell jederzeit aufgegriffen werden können.

Die Wahrnehmung des Erwachsenen ist immer schon gegenständ-
lich-dinghaft, d.h. sinnbestimmt. Es ist daher ausgesprochen schwie-
rig, eine rein assoziative Einheitstiftung vor und unabhängig von
jeder Ingerenz einer Sinnmotivation aufzudecken. Eines der günstigsten Beispiele für Husserls These glauben wir in den gängigen Farbenblindentests gefunden zu haben. In der von Ishihara entwickelten
Variante des Testes wird dem Patienten eine Karte vorgelegt, auf der
eine Anordnung von grünen und blauen Tupfen auf einem gelb-
bräunlich getupften Hintergrund die Ziffer Fünf (5) ergibt und eine

[110] Vgl. oben § 58.
[111] *Phénoménologie de la perception*, S. 24 (dt. 37).
[112] Vgl. oben 3. Kapitel, Einleitung.

zweite mit ihr verwobene Anhäufung von rötlichen Flecken die Ziffer
Zwei (2). Während der Farbtüchtige mit seinem Blick unwillkürlich
den grünen und blauen Farbkreisen folgt, die ihm die Fünf vorformen, wird der Farbblinde von den allgemeineren Aehnlichkeiten, die
für ihn allein sichtbar sind, abgelenkt, sodass er entweder nur die
Zahl Zwei oder überhaupt keine zu sehen bekommt. Er hatte gelernt,
rot und grün nicht auf Grund der verschiedenen Farbigkeit, sondern
allein auf Grund zusätzlicher Merkmale wie der Helligkeit, der Form
und der Umgebung zu unterscheiden. Beim Farbentest, bei dem sich
die Farbflecken nicht mehr der Helligkeit und der Gestalt nach
voneinander unterscheiden oder eventuell, um dem Farbuntüchtigen
auf die (assoziativen!) Schliche zu kommen, tendenziös variiert werden,
verschmelzen sich ihm die grünen und blauen Flecken nicht mehr
derart zu einer einheitlichen Figur, die sich von einem andersartigen
Hintergrund deutlich abhebt, dass ihre Form die Ziffer Fünf zu
insinuieren vermag.[113]

Die Vorlagen des Farbenblindentests bieten ein Wahrnehmungsfeld,
das auf den ersten Anblick frei ist von spezifischen und sich sofort
„breitmachenden" Sinngestalten. Sie zeigen nur ganz allgemeine und
sehr unbestimmte Sinngegenstände, nämlich eine Anhäufung von
farblich und grössenmässig leicht variierenden „Flecken". Diese
mögen vom Patienten als solche erfasst und aufgefasst werden. Aber
die Erfassung und die Auffassung von so allgemeinen Sinnganzen
(Farbige Flecken) spielt bei der folgenden Sinnkonstitution von
spezifischen Gegenständlichkeiten (Fünf und Zwei) überhaupt keine
Rolle. Konstitutiv sind für diese allein die phänomenal wirksamen
Aehnlichkeits- und – in etwas geringerem Ausmasse – Kontiguitäts-
verweise. Der ganze Test beruht auf der Voraussetzung, dass beim
Farbtüchtigen und beim Farbblinden nicht die gleichen Aehnlich-
keitsverweise zum Zuge kommen.

Aehnlichkeit und Kontiguität erweisen sich in unserem Beispiele als
selbständige und von Sinnstiftungen unabhängige, ihnen vorgängige
Faktoren der Einheitsbildung. Sie vermögen nicht selber einen Sinn
(eine Fünf als solche aufgefasst) zu stiften. Soweit hat Merleau-Ponty
mit seiner Assoziationismus-Kritik recht. Aber er schüttet das Kind
mit dem Bade aus. Denn Aehnlichkeit und Kontiguität vermögen doch
anschauliche Kontinuen und Konfigurationen in die Wege zu leiten,

---

[113] Vgl. D. O. Hebb, *Einführung in die moderne Psychologie*, S. 44, 49.

die dann eine akthafte Sinnauffassung nach sich ziehen. Was sie leisten, ist m.a.W. zwar keine eigentliche Ding- und Sinnkonstitution, aber doch eine Vorkonstitution von Sinn und Ding. Natürlich dürfen diese assoziativen Einheiten nicht als „äusserliche Verbindungen" von sinn-freien Empfindungsqualitäten und ihr Resultat nicht als eine blosse „Summe von Daten" verstanden werden, wie das Merleau-Ponty der sensualistischen Psychologie vorhält.[114] Eine Summe gibt es nur als Korrelat eines zusammenfassenden Aktes, einer „Kollektion", und nie als passives Wahrnehmungsphänomen. In der phänomenolo-gischen Reduktion zeigen sich die Assoziationen als „innerlich", d.h. intentional „verschmolzene" Ganzheiten, Kontinuen und Kon-figurationen von immer schon irgendwie gehalt- und bedeutungsvollen Wahrnehmungsgegebenheiten, deren Gehalt oder Bedeutung für die Assoziation selber nicht relevant zu sein braucht. Merleau-Pontys These, dass die Zusammengehörigkeit der Wahrnehmungsmomente zur Einheit eines Sinnes, zu „sozusagen ein und derselben Welt", überhaupt erst Kontiguitäts- und Aehnlichkeitsassoziationen zwischen ihnen möglich und bemerkbar macht,[115] muss relativiert werden. Nicht nur können bestimmte Sinnintentionen, wie aus den im vorigen Paragraphen angeführten Experimenten mit der Türklinke und dem in einem Raster verborgenen Sechseck geschlossen werden muss, Asso-ziationen verhindern. Aehnlichkeit und Kontiguität vermögen auch ihrerseits sinngestiftete Einheiten zu hemmen, zu verhindern, zu stören. Jeder Maler und jeder Innenarchitekt weiss, wie eine „fal-sche" Farbenkombination eine sinnlose oder widersinnige Gestaltung des Raumes und der Ausstattungsgegenstände nach sich zieht und die Abgrenzung und damit die Identifikation von Sinngegenständen ver-unmöglicht. Eine braune Statue vor einer ebenso braunen Wand ver-liert bei mangelndem Licht ihre Konturen. Sie verschmilzt bruchlos mit dem Hintergrund. Die für eine Sinnkonstitution oder Sinniden-tifikation notwendige assoziative Vorkonstitution in der Verschmel-zung nach Aehnlichkeit und der Absonderung unter Kontrast bleibt aus.

Wir kommen zum Schluss, dass zwei Weisen der Motivation streng auseinanderzuhalten sind, eine Motivation, die vom Sinn als solchen, den die Phänomene darbieten, ausgeht, und eine zweite, die auf be-stimmte formale Strukturen und Verhältnisse der Sinnphänomene, wie sie eben Aehnlichkeit, Kontrast und Kontinuität/Kontiguität darstel-

114 *Phénoménologie de la perception*, S. 21, 23 (dt. 33, 35).
115 a.a.O. S. 25 (dt. 37).

len, zurückgeführt werden muss. Die beiden können einander unabhängig vorausgehen, sie können aber auch zusammen auftreten und zusammenwirken. Stellen wir uns ein Zimmer vor, in dem nur Tisch und Stühle braun gefärbt sind, die übrigen Möbelstücke hingegen samt und sonders weiss gestrichen sind und ebenso die Wände. Tisch und Stühle werden sich sogleich als ein Unterganzes herausheben, nicht nur weil sie eine Sinneinheit bilden und funktionell zusammengehören, sondern auch weil sich gleich und gleich „von selbst", passiv, auf einem kontrastierenden Hintergrund zusammenschliesst. Die Einheit kann zusätzlich noch verstärkt werden durch die „Kontiguität" von Tisch und Stühlen und schliesslich auch durch die gestalthafte Geschlossenheit, die sie als Gruppe auszeichnet.

In den folgenden Diagrammen sehen wir die beiden Motivationsweisen nebeneinander und zum Teil gegeneinander am Werk. Wir erfassen sowohl eine sinnmotivierte Einheit, die Kombination der vier Buchstaben durch die Tatsache, dass sie ein sinnvolles Wort bilden, und eine ähnlichkeitsmotivierte Ganzheit, eine Konfiguration von je vier Reihen, gezogen durch je vier gleiche Buchstaben. In der Abb. 4 wird die Aehnlichkeitsmotivation wohl von den meisten stärker als die Sinnmotivation erfahren, da sie durch unsere zur Gewohnheit gewordenen Einstellung, Buchstabenreihen von links nach rechts zu verfolgen, unterstützt wird. Verstärkt durch diesen Habitus hemmt die Gleichheit der vier waagrechten Buchstabenkolonnen die senkrechte Sinn-Kombination. Es ist offensichtlich nicht haltbar, dass bei der Aufstellung von Aehnlichkeits- und Berührungsassoziationen Verweisungen nur supponiert werden, „ohne dass je die Verweisung selbst sich begründet zeigte".[116]

W O R T	W W W W
W O R T	O O O O
W O R T	R R R R
W O R T	T T T T
Abb. 3	Abb. 4

Nach der Auswertung von gestaltpsychologischen Erkenntnissen greift Merleau-Ponty noch auf Vorarbeiten von Scheler zurück, um darzulegen, dass die Sinnwahrnehmung eines Dinges ebensowenig,

---

[116] a.a.O. S. 22 (dt. 34).

wie sie aus einer äusserlichen Assoziation von Impressionen erklärt werden kann, auf eine „Gedächtnisprojektion", die Nachwirkung einer frühern Wahrnehmung, zu reduzieren ist.[117] Eine aktuelle Erfahrung, ob sie sich nachträglich als eine Illusion entpuppt oder nicht, muss erst Physiognomie und Sinn gewinnen, um eine Erinnerung zu wecken. Nicht die Erinnerung ist für die Wahrnehmung konstitutiv, sondern die Wahrnehmung für die Erinnerung. Bevor das Erinnerungsbild einer Katze die noch so undeutliche und lückenhafte Wahrnehmung vollenden kann, muss diese soweit und so bestimmt Konturen gewonnen haben, dass sie gerade die Erinnerung einer Katze und nicht die irgendeines anderen Tieres ins Gedächtnis ruft. Ihre Umrisse und Schattierungen müssen bereits als katzenhaft erfasst worden sein. Der Rekurs auf die Erinnerung setzt also voraus, was er erklären will, die Gestaltung des Mannigfaltigen, die Sinnbildung im sinnlichen Chaos.

Wenn nun Merleau-Ponty von diesen grundsätzlichen Erkenntnissen her allgemein gegen den Beitrag von „Projektionen", „Assoziationen" und „Uebertragungen" zur aktuellen Sinnstiftung polemisiert,[118] so haben wir auch diese Folgerungen in ihre Grenzen zu weisen. Mit ihnen wird ja auch Husserls Lehre von den „apperzeptiven Uebertragungen" tangiert, die in seiner Lehre der Fremderfahrung sowie in seinen geisteswissenschaftlichen Analysen der *Krisis* und des Aufsatzes „Vom Ursprung der Geometrie" eine so wichtige Rolle zugeschrieben erhält.[119] Ueber jeden Zweifel erhaben ist die These, dass die ursprüngliche Wahrnehmung eines Sinnes nicht assoziativ verständlich zu machen ist. Aber alle Bewusstseinsgegebenheiten, das ist einer der zentralen Funde der Phänomenologie, sind – mit einem Ausdruck, den die französische Richtung von Freud[120] übernommen hat – „überdeterminiert" oder – in Husserls eigener Sprache – durch einen „Ueberschuss" [121] an Sinn oder eine „Mehrmeinung" [122] ausgezeichnet. Wir vermeinen stets mehr zu sehen, als

[117] a.a.O. S. 26ff (dt. 39ff).
[118] a.a.O. S. 32 (dt. 44).
[119] Vgl. oben §§ 29, 33.
[120] „Zum psychischen Mechanismus der Vergesslichkeit", *G. W. I*, S. 524; *Die Traumdeutung, G. W. II/III*, S. 289, 313 usw..
[121] Vgl. *Ideen II*, § 49a, S. 176; § 56h, S. 239.
[122] *Cartesianische Meditationen*, S. 20 („Pariser Vorträge"), 84 (*II. Meditation*, § 20). – Der Ausdruck „Mehrmeinung" bezieht sich an den angeführten Stellen allerdings nicht auf geistige oder kulturelle Bedeutungen, sondern bloss auf das, was an einem Ding nicht originär anschaulich ist.

uns leibhaftig präsent ist. Und für diese Sinnüberschüsse, „Ueber-
determinierungen" oder „Mehrmeinungen" sind assoziative Uebertragungen höchst relevant. So sieht ein Kind im Vater des Spielge-
fährten alle Züge und Gewohnheiten seines eigenen Vaters. Auf
Grund gewisser fundamentaler Aehnlichkeiten kommt es zu „apperzeptiven Uebertragungen". Es kann auch der Fall eintreten, dass eine
ursprünglich sinnhaft und logisch konstituierte Bedeutungsschicht
nur noch assoziativ getragen wird. Dies ist nach Husserls geschichts-
philosophischen Untersuchungen das Schicksal der Axiome der
neuzeitlichen Mathematik und Naturwissenschaft.[123]

Welches die ursprünglichen Sinnstiftungen sind, die als Träger
der meist habituell gewordenen Uebertragungen fungieren, ist eine
nicht leicht zu entscheidende Frage. Handelt es sich um so „hohe"
Sinnganze, wie es nach Merleau-Pontys Beispielen Pferde, Katzen
und Wörter sind? Würden wir in einem Vexierbild eine Katze entdecken, wenn wir noch nie ein solches Tier vor die Augen bekommen
hätten? Ja, würden wir Dinge wahrnehmen, wenn wir in früher Kinderzeit das Sehen von Dingen nicht überhaupt erst gelernt hätten?[124]
Schon die einfachsten Typen der Wahrnehmungsgegenstände erweisen
sich als Nachstiftungen, als Nachwirkungen von Urstiftungen. Und
alle diese Nachstiftungen verlangen nach einem Anhalt in einer noch
primitiveren Wahrnehmung. Wie es bei undeutlichen Wahrnehmungen
festzustellen ist, bei vagen Silhouetten in weiter Ferne oder im Hintergrund eines dämmrigen Raumes, können sehr wohl äusserst primitive Gebilde zu Ausgangspunkten von Sinnassoziationen werden.
Wir vermögen ein schwarzes „Ding" in einer dunklen Ecke des
Zimmers nicht recht zu deuten. Wir rufen uns sukzessive in Erinnerung,
was so „schwarz" und von ungefähr dieser „Grösse" ist, unsere
Katze, einen Pullover, ein Paar Schuhe, bis der richtige Sinngegenstand „einschnappt". Allerdings ist bei solchen Beispielen zu berücksichtigen, dass wiederum nicht allein das in Frage stehende
vage Gebilde assoziativ wirksam ist, sondern dass gleichzeitig Sinn-

[123] Vgl. oben § 29.
[124] *IV. Cartesianische Meditation*, § 38, S. 112.
[125] Die Kritik, die wir hier exemplarisch gegenüber Lewin und Merleau-Ponty
anmelden, beziehen wir auch auf alle übrigen „funktionalistisch" oder „sinnin-
terpretativ" erklärenden Theorien, z.B. Piagets Assimilationstheorie. Wir stimmen
mit seiner Kritik des „statischen Apriorismus" (*La naissance de l'intelligence chez
l'enfant*, S. 332 (dt. 383)) und der Vorgegebenheit von spezifischen Gestalten in der
Interpretation der Gestaltpsychologie überein, teilen aber seine These, dass es nur

motivationen von der komplexer strukturierten und sinndichtern Umgebung ausgehen, dem Kontext, wie es bei Buchstabenentzifferungen am deutlichsten wird. [125]

Invarianten „funktionaler, nicht strukturaler Ordnung" (S. 345 (397)) gibt, in dieser Allgemeinheit nicht. Ohne die Annahme gewisser universaler Strukturprinzipien, die den klassischen Assoziationsgesetzen entsprechen dürften, der Aehnlichkeit, der Heterogenität von Figur und Hintergrund und der räumlichen Kontinuität/Kontiguität, kommt bei näherer Hinsicht auch Piaget nicht durch. Für die Wiederholung und die Generalisierung (zwei Fakten, denen bei ihm eine grosse Bedeutung zukommt) der Assimilationsprozesse z.B. spielt die Aehnlichkeit doch wohl eine unentbehrliche Rolle, deren Aufklärung eine vollständige Psychologie der Intelligenz nicht vernachlässigen darf.

15. KAPITEL

DIE SINN-MOTIVIERTHEIT DER ASSOZIATION IN DER PSYCHOANALYSE

Wenn wir uns zum Schluss unserer Konfrontation der Husserlschen Phänomenologie der Assoziation mit ältern und modernen Assoziationstheorien auf den Beitrag der Psychoanalyse zu diesem Thema einlassen, dann geschieht das wiederum mehr aus sachlichen als aus historischen Gründen. Die direkten Bezüge Husserls auf Freud sind einmal gering an der Zahl und zum zweiten durchgehend marginaler Natur. Bemerkenswerter sind schon gewisse indirekte Beziehungen und zwar über gemeinsame Lehrer wie über gemeinsame Nachfahren. Bei den Lehrern ist hier weniger an Brentano zu denken, den beide in Wien hörten, als an Herbart und seine Schule, die in ihrer Studienzeit die deutschsprachige Psychologie beherrschten. Zur eigentlichen Kontaktnahme mit den Entdeckungen der Psychoanalyse kam es erst in der nachhusserlschen Phase der Phänomenologie, insbesondere in deren französischen Richtung.

Als ausschlaggebend haben wir sachliche Gründe genannt. Freuds Beitrag zur Neufassung der Assoziationsproblematik liegt genau auf der Linie, die zu einem der Hauptziele dieser Untersuchung führt und auf die uns eben wieder die Auseinandersetzung mit Merleau-Ponty gebracht hat, die Differenzierung zwischen der rein assoziativen Begründung und der eigentlichen Sinn-Motivation der seelischen Zusammenhänge. Aehnlich wie die Denkpsychologie der Würzbruger Schule mehr oder weniger latente „Obervorstellungen" und „determinierende Bedeutungseinheiten" über die traditionell anerkannten Faktoren der Assoziation hinaus als ihre eigentlichen Motoren namhaft machte, förderte Freud assoziationsauslösende Sinnkomplexe an den Tag, die er jedoch als in einem besondern, nicht bloss phänomenologischen Sinn latent oder unbewusst erkannte, nämlich unbewusst auf Grund einer bestimmten psychischen Instanz, die sie aus dem Bewusstsein verdrängt und ihrer Bewusstwerdung widersteht. Freud ist

für unser Anliegen, die Differenzierung zwischen assoziativer und sinn-
hafter Motivation weiterzutreiben, insofern dankbar, als er die traditionellen Assoziationsfaktoren nicht – wie das in nachhusserlschen Kreisen der Phänomenologie und der Hermeneutik die Gefahr ist – zugun-
sten des neuentdeckten Sinnfaktors unterschlägt, sondern die beiden
nebeneinander aufrechterhält und in ihrem Verhältnis zueinander zu
bestimmen sucht. Als Aufgabe ist uns so nur noch die streng phänomenologische Interpretation seiner traditionell-physiologischen Erklärung der Assoziationsgesetze gestellt, bzw. die exakte Abscheidung des
rein assoziativen vom ökonomischen oder energetischen Aspekt.

*§ 64. Historische und literarische Anhaltspunkte für einen Vergleich
Husserl – Freud*

Die historischen und literarischen Anhaltspunkte für eine Konfrontation Husserl – Freud sind bald aufgezählt. In Husserls Privatbibliothek finden sich nur zwei kleine Schriften von S. Freud, seine fünf
Vorlesungen von 1909 *Ueber Psychoanalyse*[1] und seine *Selbstdarstellung* in der Ausgabe von 1936[2], beide ohne Lesespuren! Solche bietet dagegen C. G. Jungs *Versuch einer Darstellung der psychoanalytischen Theorie* aus dem Jahre 1913.[3] Zu den Stellen – es sind allerdings nur wenige –, die Husserl angezeichnet hatte, gehört gerade auch
die Vorstellung des Assoziationsexperimentes als eines Hilfsmittels,
das verdrängt Unbewusste zu erschliessen. Jung legt dabei die bekannte
psychoanalytische Beobachtung dar, dass die Assoziationen, die affekt-
betonten Komplexen angehören, schlecht erinnert und häufig vergessen werden, dass „die unlustbetonten Erlebnisse am seltensten richtig
reproduziert werden".[4] Um von Anfang an einer Ueberinterpretation
vorzubeugen, können wir hier schon anführen, dass der Einfluss der
offenbar bloss fragmentarischen Lektüre von Jungs Schrift auf Hus-

---

[1] Fünf Vorlesungen, gehalten in Worcester, Mass., im September 1909; Vgl.
Gesammelte Werke (G.W.) VIII, S. 1-60.
[2] Vgl. *G.W. XIV*, S. 31-96, *XVI*, S. 29-34.
[3] Neun Vorlesungen, gehalten in New York im September 1912.
[4] S. 5 (117). – Das Zitat ist von Husserl unterstrichen, und der ganze Abschnitt,
dem es entstammt, am Rand mit zwei schrägen Strichen angezeichnet. – Anzeichnungen und Unterstreichungen (jedoch keine Anmerkungen) finden sich nur S. 2-8
(113-120) und S. 114-124 (232-243). Die übrigen Anzeichnungen heben besonders
das Phänomen der Verdrängung hervor, S. 5f (117f). Die Ausführungen über das
Assoziationsexperiment, S. 59-61 (174-176), zeigen wie der ganze Mittelteil der
Schrift keine Lesespuren!

serls Ausbildung der Assoziationslehre in den zwanziger Jahren gleich
Null geblieben ist. In seinen Vorlesungen zur genetischen Logik
klammert er ja von vornherein, aus methodologischen Gründen, alle
instinktiven und triebmässigen Einwirkungen auf die assoziative
Genesis aus, wie er auch von allen axiologischen und praktischen
Interessen abstrahiert.[5]

Nach diesen Befunden in Husserls Bibliothek sind auch keine grösseren Auslassungen in seinen Schriften zu erwarten. In den von ihm
selbst veröffentlichten Werken fehlt jede Kenntnis- oder gar Stellungnahme gegenüber dem gleichzeitig erscheinenden Lebenswerk Freuds
und Jungs. In Entwürfen und Vorlesungen und zwar gerade auch im
Zusammenhang der Assoziationsthematik verweist Husserl hingegen
gelegentlich auf das „Unbewusste", wobei er eindeutig auf die psychoanalytische Thematisierung des Begriffes anspielt. In den *Ideen II*
spricht er von den unbemerkten oder unmerklichen Motiven in der
Sphäre der Passivität, die „oft tief verborgen, aber durch ‚Psychoanalyse' zutage zu fördern" sind.[6] Und in den Vorlesungen zur genetischen
Logik bemerkt er in Anbetracht der Aufklärungsschwierigkeiten bei
der assoziativen Einheitsbildung und Reproduktion: „Ich brauche
nicht zu sagen, dass diesen ganzen Betrachtungen, die wir durch-
führen, auch ein berühmter Titel gegeben werden kann, der des
‚Unbewussten'. Es handelt sich also um eine Phänomenologie dieses
sogenannten Unbewussten."[7] Was hier unbewusst genannt wird, sind
Konstitutionsprozesse, die vor der ichlichen Erfassung und der gegenständlichen und sinnstiftenden Auffassung liegen. Es handelt sich dabei, wie bei den meistens als phänomenologische Unbewusstheiten
angeführten Tatsachen des unthematisierten Horizontes und der vorre-
flektiv fungierenden Intentionalität jedes aktuellen Bewusstseinserlebnisses um Phänomene, welche die Psychoanalyse als „vorbewusst"
einstuft.[8]

Namentlich zitiert Husserl Freud in einem Zusatz zu einem bloss
stichwortartigen Manuskript aus dem Jahre 1934. Erst führt er aus,
dass verdrängte Affekte ihre Wirksamkeit und Geltung nicht ver-
lieren. „Eingeklemmte Affekte, leidenschaftliche Begehrungen, die

---

[5] Vgl. oben Kapitel 3, Einleitung.
[6] § 56b, S. 222.
[7] *Analysen zur passiven Synthesis*, S. 154.
[8] Husserl gebraucht selber den Ausdruck „Vorbewusstsein" gelegentlich für den
„letztlich hyletischen Untergrund" aller ichlichen Aktivität: vgl. Ms. C 3 III, S.
28 (März 1931).

unerfüllt bleiben, die einer Epoché unterworfen werden – aber nicht durchstrichen! Sie gelten fort." [9] – „Wegsehen und Wegsehen-wollen. Aber damit ist der Affekt nur ‚verdeckt', hinuntergedrückt und doch da, wirksam wie alles Verdeckt-Hinuntergedrückte." [10] Darauf heisst es in einem Zusatz: „Alles Verdeckte, jede verdeckte Geltung fungiert mit assoziativ und apperzeptiv, was die Freudsche Methode ermöglicht und voraussetzt." [11] Dass das Gehemmte und Verdrängte seine phänomenale Unterdrückung durch ein Anwachsen der affektiven Kraft kompensiert, ist Herbartsche Lehre: „Der Erfolg der Hemmung ist Verdunkelung des Objekts, und Verwandlung des Vorstellens in ein Streben vorzustellen." [12]

Wir haben wiederholt zu erwähnen gehabt, dass Husserl in den dreissiger Jahren häufiger auf die Trieb- und Instinktstruktur des Bewusstseins zu sprechen kommt. Aber seine diesbezüglichen Ausführungen bleiben aperçuhaft und erreichen nicht das Niveau und die Geschlossenheit seiner Analysen zu Beginn der zwanziger Jahre. Was er unternimmt, ist eine prinzipielle Unterziehung der Triebpsychologie unter eine transzendentale Interpretation. „Natürlich ist dieser psychologische Begriff des Instinktes (...), der eingeboren sein soll der einzelnen Seele und der seelischen Verbundenheit – ein konstituiertes Gebilde, und gehört zur konstituierten Welt. Dem gegenüber führt die transzendentale Forschung auf die Probleme einer transzendentalen Genesis, zu der die tranzendentalen Instinkte gehören, als Grundbegriffe der transzendentalen Teleologie." [13] Das Ich wird zu einem Pol von ursprünglichen Instinkten.[14] Die Konstitution der Welt hat instinktiv statt.[15] Und selbstverständlich wird nun auch „das Problem des Instinktes als Prinzip der ‚Assoziation' von Affektionen" aufgegriffen: „Gibt es nicht einheitliche Instinkte, die affektiv besagen, dass

[9] Ms. E III 10, S. 1 (nach dem 20. 6. 1934).
[10] a.a.O S. 2.
[11] a.a.O. S. 3. – Es wird hier wohl weniger auf die assoziative Methode der Diagnosis im besonderen, als ganz allgemein auf das psychoanalytische Verfahren angespielt.
[12] J. Fr. Herbart, *Psychologie als Wissenschaft I, Sämtliche Werke V*, § 39, S. 279. – Die Mechanik des Geistes verhält sich nach Herbart umgekehrt analog zur Mechanik der Körper: „Statt der Schwere, welche die Körper nach unten drängt, haben wir hier das natürliche und beständige Aufstreben aller Vorstellungen, um in ihren ungehemmten Zustand zurückzukehren" (a.a.O. § 40, S. 280).
[13] Ms. E III 9, S. 11 (Anfang Januar 1933).
[14] a.a.O. S. 23 (13. 3. 1932).
[15] a.a.O. S. 19 (13. 3. 1932).

gewisse Affektionen instinktiv zusammengehören, also eine besondere synthetische Einheit haben?" [16] Die Assoziation, die durch Instinkte zustande gebracht wird, wird als eine neue Form der Urassoziation der Aehnlichkeitsverbindung, die eine Assoziation durch Deckung ist, gegenübergestellt. Ebenso wie von den Instinkten versucht Husserl seine alte Assoziationslehre auch von den Interessen des „praktischen" Ich her neu aufzurollen. „Das Affektivwerden von Verdecktem kann auch von Nebeninteressen aus und indirekt motiviert sein. Da ist noch viel zu erwägen." [17]

Ergiebiger als die wenigen Zitate und Anspielungen im Werke Husserls scheint für eine Inbeziehungsetzung mit Freud die teilweise sich deckende historische Herkunft der psychologischen Vorbildung Husserls und Freuds zu sein. Wir verwiesen auf die in der zweiten Hälfte des letzten Jahrhunderts in Deutschland und Oesterreich voherrschende „Herbart-Schule". Freud und Husserl haben aber die von Herbart entwickelten psychologischen Modelle bei ihrer divergierenden Forschungsrichtung auf gänzlich verschiedene Befunde adaptiert, von den methodologischen Divergenzen gar nicht zu sprechen.

So verwendet Herbart die Verdrängungskategorie zur Beschreibung des Verhaltens der Vorstellung als solcher, ihres unmittelbaren phänomenalen Gehaltes. Das Bewusstsein ist beschränkt und tendiert zudem nach Selbstidentität und Selbsterhaltung. Es können daher nicht gleichzeitig zwei Vorstellungen sein Blickfeld beherrschen, ohne dass es zum vielbeschriebenen „Wettstreit der Sehfelder" kommt. Bei Freud ist das Verdrängte und daraufhin an die Bewusstseinspforte Zurückdrängende nicht der anschauliche Inhalt einer Vorstellung, sondern ihr symbolischer Gehalt, die affektive Bedeutung, die sie für das Subjekt besitzt. Und Husserl benützt die gleiche Kategorie in seiner Modalisierungslehre. Er verwendet sie also weder für das

---

[16] a.a.O. S. 32 (ca. 6. II. 1931).

[17] Ms. C 13 II, S. 2 (15. 2. 1934); vgl. Ms. B I 13 I, S. 8f (1932); oben § 62. – In der phänomenologischen Literatur zur Psychoanalyse wird gewöhnlich auch auf E. Finks Beilage zur *Krisis* über das Problem des „Unbewusstein" verwiesen (Beilage XXI, S. 473-475). Fink, Husserls letzter Assistent, fordert, dass der Exposition des Unbewussten eine explizite Analytik des Bewusstseins vorauszugehen habe. Historisch interessant ist, dass ein halbes Jahrhundert früher H. Höffding, den wir unter den Psychologen, die Husserl studierte, aufgeführt haben (vgl oben § 48), die gleiche Feststellung macht: „Ungeachtet des innigen Zusammenhangs und der innigen Wechselwirkung zwischen dem Bewussten und dem Unbewussten ist uns das Unbewusste demnach beständig ein negativer Begriff" (*Psychologie in Umrissen*, S. 100 – Von Husserl angezeichnet!).

Verhalten des anschaulichen Vorstellungsinhaltes wie Herbart, von wenigen Passagen abgesehen,[18] noch für dessen symbolische, affektiv geladene Bedeutung wie Freud, sondern für dessen Seinsmodus. Husserls Modalitätenlehre ist geradezu durchsetzt von triebhaften und tendenzhaften Ausdrücken wie Hemmung, Verdrängung, Unterdrückung, Ueberwältigung, Durchstreichung usw.. „Ein bislang in schlichter Gewissheit als seiend geglaubter Gegenstand erfährt durch einen unstimmig werdenden Verlauf der weitern Wahrnehmung eine Hemmung. Statt gewiss wird er nun zweifelhaft oder bloss wahrscheinlich. Hält sich die Unstimmigkeit geradlinig durch, wird der Seinsglaube gänzlich verdrängt. Aber auch als solcher, als verdrängter oder durchstrichener, bleibt er als Hintergrund der neuen Geltung erhalten."[19]

Der Einfluss von F. Brentano, dessen Lehrveranstaltungen Freud als Medizinstudent in Wien eine Zeitlang hörte,[20] auf die psychoanalytische Konzeption einer bewusstseinsimmanenten und sinnorientierten Analyse des Psychischen wird wohl in phänomenologisch ausgerichteten Kreisen der Psychoanalyse überschätzt. Wenn Freud seine Forschungsphänomene, Traum, Fehlleistungen, Krankheitssymptome usw., nicht auf anatomische und physiologische Körpervorgänge und -defekte zurückführt, sondern innerpsychisch durch Wirkungen, die vom Sinngehalt psychischer Vorkommnisse ausgehen, verständlich machen will, so genügt zur Anregung dieser Betrachtungsweise Herbarts ebenfalls rein intrapsychisch entwickelte „Statik und Mechanik des Geistes". Wir haben gesehen, wie in Herbarts Gefolge die Deutungskategorie in die Apperzeptionslehre hineinkam.[21] Die Verwebung von Freuds Konzeption mit verschiedenen andern Kategorien typisch Herbartscher Observanz macht die Anregung für die inner-

[18] z.B. *Analysen zur passiven Synthesis*, S. 130: „In der Vergleichung von Aehnlichen finden wir zweierlei sich abhebend, synthetische Deckung in einem Gemeinsamen, also Selben, und doch synthetischen Widerstreit der sich in der Ueberdeckung wechselseitig verdrängenden Besonderungen dieses Gemeinsamen. Das Verdrängen besagt, dass eins das andere verdeckt, dass das Verdeckte zur Aufdeckung tendiert, durchbrechend dann das vordem Aufgedeckte verdeckt usw."

[19] Vgl. *Analysen zur passiven Synthesis*, S. 25ff, 225ff. – Nach Freud dient die Verdrängung dem Unbewussten als Hilfsmittel zur Darstellung der Negation, für die es nicht wie die gewöhnliche Sprache einen direkten Ausdruck besitzt: „Anstelle der Urteilsverwerfung findet man im Unbewussten die ‚Verdrängung'. Die Verdrängung kann wohl richtig als die Zwischenstufe zwischen dem Abwehrreflex und der Verurteilung beschrieben werden" (*Der Witz und seine Beziehung zum Unbewussten, G.W. VI*, S. 199).

[20] Vgl. E. Jones, *Das Leben und Werk von Sigmund Freud I*, S. 57f, 79, 424.

[21] Vgl. oben §§ 26f.

psychische Aufklärung der besagten Phänomene von Seiten Herbarts wahrscheinlicher als von Seiten Brentanos.

Bei der Aushebung der indirekten historischen Zusammenhänge sind noch zwei Psychologen der Jahrhundertwende anzuführen, die einzigen, die Freud nach dem Zeugnis seines Biographen E. Jones[22] unter den zeitgenössischen Psychologen geschätzt haben soll, Th. Lipps und W. Jerusalem. Beide anerkennen unbewusste psychische Vorgänge, allerdings noch nicht in Freuds dynamischer und topischer Unterscheidung von vor- und unbewusst.[23] Auf Lipps verweist Freud speziell bei seiner Kritik an Strümpells und Wundts somatologischer Traumerklärung: Die Berufung auf äussere Reize vermag nicht das Motiv für die „sonderbare Auswahl" der Traumvorstellungen, welche die Reize „oft genug bei ihrer produktiven Wirksamkeit treffen", zu liefern.[24] Zudem regte Lipps' Buch über *Komik und Humor* Freud zu seinen Untersuchungen über den Witz an. Das Verhältnis zwischen Lipps und Husserl kennen wir bereits. Beide verdanken einander manche Anregung in ihrer psychologischen Forschung. Dagegen zeichnet sich die Stellung Husserls zu Jerusalem, einem Wiener Populärphilosophen, durch eine ganz und gar negative Beurteilung, ja schroffe Ablehnung aus. In seinen „Berichten über deutsche Schriften zur Logik" besprach Husserl zwei Publikationen Jerusalems.[25] Besonders nach der Rezension von *Die Urteilsfunktion*[26] kann man sich ausdenken, wie sich Husserl wohl auf der Höhe der *Logischen Untersuchungen* über Freud ausgesprochen hätte.[27] Jerusalem vertritt eine biolo-

[22] a.a.O. S. 428.

[23] Freud las Lipps' Frühwerk *Grundtatsachen des Seelenlebens* von 1883 im Jahre 1898. In seinem Exemplar soll er dabei folgende Stelle unterstrichen haben (vgl. E. Jones, a.a.O. S. 458): „⟨Fassen wir jetzt das wesentliche Resultat der in diesem Kapitel angestellten Ueberlegungen zusammen, dann⟩ behaupten wir nicht nur die Existenz unbewusster seelischer Vorgänge neben den bewussten. Wir nehmen vielmehr an, dass unbewusste Vorgänge allen bewussten zu Grunde liegen und sie begleiten. Aus dem Unbewussten erhebt sich, wie wir schon sagten, das Bewusste, wenn die Bedingungen günstig sind, und sinken dann wieder ins Unbewusste zurück." (S. 149 – Auch Husserl hat dieses abschliessende Urteil zum Kapitel „Von unbewussten seelischen Erregungen" unterstrichen!)

[24] Th. Lipps, *Grundtatsachen des Seelenlebens*, S. 170; S. Freud, *Die Traumdeutung*, *G.W. II/III*, S. 228; vgl. auch die Berufung auf Lipps S. 616ff.

[25] „Glaube und Urteil" (1894): „Bericht über deutsche Schriften zur Logik aus dem Jahre 1894", S. 227f; *Die Urteilsfunktion* (1895): „Bericht über deutsche Schriften zur Logik aus den Jahren 1895-1899", S. 523ff.

[26] Diese Schrift wird auch in Jones' Freud-Biographie erwähnt, a.a.O. S. 428!

[27] Natürlich ist in Betracht zu ziehen, dass Freuds „Feldforschung" Husserl vermutlich doch mehr Respekt abgezwungen hätte als Jerusalems Sekundär-

gisch-genetische Psychologie, in der er nicht allein den Schlüssel für die Lösung der letzten metaphysischen Fragen von Gott und Welt sieht, sondern eben auch, was Husserls Empörung hervorruft, der Erkenntnis- und Urteilstheorie. Die erste Apperzeption, von der sich alle weitern Apperzeptionen herleiten, ist nach Jerusalem die unter den faktischen biologischen Verhältnissen des Menschen natürlich erwachsende Auffassung alles Erfahrbaren als ,,Kraftzentrum". Dass Husserl die Gründung der Erkenntnistheorie, ja eines ganzen Systems der Philosophie auf einer solchen ,,Urapperzeption" als eine ,,kaum verständliche Naivität" und ,,eine nahezu unbegreifliche Verkehrtheit" abkanzelt, lässt sich leicht verstehen. Das Wesen der Apperzeption lässt sich nicht durch eine psychologisch-genetische Reduktion aller Apperzeptionen auf eine einzelne unter ihnen aufklären. Eine einzelne Apperzeption macht noch nicht verständlich, was das Apperzipieren überhaupt ausmacht, was sein Gelten oder Nicht-Gelten, seine richtige oder falsche Beziehung auf Objekte möglich und einsichtig macht.[28]

§ 65. Die passiv-assoziative Genesis als ein Berührungspunkt der Phänomenologie und der Psychoanalyse

In der Aufarbeitung der psychoanalytischen Entdeckungen durch die Phänomenologie, wie sie vor allem seit dem zweiten Weltkrieg in der französischen Richtung einsetzte, blieb die Assoziationsproblematik merkwürdigerweise fast ganz ausserhalb des Blickfeldes. Man gewöhnte sich rasch daran, die gemeinsame Basis von Phänomenologie und Psychoanalyse im Verstehen der psychischen Vorgänge aus Sinnmotivationen zu sehen und konzentrierte sich fasziniert auf deren neu ausgehobene Leistungen und Betätigungsfelder. Selbstverständlich übersah man die andern Komponeneten, die nach Freud mit im Spiele sind, keineswegs, man neigte jedoch dazu, sie als naturalistische Relikte, die von den Neuentdeckungen, wenn sie nur konsequent ausgearbeitet werden, selbst überholt werden, zu eliminieren oder aber ebenfalls in Sinnbeziehungen umzuinterpretieren. Dass nach dem

---

schriften. Zudem ist Freud auch nicht direkt in Husserls Domäne, die Begründung der Logik, vorgestossen wie Jerusalem.

[28] Zum Schluss verteidigt Husserl sein ,,schroffes Urteil" mit der sehr günstigen Aufnahme, die das Buch von anderen Seiten gefunden hat, sowie mit der Notwendigkeit, zum Ausdruck zu bringen, ,,dass es auch Fachmänner gibt, die dieses Buch nicht als Repräsentanten der urteilstheoretischen Bestrebungen unserer Zeit gelten lassen" (S. 531).

Begründer der Phänomenologie sowohl die Sinngenesis wie die Sinn-tradition in einem weiten Ausmasse auf Wegen erfolgt, die selber nicht sinnmotiviert sind, sondern von ganz andersartigen, u.a. eben asso-ziativen Faktoren gebahnt werden, wurde kaum beachtet.

Dieses Fehlen der assoziativen Thematik in der „lecture phénomé-nologique" der Psychoanalyse kontrastiert aufs auffälligste mit dem zentralen Platz, der ihr in ihrer „lecture linguistique" um J. Lacan, eingeräumt wird.[29] Die assoziativen Mechanismen des Unbewussten, die zur „Verdichtung" und „Verschiebung" seines Sinngehaltes führen, werden den Stilfiguren der Metapher und der Metonymie zugeordnet, wobei im Gefolge der modernen Linguistik die Metapher wiederum mit der Aehnlichkeitsassoziation und die Metonymie mit jener nach der Kontiguität in Beziehung gesetzt wird. Es handelt sich hier um eine Formalisierung und Generalisierung der wichtigsten Leistungen des Unbewussten, die einmal als solche wie jede Formali-sierung und Vereinheitlichung, die Fakten und Phänomene aus zuvor disparat erscheinenden Erfahrungsbereichen auf einen gemeinsamen Nenner bringt, wissenschaftlich sehr befriedigend ist, einem ihrer neuzeitlichen Ideale entspricht, und sich darüber hinaus offenbar auch heuristisch fruchtbar erweist. Nicht nur diese Mechanismen, sondern mit ihnen auch viele andere Aspekte des Unbewussten und der psycho-analytischen Praxis zeigen linguistische Züge, die letztlich auf die Grundstruktur des Unbewussten, die eine Zeichenstruktur ist, zu-rückgehen.

Die linguistische Formalisierung und Generalisierung der assozia-tiven Mechanismen hat nun aber vom phänomenologischen Ge-sichtspunkt aus solange etwas Willkürliches – Konventionelles, wie die Sprache selber! –, als diese nicht in ihrer letzten Motivation einsichtig gemacht und in ihrer Funktion streng transzendental gefasst sind. M.a.W., es muss aufgedeckt werden, wie das Husserl in seinem Rahmen vorgeführt hat, dass es sich bei den assoziativen Leistungen um aprio-rische Ursynthesen handelt, die als Voraussetzung für die Einheit und den Reichtum des (Un-) Bewusstseins und seiner Sinnzusammenhänge unabdingbar sind. Die „formulation physiologique", welche die Asso-ziationen bei Freud selber erfahren, und die „formulation linguistique",

---

[29] Vgl. J. Lacan, *Ecrits*, besonders: „L'instance de la lettre dans l'inconscient ..." (1957), S. 493ff; J. Laplanche und S. Leclaire, „L'inconscient: une étude psychana-lytique", S. 113ff. Eine anschaulich strukturierte und schematisierende Uebersicht bietet A. Rifflet-Lemaire, *Jacques Lacan* (1970), S. 77ff, 307ff.

die ihnen im Umkreis Lacans zuteil wird, bedarf also der Ergänzung durch eine „formulation phénoménologique". Die phänomenologische Fassung wird zugleich über das Recht und die Tragweite der beiden anderen entscheiden. Vor allem steht zur Debatte, ob die physiologische Fassung überhaupt haltbar ist oder nicht zumindest einer gänzlich neuartigen Interpretation bedarf. Die linguistische Fassung wird kaum gänzlich wieder auf die Seite geschoben werden können. Die phänomenologische Analyse wird bloss im Einzelnen gewisse Präzisierungen anmelden.[30]

Unter den Phänomenologen scheint P. Ricoeur der erste gewesen zu sein, der in seinem *Essai sur Freud*[31] Husserls Assoziationsthematik in die phänomenologische Auseinandersetzung mit der Psychoanalyse miteinbezog. Aber der Angelpunkt ist auch bei ihm nicht die Assoziation als solche, sondern die passive Genesis, die sie repräsentiert und zwar nach Ricoeurs Ausführungen eher unzulänglich und etwas

---

[30] Zum ersten und insbesondere ist die Zuordnung von Metonymie und Assoziation nach Kontiguität zu unbestimmt und undifferenziert. Unter sie werden auch Sinnzusammenhänge eingeordnet, wie solche zwischen Ursache und Wirkung (Arbeit und Lohn), hauptsächlich jedoch solche zwischen Ganzen und Teilen, die fast durchgehend einen Funktionszusammenhang implizieren (dreissig Segel – dreissig Schiffe). Natürlich stellt sich hier die Frage, ob es reine Kontiguitätsbeziehungen, Beziehungen, die aus der rein formalen Nähe und räumlichen Dichte oder Geschlossenheit resultieren, in Wirklichkeit überhaupt gibt, ob sie nicht ipso facto von Sinnkonnexen überformt werden. Wie immer die Antwort ausfällt, die Beziehungen, die sich metonymisch auswerten lassen, sind jedenfalls genauer zu bestimmen. Zum zweiten ist die exklusive Zuordnung der Aehnlichkeitsassoziation und damit der Metapher und der Substitution zur Verdichtung nach Freuds eigenen Beispielen und Interpretationen nicht aufrechtzuerhalten. Unter den Mittelgliedern, die im Traum von der botanische Monographie das gleichgültige und das aufregende Tageserlebnis verknüpfen, führt Freud u.a. die gemeinsamen botanischen Vorstellungen auf (*Die Traumdeutung*, S. 181f; vgl. auch die Beispiele S. 183). Als ein erstes Ergebnis der Verschiebung nennt er in der Folge die Tatsache „dass ein Element durch ein anderes s u b s t i t u i e r t wird" (S. 345). Mit ihrer Arbeit treten dann die Verschiebungen andererseits in den Dienst der Verdichtung, indem „anstatt zweier Elemente ein mittleres Gemeinsames zwischen ihnen zur Aufnahme in den Traum gelangte" (S. 344). Schliesslich vermisst man die Thematisierung der Assoziation nach Kontrast, obschon sich bei Freud gerade für sie ein sehr interessantes sprachliches Pendant findet, der sog. „Gegensinn der Urworte", die kontradiktorische Verwendung gewisser Wörter, z.B. des deutschen „mit" (engl. „with") auch in der Gegenbedeutung „ohne", sowie die lautliche Umkehrung bei anderen, z.B. Topf – pot, kreischen – to shriek, „Stilfiguren", die dem Traum noch geläufig sind (S. Freud, „Vom Gegensinn der Urworte" (1910), *G. W. VIII*, S. 214ff).

[31] *De l'interprétation. Essai sur Freud* (1965); dt.: *Die Interpretation. Ein Versuch über Freud* (1969).

anachronistisch.[32] Unter der passiven Genesis versteht er denn auch nicht die eigentlich assoziativ motivierte Verbindung der Sinngehalte, sondern ihre wunschgetriebene Verknüpfung, in der Sinn und Energie in eins verwickelt sind. Nur in dieser Interpretation kann er sagen, dass die Phänomenologie von der passiven Genesis spreche, die Psychoanalyse sie dagegen zeige.[33] Was die Assoziation angeht, trat Husserl gerade mit dem Anspruch auf, phänomenologisch-eidetisch einsichtig gemacht zu haben, wie es überhaupt zu ihr kommt.

Ein Hauptanliegen Ricoeurs ist die Herausstellung der unaufhebbaren Koordination einer ökonomischen und einer intentionalen Analyse, die von Freuds Entdeckungen gefordert wird. Es ist fortan unmöglich, die Psychologie einseitig auf einen ,,discours énergétique", bzw. umgekehrt auf einen ,,discours herméneutique" zu reduzieren. Der Absolutheitsanspruch der Phänomenologie ist damit in Frage gestellt. Die Affektbesetzung der psychischen Vorstellungen folgt einer Gesetzmässigkeit, die nicht mehr als eine Motivation in der streng phänomenologischen Bedeutung angesehen werden kann.[34] Sie kann nicht exklusiv aus dem Sinn der Vorstellung verstanden werden. In der Koordination von ,,Energie" und ,,Sinn" sieht Ricoeur das entscheidende Moment, das Freuds passive Genesis von derjenigen Husserls unterscheidet.[35] Die Genesis der Phänomene, die Freud untersucht (Krankheitssymptome wie Kulturleistungen) hat auch eine ökonomische Seite. Sie ist trieb- und wunschbedingt. Der topische Aspekt, die getrennte Plazierung der durch die Verdrängung unbewusst gewordenen und gehaltenen und der vorbewussten und bewussten psychischen Inhalte, ist seinerseits abhängig vom ökonomischen Faktor.

Nach unserm Befund ist nun aber neben dem ökonomischen und dem topischen Aspekt, die bei Husserl fehlen, noch der assoziative

---

[32] ,,Que cette fameuse association soit encore définie dans les termes de la vieille psychologie importe peu..." (a.a.O. S. 372 (dt. 390)).

[33] ,,L'enchaînement des signifiants, dans ce que nous avons appelé la sémantique du désir, réalise ce que Husserl a entrevu sous le titre vieillot de l'association, mais dont il a parfaitement aperçu la signification intentionelle; bref, la genèse passive, le sens qui s'accomplit sans moi, la phénoménologie en parle, mais la psychanalyse le montre" (a.a.O. S. 372; dt. 391). – Die letzte Aussage ist insofern bis zu einem gewissen Grad verständlich, als der Haupttext Husserls zur passiv-assoziativen Genesis im XI. Band der *Husserliana* erst ein Jahr nach Ricoeurs Essay veröffentlicht wurde.

[34] a.a.O. S. 352 (dt. 369).

[35] a.a.O. S. 383 (dt. 403).

Aspekt der passiven Genesis zu berücksichtigen, der bei Freud und Husserl verschieden interpretiert wird und zwar in zweierlei Hinsicht. Freud unterscheidet zwischen den „Bedingungen" und den eigentlichen „Ursachen" der Assoziation. Die Bedingungen liefern die klassischen Assoziationsgesetze der Aehnlichkeit, des Kontrasts und der Kontiguität, die er physiologisch-naturwissenschaftlich erklärt. Zu ihnen kommt als die ausschlaggebende Ursache eine Motivation hinzu, die von einem unbewussten Sinn, der sich hinter den Termini der Assoziationen verbirgt und der in einer Wunschbeziehung zum Subjekt steht, getragen wird. Husserl unterzieht die traditionell physiologisch erklärten Assoziationsgesetze einer rein phänomenologischen Analyse und macht verständlich, wie Aehnlichkeit, Kontrast und Kontiguität als Phänomene von sich aus motivierend wirken. Eine mögliche zusätzliche und sogar besonders starke Wunsch- und Sinnmotivation anerkennt er sehr wohl, klammert sie aber bewusst aus seinen Assoziationsstudien aus. Ihr Anliegen ist ja gerade, zu zeigen, dass nicht allein der konkrete Sinn, den die Phänomene darbieten, sondern auch ihre formalen Strukturen und Verhältnisse, wie es Aehnlichkeit und Nähe sind, Verweisungen und Verbindungen zwischen den verschiedenen Phänomenen auslösen.[36]

Der assoziative und der ökonomische Aspekt der passiven Verbindungen sind auf jeden Fall auseinanderzuhalten, ob man den energetischen Faktor mechanistisch (Freud), gestalthaft-feldtheoretisch (Laplanche und Leclaire[37]) oder in einer erst noch genauer zu erarbeitenden Weise (Ricoeur[38]) ansetzt. Wir können bei dieser phänomenologisch geforderten Unterscheidung auf eine diesbezügliche Ausführung in M. Schelers Aufsatz „Erkenntnis und Arbeit" verweisen, deren zweite und für uns entscheidende Hälfte von Husserl am Rand durch eine Anzeichnung hervorgehoben wurde. „Legt man (scil. wie Avenarius und Mach mit der Einführung des Oekonomieprinzipes) dem psychophysischen Organismus eine ‚Tendenz' bei, sich je durch ein Minimum von Mitteln und Energieverbrauch selbst zu erhalten, so hat man eine mechanische Auffassung des Lebens und des Organismus, ferner eine streng assoziationspsychologische Erklärung der seelischen Erlebnisse prinzipiell schon verlassen; das heisst: man

---

[36] Vgl. oben §§ 9, 38, 63. Vgl. besonders unsere Auseinandersetzung mit Merleau-Pontys einseitiger Sinn-Motivation der Assoziation (§ 63).

[37] Vgl. a.a.O. S. 384, Anm. 65 (dt. 404).

[38] a.a.O. S. 352 ff(dt. 369ff).

ist – in irgend einem Sinn des vieldeutigen Wortes – Vitalist ..."[39]

Zum Schluss haben wir noch eine terminologische Anmerkung zur Verwendung des Begriffs Passivität in der Psychoanalyse anzubringen. Freud gebraucht ihn relativ selten. Er benützt ihn sowohl für das objektive Geschehen im Unterschied zum subjektiven Tun[40] wie auch für das Erleiden oder Empfangen von Eindrücken und für nicht bewusst gewollte, unwillkürliche Prozesse neurotischer Art. „Wenn man dem Ich glauben will, so war es in allen Stücken aktiv, so hat es selbst seine Symptome gewollt und gemacht. Wir wissen, dass es ein gutes Stück Passivität über sich ergehen liess, die es dann verheimlichen und beschönigen will."[41] Wie sehr bei der Verwendung des Begriffspaares aktiv – passiv auch bei Freud die jeweilige Perspektive zu berücksichtigen ist, zeigt sich, wenn Freud von der Verdrängung als einem „aktiven Vorgang" im Gegensatz zur Fixierung, die ein „passives Zurückbleiben" darstellen soll, spricht.[42] Etwas geläufiger scheint die Bezeichnung „passiv" für unbeabsichtigte, unwillkürliche Prozesse C. G. Jung gewesen zu sein. Auf einer der von Husserl angezeichneten Seiten seines *Versuchs einer Darstellung der psychoanalytischen Theorie* spricht er gleich zweimal von der Verdrängung als einem passiven Verschwinden. „Auf der andern Seite aber muss auch anerkannt werden, dass es nicht wenig Fälle gibt, wo auch die feinste Ergrübelung kein bewusstes Zuseitelegen respektive Verdrängen nachweisen kann, wo uns der Verdrängungsprozess vielmehr als ein passives Verschwinden oder Heruntergezogenwerden der Eindrücke erscheint."[43]

§ 66. *Die Entwicklung der psychoanalytischen Assoziationslehre bei S. Freud und C. G. Jung*

Die Entdeckung der Assoziationsmethode als eines Schlüssels zur Erschliessung des verdrängten Unbewussten „war die erste der beiden grossen wissenschaftlichen Leistungen Freuds, auf die später als zweite seine Selbstanalyse folgte, die ihm den Zugang zum infantilen Sexualleben und damit auch zum berühmten Oedipuskomplex erschloss".[44]

[39] a.a.O. S. 315f (2. Auflage, S. 254).
[40] *Vorlesungen zur Einführung in die Psychoanalyse* (1916/17), *G.W. XI*, S. 53.
[41] a.a.O. S. 395.
[42] „Psychoanalytische Bemerkungen über einen autobiographisch beschriebenen Fall der Paranoia" (1911), *G.W. VIII*, S. 304.
[43] S. 6 (Von Husserl angezeichnet).
[44] E. Jones, *Das Leben und Werk von Sigmund Freud I*, S. 286. Zu den Anfängen der Assoziationsmethode vgl. S. 286-292.

Mit der Assoziationsmethode ersetzte Freud Breuers kathartische Methode durch ein eigentlich psychoanalytisches Verfahren. Die Nachteile der kathartischen Methode bewogen Freud, die Hypnose in den Jahren 1892-1896 allmählich durch ein neues Verfahren zu ersetzen. Er forderte die Patienten nun auf, sich auf ein bestimmtes Symptom zu konzentrieren, jedoch jede Zensur – in Husserlscher Sprache jede Ichaktiviät oder Ichbeteiligung – zu suspendieren und alle „frei" – passiv – einfallenden Gedanken gleich mitzuteilen. Dabei machte er die Feststellung, dass die Patienten unangenehme Erinnerungen nur widerwillig berichteten und sehr oft statt der eigentlichen Kernerinnerungen Erlebnisse hervorbrachten, die mit ihnen nur in einem recht äusserlichen und zufälligen Zusammenhang standen. Auf diese Weise entdeckte er die Phänomene des Widerstandes und der Uebertragung. Hinter dem Widerstand, die Erinnerung ins Bewusstsein zurückzuführen, identifizierte er die gleiche Instanz, die sie aus dem Bewusstsein in die Verdrängung abgeschoben hatte. Das Umherschweifen der Gedanken und die Uebertragung der Affektivität auf andere Erinnerungen interpretierte er als einen Versuch des Widerstandes, die bedeutsamen Erinnerungen abzuschieben, der jedoch nur auf Bahnen gelingt, die mit ihnen in irgendeinem Zusammenhang stehen.

Die Deutungsarbeit des Psychoanalytikers, das Vordringen über „freie Assoziationen" zum Widerstand und damit zum eigentlichen Krankheitsherd, entpuppte sich als das Gegenstück einer Arbeit, die das Unbewusste zuvor in umgekehrter Richtung auf analogen Bahnen durchgeführt hatte. Gegen die Macht des Widerstandes vermag dieses seine affektgeladenen Erinnerungen nur indirekt und verkleidet auszudrücken. Ist der Widerstand relativ schwach, kommt es zu Aeusserungen, die zu den Kernerinnerungen in einem inneren oder sachlichen Verhältnis stehen, ist er dagegen stark, vermag sich die Affektbesetzung seltsamerweise nur über Ausdrücke zu entladen, die mit ihnen in einer ganz und gar äusserlichen Assoziationsbeziehung stehen.

Solche Aeusserungen des Unbewussten, die weitgehend auf assoziativen Bahnen erfolgen, sind einmal die verschiedenen neurotischen und psychotischen Krankheitssymptome. In einem frühen Manuskript[45] ordnete Freud schematisch die Energieverschiebung bei der

---

[45] Ms. M. Beilage zu einem Brief an W. Fliess vom 25. 5. 1897; *Aus den Anfängen der Psychoanalyse. Briefe an Wilhelm Fliess* …, hrsg. von M. Bonaparte u.a., S. 176.

Hysterie der Assoziation der Kontiguität, bei der Zwangsneurose der Assoziation der Aehnlichkeit und bei der Paranoia derjenigen nach Kausalzusammenhängen zu. Weitere seelische Ausdrucksgestalten, die eine assoziative Grundform verraten und denen Freud in den folgenden Jahren seine berühmt gewordenen Monographien widmete, sind die Träume, die alltäglichen Fehlleistungen und der Witz.[46]

In der *Traumdeutung* fragt sich Freud, ob die Assoziation nicht zusammen mit der Symbolik als die archaische Arbeits- und Ausdrucksweise der Seele, die sich nur in wenigen Bereichen zu erhalten vermochte, anzusehen ist.[47] Am anschaulichsten zeigen sich die Assoziationslinien in den alltäglichen Fehlleistungen von der Art des Versprechens, der Verwechslung u.ä.. Ihnen werden wir uns im folgenden Paragraphen zur Exemplifizierung von Freuds Assoziationstheorie zuwenden. In ihrer Einfachheit und Primitivität bilden sie ein ideales Feld für das phänomenologische Studium der Grundstrukturen des Bewusstseins. Schliesslich weist Freud auf, dass auch der Witz, bei dem ein vorbewusster Gedankengang für ein Moment der unbewussten Bearbeitung überlassen wird, zur lusterzeugenden Abfuhr der psychischen Energie häufig Assoziationswege einschlägt.

Im Kreis um C. G. Jung wurde die diagnostische Assoziationsmethode bald nach Freuds Entdeckung und allgemeinpsychologischer Auswertung durch statistische Untersuchungen unterbaut.[48] In einem von Jung ausgearbeiteten Experiment wurde den Versuchspersonen eine Liste von hundert Reizwörtern zweimal vorgelesen, die sie einzeln mit ihren Einfällen zu beantworten hatten. Die dabei auftretenden Störungen in der Reaktion wurden als Komplexindikatoren verwertet, d.h. als Hinweise auf die mit den Reizwörtern zusammenhängenden unlustbetonten Erlebnisse. Ihre Verdrängung hemmt die rasche und richtige Reproduktion aller mit ihr verbundenen Assoziationen, denen darum die Disponibilität des übrigen, mehr indifferenten psychischen Materials abgeht. Als wichtigste Anzeichen eines interferierenden

---

[46] Vgl. *Die Traumdeutung* (1900), *G.W. II/III; Zur Psychopathologie des Alltagslebens* (1901/1904), *G.W. IV;* dazu: ,,Zum psychischen Mechanismus der Vergesslichkeit" (1898), *G.W. I*, S. 517-527; ,,Ueber Deckerinnerungen" (1899), *G.W. I*, S. 529-554; *Der Witz und seine Beziehung zum Unbewussten* (1906), *G.W. VI.*

[47] *Die Traumdeutung*, S. 596.

[48] *Assoziationsstudien*, 2 Bände, hrsg. von C. G. Jung (1906/1915). – Jungs Aufsätze sind zusammen mit seinen übrigen Beiträgen zur Assoziationsthematik für den Neudruck innerhalb seiner *Gesammelten Werke II, Experimentelle Untersuchungen* (Zürich) vorgesehen.

Komplexes eruierte Jung die überdurchschnittlich lange Reaktions-
zeit, die Wiederholung des Reizwortes, seine Uebersetzung in eine
Fremdsprache, die blosse Klangassoziation, die Reaktion mit mehreren Wörtern, das Missverstehen des Reizwortes, das Versprechen bei
der Antwort, der ungewöhnliche Inhalt der Reaktion, die Persevera-
tion oder Nachwirkung der vorangegangenen Reizwörter.[49]

Sieht man sich die Antworten an, die Freud mit seiner neuen Methode und Jung bei seinem Experiment erhält, so kommt man zur Feststellung, dass sie in ihrer Gesamtheit nur in einem sehr weiten Sinn – auf
Grund ihres unwillkürlichen Auftauchens – als Assoziationen zu bezeichnen sind. Wir beschränken diesen Begriff auf Verbindungen, die
nicht vom konkreten Sinn, sondern bloss von formalen Strukturen und
Verhältnissen der Phänomene ausgelöst werden, also im wesentlichen
auf die Verhältnisse der Aehnlichkeit, des Kontrasts und der Nähe
zurückzuführen sind. Nicht alle „freien" Reaktionen erfolgen nach
diesen klassischen Gesetzen der Assoziation. Besonders in Jungs
Experimenten, die vorwiegend mit Gesunden vorgenommen wurden,
sind die meisten Verbindungen signifikativer und logischer Art, so
etwa wenn das Reaktionswort der Oberbegriff des Reizwortes ist
(Katze - Tier) oder eine kausale oder funktionale Beziehung ausdrückt
(Huhn – Ei).[50] Bei den verschiedenen Aeusserungen zeigte es sich
jedoch, dass die Assoziationen im strengen Sinn des Wortes, oft auch
als äussere oder oberflächliche bezeichnet, gegenüber den Sinnbeziehungen, die dann innere oder inhaltliche Assoziationen genannt werden, die psychoanalytisch relevanteren sind. Das Vorherrschen der
oberflächlichen Assoziationen nach blossem Klang, Wortzweideu-
tigkeit und Kontiguität kann geradezu als ein Zeichen dafür genommen werden, dass die Zensur die „normalen", sinnkorrekten und
logischen Verbindungswege versperrt.[51] In Jungs Experimenten zeigen
die Klangassoziationen „durchgehend relativ lange Zeiten, weil sie
abnorm sind und ihre Entstehung gewissen Störungen durch innere
Ablenkung verdanken".[52]

Beachtenswert ist noch Jungs Vermerk, dass die „sprachliche Reak-

---

[49] a.a.O. I, S. 74f.
[50] Viele dieser Sinnverbindungen sind allerdings sehr oft zu „sekundär passiven"
Verbindungen geworden (vgl. oben §§ 11, 40). Die geläufige Verbindung von „Huhn"
und „Ei" gründet nicht mehr in ihrem Sinn, sondern bloss mehr auf dem ständigen
Zusammenauftreten.
[51] S. Freud, *Die Traumdeutung*, S. 535.
[52] *Assoziationsstudien I*, S. 227.

tion" nicht unbedingt das genaue Spiegelbild des geweckten psychischen Zusammenhangs gibt. Sie ist ein verhältnismässig einfacher Ausdruck eines unter Umständen komplizierten psychischen Vorganges. Es ist zudem zu berücksichtigen, dass der Auftrag des Experimentes eine einseitige Erregung des „Sprachorganismus" nach sich zieht und dass die Reaktionen seiner Involvierung zufolge auch dem „Gesetz der sprachlichen Geläufigkeit" unterliegen, das selektiv in die Richtung des Bekannten und Gewohnten wirkt.[53]

§ 67. Die assoziativen Bahnen der Fehlleistungen

Die kleinen alltäglichen Fehl- oder Zufallsleistungen, Vergessen, Versprechen, Verlesen, Verschreiben, Verlegen, Vergreifen u.dgl., liefern ein ideales Feld zum Studium der unbewussten Motivierung von Assoziationen. In der vorpsychoanalytischen Psychologie werden die Fehlleistungen auf psychophysiologische Faktoren, Müdigkeit, Aufregung, Zerstreutheit und andere Aufmerksamkeitsstörungen zurückgeführt, in deren Folge die Assoziationsdispositionen die Oberhand über die normalen Rede- und Handlungsintentionen gewinnen sollen. Freud führt nun Fehlleistungen ins Feld, bei denen die genannten körperlichen Begünstigungen und gelegentlich auch die assoziativen ausstehen. Die herkömmliche Erklärung vermag zudem nicht die Auswahl unter den in jedem Einzelfall in grosser Zahl möglichen Assoziationen verständlich zu machen. Sie berücksichtigt des weitern den manchmal unzweideutig verratenen, machmal nur vage angetönten Sinn der Fehlhandlungen nicht. Schliesslich lässt sie Freuds wissenschaftliches Apriori unbefriedigt, nach dem es nichts Zufälliges gibt und alles Psychische wie alles Physische determiniert ist. Ihre Determination sucht Freud in einem verdrängten Vorstellungsinhalt.

Zur Exemplifizierung der komplexen Motivation der Fehlleistungen beschränken wir uns auf Phänomene des Versprechens und des Vergessens. Irgendjemand will irgendwelche Vorgänge beanstanden. Er führt aus: „Dann aber sind Tatsachen zum Vorschwein gekommen ..." Mit diesem Versprechen verrät er, dass er die betreffenden Tatsachen, auf die er vorerst diplomatisch zu reden kommen will, im Grunde für Schweinereien hält.[54] Versprechen stellen sich ein, wenn der Sprecher eine vorhandene Ansicht oder Absicht unterdrückt. Er

---

[53] a.a.O. S. 12f.
[54] *Zur Psychopathologie des Alltagslebens*, S. 65.

will sie nicht oder nicht direkt in seine Rede einbeziehen und dann setzt sie sich im Versprechen gegen seinen Willen durch, indem sie die intendierten Aesserungen abändert, sich mit den zugelassenen Intentionen vermengt oder in krassen Fällen einfachhin an ihre Stelle setzt. Wie nicht nur das Dazwischenkommen von verdrängten Intentionen, sondern auch das Vergessen von Vorsätzen assoziativ gebunden ist, zeigt ein Erlebnis, das Freud selber hatte. Er hatte sich vorgenommen, in der Stadt neues Löschpapier zu kaufen. An vier aufeinanderfolgenden Tagen vergisst er sein Vorhaben, bis er nach dem Grund des Vergessens forscht. Er findet, dass das ,,Löschpapier'' in der Umgangssprache ,,Fliesspapier'' genannt wird und dass ihn dieser zweite Name an seinen Freund Fliess gemahnt, der ihm eben in dieser Zeit Anlass zu quälenden Gedanken gegeben hatte. Die Abwehrneigung gegen diese Gedanken äussert sich, indem sie sich über die Wortgleichheit auf den indifferenten und darum wenig resistenden Vorsatz überträgt.[55] Wenn etwas aus irgendeinem Grund nicht selbst vergessen werden kann, verschiebt die Abwehr gern ihr Ziel und bringt wenigstens etwas minder Bedeutsames zum Vergessen, das in eine assoziative Seitenbeziehung mit dem eigentlich Anstössigen geraten ist.[56]

Komplexe Assoziationslinien zeigen sich beim Einfallen von Ersatznamen auf der Suche nach einem vergessenen Namen. So drängen sich Freud bei der Einstellung auf den Namen des Meisters, der im Dom zu Orvieto die Fresken von den ,,Letzten Dingen'' geschaffen hatte, Signorelli, zwei andere Malernamen auf, Botticelli und Boltraffio. Das Vergessen erklärt sich als eine Störung durch vorausgegangene Gesprächsthemen und Ereignisse, bei denen die Namen und Begriffe Bosnien, Herzegowina, Herr und Trafoi im Zusammenhang mit dem gefühlsstarken Thema ,,Tod und Sexualität'' eine Rolle spielten. Sie alle lassen sich in die Assoziationslinien zwischen Signorelli und Botticelli/Boltraffio einreihen.[57] Aehnliche Ersatzerinnerungen, wie sie bei der Namenssuche auftauchen, stellen sich im Zusammenhang von Kindheitserinnerungen ein. Es ist auffällig, dass die frühesten Kinheitserinnerungen nebensächliche und unbedeutende Ereignisse wiedergeben. Nach Freud erklärt sich diese Tatsache durch eine Verschiebungsarbeit. Sie ersetzen die wichtigen und affektgeladenen

[55] a.a.O. S. 176.
[56] a.a.O. S. 163.
[57] a.a.O. S. 5ff.

Eindrücke, deren direkten Reproduktion ein Widerstand den Weg versperrt. Da die gegebenen Erinnerungen über ein assoziatives Band sich mit den verdrängten zugleich decken und sie verdecken, nennt sie Freud auch „Deckerinnerungen".[58]

Bei den vielen Beispielen an Fehlleistungen, die Freud zur Illustration heranzieht, fällt auf, dass sie allermeist in einer äusserlichen Assoziationsbeziehung zu einem nicht unmittelbar bewussten oder zugelassenen Gedanken, der für das Subjekt eine spezifische Bedeutung besitzt, stehen. Es sind Assoziationen nach der Aehnlichkeit des Wortinhaltes (Verwechseln von verschiedenen Pflanzen) oder des blossen Wortlautes (Anrede als Vorschuss- statt Ausschussmitglieder), des Gegensatzes (Erklärung einer Sitzung für geschlossen statt für geöffnet) und der Kontiguität (Verdrängung von wesentlichen Bestandteilen eines Erlebnisses durch unwesentliche, die mit ihm einen örtlichen oder zeitlichen Zusammenhang haben.[59] Daneben bieten sich aber auch andere Beziehungsarten, mehr oder weniger logische Verknüpfungen und symbolische Zusammenhänge an. Die symbolischen Beziehungen erscheinen als eine konstante Gesetzmässigkeit nicht so sehr der alltäglichen Fehlleistungen als der Träume. Sonderbar ist bei ihnen, dass die Assoziationsmethode ihnen nicht auf die Spur zu kommen vermag, obschon sie sehr oft Aehnlichkeitsbeziehungen implizieren.[60]

Die sprachlichen Assoziationen begnügen sich sowenig wie die der sinnlichen Wahrnehmung mit einer blossen Inbeziehungsetzung unter Aufrechterhaltung der Integrität der verbundenen Glieder. Auch hier gibt es keine „Konstanz". Mit der Assoziation kommt es zu Entstellungen, Verdichtungen und Verschiebungen. In ihnen machen sich die das Seelenleben durchherrschenden Tendenzen geltend, insbesondere der Widerstand gegen die Bewusstwerdung. Die Entstellung richtet sich gegen die affektwirksam gebliebenen Erinnerungsspuren, die sich gegenüber der Verdichtung, die Freud mitunter auch als Verschmelzung bezeichnet,[61] resistent verhalten. Die Verdichtung, z.B. die Wahl eines mehrdeutigen Wortes, um vieles auf einmal auszudrücken, will Freud primär „auf mechanische oder ökonomische Mo-

---

[58] a.a.O. S. 51ff; „Ueber Deckerinnerungen", S. 529ff.
[59] „Ueber Deckerinnerungen", S. 537.
[60] *Die Traumdeutung*, S. 246, Anm. 1; *Vorlesungen zur Einführung in die Psychoanalyse*, S. 154.
[61] *Zur Psychopathologie des Alltagslebens*, S. 62; *Aus den Anfängen der Psychoanalyse*, S. 216.

mente", d.h. auf die Kraftersparnis, die sie erlaubt, zurückführen.[62] Aber auch bei ihr ist die Zensur mit im Spiel. Jede Ueberbestimmung ist auch eine Ueberdeckung.[63]

Die Fehlleistungen mit ihrer assoziativen Struktur und ihren Entstellungen, Verdichtungen und Verschiebungen verlangen nach einer komplexeren Interpretation, als ihnen bislang gegeben wurde. Freud unterscheidet für sie zwei Bedingungen und zwei Ursachen. Eine erste Bedingung ist psychophysiologischer Natur, die Störung der Aufmerksamkeit. Eine zweite, allgemeinere ist das Vorhandensein von assoziativen Dispositionen und Relationen, nach Freud eine rein physiologische Angelegenheit. Beide Bedingungen reichen weder allein noch zusammen zur völligen Aufklärung der Fehlleistung hin. Es bedarf überdies eines Sinnmotivs und einer Kraft, welche die in Frage stehenden Ereignisse auf den Assoziationslinien vorantreibt. Die assoziativen Beziehungen stellen nur eine Begünstigung der Fehlleistung dar. Allein das Sinnmotiv macht die faktische Auswahl unter den vielen möglichen Assoziationen verständlich und die affektive Energie, mit der es besetzt ist, ihre Durchsetzung. Die traditionell anerkannten Assoziationsfaktoren scheinen Freud dafür nicht wirksam genug. Normalerweise wird eine Rede nicht durch den Umstand gestört, dass die gebrauchten Ausdrücke assoziativ mit andern verbunden sind. Tritt darum eine Störung auf, so ist ein zusätzlicher Anstoss erforderlich.[64] Dafür bieten sich Themen an, die das Subjekt persönlich beschäftigen und mit starken Gefühlen der Unlust besetzt sind. Es geht ständig ein energetisch geladener Storm der „Eigenbeziehung"[65] durch unser Denken, Reden und Tun, von dem wir gewöhnlich nichts bemerken, der sich aber in den Fehlleistungen entlädt und entäussert. Die Besetzungsenergie irgendeiner ins Unbewusste verdrängten Vorstellung verschiebt sich auf den durch die Assoziationen vorentworfenen Bahnen und vermag sich so teilweise und versteckt zu entladen. Sobald ein Text einer Erregung soweit entgegenkommt, dass er ihr irgendeine Aehnlichkeit oder eine andere assoziative Beziehung darbietet, springt sie auf ihn über und verformt ihn in ihrem Sinne. Ist die Erregung überstark, wartet er solche Gelegenheiten gar nicht erst ab, sondern bahnt sich selber einen Weg. Bei den geringen Ansprüchen

---

62 *Vorlesungen zur Einführung in die Psychoanalyse*, S. 176.
63 *Zur Psychopathologie des Alltagslebens*, S. 304f, Anm. 1.
64 *Vorlesungen zur Einführung in die Psychoanalyse*, S. 39f.
65 *Zur Psychopathologie des Alltagslebens*, S. 30, 48.

der Assoziation, für die oberflächliche Assonanzen und nebensächliche Umstände genügen, hat die Erregung meistens leichte Arbeit.[66]

§ 68. *Der Beitrag der Psychoanalyse zur Aufklärung der passiv-asso-*
ziativen Genesis

Die signifikative und die energetische Begründung der Assoziation ist kein Monopol der Psychoanalyse. Auch die Würzburger Denk-psychologie machte hinter den Assoziationen „determinierende Be-deutungseinheiten" namhaft, und die ökonomische Unterbauung nicht nur der Assoziationen, sondern sämtlicher seelischer Vorkomm-nisse entsprach einer weitverbreiteten Tendenz der Psychologie des ausgehenden 19. Jahrhunderts. Freuds Originalität liegt im topischen Aspekt seiner Begründung, in der Plazierung der Sinnmotivation wie der energetischen Tendenzen in ein unbewusstes System, das von den vorbewussten und bewussten Sphären dynamisch abgeschieden wird. Die Assoziation ist bei ihm nicht vorbewusst, sondern unbewusst motiviert. Ein vorbewusster Gedankengang wird ins Unbewusstsein hinabgezogen und dort umfunktioniert.[67] Ein Novum ist ferner seine These von der Unabhängigkeit der Affekte von den Vorstellungen, die sich in ihrer Uebertragung auf andere Vorstellungen kundgibt.

Den Nachweis der Sinnhaftigkeit der ungewollten Vorstellungs-abläufe des Traumes, der Fehlleistungen und der ihnen verwandten Vorgänge versteht Freud als eine Bestätigung seiner axiomatischen Annahme, dass alle psychischen Prozesse ziel- und sinngerichtet sind. Wir können wohl auf unsere offen bewussten und logisch verfolgten Zielvorstellungen verzichten, sobald wir sie jedoch fallen lassen, stei-gen unbewusste Intentionen auf und determinieren den weitern Ver-lauf der Vorstellungen. Unverständlich ist ein Erlebnis nur solange, als wir den Grund seines Auftrittes aus seinem eigenen Inhalt ablesen wollen, während er doch in einer meist assoziativen Beziehung dieses Inhaltes zu einem anderen, unterdrückten liegt. Lassen sich aber tatsächlich für alle assoziativen Verbindungen bewusste oder unbe-wusste Sinnmotivationen in Anspruch nehmen? Freud neigt zu dieser Annahme. Er weist darauf hin, dass bei den Fällen, bei denen nicht gleich ein Sinn aufgespürt werden kann, jeweils vieles auf einen be-sonders starken Widerstand hindeutet, der oft nach längerer Zeit plötzlich überwunden wird, wobei dann das gesuchte Sinnmotiv zum

---

[66] a.a.O. S. 11, 125, 300f usw..
[67] *Die Traumdeutung*, S. 600.

Vorschein kommt. Dennoch gibt er zu, dass nicht bewiesen ist, dass eine assoziative Fehlleistung ohne Sinnmotivation nicht vorfallen kann.[68] Jung äussert sich da schroffer: „Man muss schon eine gute Dosis von Unverfrorenheit und magistralem Urteil besitzen, wenn man behaupten kann, dass der menschliche Geist ganz sinnlose Verknüpfungen herstelle." [69] Tatsächlich dürfte es schwer halten, weniger für assoziative Erinnerungen, bzw. Erinnerungsstörungen als für assoziative Verweisungen und Verbindungen, wie sie sich unabhängig von reproduktiven Einschlägen innerhalb eines Wahrnehmungsfeldes, das aus sinnarmen Farbklecksen besteht, einstellen, dass sich die gleichfarbigen Flecken z.B. zu Mehrheiten zusammenschliessen, Sinninstanzen plausibel nachzuweisen. Die Vorgänge verfallen deswegen noch nicht dem Zufall und der Indetermination, dem Eliminandum der klassischen Wissenschaft. Ihre Assoziation lässt sich, wie Husserl nachwies, eidetisch-apriorisch begründen.

Trotz der Generalisierung der Sinnmotivation, der Ausbreitung ihres Herrschaftsbereiches auch auf alle nicht logisch fundierten Zusammenhänge leugnet Freud die Existenz und die Bedeutung der klassischen Assoziationsgesetzlichkeiten keineswegs. Hierin unterscheidet er sich von vielen modernen Kritikern der Assoziationspsychologie. Bei aller Aufweisung der umfassenden Beherrschung des Seelenlebens durch Sinnmotivationen bleibt ja noch immer zu erklären, weshalb die unbewussten Intentionen sich auffälligerweise entlang von Assoziationslinien verschieben. Man hat in der bisherigen phänomenologischen Auseinandersetzung mit der Psychoanalyse diesen höchst phänomenologischen Befund nicht berücksichtigt. Dabei verrät sich in der Assoziation, wie Freud ahnte, eine der „primitiven", d.h. zugleich ursprünglichen und einfachen „Arbeitsweisen" der Psyche[70] oder, wie es Husserl von seinem Gesichtspunkt aus sah, ein „transzendental-phänomenologischer Grundbegriff".[71] Freud selber vermochte allerdings mit der Psychologie seiner Zeit in den Assoziationen nur den unbewussten Motiven „entgegenkommende physiologische und psychologische Relationen" zu sehen.[72] Bei Husserl

---

68 *Zur Psychopathologie des Alltagslebens*, S. 93; *Vorlesungen zur Einführung in die Psychoanalyse*, S. 299.

69 *Versuch einer Darstellung der psychoanalytischen Theorie*, S. 60 (175).

70 *Die Traumdeutung*, S. 596.

71 *IV. Cartesianische Meditation*, § 39, S. 113f.

72 *Zur Psychopathologie des Alltagslebens*, S. 301.

haben wir aufgezeigt gefunden, dass sie ebensogut wie die „höheren"
Sinnverbindungen einer rein phänomenologisch-psychologischen Ord-
nung angehören. Was das Verhältnis zwischen Assoziation und Sinn-
motivation betrifft, so erfährt es bei Freud eine Bestimmung, die an
Husserls Darstellung des Verhältnisses der zeitlichen und räumlichen
Ordnungsformen zu den assoziativen Weckungen erinnert. Es ist ein
Bedingungsverhältnis. Wie für Husserl die temporalen und lokalen
Formen blosse Bedingungen der Möglichkeit hyletischer Einheitsbildung darstellen, deren treibender Faktor die affektive Assoziation
ist,[73] so sind für Freud die Assoziationsketten blosse Bedingungen für
höherstufige Verbindungen, deren Motor energiegeladene Sinnmotive
sind. In phänomenologischer Interpretation ruhen die Sinnzusammenhänge auf einer zweifachen passiven Synthesis als ihrer Bedingung der
Möglichkeit auf, auf einer zeitlichen und einer assoziativen. Wie die
zeitliche Form so ist auch die assoziative Form des Bewusstseins in
erster Linie in ihrer eigenen Motivationalität aufzuweisen.[74]

Freud sprengt den phänomenologischen Rahmen jedoch nicht allein
mit der Fundierung der Assoziationen in physiologischen Dispositionen des Gehirns, sondern auch durch seine naturalistische Erklärung
des ökonomischen Prinzips des Seelenlebens. Die ökonomische
Erklärung der Assoziation ist, wie wir erwähnt haben, prinzipiell
ebenso von der mechanistischen wie der phänomenologischen Begründung der Assoziation zu unterscheiden. Bei diesem Punkt haben
wir grundsätzlich daran festzuhalten, dass nicht die Berücksichtigung
dynamischer und „energetischer" Tendenzen an sich, der Wunscher-
füllung, des Strebens nach Lust und der Abwehr der Unlust, der
Tendenz nach Selbsterhaltung und Ausgleich usw., die phänomenologische Betrachtungsweise hinter sich lässt, sondern allein die Annahme, dass ihre Intensität und ihr faktischer Verlauf relativ unabhängig
von psychischen Bedeutungsgehalten, eigenen Gesetzmässigkeiten

---

[73] *Analysen zur passiven Synthesis*, S. 152; vgl. oben § 10.

[74] Vgl. oben § 63. – Sind nicht nur hinter der Assoziation, sondern auch hinter
den übrigen passiven Vorgängen, z.B. der Modalisierung (dem Seinsglauben
und seinen Variationen), der Habitusbildung (der zur Gewohnheit gewordenen
Einstellungen und Haltungen), ebenso vitalen Vorgängen wie dem Schlaf, den
M. Merleau-Ponty unter dem Titel Passivität thematisiert (*Résumés de cours*, S.
66ff), ja selbst hinter dem Zeitbewusstsein, wie seine merkwürdigen Störungen in
Krankheitsfällen insinuieren, verborgene Sinnmotive tätig? Es eröffnet sich hier
ein weites Forschungsfeld.

gehorchen, die als Naturgesetze analog zu denen der physikalischen Welt aufzufassen sind.[75]

Husserl definierte die Assoziation als eine passive Synthesis und diese wiederum als eine Leistung, die „ohne Ichbeteiligung" zustandekommt. Wir sahen, dass diese Redewendung „ohne Ichbeteiligung" nach Husserl selber nur in einem relativen Sinn zu nehmen ist. Das Ich ist in den passiven Synthesen sehr wohl beteiligt, zwar nicht als Akte setzendes Ich, aber doch als Einheitspol, auf den alle Affektionen hintendieren, m.a.W. es ist in ihnen „beteiligt in der Weise der Affektion".[76] Die bloss affektive Ichbeteiligung des Ich in den Assoziationen wird von Freud in frappierender Uebereinstimmung bestätigt. Zum ersten stellt Freud fest, dass die assoziativen Fehlleistungen ausbleiben „in all den Fällen, in denen man ganz dabei ist, wie wir so bezeichnend sagen".[77] Die Assoziationen entstammen nicht bewussten Intentionen und Akten des Ich. Die Zuwendung des Ich zu seinen Intentionen und Handlungen verhindert im Gegenteil den Durchbruch von assoziativen „Seitenbeziehungen".[78] Eine Vorstellung, die bereits in eine stark besetzte ichliche Beziehung eingespannt ist, verhält sich gegenüber anderweitigen Verknüpfungen resistent. Anderseits zeichnen sich aber auch nach Freud alle assoziativen Verweisungen durch eine ausgesprochene „Eigenbeziehung" [79] aus. Sie stehen in einem Zusammenhang mit den innersten Ambitionen des Subjekts. Analog wie bei Husserl ist also auch nach Freud das Ich, das in den Assoziationen unbeteiligt ist, bloss das „Ich der Aktionen", während das „Ich der Affektionen" sich als wesentlich in ihnen engagiert verrät. Husserl dachte allerdings bei den Affektionen vorwiegend an jene gleichsam sachlichen, die aus der Abhebung einer Gegebenheit von ihrem Hintergrund entspringen, oder einer solchen Gegebenheit durch das Inbeziehungtreten zu andern Abgehobenheiten zuwachsen,[80] während sie bei Freud eigentlich emotionaler Natur und in erster Linie wunschbedingt sind.

---

[75] Vgl. zu diesem Problem P. Ricoeur, *De l'interprétation*, besonders S. 75ff (dt. 79ff).

[76] Ms. M III 3 III 1 II, § 45, S. 165 (1921/23); vgl. oben § 42a.

[77] *Zur Psychopathologie des Alltagslebens*, S. 112. – Die uns von Husserl her im Zusammenhang der Passivitätsproblematik vertraute Redewendung des „Dabeiseins" (vgl. oben § 41) ist von Freud selber gesperrt!

[78] a.a.O. S. 28.

[79] a.a.O. S. 30, 48.

[80] Vgl. oben § 21.

Als Freuds Beitrag zur Aufklärung der passiven Assoziation können wir somit aufzählen: den Nachweis ihrer in einem dynamischen
und topischen Sinn unbewussten Motivation, ihre komplexe Begründung – neben den im eigentlichen und klassischen Sinn assoziativ
genannten Faktoren sind signifikative und ökonomische mit zu berücksichtigen –, und schliesslich die Bestätigung und Bereicherung
der Husserlschen These der affektiven Beteiligung des Ich.

SCHLUSS

Wir eröffneten unsere Untersuchung mit der Zitation der skeptischen Distanzierung, ja der kategorischen Abweisung, auf die Husserls
Aufnahme der Assoziationsproblematik gestossen ist. Die kritische
und negative Reaktion ist verständlich, wenn man sich an der traditionellen Assoziationspsychologie und ihren zu ihrer Zeit unreflek-
tierten, heute jedoch allgemein zum Bewusstsein gebrachten Voraussetzungen orientiert und sich die Mühe erspart, ihre Behauptungen
einer phänomenologischen Analyse zu unterziehen. Geht man nämlich Husserls intentionaler Aufklärung der naturalistisch eingeführten
Tatsachen und Gesetze der Assoziation nach und expliziert ihre
Ergebnisse und Konsequenzen, macht man die erstaunliche Feststellung, dass die dogmatischen Vorurteile der alten Assoziationspsychologie Evidenzen Platz machen, die ihr bares Gegenstück darstellen.

Die Voraussetzungen der klassischen Assoziationspsychologie
heissen in Schlagworten: Realismus, Atomismus, Sensualismus. 1. Die
Genesis der Intelligenz erfolgt unter dem Druck der objektiven Aussenwelt, ihrer Einwirkung auf die tabula rasa des Bewusstseins. 2. Die
Einwirkung geschieht in der Form von unstrukturierten und atomaren
Elementen. Die Bewusstseinsgegebenheiten kommen zu ihrer Gestalt
durch das wiederholte Zusammenauftreten von sich zufällig berührenden Atomen. 3. Alle höhern Leistungen des Bewusstseins lassen sich
von solchen zur Gewohnheit gewordenen Berührungszusammenhängen
ableiten.

Die Entdeckung der Unhaltbarkeit dieser Annahmen führte zur
radikalen Formulierung von Antithesen, idealistischen, gestaltistischen,
funktionalistischen und intellektualistischen. Idealistisch wird der
Aufbau der Erfahrung dem Bewusstsein selber eigenen Leistungen
zugeschrieben. Gestalttheoretisch werden die Sinneseindrücke als
apriori strukturiert betrachtet. Funktionalistisch wird der eigentliche

Motor der Wahrnehmungs- und Intelligenzkonstitution in Bedürfnissen und Interessen gesehen. Intellektualistisch wird die ganze Bewusstseinskonstitution sinnmotivational gedeutet.

Die Originalität von Husserls Ansatz erweist sich nun darin, dass er diese wichtigen Entdeckungen, die im Gegenzug zur verabsolutierten Assoziationspsychologie aufkamen, nicht wiederum absolut und antithetisch gegenüber der alten Theorie versteht. Mit seiner Phänomenologie der Assoziation legt er vielmehr den Weg frei für die Erkenntnis, dass eben jene Grundgesetze, welche die alte Psychologie, naturalistisch missdeutet, als Assoziationsprinzipien aufstellte, für gewisse fundamentale Prozesse, in denen sich das Bewusstsein aufbaut und ausgestaltet, in immanenter Weise konstitutiv sind.

Die Assoziation ist nicht realistisch als ein physiologischer Prozess, der in der physikalischen Zeit durch die Gewohnheit in Gang gebracht wird, anzusetzen. Sie ist als eine Bewusstseinsleistung aufzudecken, freilich nicht als eine Leistung des „Verstandes", sondern der „Einbildungskraft", die ihren Ursprung in der lebendigen Intentionalität, Verweisungstendenz, der Bewusstseinsgegebenheiten hat. Als solche ist sie ein „transzendentales Grundprinzip", eine Bedingung der Möglichkeit von Synthesis, von Einheitsstiftung. Die Assoziationsgesetze sind nicht mehr Kausal-, sondern Motivationsgesetze. Ausschlaggebend sind Aehnlichkeit, Kontrast und Kontiguität nicht als objektiv bestehende Verhältnisse, sondern als phänomenale Gegebenheiten. Aehnliches erinnert „fühlbar" an Aehnliches, Kontrastierendes bildet einen intentionalen Zusammenhang, Kontiguierendes verweist horizonthaft aufeinander.

Die Assoziation besteht nicht in der Verknüpfung von atomaren Daten, aber auch nicht bloss in der sekundären Verbindung von apriorischen Gestalten. Die Wahrnehmung ist wohl ursprünglich gestalthaft, aber nicht als solche statisch vorgegeben, sondern genetisch erwachsend und zwar primär nach den eben angeführten Gesetzen, die nun nicht mehr dem Bewusstsein äusserlich angesetzt, sondern als ihm innerlich zugehörig freigelegt werden. Aehnlichkeit, Kontrast und Kontinuität/Kontiguität sind Bedingungen, ohne die ein „Sinnesdatum" nicht möglich ist. Nicht also ist Assoziation ein Korrelatsbegriff zu dem des Sinnesdatums, sondern vielmehr für dieses ein Konstitutionsbegriff. Nicht „fertige" Empfindungsdaten werden assoziativ zu Komplexen verbunden, sondern die primitivsten Affektionen konstituieren sich selber als ein assoziatives Ereignis. Der klassische wie der frühphänomenologische Empfindungsbegriff wird in der Phänomenologie der Assoziation überholt. Es gibt weder atomare und amorphe Empfindungsdingelchen noch Bewusstseinsinhalte, die nichts von Intentionalität in sich enthalten und bei denen Erlebnis und Erlebnisinhalt zusammenfallen. Die primitivsten sinnlichen Gegebenheiten konstitutieren sich in einem genetischen Prozess figurativ, in Kontrast sich absondernd von einem andersartigen Hintergrund und in impliziter Verweisung auf ähnliche andere Vorkommnisse.

Bedürfnisse und Interessen wie auch Sinnstiftungen sind keine Bewusstseinsfaktoren und Bewusstseinsleistungen, die ihre Arbeit unabhängig von assoziativen Prozessen durchsetzen. Für die Reproduktion z.B. mag die Intention zu einer solchen, das Bedürfnis oder der Vorsatz, als der ausschlaggebende Motor namhaft gemacht werden, verständlich zu machen bleibt aber noch immer, warum die Reproduktion so weitgehend an das Auftreten ähnlicher Vorkommnisse gebunden ist, bzw. Linien folgt, die von der Aehnlichkeit vorgezeichnet sind. Gleiches gilt, wenn bewusste oder unbewusste Sinnmotivationen als die treibende Kraft für Zusammenhänge aufgedeckt werden. Auch die Form der Wiedererinnerung bedarf der motivationalen Aufklärung.

Dazu muss der Motivationsbegriff differenziert werden. Es gibt nicht nur Motivationen, die ihren Ursprung in einem Interesse des Subjekts haben oder vom Sinn ausgehen, den ein Phänomen darbietet, sondern auch Motivationen spezifischer Art, nämlich „passiver", die von den formalen Verhältnissen und Strukturen der Phänomene ihren Ausgang nehmen. Zu hüten hat man sich bei dieser Frage nicht nur vor einem monistischen Naturalismus, der die Bewusstseinsprozesse in Gehirnprozesse auflöst, die energetischen Gesetzen folgen, sondern auch vor einem Dualismus, für den sich die Psychologie in zu einfacher Weise in eine Energetik, die naturalistisch erklärt wird, und in eine Hermeneutik, die phänomenologisch aufklärt, aufteilen lässt. Ob und inwiefern die eigentliche Ichaktivität, die Sinnstiftungen und freien Entscheidungen des Ich, durch passive, d.h. „ohne Ichbeteiligung" erfolgende Prozesse, die ökonomischen Gesetzlichkeiten unterliegen, die der reinen Phänomenologie nicht zugänglich sind, ergänzt werden müssen, hatten wir in dieser Studie nicht zu entscheiden. Was uns bei diesem immer wieder auftauchenden Problem von Husserls Phänomenologie der Assoziation her jedoch geboten erscheint, ist der nachdrückliche Verweis darauf, dass es vor der „passiven Genesis" ener-

getischer, unphänomenologischer Struktur eine „passive Genesis"
durch und durch phänomenologischer Art gibt, eine Genesis, die
weder naturkausal noch sinnmotiviert ist, sondern, wie gesagt, in der
formalen Struktur und den formalen Verhältnissen der Phänomene
wurzelt. Die wichtigsten Leistungen dieser passiven Genesis phänomenologischer Observanz sind die Zeitkonstitution, das Entspringen von
Protentionen und Retentionen bei jeder Impression, und eben die
assoziative Synthesis.

Die transzendentale Funktion der Assoziation liegt in der Stiftung
von Einheit und Zusammenhang. Sie leistet einen wesentlichen Beitrag
zur Konstitution des eigenen Bewusstseinsstromes sowie der Fremderfahrung und korrelativ zur Genesis von Einzel- und Allgemeingegen-
ständen und der Erstellung eines Erfahrungshorizontes. Wir greifen
hier nochmals kurz die Konstitution der zweitgenannten Bewusstseins-
korrelate auf. Bei ihnen wird deutlich, wie Husserl in seiner Phänomenologie der Assoziation den Intellektualismus seiner Frühwerke in
genetischer Hinsicht relativiert.

Gegen die sensualistische Apperzeptionslehre, welche die Stiftung
von Sinngegenständen auf die assoziative Verschmelzung neuer mit
ältern Empfindungsmassen reduzierte, forderte Husserl für diese einen
von den vorgegebenen Empfindungen radikal verschiedenen Bewusstseinsmodus, einen intentionalen Akt der Auffassung. Mit der Wieder-
einführung der Assoziation in die Konstitution von Sinngegenständen
wird die Erkenntnis ihrer ursprünglich akthaften Stiftung keineswegs
aufgegeben. Die exklusiv assoziationistische Apperzeptionslehre, für
die alle Auffassung auf Uebertragung beruht, ist und bleibt widersinnig. Auf Uebertragungen gründet nicht der primäre Sinn einer Gegebenheit, sondern nur ihre sekundäre „Mehrmeinung" oder „Ueber-
determinierung", die allerdings Phänomene darstellen, die, in ihrer
Bedeutung von Husserl hauptsächlich für die Fremderfahrung und
die Wissenschaftsgeschichte herausgestellt, nicht zu unterschätzen
sind. Die primäre Bedeutung der Assoziation für die Gegenstandskonstitution liegt jedoch vor der Herbeischaffung von Sinnschichten in der
Ermöglichung der Identifikation. Die Identifizierbarkeit ist das, was
einen Gegenstand als solchen ausmacht. Zu einem Gegenstand wird
etwas, das beliebig – in beliebigen Reproduktionen – identifizierbar
ist, was sich in Wiederholungen immer wieder deckt. Reproduktion
und Identitätsdeckung sind aber vorab assoziativen Ursprungs.

Wie für die Einzelgegenstände erweist sich die Assoziation auch für die Allgemeingegenstände in genetischer Hinsicht konstitutiv. Hatte Husserl in seiner Abstraktionslehre der *Logischen Untersuchungen* die genetischen Aspekte aus der phänomenologischen Aufklärung der Wesenheiten ausgeklammert, so wendet er sich in den zwanziger Jahren vorzüglich ihnen zu. Eine volle Evidenz gibt es nur in der Aufrollung der ganzen Genesis einer Wesenheit. Ebensowenig wie die Konstitution von individuellen Gegenständen kann die von Wesensgegenständlichkeiten mit der Verweisung auf ähnliche Gegebenheiten gleichgesetzt werden. Die assoziative Verweisung, auf die der Nominalismus die Allgemeinheit reduziert, stellt nur eine genetische Vorbedingung dar, die als solche freilich nicht unterschlagen werden darf. Die Erfassung einer Wesensallgemeinheit ist nur möglich auf der Basis eines passiven Verweisungszusammenhangs gleicher Einzelgegebenheiten. In einer Gleichheitsüberschiebung kommt es zur Abhebung eines Selbigen, in dem sie übereinstimmen und das als Wesen expliziert werden kann.

Damit kommen wir zur fundamentalen Leistung der Assoziation, zum Entwurf von Verweisungszusammenhängen. Jede Bewusstseinsgegebenheit erscheint in einem Verweisungszusammenhang, primär in einem zeitlichen und sekundär in einem assoziativen Zusammenhang. Intentional verweist jede Bewusstseinsaffektion sich absondernd auf Verschiedenes und sich deckend auf Gleiches. Jede Affektion ist aufgrund ihrer assoziativen Intentionalität generativ. Mit ihrem Aufkommen eröffnet sich ipso facto ein Verweisungszusammenhang. Damit ist ein transzendentaler Boden für die Konstitution der Welt ausgelegt.

BIBLIOGRAPHIE

I. Veröffentlichte Schriften Husserls

Wir führen nur die zitierten Schriften an. Für die vollständige Bibliographie von Husserls Werken und deren Uebersetzungen bis 1964 siehe:

VAN BREDA, HERMAN LEO, ,,Bibliographie der bis zum 30. Juni 1959 veröffentlichten Schriften Edmund Husserls": *Edmund Husserl 1859-1959, Phänomenologica 4,* Den Haag 1959, S. 289-306.

MASCHKE, GERHARD und ISO KERN, ,,Husserl. – Bibliographie" (,,II. Ouvrages de Husserl (textes et traductions) publiés de 1960 à 1964"): *Revue Internationale de Philosophie,* 19 (1965), S. 156-160.

1. *Husserliana – Gesammelte Werke*

Auf Grund des Nachlasses veröffentlicht in Gemeinschaft mit dem Husserl-Archiv an der Universität Köln vom Husserl-Archiv (Louvain) unter Leitung von H. L. VAN BREDA, bei Martinus Nijhoff, Den Haag, 1950ff.

I   *Cartesianische Meditationen und Pariser Vorträge* (1929/31), herausgegeben und eingeleitet von Prof. Dr. S. Strasser, ²1963.

II   *Die Idee der Phänomenologie. Fünf Vorlesungen* (1907), herausgegeben und eingeleitet von Walter Biemel, ²1958.

III   *Ideen zu einer reinen Phänomenologie und phänomenologischen Philosophie. Erstes Buch: Allgemeine Einführung in die reine Phänomenologie* (1913). Neue, auf Grund der handschriftlichen Zusätze des Verfassers erweiterte Auflage, herausgegeben von Walter Biemel, 1950.

IV   *Ideen zu einer reinen Phänomenologie und phänomenologischen Philosophie. Zweites Buch: Phänomenologische Untersuchungen zur Konstitution,* herausgegeben von Marly Biemel, 1952.

V   *Ideen zu einer reinen Phänomenologie und phänomenologischen Philosophie. Drittes Buch: Die Phänomenologie und die Fundamente der Wissenschaften,* herausgegeben von Marly Biemel, 1952.

VI   *Die Krisis der europäischen Wissenschaften und die transzendentale*

Phänomenologie. Eine Einleitung in die phänomenologische Philosophie (1936), herausgegeben von Walter Biemel, [2]1962.

VII   *Erste Philosophie (1923/24). Erster Teil: Kritische Ideengeschichte,* herausgegeben von Rudolf Boehm, 1956.

VIII *Erste Philosophie (1923/24). Zweiter Teil: Theorie der phänomenologischen Reduktion,* herausgegeben von Rudolf Boehm, 1959.

IX   *Phänomenologische Psychologie. Vorlesungen Sommersemester 1925,* herausgegeben von Walter Biemel, [2]1968.

X   *Zur Phänomenologie des inneren Zeitbewusstseins (1883-1917),* herausgegeben von Rudolf Boehm, 1966.

XI   *Analysen zur passiven Synthesis. Aus Vorlesungs- und Forschungsmanuskripten 1918-1924,* herausgegeben van Margot Fleischer, 1966.

XII   *Philosophie der Arithmetik. Mit ergänzenden Texten (1890-1901),* herausgegeben von Lothar Eley, 1970.

XIII-XV *Zur Phänomenologie der Intersubjektivität. Texte aus dem Nachlass. 3 Teile: 1905-1935,* herausgegeben von Iso Kern (Im Druck).

2. *In die Husserliana – Bände als Ergänzende Texte und Beilagen aufgenommene kleinere Publikationen*

Ueber den Begriff der Zahl. Psychologische Analysen. Habilitationsschrift, Halle 1887, neu aufgenommen als Ergänzender Text in: *Husserliana XII,* S. 289-339.

„Nachwort zu meinen ‚Ideen zu einer reinen Phänomenologie und phänomenologischen Philosophie'": *Jahrbuch für Philosophie und phänomenologische Forschung,* 11 (1930), S. 549-570, neu aufgenommen in: *Husserliana V,* S. 138-162.

„Die Frage nach dem Ursprung der Geometrie als intentional-historisches Problem", mit einem Vorwort herausgegeben von Eugen Fink: *Revue Internationale de Philosophie,* 1 (1939) 203-225, neu aufgenommen (ohne Finks Vorwort) als Beilage III in: *Husserliana VI,* S. 365-386.

3. *Noch nicht in die Husserliana – Ausgabe aufgenommene Publikationen*

„Psychologische Studien zur elementaren Logik": *Philosophische Monatshefte,* 30 (1894), S. 159-191.

„Bericht über deutsche Schriften zur Logik aus dem Jahre 1894": *Archiv für systematische Philosophie,* 3 (1897), S. 216-244.

Logische Untersuchungen. Erster Teil: Prolegomena zur reinen Logik, Halle [1]1900, [2]1913; Tübingen [5]1968.

Logische Untersuchungen. Zweiter Teil: Untersuchungen zur Phänomenologie und Theorie der Erkenntnis, Halle [1]1901, 2. Auflage in 2 Bänden, *I.-V. Untersuchung* 1913, *VI. Untersuchung* 1921; Tübingen [5(4)]1968. (Wir vermerken – von divergierenden Formulierungen der 1. Auflage abgesehen –

nur die Seitenzahlen der 2. Auflage. Die Nummerierung der Paragraphen deckt sich in den beiden Auflagen.)

„Bericht über deutsche Schriften zur Logik aus den Jahren 1895-1899": *Archiv für systematische Philosophie*, 9 (1903), S. 113-132, 237-259, 393-408, 523-543; 10 (1904), S. 101-125.

Rezension von: Marty, Anton, *Untersuchungen zur Grundlegung der allgemeinen Grammatik und Sprachphilosophie I*, Halle 1908: *Deutsche Literaturzeitung*, 31 (1910), S. 1106-1110.

„Erinnerungen an Franz Brentano": O. Kraus, *Franz Brentano. Zur Kenntnis seines Lebens und seiner Lehre*, München 1919, Anhang II, S. 153-167.

Formale und transzendentale Logik, Halle 1929. Sonderdruck aus: *Jahrbuch für Philosophie und phänomenologische Forschung*, 10 (1929), S. 1-298.

„Entwurf einer ‚Vorrede' zu den ‚Logischen Untersuchungen' (1913)", mit einer „Vorbemerkung" herausgegeben von Eugen Fink: *Tijdschrift voor Philosophie*, 1 (1939), S. 106-133, 319-339.

„Grundlegende Untersuchungen zum phänomenologischen Ursprung der Räumlichkeit der Natur (7. und 9. Mai 1934)": *Philosophical Essays in Memory of Edmund Husserl*, herausgegeben von Marvin Farber, Cambridge (Mass.) 1940, S. 307-325.

Erfahrung und Urteil. Untersuchungen zur Genealogie der Logik, redigiert und herausgegeben von Ludwig Landgrebe, Hamburg ²1954. (Ein Erstdruck 1939 in Prag wurde bis auf wenige Exemplare vernichtet.)

„Persönliche Aufzeichnungen" (1906-1908), herausgegeben von Walter Biemel: *Philosophy and Phenomenological Research*, 16 (1956), S. 293-302.

II. UNVERÖFFENTLICHTE MANUSKRIPTE HUSSERLS

Um eine sachgerechte Einordnung der zitierten Einzelmanuskripte in Husserls umfangreichen Nachlass zu ermöglichen, geben wir eine Uebersicht über die Klassifikation der Manuskriptgruppen, führen jedoch nur die von uns zitierten Einzelmanuskripte eigens an. Geschlossen durchforschten wir die Gruppen A VII, C, D, E III und M III 3 I-III (von Ludwig Landgrebe 1925 redigierte Textsammlung unter dem Titel *Studien zur Struktur des Bewusstseins*). Bis auf das Manuskript A V 21, das wir nach Iso Kern, *Husserl und Kant*, zitieren, benutzten wir nur transkribierte Texte.

Die folgende Klassifikation geht in einem ersten Teil (A-F) auf einen Plan zurück, den E. Fink und L. Landgrebe 1935 im Auftrage Husserls entwarfen. Die Gruppen K-X wurden von H. L. van Breda dem Plan von 1935 beigefügt. Siehe dazu:

VAN BREDA, HERMAN LEO, „Les Archives Husserl à Louvain. Leur état actuel": *Revue Néoscolastique de Philosophie*, 43 (1940/45), S. 346-350.

– „The Husserl Archives in Louvain": *Philosophy and Phenomenological Research*, 7 (1946/47), S. 487-491.

– „Das Husserl-Archiv in Löwen": *Zeitschrift für philosophische Forschung*, 2 (1947/48), S. 172-176.

– und RUDOLF BOEHM, „Aus dem Husserl-Archiv zu Löwen": *Philosophisches Jahrbuch der Görres-Gesellschaft*, 62 (1953), S. 241-252.

Bei den Zeitangaben, die wir den Manuskripten beifügen, handelt es sich oft um blosse Grenzdaten. Eine grosse Anzahl der Manuskripte enthält Texte aus weit auseinanderliegenden Zeiten. Eine genauere Datierung fügten wir, soweit das möglich war, bei der Zitation den einzelnen Passagen bei.

A. Mundane Phänomenologie

   I. Logik und formale Ontologie
  II. Formale Ethik, Rechtsphilosophie
 III. Ontologie (Eidetik und ihre Methodologie)
 IV. Wissenschaftstheorie
  V. Intentionale Anthropologie (Person und Umwelt)
      A V 21 (1924-27)
 VI. Psychologie (Lehre von der Intentionalität)
VII. Theorie der Weltapperzeption
      A VII 11 (Oktober 1932)
      A VII 12 (Frühjahr 1932)
      A VII 13 (1918-30)

B. Die Reduktion

   I. Wege zur Reduktion
      B I 13 I (1932)
  II. Die Reduktion selbst und ihre Methodologie
 III. Vorläufige transzendentale Intentionalanalytik
      B III 10 (1921-23)
 IV. Historische und systematische Selbstcharakterisierung der Phänomenologie
      B IV 1 (um 1900-um 1925)
      B IV 12 (1917-20)

C. Zeitkonstitution als formale Konstitution

      C 2 III (14. September 1932)
      C 3 III (März 1931)
      C 4   (August 1930)
      C 6   (August 1930)
      C 7 I (Juni/Juli 1932)
      C 10   (1931)
      C 11 V (Dezember (Weihnachten) 193⌐⌐
      C 13 I (Januar 1934)
      C 13 II (15. Februar 1934)
      C 15   (um 1934)
      C 16 IV (März 1932)
      C 17 IV (Sommer 1930-1932)

D. Primordiale Konstitution ("Urkonstitution")

E. Intersubjektive Konstitution

F. Vorlesungen und Vorträge

K. Stenographische Handschriften, in der kritischen Sichtung von 1935 nicht aufgenommen

M. Abschriften von Manuskripten Husserls in Kurrentschrift, bzw. Maschinenschrift, vor 1938 von Husserls Assistenten in Freiburg ausgeführt

2. Bearbeitung der *VI. Logischen Untersuchung*
   M III 2 II 2 (Ueber die Leermodifikation, §§ 1-3, Entwurf von 1913)
3. *Studien zur Struktur des Bewusstseins* (Textsammlung, transkribiert
   und redigiert von Landgrebe um 1924/25)
   M III 3 I 1 I-II (1. Studie: Aktivität und Passivität – 1904-14)
   M III 3 II I-III (2. Studie: Wertkonstitution, Gemüt und Wille –
   1900-14)
   M III 3 III 1 I-II (3. Studie: Modalität und Tendenz – 1902-25)

R. *Briefe*

I. von Husserl
   an Paul Natorp, 29. Juli 1918
   an Karl Bühler, 28. Juni 1927
II. an Husserl

III. SCHRIFTEN AUS HUSSERLS PRIVATBIBLIOTHEK

Die nichthusserlschen Schriften zitieren wir, soweit enthalten, nach den
Ausgaben, die sich in Husserls Privatbibliothek, aufbewahrt im Husserl-
Archiv zu Löwen, finden.

Mit einem Stern (*) versehen wir die Publikationen, die Lesespuren (Unterstreichungen, Anzeichnungen, Randbemerkungen) von Husserls Hand zeigen, mit zwei Sternen (**) jene, bei denen wir uns explizit auf Randbemerkungen oder von Husserl angezeichnete Passagen beziehen. – In Klammern
fügen wir Neuauflagen der oft nicht mehr leicht zugänglichen Ausgaben in
Husserls Besitz an, nach denen wir in den Anmerkungen ebenfalls in
Klammern zitierten, soweit die alte Paginierung nicht, wie zum Beispiel in
Meinongs *Gesamtausgabe*, in den Neudrucken beibehalten oder mitver-
zeichnet wird. Bei den Klassikern (inkl. Herbart, J. St. Mill und Spencer)
zitierten wir nach Kapiteln, Paragraphen usw. (bei Kants *Kritik der reinen
Vernunft* nach der gebräuchlich gewordenen Seitenangabe der 1. (A) und
2. Auflage (B)), sodass die betreffenden Stellen in jeder Ausgabe leicht
wiederzufinden sind.

ARISTOTELES, Perì mnémes kaì anamnéseos: *Opera I*, hrsg. von I. Bekker,
   Berlin 1831, S. 449-453
**BENEKE, FRIEDRICH, *System der Metaphysik und Religionsphilosophie aus
   den natürlichen Grundverhältnissen des menschlichen Geistes abgeleitet*,
   Berlin 1840
*BERGSON, HENRI, *Einführung in die Metaphysik*, Jena 1909 (*Introduction à
   la métaphysique* (1903): *Oeuvres*, Edition du Centenaire, hrsg. von A.
   Robinet und H. Gouhier, Paris 1959, S. 1392-1432)
**BRENTANO, FRANZ, *Psychologie vom empirischen Standpunkte I*, Leipzig
   1874
*BRENTANO, FRANZ, *Psychologie vom empirischen Standpunkt I-II*, hrsg. von
   O. Kraus, Leipzig 1924/25 (Hamburg ²1955/59)
BRENTANO, FRANZ, *Das Genie*, Leipzig 1892

BRENTANO, FRANZ, „Nieder mit den Vorurteilen! (1903)": *Versuch über die Erkenntnis.* Aus dem Nachlasse hrsg. von A. Kastil, Leipzig 1925, S. 1-126

BUEHLER, KARL, *Die Gestaltwahrnehmungen I*, Stuttgart 1913

BUEHLER, KARL, „Die ‚Neue Psychologie' Koffkas": *Zeitschrift für Psychologie*, 99 (1926), S. 145-159. Sonderdruck

**BUEHLER, KARL, *Die Krise der Psychologie*, Jena 1927 (Stuttgart ³1965)

*CASSIRER, ERNST, *Philosophie der symbolischen Formen III: Phänomenologie der Erkenntnis*, Berlin 1929 (Darmstadt ⁴1964)

**CORNELIUS, HANS, *Psychologie als Erfahrungswissenschaft*, Leipzig 1897

DESCARTES, RENÉ, *Les Principes de la Philosophie* (1644/47): *Oeuvres III*, hrsg. von V. Cousin, Paris 1834.

DESCARTES, RENÉ, *Les Passions de l'âme* (1646): *Oeuvres IV*, hrsg. von V. Cousin, Paris 1834

**DILTHEY, WILLHEM, „Ideen über eine beschreibende und zergliedernde Psychologie": *Sitzungsberichte der Königlich Preussischen Akademie der Wissenschaften zu Berlin. Philosophisch-historische Klasse*, Berlin 1894, Heft LIII, S. 1309-1407. Sonderdruck, S. 1-99

**DILTHEY, WILHELM, „Ideen über eine beschreibende und zergliedernde Psychologie": *Gesammelte Schriften V*, Leipzig 1924, S. 139-240 (Stuttgart ⁵1968)

*EHRENFELS, CHRISTIAN VON, „Ueber ‚Gestaltqualitäten'": *Vierteljahrsschrift für wissenschaftliche Philosophie*, 14 (1890), S. 249-292. Sonderdruck (Neudruck in: *Gestalthaftes Sehen.* Zum 100-jährigen Geburtstag von Christian von Ehrenfels hrsg. von F. Weinhandl, Darmstadt 1960, S. 11-43)

ERDMANN, BENNO, „Zur Theorie der Apperzeption": *Vierteljahrsschrift für wissenschaftliche Philosophie*, 10 (1886), S. 307-345, 391-418. Sonderdruck

FINK, EUGEN, „Vergegenwärtigung und Bild": *Jahrbuch für Philosophie und phänomenologische Forschung*, 11 (1930), S. 239-309 (Neudruck in: *Studien zur Phänomenologie 1930-1939*, *Phänomenologica 21*, Den Haag 1966, S. 1-78)

FREUD, SIGMUND, *Ueber Psychoanalyse*, Leipzig 1912 (Neudruck in: *Gesammelte Werke VIII*, London 1945, S. 1-60)

FREUD, SIGMUND, *Selbstdarstellung*, Wien ²1936 (Neudruck in: *Gesammelte Werke XIV*, London 1948, S. 31-36; *XVI*, 1950, S. 29-34)

*HEIDEGGER, MARTIN, *Sein und Zeit*, Halle 1927. Sonderdruck aus: *Jahrbuch für Philosophie und phänomenologische Forschung*, 8 (1927), S. 1-438

*HERBART, JOHANN FRIEDRICH, *Psychologie als Wissenschaft I-II*, Königsberg 1824/25 (Neudruck in: *Sämtliche Werke V*, Langensalza 1890, S. 177-402; *VI*, 1892, S. 1-338 – Wir zitieren nach dieser Ausgabe)

**HOEFFDING, HARALD, *Psychologie in Umrissen*, Leipzig 1887 (⁶1922)

*HUME, DAVID, *A Treatise of Human Nature I-II*, hrsg. von T. H. Green und T. H. Grose, London 1882

**HUME, DAVID, *Traktat über die menschliche Natur I: Ueber den Verstand*, hrsg. von Th. Lipps 1895 (⁴1923)

**HUME, DAVID, *Eine Untersuchung in Betreff des menschlichen Verstandes*, hrsg. von J. H. von Kirchmann, Leipzig 1880

**HUME, DAVID, *Eine Untersuchung über den menschlichen Verstand*, hrsg. von C. Nathanson, Leipzig 1893

INGARDEN, ROMAN, *Intuition und Intellekt bei Henri Bergson*. Halle 1921. Sonderdruck aus: *Jahrbuch für Philosophie und phänomenologische Forschung*, 5 (1922), S. 285-461

**JAMES, WILLIAM, *The Principles of Psychology I-II*, London 1890

**JUNG, CARL GUSTAV, *Versuch einer Darstellung der psychoanalytischen Theorie*, Leipzig 1913 (Neudruck in: *Gesammelte Werke IV*, Zürich 1969, S. 107-255)

*KANT, IMMANUEL, *Kritik der reinen Vernunft* (1781/87): *Sämtliche Werke III*, hrsg. von G. Hartenstein, Leipzig 1867

**KANT, IMMANUEL, *Kritik der reinen Vernunft*, hrsg. von K. Kehrbach, Leipzig ²1878

*KANT, IMMANUEL, *Kritik der reinen Vernunft*, hrsg. von K. Vorländer, Halle 1899

*KANT, IMMANUEL, *Anthropologie in pragmatischer Hinsicht* (1798): *Sämtliche Werke VII*, hrsg. von G. Hartenstein, Leipzig 1867

*KERRY, B., ,,Ueber Anschauung und ihre psychische Verarbeitung I": *Vierteljahrsschrift für wissenschaftliche Philosophie*, 9 (1885), S. 433-493. Sonderdruck

KOFFKA, KURT und P. CERMAK, ,,Beiträge zur Psychologie der Gestalt V. Untersuchungen über Bewegungs- und Verschmelzungsphänomene": *Psychologische Forschung*, 1 (1922), S. 66-129

KRUEGER, FELIX, ,,Die Theorie der Konsonanz. Eine psychologische Auseinandersetzung vornehmlich mit C. Stumpf und Th. Lipps": *Psychologische Studien*, 1 (1906), S. 305-387; 2 (1907), S. 205-255; 4 (1909), S. 201-282; 5 (1910) S. 294-411. Sonderdruck

**KUELPE, OSWALD, *Grundriss der Psychologie*, Leipzig 1893

LEIBNIZ, GOTTFRIED WILHELM, *Opera Philosophica I-II*, hrsg. von J. E. Erdmann, Berlin 1840

*LEWIN, KURT, ,,Ueber Idee und Aufgabe der vergleichenden Wissenschaftslehre": *Symposion*, 1 (1925), S. 61-93

LINKE, PAUL FERDINAND, ,,Phänomenologie und Experiment in der Frage der Bewegungsauffassung": *Jahrbuch für Philosophie und phänomenologische Forschung*, 2 (1916), S. 1-20

LINKE, PAUL FERDINAND, *Grundfragen der Wahrnehmungslehre*, München 1918 (²1929)

**LIPPS, THEODOR, *Grundtatsachen des Seelenlebens*, Bonn 1883 (²1912)

LIPPS, THEODOR, *Komik und Humor*, Hamburg 1898

**LIPPS, THEODOR, *Vom Fühlen, Wollen und Denken*, Leipzig 1902 (³1926)

**LIPPS, THEODOR, *Einheiten und Relationen*, Leipzig 1902

**LIPPS, THEODOR, *Leitfaden der Psychologie*, Leipzig ¹1903, ²1906, ³1909

**LIPPS, THEODOR, *Bewusstsein und Gegenstände*, Leipzig 1905

**LOCKE, JOHN, *Ueber den menschlichen Verstand I-II*, hrsg. von Th. Schultze, Leipzig 1897

*MACH, ERNST, *Beiträge zur Analyse der Empfindungen*, Jena 1886

*MARTY, ANTON, Rezension von: W. James, *The Principles of Psychology*,

London 1890: *Zeitschrift für Psychologie*, 3 (1892), S. 297-333. Sonderdruck (Neudruck in: *Gesammelte Schriften I/1*, Halle 1916, S. 105-156)

*MARTY, ANTON, *Untersuchungen zur Grundlegung der allgemeinen Gram-
matik und Sprachphilosophie I*, Halle 1908

*MEINONG, ALEXIUS, „Hume-Studien I. Zur Geschichte und Kritik des
modernen Nominalismus": *Sitzungsberichte der philosophisch-historischen
Klasse der Kaiserlichen Akademie der Wissenschaften in Wien*, 87 (1877),
S. 185-260. Sonderdruck, S. 1-78 (Neudruck in: *Gesamtausgabe I*, Graz
1969, S. 1-76)

**MEINONG, ALEXIUS, „Hume-Studien II. Zur Relationstheorie": *Sitzungs-
berichte der philosophisch-historischen Klasse der Kaiserlichen Akademie
der Wissenschaften in Wien*, 101 (1882), S. 573-752. Sonderdruck, S. 1-182
(Neudruck in: *Gesammelte Abhandlungen II*, Leipzig ²1929, S. 1-183)

*MEINONG, ALEXIUS, „Zur Psychologie der Komplexionen und Relationen":
Zeitschrift für Psychologie, 2 (1891), S. 245-265. (Neudruck in: *Gesamtausgabe I*, Graz 1969, S. 279-304)

*MEINONG, ALEXIUS, „Beiträge zur Theorie der psychischen Analyse": *Zeit-
schrift für Psychologie*, 6 (1894), S. 340-385, 417-455. Sonderdruck, S. 1-85
(Neudruck in: *Gesamtausgabe I*, Graz 1969, S. 305-395)

**MEINONG, ALEXIUS, *Ueber Annahmen*, Leipzig 1902 (³1928)

**MILL, JAMES, *Analysis of the Phenomena of the Human Mind I-II*, hrsg.
von J. St. Mill, London ²1878

**MILL, JOHN STUART, *System der deduktiven und induktiven Logik: Gesam-
melte Werke II-IV*, hrsg. von Th. Gomperz, Leipzig 1872

**MUELLER, GEORG ELIAS, *Zur Analyse der Gedächtnistätigkeit und des
Vorstellungsverlaufes I* und *III*, Leipzig 1911/13 (²1924)

*MUENSTERBERG, HUGO, *Grundzüge der Psychologie I*, Leipzig 1900 (²1918)

**NATORP, PAUL, *Allgemeine Psychologie nach kritischer Methode I*, Tübin-
gen 1912 (Neudruck: Amsterdam 1965)

PASCAL, BLAISE, *Pensées*, hrsg. von M. Laros, Kempten 1913 (*Oeuvres com-
plètes*, hrsg. von L. Lafuma, Paris 1963, S. 493-649)

*PFAENDER, ALEXANDER, *Phänomenologie des Wollens*, Leipzig 1900 (3. Auflage in: *Gesammelte Schriften*, hrsg. von H. Spiegelberg, München 1963,
S. 1-121)

**PFAENDER, ALEXANDER, „Motive und Motivation": *Münchener Philoso-
phische Abhandlungen*. Th. Lipps zu seinem 60. Geburtstag gewidmet von
früheren Schülern, Leipzig 1911, S. 163-195 (3. Auflage in: *Gesammelte
Schriften*, hrsg. von H. Spiegelberg, München 1963, S. 123-156)

**PLATON, *Phädon, oder der sterbende Sokrates: Sämtliche Werke IV*, hrsg.
von H. Müller und K. Steinhart, Leipzig 1854, S. 371-577.

**SCHELER, MAX, *Der Formalismus in der Ethik und die materiale Wertethik*,
Halle 1916. Sonderdruck aus: *Jahrbuch für Philosophie und phänomeno-
logische Forschung I-II* (1913/16) (5. Auflage in: *Gesammelte Werke II*,
Bern 1966)

*SCHELER, MAX „Die Idole der Selbsterkenntnis" (1911/15): *Vom Umsturz
der Werte II*, Leipzig ²1919, S. 5-140 (4. Auflage in: *Gesammelte Werke III*,
Bern 1955)

*SCHELER, MAX, „Versuche einer Philosophie des Lebens: Nietzsche-Dilthey-Bergson" (1913/15): *Vom Umsturz der Werte II*, Leipzig ²1919, S. 141-339 (4. Auflage in: *Gesammelte Werke III*, Bern 1955)

**SCHELER, MAX, „Erkenntnis und Arbeit": *Die Wissensformen und die Gesellschaft*, Leipzig 1926, S. 231-486 (2. Auflage in: *Gesammelte Werke VIII*, Bern 1960, S. 191-382)

*SCHOPENHAUER, ARTHUR, *Ueber die vierfache Wurzel des Satzes vom zureichenden Grunde* (1813): *Sämtliche Werke I*, hrsg. von J. Frauenstädt, Leipzig ²1877

SCHOPENHAUER, ARTHUR, *Ueber die vierfache Wurzel des Satzes vom zureichenden Grunde: Sämtliche Werke III*, hrsg. von E. Grisebach, Leipzig 1891

*SCHOPENHAUER, ARTHUR, *Preisschrift über die Freiheit des Willens* (1839/1841): *Sämtliche Werke VI*, hrsg. von J. Frauenstädt, Leipzig ²1877

SCHOPENHAUER, ARTHUR, *Preisschrift über die Freiheit des Willens: Sämtliche Werke III*, hrsg. von E. Grisebach, Leipzig 1891

**SPENCER, HERBERT, *Die Prinzipien der Psychologie I-II*, hrsg. von B. Vetter, Stuttgart 1882/86

STEIN, EDITH, „Beiträge zur philosophischen Begründung der Psychologie und der Geisteswissenschaften": *Jahrbuch für Philosophie und phänomenologische Forschung*, 5 (1922), S. 1-283

**STUMPF, CARL, *Tonpsychologie I-II*, Leipzig 1883/90 (Neudruck: Hilversum 1965)

**STUMPF, CARL, „Erscheinungen und psychische Funktionen": *Abhandlungen der Königlich Preussischen Akademie der Wissenschaften aus dem Jahre 1906*, Berlin 1907, Abhandlung IV, S. 1-40. Sonderdruck

WERTHEIMER, MAX, „Untersuchungen zur Lehre von der Gestalt": *Zeitschrift für Psychologie und ihre Grenzwissenschaften*, 4 (1923), S. 301-350

WOLFF, CHRISTIAN, *Psychologia empirica*, Frankfurt 1738 (*Gesammelte Werke II/5*, Hildesheim 1968)

*WUNDT, WILHELM, *Logik I*, Stuttgart ²1893 (⁵1924); II/2, ²1895 (III, ⁴1921)

WUNDT, WILHELM, *Grundzüge der physiologischen Psychologie III*, Leipzig ⁵1903 (⁶1911)

*WUNDT, WILHELM, *Grundriss der Psychologie*, Leipzig ⁶1904 (¹⁵1922)

**WUNDT, WILHELM, „Psychologismus und Logizismus": *Kleine Schriften I*, Leipzig 1910, S. 511-634

IV. WEITERE LITERATUR

Wir führen nur die in dieser Arbeit zitierte Literatur auf. Zum Schrifttum über Husserl siehe folgende fortlaufende Bibliographien:

PATOCKA, JAN, „Husserl. – Bibliographie": *Revue Internationale de Philosophie*, 1 (1939), S. 374-397

RAES, JEAN, „Supplément à la bibliographie de Husserl", a.a.O. 4 (1950), S. 467-475

MASCHKE, GERHARD und ISO KERN „Husserl. – Bibliographie", a.a.O. 19 (1965), S. 153-202

ALLPORT, FLOYD H., *Theories of Perception and the Concept of Structure*, New York 1955

AMESEDER, RUDOLF, „Ueber Vorstellungsproduktion": *Untersuchungen zur Gegenstandstheorie und Psychologie*, hrsg. von A. Meinong, Leipzig 1904, S. 481-508

ARGELANDER, ANNELIES, *Das Farbenhören und der synästhetische Faktor der Wahrnehmung*, Jena 1927

ASEMISSEN, HERMANN ULRICH, *Strukturanalytische Probleme der Wahrnehmung in der Phänomenologie Husserls: Kant-Studien*, Ergänzungsheft 73, Köln 1957

BENUSSI, VITTORIO, „Zur Psychologie des Gestalterfassens": *Untersuchungen zur Gegenstandstheorie und Psychologie*, hrsg. von A. Meinong, Leipzig 1904, S. 303-448

BINSWANGER, LUDWIG, *Wahn*, Pfullingen 1965

BOEHM, RUDOLF, *Vom Gesichtspunkt der Phänomenologie. Husserl-Studien*, Phänomenologica 26, Den Haag 1968

BRAND, GERD, *Welt, Ich und Zeit*, Den Haag ²1969

CLAESGES, ULRICH, *Edmund Husserls Theorie der Raumkonstitution*, Phänomenologica 19, Den Haag 1964

CORNELIUS, HANS, *Versuch einer Theorie der Existentialurteile*, München ²1894

CORNELIUS, HANS, „Ueber ,Gestaltqualitäten'": *Zeitschrift für Psychologie und Physiologie der Sinnesorgane*, 22 (1900), S. 101-121

DE BOER, THEODOR, *De ontwikkelingsgang in het Denken van Husserl – Die Entwicklung im Denken Husserls* (mit deutscher Zusammenfassung), Assen 1966; Teildruck: *Das Verhältnis zwischen dem ersten und dem zweiten Teil der Logischen Untersuchungen Edmund Husserls*, Torino 1967

DESCARTES, RENÉ, *Principia Philosophiae: Oeuvres VIII*, hrsg. von Ch. Adam und P. Tannery, Paris 1905

DE WAELHENS, ALPHONSE, *Une philosophie de l'ambiguité. L'existentialisme de Maurice Merleau-Ponty*, Louvain ²1967

DE WAELHENS, ALPHONSE, *La philosophie et les expériences naturelles*, Phänomenologica 9, Den Haag 1961

DIEMER, ALWIN, *Edmund Husserl. Versuch einer systematischen Darstellung seiner Phänomenologie*. Meisenheim ²1965

DRÜE, HERMAN, *Edmund Husserls System der phänomenologischen Psychologie*, Berlin 1963

FREUD, SIGMUND, *Aus den Anfängen der Psychoanalyse. Briefe an Wilhelm Fliess, Abhandlungen und Notizen aus den Jahren 1887-1902*, London 1950

FREUD, SIGMUND, „Zum psychischen Mechanismus der Vergesslichkeit" (1898): *Gesammelte Werke I*, London 1952, S. 517-527

FREUD, SIGMUND, „Ueber Deckerinnerungen" (1899): *Gesammelte Werke I*, London 1952, S. 529-554

FREUD, SIGMUND, *Die Traumdeutung* (1900): *Gesammelte Werke II/III*, London 1942

FREUD, SIGMUND, *Zur Psychopathologie des Alltagslebens* (1901/04): *Gesammelte Werke IV*, London 1941

362   BIBLIOGRAPHIE

FREUD, SIGMUND, *Der Witz und seine Beziehung zum Unbewussten* (1905): *Gesammelte Werke VI*, London 1940

FREUD, SIGMUND, „Ueber den Gegensinn der Urworte" (1910): *Gesammelte Werke VIII*, London 1943, S. 214-221

FREUD, SIGMUND, „Psychoanalytische Bemerkungen über einen autobiographisch beschriebenen Fall der Paranoia" (1911): *Gesammelte Werke VIII*, London 1943, S. 239-320

FREUD, SIGMUND, *Vorlesungen zur Einführung in die Psychoanalyse* (1916/17): *Gesammelte Werke XI*, London 1940

FREUD, SIGMUND, „Jenseits des Lustprinzipes" (1920): *Gesammelte Werke XIII*, London 1940, S. 1-69

FRIES, JAKOB FRIEDRICH, *Neue oder anthropologische Kritik der Vernunft I*, Berlin 1935 (Neudruck der 2. Auflage 1828)

FUNKE, GERHARD, „Transzendental-phänomenologische Untersuchung über ‚universalen Idealismus', ‚Intentionalanalyse' und ‚Habitusgenese'" (con traduzione italiana): *Il compito della fenomenologia. Archivio di Filosofia*, Padova 1957, S. 117-154

FUNKE, GERHARD, *Gewohnheit: Archiv für Begriffsgeschichte III*, Bonn 1958

GRAUMANN, CARL-FRIEDRICH, „Aktualgenese": *Zeitschrift für experimentelle und angewandte Psychologie*, 6 (1959), S. 410-448

GRAUMANN, CARL-FRIEDRICH, *Motivation. Einführung in die Psychologie I*, Frankfurt 1969

GURWITSCH, ARON, „Phänomenologie der Thematik und des reinen Ich. Studien über Beziehungen von Gestalttheorie und Phänomenologie": *Psychologische Forschung*, 12 (1929), S. 279-381 (engl.: *Studies in Phenomenology and Psychology*, Evanston 1966, S. 175-286)

GURWITSCH, ARON, Rezension von: E. Husserl, „Nachwort zu meinen ‚Ideen zu einer reinen Phänomenologie und phänomenologischen Philosophie'": *Deutsche Literaturzeitung*, 53 (1932), S. 395-404 (engl.: *Studies in Phenomenology and Psychology*, Evanston 1966, S. 107-115)

GURWITSCH, ARON, „A non-egological conception of consciousness": *Philosophy and Phenomenological Research*, 1 (1940/41), S. 325-338 (*Studies in Phenomenology and Psychology*, Evanston 1966, S. 287-300)

GURWITSCH, ARON, *Théorie du champ de la conscience*, Bruges 1957 (engl. *The Field of Consciousness*, Pittsburgh 1964)

HARTLEY, DAVID, *Observations on Man, his frame, his duty, and his expectations I-II*, Hildesheim 1967 (Nachdruck der ersten Ausgabe, London 1749)

HEBB, DONALD O., *The Organization of Behavior*, New York 1949

HEBB, DONALD O., *Einführung in die moderne Psychologie*, Weinheim 1967 (*A Textbook of Psychology*, Philadelphia 1958)

HELD, KLAUS, *Lebendige Gegenwart. Die Frage nach der Seinsweise des transzendentalen Ich bei Edmund Husserl, entwickelt am Leitfaden der Zeitproblematik, Phänomenologica 23*, Den Haag 1966

HENRY, MICHEL, *L'essence de la manifestation I-II*, Paris 1963

HERBART, JOHANN FRIEDRICH, *Lehrbuch zur Psychologie* (1816): *Sämtliche Werke IV*, Langensalza 1891, S. 295-436 (Nachdruck der 2. Auflage, Königsberg 1834: Amsterdam 1965)

HILLEBRAND, FRANZ, *Die neuen Theorien der kategorischen Schlüsse*, Wien 1891

HOEFFDING, HARALD, ,,Ueber Wiedererkennen, Assoziation und psychische Aktivität": *Vierteljahrsschrift für wissenschaftliche Philosophie*, 13 (1889), S. 420-458; 14 (1890), S. 27-54, 167-205, 293-316

JERUSALEM, WILHELM, ,,Glaube und Urteil": *Vierteljahrsschrift für wissenschaftliche Philosophie*, 18 (1894), S. 162-195

JERUSALEM, WILHELM, *Die Urteilsfunktion*, Wien 1895

JONES, ERNST, *Das Leben und Werk von Sigmund Freud I*, Bern 1960 (*The Life and Work of Sigmund Freud I*, New York 1953)

JUNG, CARL GUSTAV, *Diagnostische Assoziationsstudien I*, Leipzig 1906 (^{3}1915); *II*, 1910 (^{2}1915)

KEILER, PETER, *Wollen und Wert. Versuch der systematischen Grundlegung einer psychologischen Motivationslehre*, Berlin 1970

KERN, ISO, *Husserl und Kant. Eine Untersuchung über Husserls Verhältnis zu Kant und zum Neukantianismus, Phänomenologica 16*, Den Haag 1964

KOEHLER, WOLFGANG, ,,Ueber unbemerkte Empfindungen und Urteilstäuschungen": *Zeitschrift für Psychologie*, 66 (1913), S. 51-80

KOEHLER, WOLFGANG, ,,Komplextheorie und Gestalttheorie. Antwort auf G. E. Müllers Schrift gleichen Namens": *Psychologische Forschung*, 6 (1925), S. 358-416

KOEHLER, WOLFGANG, ,,Carl Stumpf zum 21. April 1928": *Kant-Studien*, 33 (1928), S. 1-3

KOEHLER, WOLFGANG, ,,Bemerkungen zur Gestalttheorie. Im Anschluss an Rignanos Kritik": *Psychologische Forschung*, 11 (1928), S. 188-234

KOEHLER, WOLFGANG, *Psychologische Probleme*, Berlin 1933 (*Gestalt Psychology*, New York 1928)

KOEHLER, WOLFGANG, *Dynamische Zusammenhänge in der Psychologie*, Bern 1958 (*Dynamics in Psychology*, New York 1940)

KOFFKA, KURT, ,,Zur Grundlegung der Wahrnehmungspsychologie. Eine Auseinandersetzung mit V. Benussi": *Zeitschrift für Psychologie*, 73 (1915), S. 11-90

KOFFKA, KURT, ,,Probleme der experimentellen Psychologie": *Die Naturwissenschaften*, 5 (1917), S. 1-5, 23-28

KOFFKA, KURT, ,,Psychologie": *Lehrbuch der Philosophie II*, hrsg. von M. Dessoir, Berlin 1925, S. 497-603

KOFFKA, KURT, *Principles of Gestalt Psychology*, New York 1935

KRAUS, OSKAR, ,,Zur Phänomenologie des Zeitbewusstseins. Aus dem Briefwechsel Franz Brentanos mit Anton Marty, nebst einem Vorlesungsbruchstück über Brentanos Zeitlehre aus dem Jahre 1895": *Archiv für die gesamte Psychologie*, 75 (1930), S. 1-22

LACAN, JACQUES, *Ecrits*, Paris 1966

LANDGREBE, LUDWIG, ,,Lettre sur un article de M. Jean Wahl concernant *Erfahrung und Urteil* de Husserl": *Revue de Métaphysique et de Morale*, 57 (1952), S. 282-283

LANDGREBE, LUDWIG, ,,Prinzipien der Lehre vom Empfinden": *Zeitschrift für philosophische Forschung*, 8 (1954), S. 195-209

LAPLANCHE, JEAN und SERGE LECLAIRE, „L'inconscient: une étude psychanalytique": *L'inconscient* (VIe Colloque de Bonneval), hrsg. von Henry Ey, Paris 1966

LEIBNIZ, GOTTFRIED WILHELM, *Nouveaux Essais sur l'Entendement humain.* „Notes de Correction d'Alphonse des Vignoles": *Sämtliche Schriften und Briefe* (Akademie-Ausgabe) *VI/6*, Berlin 1962, S. 533-546

LEWIN, KURT, „Das Problem der Willensmessung und das Grundgesetz der Assoziation": *Psychologische Forschung*, 1 (1922), S. 191-302; 2 (1922), S. 65-140

LEWIN, KURT, „Untersuchungen zur Handlungs- und Affektpsychologie": *Psychologische Forschung*, 7 (1926), S. 294-385

LEWIN, KURT, „Carl Stumpf": *Psychological Review*, 44 (1937), S. 189-194

LIEPMANN, H., *Ueber Ideenflucht*, Halle 1904

LINSCHOTEN, JOHANNES, *Auf dem Wege zu einer phänomenologischen Psychologie. Die Psychologie von William James*, Berlin 1961 (*Op weg naar een fenomenologische psychologie. De psychologie van William James*, Utrecht 1959)

MAIMON, SALOMON. *Versuch über die Transzendentalphilosophie*, Darmstadt 1963 (Nachdruck der Originalausgabe, Berlin 1790)

MARTY, ANTON, „Ueber Sprachreflex, Nativismus und absichtliche Sprachbildung III": *Vierteljahrsschrift für wissenschaftliche Philosophie*, 10 (1886), S. 346-364 (Neudruck der ganzen Artikelserie I-X (1884-1892): *Gesammelte Werke I/2*, Halle 1916, S. 1-304)

MARTY, ANTON, *Raum und Zeit.* Aus dem Nachlasse des Verfassers hrsg. von J. Eisenmeier u.a., Halle 1916

MEINONG, ALEXIUS, „Phantasie-Vorstellung und Phantasie": *Zeitschrift für Philosophie und philosophische Kritik*, 95 (1889), S. 161-244 (Neudruck in: *Gesamtausgabe I*, Graz 1969, S. 193-278)

MEINONG, ALEXIUS, Rezension von: F. Hillebrand, *Die neuen Theorien der kategorischen Schlüsse*, Wien 1891: *Göttingische gelehrte Anzeigen*, 1892, S. 443-466

MERLEAU-PONTY, MAURICE, *Phénoménologie de la perception*, Paris 1945 (dt. *Phänomenologie der Wahrnehmung.* Aus dem Französischen übersetzt und eingeführt durch eine Vorrede von R. Boehm, Berlin 1966)

MERLEAU-PONTY, MAURICE, *Résumés de Cours. Collège de France 1952-1960*, Paris 1968

METZGER, WOLFGANG, *Psychologie*, Darmstadt ²1954

METZGER, WOLFGANG, „Grundbegriffe der Gestaltpsychologie": *Schweizerische Zeitschrift für Psychologie*, 13 (1954), S. 3-15

METZGER, WOLFGANG, „Figural-Wahrnehmung": *Handbuch der Psychologie I/I*, Göttingen 1966, S. 693-744

MUELLER-LYER, F. C., „Zur Lehre von den optischen Täuschungen": *Zeitschrift für Psychologie und Physiologie der Sinnesorgane*, 9 (1896), S. 1-16

PATON, H. J., *Kant's Metaphysic of Experience I-II*, London ⁴1965

PIAGET, JEAN, *La naissance de l'intelligence chez l'enfant*, Neuchâtel ⁴1963 (dt. *Das Erwachen der Intelligenz beim Kinde*, Stuttgart 1969)

RICOEUR, PAUL, „Analyses et problèmes dans *Ideen II* de Husserl": *Revue de Métaphysique et de Morale*, 56 (1951), S. 357-394; 57 (1952), S. 1-16

RICOEUR, PAUL, *De l'interprétation. Essai sur Freud*, Paris 1965 (dt. *Die Interpretation. Ein Versuch über Freud*, Frankfurt 1969)

RIESEN, AUSTIN H., ,,The development of visuel perception in man and chimpanzee": *Science*, 106 (1947), S. 107-108

RIFFLET-LEMAIRE, ANIKA, *Jacques Lacan*, Bruxelles 1970

ROBERT, PAUL, *Dictionnaire alphabétique et analogique de la langue francaise I*, Paris 1957

RUBIN, EDGAR, *Visuell wahrgenommene Figuren*, Kopenhagen 1921

SANDER, FRIEDRICH, ,,Ueber räumliche Rhythmik": *Neue Psychologische Studien*, 1 (1926), S. 123-158

SANDER, FRIEDRICH, ,,Experimentelle Ergebnisse der Gestaltpsychologie" (1927): Fr. Sander und H. Volkelt, *Ganzheitspsychologie. Gesammelte Abhandlungen*, München 1962, S. 73-112

SANDER, FRIEDRICH, ,,Gestaltpsychologie und Kunsttheorie" (1928): Fr. Sander und H. Volkelt, *Ganzheitspsychologie. Gesammelte Abhandlungen*, München 1962, S. 383-403

SARTRE, JEAN-PAUL, *L'être et le néant*, Paris 1943 (dt. *Das Sein und das Nichts*, Hamburg 1962)

SAUER, FRIEDRICH, ,,Ueber das Verhältnis der Hussereschen Phänomenologie zu David Hume": *Kant-Studien*, 35 (1931), S. 151-182

SCHUTZ, ALFRED, ,,Edmund Husserl's *Ideas, Volume II*": *Collected Papers III, Phänomenologica 22*, Den Haag 1966, S. 15-39

SENDEN, M. VON, *Raum- und Gestaltauffassung bei operierten Blindgeborenen vor und nach der Operation*, Leipzig 1932

SOKOLOWSKI, ROBERT, *The Formation of Husserl's Concept of Constitution, Phänomenologica 18*, Den Haag 1964

SPIEGELBERG, HERBERT, *The phenomenological movement I-II, Phänomenologica 5/6*, Den Haag ²1969

STAUDE, OTTO, ,,Der Begriff der Apperzeption in der neueren Psychologie": *Philosophische Studien*, 1 (1881), S. 149-212

STRAUS, ERWIN, *Vom Sinn der Sinne*, Berlin ²1956

STUMPF, CARL, *Die Sprachlaute*, Berlin 1926

THEUNISSEN, MICHAEL, *Der Andere*, Berlin 1965

THOMAE, HANS (Hrsg.), *Motivation. Handbuch der Psychologie II*, Göttingen 1965

TUGENDHAT, ERNST, *Der Wahrheitsbegriff bei Husserl und Heidegger*, Berlin ²1970

VAN BREDA, HERMAN LEO, ,,Maurice Merleau-Ponty et les Archives Husserl à Louvain": *Revue de Métaphysique et de Morale*, 67 (1962), S. 410-430

VOLKELT, HANS, ,,Wilhelm Wundt auf der Schwelle zur Ganzheitspsychologie" (1922): Fr. Sander und H. Volkelt, *Ganzheitspsychologie. Gesammelte Abhandlungen*, München 1962, S. 15-30

VON WARTBURG, WALTHER, *Französisches Etymologisches Wörterbuch VIII*, Basel 1958

WAHL, JEAN, ,,Notes sur la première partie de *Erfahrung und Urteil* de Husserl": *Revue de Métaphysique et de Morale*, 56 (1951), S. 6-34

WELLEK, ALBERT, *Die genetische Ganzheitspsychologie der Leipziger Schule und ihre Verzweigungen*, München 1954

WERNER, HEINZ, „Untersuchungen über Empfindung und Empfinden": *Zeitschrift für Psychologie*, 114 (1930), S. 152-216; 117 (1930), S. 230-254

WERTHEIMER, MAX, „Experimentelle Studien über das Sehen von Bewegung": *Zeitschrift für Psychologie*, 61 (1912), S. 161-265 (Neudruck in: *Drei Abhandlungen zur Gestalttheorie*, Erlangen 1925, S. 1-105)

PERSONENREGISTER

Bei häufiger zitierten Namen werden die wichtigeren Stellen durch Kursivdruck markiert.